Eigentum der Gemeinde Boll

Der Schüler ist verpflichtet, das Buch schonend zu behandeln und es vor dem Austritt aus der Klasse an den Klassenlehrer zurückzugeben. Bei vorsätzlicher oder fahrlässiger Beschädigung oder dem Verlust des Buches muß Ersatz geleistet werden. Das An- und Unterstreichen von Wörtern, sowie das Einschreiben von Bemerkungen usw., ist nicht erlaubt.

Zur Benützung überlassen:

Schuljahr	Name	Klasse
10/11	Matthias Straub	7a

Einblicke 2

Materie | Natur | Technik
Baden-Württemberg

von

Peter Beyer
Dietmar Kalusche
Bruno P. Kremer
Arthur Lang
Manfred Litz
Roland Ritter
Birgit Schriever
Esther Siegmann
Karl-Heinz Sonntag
Eberhard Theophel

Ernst Klett Verlag
Stuttgart Düsseldorf Leipzig

Einblicke 2 Materie | Natur | Technik

Autoren
Peter Beyer
Prof. Dr. Dietmar Kalusche
Dr. Bruno P. Kremer
Arthur Lang
Manfred Litz
Roland Ritter
Birgit Schriever
Esther Siegmann
Karl-Heinz Sonntag
Eberhard Theophel

Unter Mitarbeit von
Agnes Becker
Christiane Becker
Jürgen Birkner
Prof. Dr. Karl-Heinz Gehlhaar
Jürgen Klarholz
Rose Rathmann
Christa Schönhauser
Gudrun Waiditschka
Rudolf Wastl-Mayrhofer
Reinhard Werner
Alfred W. Schürmann
Josef Zeiss
Dr. Klaus Zintz

Berater
Günther Dreher
Peter Dünschede
Rudolf Seibold
Helmut Spranger

Grafiken/Illustrationen
Matthias Balonier
Karin Bartl
Jens-Peter Becker
Maria Becker
Wolfgang Bethke
Julius Ecke
Ottmar Frick
Waltraud Frick
Marianne Golte
Conrad Höllerer
Jeanne Kloepfer
Rudolf Kostolnik
Karin Mall
Alfred Marzell
Wolfgang Melzer
Tom Menzel
Annemirl Riehl
Johannes-Christian Rost
Anina Westphalen
Jürgen Wirth

Umschlaggestaltung
normaldesign mit einem Foto von Viscom Fotostudio (Siegfried Schenk)

Gestaltungskonzept
normaldesign

Redaktion
Michael M. Ludwig
Alfred Tompert

Mediengestaltung
Edmund Hornung
Melanie Schimpf

Vor der Durchführung eines Versuchs müssen mögliche Gefahrenquellen besprochen werden. Die geltenden Richtlinien zur Vermeidung von Unfällen beim Experimentieren sind zu beachten. Da Experimentieren grundsätzlich umsichtig erfolgen muss, wird auf die üblichen Verhaltensregeln und die Regeln für Sicherheit und Gesundheitsschutz beim Umgang mit Gefahrstoffen im Unterricht nicht jedes Mal erneut hingewiesen.
  Einige Substanzen, mit denen im Unterricht umgegangen wird, sind als Gefahrstoffe eingestuft. Sie können in den einschlägigen Verzeichnissen nachgesehen werden.
  Auch Schülerversuche sind nur auf Anweisung und unter Aufsicht der Lehrkraft durchzuführen.

1. Auflage 1 5 4 3 2 1 | 09 08 07 06 05

Alle Drucke dieser Auflage können im Unterricht nebeneinander benutzt werden, sie sind untereinander unverändert. Die letzte Zahl bezeichnet das Jahr des Druckes.

© Ernst Klett Verlag GmbH, Stuttgart 2005. Alle Rechte vorbehalten.
Das Werk und seine Teile sind urheberrechtlich geschützt. Jede Nutzung in anderen als den gesetzlich zugelassenen Fällen bedarf der vorherigen schriftlichen Einwilligung des Verlages. Hinweis zu § 52a UrhG. Weder das Werk noch seine Teile dürfen ohne eine solche Einwilligung eingescannt und in ein Netzwerk eingestellt werden. Dies gilt auch für das Intranet von Schulen und sonstigen Bildungseinrichtungen.

Internetadresse: http://www.klett.de

Reproduktion: Meyle+Müller, Medienmanagement, Pforzheim
Druck: Aprinta, Wemding
ISBN: 3-12-113071-4

Wegweiser

2 Luft   **Kapitel 2 „Luft"**: Eine Ziffer, ein wiederkehrendes Bild und der Kapitelname zeigen auf jeder Doppelseite das Kapitel an.

Merkmal

▶ Hier stehen wichtige Aussagen der Doppelseite.

64 | 65   Seitenangabe

Denkmal

Hier befindet sich das Aufgabenangebot der Doppelseite.

❶ Aufgabennummer

Die Aufgaben sind von leicht bis schwierig gegliedert.

Sonderseiten   **Sonderseiten** vertiefen und erweitern die Fachinhalte sowie die methodischen Fähigkeiten:

| Lexikon |
| Werkstatt |
| Projekt |
| Ratgeber |
| Durchblick? |

Durchblickseiten sind Kapitelabschlussseiten. Sie bieten Möglichkeiten zur Wiederholung und Selbstkontrolle.

Projekt-Tipp

Angebote und Anregungen zum projektartigen Arbeiten.

[2] Bildnummer   **Bildnummer** [2] bei den Abbildungen. **Bildverweise** im Text verweisen auf Abbildungen der gleichen Seite [2] oder auf Abbildungen auf anderen Seiten [125.2].

LV Lehrerversuche   Das Symbol **LV** kennzeichnet **Lehrerversuche**.

⚠ **Gefahrensymbol**   Ein **Gefahrensymbol** weist auf Gefahren bei Versuchen hin.

Versuche   **Zusatzinformationen**

Versuche sind in der Regel Schülerversuche.   Unter diesem Symbol und einer besonderen Überschrift stehen wichtige und interessante Zusatzinformationen.

Inhaltsverzeichnis

1 | 8   Erkunden und erforschen

10   **Werkstatt:** Richtig experimentieren
12   **Ratgeber:** Regelkunde fürs Labor
14   **Werkstatt:** Geräte richtig gebrauchen
16   **Ratgeber:** Erste Hilfe
18   **Werkstatt:** Mikroskope
20   Bausteine des Lebens
22   **Werkstatt:** Leben im Wassertropfen
24   **Werkstatt:** Lebenswerke aus Zellen
26   **Ratgeber:** Ein Projekt planen
28   **Ratgeber:** Ein Projekt durchführen – präsentieren – bewerten

2 | 30   Luft

32   Luft hat was
34   Luft und was in ihr steckt
36   Das Luftmeer um uns herum
38   **Werkstatt:** Luftdruck
40   Frische Luft für den Körper
42   **Werkstatt:** Atmung
44   Austausch der Atemgase
46   **Ratgeber:** Dicke Luft im Klassenzimmer
48   Spedition Blut
50   Transportwege im Kreislauf
52   Motor des Lebens
54   **Werkstatt:** Klopfzeichen der Anstrengung
56   **Durchblick?** Luft

3 | 58   Flieger

60   Ein Allerweltsvogel
62   **Ratgeber:** Vögel beobachten
64   Vom Ei zum Küken
66   **Lexikon:** Vogelwelten
68   Einmal Afrika und zurück
70   Fliegen ist mehr als Flattern
72   **Lexikon:** Vögel sind sie alle
74   Federn, Flügel, Fliegen
76   **Werkstatt:** Flieger
78   **Projekt:** Flieger selbst bauen
80   **Lexikon:** In luftigen Höhen
82   **Durchblick?** Flieger

4   84   Verbrennen, verwandeln, verbinden

- 86   Drei Dinge braucht das Feuer
- 88   Auch Metalle brennen
- 90   Oxide, die in die Luft gehen
- 92   **Werkstatt:** Feuer und Flamme
- 94   Feuer löschen – aber wie?
- 96   Verbrennung ohne Flamme
- 98   Vom Eisenerz zum Stahl
- 100   **Werkstatt:** Metalle schützen Metalle
- 102   **Werkstatt:** Baustoffe
- 104   **Werkstatt:** Solar-Fabrik Pflanze
- 106   Lebenswichtiger Kreislauf
- 108   **Durchblick?** Verbrennen, verwandeln, verbinden

5   110   Elektrifizierte Welt

- 112   **Werkstatt:** Da sträuben sich die Haare
- 114   Wie Stoffe spannend werden
- 116   Spannung treibt den Strom an
- 118   Die Spannung messen
- 120   Die Stromstärke messen
- 122   **Werkstatt:** Spannung und Strom
- 124   Eine ganz heiße Sache
- 126   Was Strom noch alles kann
- 128   **Werkstatt:** „U" und „I" ganz praktisch
- 130   Der elektrische Widerstand
- 132   Widerstände – ganz verschieden
- 134   Das Stromkreis-Trio
- 136   **Werkstatt:** Operation Widerstand
- 138   Die Sicherung als Notbremse
- 140   **Ratgeber:** Unter Strom
- 142   **Durchblick?** Elektrifizierte Welt

6   144   Wasser zum Leben

- 146   Wasser ist nicht normal
- 148   **Werkstatt:** Wasser wirkt gewaltig
- 150   **Werkstatt:** Wasser ist die Lösung
- 152   **Werkstatt:** Wasser – glasklar?
- 154   Eine Flüssigkeit – zwei Gase
- 156   Wasserstoff und Sauerstoff
- 158   Wasser für unser Land
- 160   Wasser – unverzichtbarer Rohstoff
- 162   Einfach wegspülen
- 164   **Projekt:** Kläranlage
- 166   **Projekt:** Lebewesen zeigen die Wasserqualität
- 168   **Projekt:** Mit dem Labor auf Spurensuche
- 170   **Durchblick?** Wasser zum Leben

4 | 5

7   172   Lebensraum Wasser

174	Wasser zieht seine Kreise
176	Ohne Wasser läuft nichts
178	Ein See hat viele Lebensräume
180	Wohnen im Wasser
182	**Lexikon:** Gewimmel im Gewässer
184	Wachsen im Wasser
186	Jäger unter Wasser
188	**Werkstatt:** Tauchen
190	Leben in zwei Welten
192	Nicht unter die Räder kommen
194	**Werkstatt:** Bacherkundung
196	**Durchblick?** Lebensraum Wasser

8   198   Von sauer bis salzig

200	Lauter scharfe Sachen
202	Alles gleich sauer?
204	Kohlensäure
206	Salzsäure – eine Säure aus Salz
208	Schwefelsäure
210	Rohrreiniger und Brezel
212	Wie Metalle zu Laugen werden
214	**Lexikon:** Säuren und Laugen
216	Doppelt ätzend wird neutral
218	**Lexikon:** Bunte Salze
220	**Werkstatt:** Vielseitige Salze
222	Salze machen satt
224	Ein salziges Problem
226	**Durchblick?** Von sauer bis salzig

9   228   Wahrnehmen und steuern

230	Mit allen Sinnen auf Empfang
232	Hört, hört
234	Lichtblicke
236	Bunte Mischung
238	Vom Knick in der Optik
240	Vom Lichtstrahl zum Bild
242	Schau-Fenster zur Welt
244	Netzhaut – der Film des Auges
246	**Ratgeber:** Augen schützen
248	„Blind sein"
250	Streetball im Kopf
252	Durch und durch nervig
254	Blitzschnell schalten
256	Empfindliche Denkfabrik
258	Dem Denken auf der Spur
260	**Werkstatt:** Lernen mit Kopf, Herz und Hand
262	Kurzschluss der Signale

	264	Vom Wechselspiel der Nerven
	266	**Ratgeber:** Reine Nervensache
	268	Hormone – heimliche Boten
	270	Hormone regeln den Stoffwechsel
	272	**Durchblick?** Wahrnehmen und steuern

10 274 Sich entwickeln

276	Schmetterlinge im Bauch
278	Sexualität entsteht im Kopf
280	Geburt des Lebens
282	Die Zeit vor dem Geburtstag
284	Ein Kind macht Familie
286	**Ratgeber:** Kinderwunsch
288	**Lexikon:** Lebenswege

11 290 Kraft, Arbeit, Energie

292	Kraftakte sind ganz verschieden
294	Eine Kraft, der niemand entgeht
296	Vom Spiel der Kräfte
298	**Werkstatt:** Kraftmesser selbst gebaut
300	Über Kraftprotze und Faulpelze
302	**Lexikon:** Arbeit
304	Keine Arbeit ohne Energie
306	Mit Hebeln geht's leichter
308	Rollenspiel mit schweren Lasten
310	Schräg aufwärts geht's leichter
312	**Projekt:** Goldene Regel der Mechanik
314	**Durchblick?** Kraft, Arbeit, Energie

316	Tabellen
320	Register
326	Bildnachweis

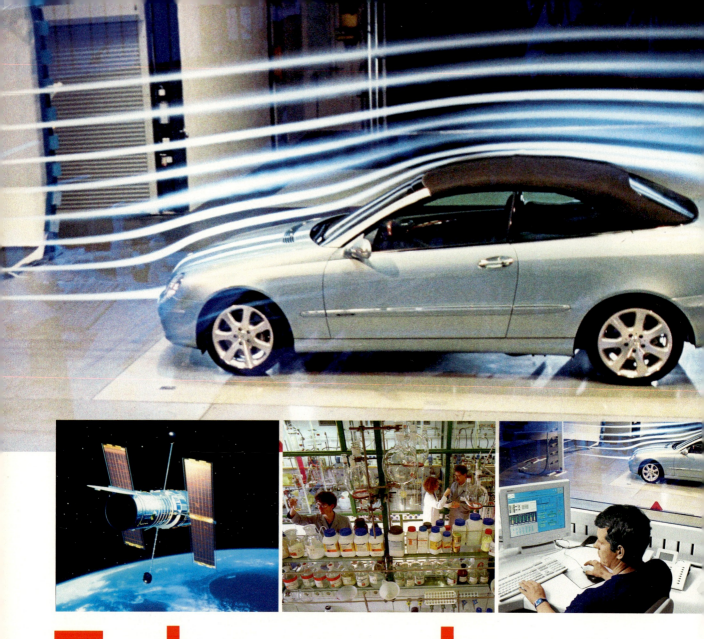

Erkunden und erforschen

1

Gelb blinkende Warnlampen signalisieren Lebensgefahr im Windkanal. Bei einem Orkan von 280 km/h, der durch die Halle tobt, wäre das Betreten tödlich. Von Panzerglasscheiben geschützt beobachten Ingenieure am Kommandopult ihren Kollegen. Er befindet sich im Inneren eines Autos und führt seine Tests durch. Sein „Werkzeug" ist ein Wattebausch, sein „Messgerät" das eigene in vielen Jahren geschulte Gehör. Immer wieder hält er den Wattebausch an Tür- und Fensterrahmen und lauscht angestrengt. Der Prüfingenieur ist auf der Suche nach undichten Stellen in der Tür. Sein Ohr reagiert auf das leiseste Pfeifen, und die Fasern der Watte melden jeden Lufthauch.

Doch nicht alle Probleme, denen sich Ingenieure und Wissenschaftler tagtäglich stellen, lassen sich mithilfe von Gehör und Wattebausch lösen. Jede Aufgabenstellung erfordert eine gute Planung und geeignete Geräte: Auf der Suche nach neuen Sternen oder außerirdischen Lebensformen teilen Astronomen und Physiker das Weltall in kleine Abschnitte ein und suchen diese ab. Auf dem Weg in die Welt der Kleinstlebewesen lassen den Biologen seine Sinnesorgane oft im Stich. Dann benötigt er die Hilfe eines Mikroskops.

Bei der Planung von Experimenten oder Erkundungen greifen Ingenieure und Wissenschaftler immer auch auf Erkenntnisse zurück, die andere Forscher schon gewonnen und in Zeitschriften, in Büchern oder im Internet veröffentlicht haben.

Erkunden und erforschen — Werkstatt

Richtig experimentieren

Das gibt sicher Ärger, ein hässlicher Fleck ist in der neuen Jacke! Aber vielleicht lässt sich das Problem lösen, bevor jemand etwas bemerkt.

Problemstellung
Ob Gras, Kugelschreiber, Speiseeis oder Öl: Schnell entstehen Flecken auf den Kleidungsstücken, die man am liebsten trägt. Wenn man der Werbung glauben kann, gibt es Mittel gegen jeden Fleck. Unermüdlich erfinden die Chemiker immer bessere Wunderwaffen gegen Flecken aller Art. Auch für dich ist es kein Problem, ein Mittel zu finden, um Grasflecken aus deiner Kleidung zu entfernen.

Vermutungen
Am einfachsten ist der Weg ins Badezimmer, um es mit kaltem oder warmem Wasser zu versuchen. Vielleicht sollte man etwas Seife zugeben, schließlich bekommt man damit ja auch recht saubere Hände. Manche Flecken können aber ganz schön hartnäckig sein. Wahrscheinlich hast du oft genug mitbekommen, wie deine Mutter oder dein Vater den verschiedensten Flecken zu Leibe gerückt sind. Im Putzmittelschrank findest du Fläschchen mit Reinigungs- oder Feuerzeugbenzin und Brennspiritus.

[1] *Wie kann man Grasflecken entfernen?*

Versuchsplanung
Du kennst sicherlich aus eigener Erfahrung verschiedene Mittel, um Flecken zu entfernen: z. B. kaltes Wasser, warmes Wasser, Seifenwasser, Brennspiritus und Reinigungsbenzin. Welche Mittel sind geeignet, Grasflecken zu entfernen?

Als Naturwissenschaftler testest du jedes Mittel bei gleichen Bedingungen. Deshalb benötigst du für jedes Mittel ein Stoffstück mit Grasflecken und ein Gefäß für das Reinigungsmittel.

Nun musst du dir überlegen, wie du bei deinem Experiment vorgehen willst. Bei fünf Reinigungsversuchen brauchst du fünf Gefäße für deine Chemikalien und fünf gleiche Stoffstücke, die die gleiche Verschmutzung mit Grasflecken aufweisen. Deine Überlegungen hältst du im Protokoll [4] schriftlich fest.

Wie Naturwissenschaftler arbeiten
Du hast eine Arbeitsweise kennen gelernt, die die Naturwissenschaftler häufig benutzen: Eine Frage wird zu einer Problemstellung. Vermutungen werden formuliert und auf ihre Stichhaltigkeit hin überprüft. Experimente zeigen dann, ob diese Vermutungen richtig oder falsch waren. Wurden sie bestätigt, kann man daraus eine Gesetzmäßigkeit oder eine Formel ableiten. Waren die Vermutungen falsch, muss man nach neuen Lösungen suchen.

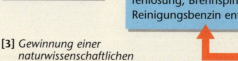

Problemstellung: Entfernen von Flecken → **Vermutungen:** Flecken lassen sich durch kaltes oder warmes Wasser, Seifenlösung, Brennspiritus oder Reinigungsbenzin entfernen. → **Überprüfung:** Durch Experimente versuchen wir das geeignete Reinigungsmittel zu finden.

[3] *Gewinnung einer naturwissenschaftlichen Gesetzmäßigkeit*

[2] *In jedem Labor werden die Experimente sorgfältig protokolliert und ausgewertet.*

Denkmal

❶ Tauche einen Teebeutel in ein Glas mit kaltem Wasser und einen anderen in ein Glas mit heißem Wasser. Was stellst du fest?

❷ Finde ein geeignetes Lösungsmittel für
a) Tinte,
b) Ölflecken.

[4] *Im Versuchsprotokoll beschreibst du dein Vorgehen von der Aufgabenstellung bis zum Ergebnis. Du kannst dein Protokoll von Hand oder am Computer schreiben.*

Versuchsdurchführung
Nun führst du das Experiment nach deiner Planung durch und notierst deine Beobachtungen im Protokoll.
(⚠ *Achtung: Brennspiritus und Reinigungsbenzin sind leicht entzündlich!*)

Auswertung
Während Wasser und auch Seife den grünen Flecken nichts anhaben können, lösen sie sich im Becherglas mit Brennspiritus allmählich auf. Das Trennverfahren, das du in deinem Experiment durchgeführt hast, nennt man Extraktion.

Reinigungsanleitung für:
...
...
...
...

➤ Die Reinigung war erfolgreich. Die Vermutung kann als Regel oder Gesetz anerkannt werden.

➤ Die Experimente bestätigen die Vermutung nicht.
Die Reinigung schlug fehl.

Versuchsprotokoll

Aufgabe:	Entferne einen Grasfleck aus einem Textilgewebe.
Geräte:	• 5 Bechergläser • Reibschale mit Pistill • Pinzette oder Tiegelzange
Chemikalien:	• Gras • 5 Stofflappen • warmes und kaltes Wasser • Seife • Reinigungsbenzin • Brennspiritus • Quarzsand
Versuchsaufbau:	kaltes Wasser / warmes Wasser / Seifenlösung / Brennspiritus / Reinigungsbenzin
Durchführung:	Wir verreiben das Gras in der Reibschale mit Quarzsand. Auf jedes Stoffstück tragen wir mit dem Pistill einen Grasfleck auf. Dann tauchen wir jedes Stoffstück 2 Minuten in eine der Flüssigkeiten.
Beobachtung:	In Brennspiritus löst sich der Grasfleck allmählich auf.
Ergebnis:	Brennspiritus ist ein geeignetes Mittel, um Grasflecken zu entfernen.

10 | 11

Regelkunde fürs Labor

[1] *Versuchsanleitung nicht gelesen?*

Endlich hast du dein neues Handy! Bloß dumm, dass die Bedienungsanleitung so dick ist wie dein Vokabelheft. Da stellt sich dann die Frage: „Lesen oder nicht lesen?" Sicher ist es spannend, einfach mal alles auszuprobieren. Aber wer sich nicht auskennt, hat auch schnell die Karte leer telefoniert oder aus Versehen die Mailbox gelöscht. Da ist es schon sicherer, Schritt für Schritt die Bedienungsanleitung abzuarbeiten und schneller geht's auch noch.

Auch beim Umgang mit Chemikalien gibt es Bedienungsanleitungen und Regeln, die es einzuhalten gilt, um sich und andere nicht zu gefährden.

Gut Ding will Weile haben

Experimente mit Chemikalien haben nichts mit Mutproben zu tun. Deshalb ist es wichtig, die Versuchsanweisungen so gründlich zu lesen wie eine Gebrauchsanweisung. Fragen ist keine Schande. Bei Unklarheiten oder selbst erarbeiteten Versuchen ist es immer besser, wenn dein Lehrer dich berät und den Versuchsaufbau noch einmal kontrolliert. Die doppelte Salzmenge verbessert eine Suppe nicht immer, auch bei Experimenten bringt die doppelte Menge an Chemikalien keine besseren Ergebnisse. Damit deine Versuche gelingen, gehören die vorgeschriebenen Stoffmengen in saubere Gefäße. Jeder Handgriff sollte sitzen. Dazu gehören alle Chemikalien und Geräte übersichtlich und standsicher auf deiner Arbeitsfläche angeordnet.

Jetzt kann's losgehen

Besondere Vorsicht ist bei flüssigen Chemikalien geboten. Beim Öffnen der Gefäße könnten Gase entweichen, die ätzend sind. Daher sollte die Öffnung immer vom Gesicht weg gehalten und sofort wieder verschlossen werden. Trotz aller Vorsicht kann immer wieder etwas auf die Arbeitsplatte tropfen. Mit einem bereit liegenden Lappen kannst du die Spritzer wegwischen, bevor sie mit deinen Fingern oder deiner Kleidung in Berührung kommen.

Kleine Mengen von Flüssigkeiten werden immer mit einer Pipette umgefüllt [2]. Der Umgang mit der Pipette will allerdings gelernt sein. Am besten probierst du es erst einmal mit Wasser aus, ehe du dich an gefährliche Chemikalien heranwagst.

[2] *Kleine Mengen von Flüssigkeiten werden mit einer Pipette umgefüllt. Die Schutzbrille verhindert üble Augenverletzungen, Schutzhandschuhe schützen zusätzlich die Hände.*

Verlangt ein Experiment von dir, dass du Chemikalien in einem Reagenzglas erhitzt, dann schüttle das Gefäß vorsichtig, aber so, dass die Öffnung nie auf Personen gerichtet ist. Beim Sieden könnte die Flüssigkeit herausspritzen und zu Verbrühungen oder sogar Verätzungen führen.

Geschmacks- oder Geruchsproben darfst du nur auf Anordnung deines Lehrers durchführen. Fordert er dich auf, eine Schutzbrille zu tragen, ist das zu deiner Sicherheit. Dein Aus-

Wenn es doch mal schief gegangen ist

Trotz aller Sorgfalt, Schutzbrille und Handschuhen können Spritzer von ätzenden Chemikalien auf deine Haut gelangen. Jetzt heißt es: Ruhe bewahren und die betroffenen Hautstellen sofort unter fließendem kaltem Wasser abwaschen! Sollten die Augen betroffen sein, müssen sie schnell mit der Augendusche am Ausguss [3] oder mit der Augenwaschflasche ausgespült werden. Auf jeden Fall musst du danach einen Augenarzt aufsuchen.

[3] *Benutzung der Augendusche*

sehen spielt dabei keine Rolle, deine Augen sollten es dir wert sein.

Benutzte oder zu viel ausgegossene Chemikalien übergibst du deinem Lehrer, damit sie fachgerecht entsorgt werden. Auf keinen Fall gehören sie wieder zurück in den Vorratsbehälter.

Drückeberger unerwünscht
Auch wenn du dein Experiment erfolgreich abgeschlossen hast, kannst du dich noch nicht auf deinen Lorbeeren ausruhen. Ein Versuch ist erst dann beendet, wenn dein Arbeitsplatz wieder leer und sauber ist.

Die Vorratsbehälter gehören wieder in den Chemikalienschrank, und die verbrauchten Chemikalien übergibst du deinem Lehrer zur ordnungsgemäßen Entsorgung [5], auch wenn der Weg zum Ausguss kürzer wäre. Lasse keine Behälter mit Chemikalienresten stehen. Damit du beim nächsten Experiment schnell zur Sache kommen kannst, sollten die Gefäße sauber weggestellt und die Arbeitsfläche gereinigt werden.

Der letzte Arbeitsschritt dient deiner eigenen Sicherheit: Vergiss nicht deine Hände zu waschen, nachdem du mit Chemikalien gearbeitet hast.

Gefahren-symbol	Kenn-buchstabe	Gefahren-bezeichnung	Gefährlichkeitsmerkmale
☠	T+	Sehr giftig	Sehr giftige Stoffe können schon in sehr geringen Mengen zu schweren Gesundheitsschäden führen.
☠	T	Giftig	Giftige Stoffe können in geringen Mengen zu schweren Gesundheitsschäden führen.
✕	Xn	Gesundheits-schädlich	Gesundheitsschädliche Stoffe führen in größeren Mengen zu Gesundheitsschäden.
✕	Xi	Reizend	Dieser Stoff hat Reizwirkung auf Haut und Schleimhäute, er kann Entzündungen auslösen.
🧪	C	Ätzend	Dieser Stoff kann lebendes Gewebe zerstören.
💥	E	Explosions-gefährlich	Dieser Stoff kann unter bestimmten Bedingungen explodieren.
🔥	O	Brand fördernd	Brand fördernde Stoffe können brennbare Stoffe entzünden, Brände fördern und Löscharbeiten erschweren.
🔥	F+	Hoch entzündlich	Hoch entzündliche Stoffe können schon bei Temperaturen unter 0 °C entzündet werden.
🔥	F	Leicht entzündlich	Leicht entzündliche Stoffe können schon bei niedrigen Temperaturen entzündet werden. Mit der Luft können sie explosionsfähige Gemische bilden.
🌳	N	Umwelt-gefährlich	Dieser Stoff ist schädlich für den Boden, die Gewässer oder die Luft und giftig für Organismen.

[4] Viele Chemikalien sind mit Gefahrensymbolen gekennzeichnet. Auf dem Etikett sind außerdem die besonderen Gefahren (R-Sätze) und Sicherheitsratschläge (S-Sätze) angegeben. Du findest die R- und S-Sätze auf S. 318/319.

[5] Verbrauchte Chemikalien haben nichts im Ausguss zu suchen, sondern müssen fachgerecht entsorgt werden.

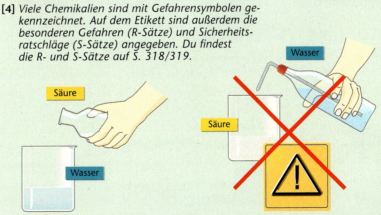

[6] „Erst das Wasser, dann die Säure, sonst geschieht das Ungeheure." Musst du Säuren oder Laugen verdünnen, gieße zuerst das Wasser in das Gefäß und füge dann die Säure oder Lauge hinzu.

Erkunden und erforschen — Werkstatt

Geräte richtig gebrauchen

Warm oder kalt? Kurz oder lang? Mit deinen Sinnen kannst du solche Fragen nicht immer zuverlässig beantworten. Mit Messgeräten kommst du weiter. Länge, Breite und Höhe von Gegenständen, Volumen von Körpern, deren Masse, Temperatur usw. hast du bereits mit verschiedenen Messgeräten bestimmt, z. B. mit der Waage oder mit dem Thermometer.

[1] *Mit Rollen lassen sich Seilbahnen bauen und Hindernisse überwinden.*

1 Messen

Physikalische Größen bestehen aus einem Zahlenwert und einer **Einheit**. Die benötigte Zeit (physikalische Größe) für einen 100-Meter-Lauf misst du z. B. mit einer Stoppuhr mit 10 Sekunden. „10" ist der Zahlenwert und „Sekunden" ist die Einheit.

Viele physikalische Größen kennst du bereits. Übertrage die Tabelle [4] in dein Heft und ergänze die fehlenden Einträge. Im Laufe der Zeit wirst du noch weitere Begriffe kennen lernen. Trage diese dann ebenfalls in deine Tabelle ein.

Viele Größen lassen sich mithilfe des elektrischen Stroms bestimmen. Deshalb kommt elektrischen Messgeräten eine besondere Bedeutung zu. Wie du die Stromstärke und Spannung messen kannst, erfährst du im Kapitel „Elektrifizierte Welt".

2 Sicher festgemacht

Bei deinen Experimenten setzt du zahlreiche Geräte ein. Mit Stativmaterial klemmst du sie sicher fest und weist ihnen einen bestimmten Standort zu. So fallen sie nicht um, die Neigung stimmt, sie rollen nicht über den Tisch und verschieben sich nicht gegeneinander.

Baue aus Befestigungsmaterialien aus der naturwissenschaftlichen Sammlung deiner Schule das Modell einer Seilbahn. Stell dir vor, du musst damit einen Fluss überqueren [1]. Benutze eine Rolle. Deiner Phantasie sind keine Grenzen gesetzt.

[2] *Messgeräte*

 Waage

 Vielfachmessgerät für elektrische Größen

 Thermometer

 Federkraftmesser

 Stoppuhr

 Gliedermaßstab

[3] *Physikalische Größen kann man auch mit elektronischen Geräten erfassen und danach am Computer auswerten.*

[4]

Physikalische Größe	Einheiten	Messgeräte
Länge	mm, cm, dm, m, km	Gliedermaßstab, Maßband, ...
Zeit	s, min, h, ...	Uhr, Stoppuhr
Temperatur		
Volumen		
Masse		
...		

[5] *Gewusst wie: die richtige Werkzeugübergabe*

[6] *Trage Werkzeuge und Geräte immer so, dass niemand gestoßen wird.*

3 Sicher mobil

Im Fachraum musst du für deine Arbeit immer wieder die unterschiedlichsten Geräte transportieren. Manche dieser Geräte sind scharf und spitz oder leicht zerbrechlich.

Spitze oder scharfe Werkzeuge bzw. Geräte reichst du deinen Mitschülern so zu, dass sie diese am Griff fassen können [5].

Beim Werkzeug- und Gerätetransport achte auf deine Mitschülerinnen und Mitschüler. Halte die scharfen und spitzen Geräte und Werkzeuge am Griff nach unten [6]. So kannst du niemanden verletzen.

Außerdem solltest du nicht leichtsinnig sein. Werkzeuge und Geräte gehören nicht in deine Kleidertaschen!

4 Rund um den elektrischen Strom

Alle Geräte des modernen Lebens – von Haushaltsgeräten wie der Waschmaschine, dem Staubsauger bis zur Stereoanlage, dem Farbfernseher oder dem Computer – werden mit elektrischem Strom betrieben. Elektrischer Strom kann lebensgefährlich sein. Vor dem gefährlichen Strom aus der Steckdose (230 Volt) schützen uns der Schutzleiter, Sicherung und Fehlerstrom-Schutzschalter. Wichtig ist, dass du nur Geräte benützt, die den Sicherheitsvorschriften entsprechen. Sie sind am VDE-Kennzeichen [8] zu erkennen.

Für Experimente darfst du nur Stromquellen mit Spannungen von höchstens 24 Volt verwenden, z. B. Batterien oder Netzgeräte [7]. Nenne weitere Stromquellen, die für dich ungefährlich und damit geeignet sind.

[8] *Elektrische Geräte, die den Sicherheitsvorschriften entsprechen, haben das VDE-Kennzeichen auf dem Typenschild.*

Batteriehalter   9-Volt-Batterie   Netzgerät

[7] *Stromquellen für Schülerexperimente*

[9] *Dieses Schild warnt vor besonders hohen und gefährlichen Spannungen, z. B. an Überlandleitungen.*

Erkunden und erforschen Ratgeber

Erste Hilfe

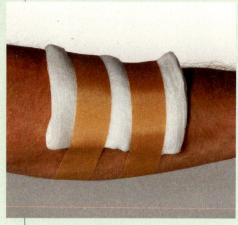

[1] *Wundverband für größere Hautverletzungen*

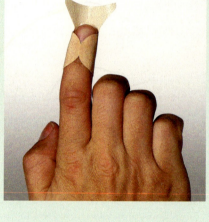

[2] *Fingerkuppenverband: Aus der Mitte eines Pflasterstücks schneidet man beidseitig keilförmige Stücke heraus. Dann klebt man die eine Hälfte um den Finger und klappt die andere Hälfte über die Fingerkuppe.*

Irina und Vanessa bereiten in der Schulküche ein Essen zu. Irina ist kurz unaufmerksam und übergießt ihren Arm mit heißem Wasser. Vanessa, die erst kürzlich einen Erste-Hilfe-Kurs besucht hat, eilt sofort zur Hilfe. Sie hält Irinas verbrühten Arm unter kaltes Wasser.

Im Notfall muss jeder helfen
Unfälle können überall passieren. Bei Notfällen ist jeder Mensch verpflichtet, Hilfe zu leisten. Jeder kann in eine Situation kommen, in der er selbst Hilfe benötigt. Es ist gar nicht so schwierig, anderen zu helfen.

Rettungskette
Die Hilfeleistungen bei Unglücksfällen greifen wie die Glieder einer Kette ineinander, sodass der Betroffene schnell Hilfe erhält [3]. Jede Kette ist allerdings nur so stark wie ihr schwächstes Glied. Eine Ausbildung in erster Hilfe stärkt die ersten drei Glieder der **Rettungskette**.

Wundversorgung
Blutungen sehen oft schlimmer aus, als sie sind. Jeder kann lernen, wie man Wunden richtig versorgt. Folgende Grundsätze der Wundversorgung gelten in der ersten Hilfe:
- Zum Schutz vor Infektionen **Schutzhandschuhe** tragen
- Wunden nicht mit den Händen berühren
- Wunden nicht auswaschen
- Kein Puder, Salben, Sprays oder Desinfektionsmittel verwenden
- Fremdkörper in Wunden soll nur der Arzt entfernen.

Für kleine Verletzungen mit geringer Blutung, wie Hautabschürfungen oder kleine Schnittverletzungen, reicht meist ein **Wundschnellverband** (Pflaster) aus. Zuerst zieht man die Schutzfolie ab, ohne dabei die Wundauflage anzufassen, dann klebt man das Pflaster auf die Haut.

Größere Hautverletzungen bedeckt man mit einer **sterilen Wundauflage** und klebt sie mit Heftpflaster fest [1]. Die sterile Wundauflage soll man nur außen berühren.

Hilfe bei Augenverletzungen
Bei einer Augenverletzung, auch wenn ein Fremdkörper im Auge festsitzt, legt man einen **Augenverband** an. Dazu deckt man beide Augen mit einer sterilen Wundauflage ab und befestigt diese mit einem Dreieck-

Sofortmaßnahmen	Notruf	Erste Hilfe	 Rettungsdienst	 Krankenhaus
• Erstversorgung durch Mitschüler • Schüler informiert den Lehrer	• Lehrer ruft den Rettungsdienst • Lehrer informiert Schulleitung und Eltern	• Ausgebildeter Ersthelfer versorgt den Verletzten • Lagerung des Verletzten im Sanitätsraum	• Rettungswagen bringt den Verletzten ins Krankenhaus • oder: Eltern holen Verletzten ab	• Patient wird im Krankenhaus behandelt • oder: Behandlung in einer Arztpraxis

[3] *Rettungskette bei Notfällen in der Schule. Wenn eine weitere Versorgung nicht mehr nötig ist, kann die Rettungskette nach jedem Glied abgebrochen werden.*

Denkmal

❶ Überlege dir Notfälle, die an deiner Schule vorkommen können. Beschreibe, wie du vorgehen würdest.

❷ Wie löst du in deiner Schule die Rettungskette aus?

❸ Sucht in eurem Schulhaus nach Zeichen oder Gegenständen, die bei einem Notfall hilfreich sind. Zeichnet dann einen Plan und markiert die Stellen, an denen ihr diese Hilfsmittel gefunden habt.

❹ Welche Hilfsmittel in den Fachräumen (z. B. Küche, Technikraum oder Chemiesaal) dienen der ersten Hilfe? Erstellt ein Plakat dieser Gegenstände und beschreibt ihren Zweck.

❺ Überprüft in eurem Fachraum den Verbandschrank [4] auf seine Vollständigkeit.

[4] *Der Verbandschrank enthält u. a.: Wundschnellverband (Pflaster), Heftpflaster, Verbandpäckchen und weiteres Verbandmaterial, Einmalhandschuhe, Augenkompressen, Dreiecktuch, Rettungsdecke, Schere.*

[5] *Augendusche*

tuch. Wenn beide Augen abgedeckt sind, bewegt sich auch das verletzte Auge nicht und wird dadurch geschont. Nachdem der Augenverband angelegt ist, bringt man den Verletzten zum Augenarzt.

Auswaschen von Verätzungen

Hautverätzungen durch Chemikalien wie Laugen oder Säuren spült man mit viel Wasser ab, bevor man zum Arzt geht. Bei **Augenverätzungen** zählt jede Sekunde. Die Augen müssen so schnell wie möglich mit viel Wasser gründlich ausgespült werden. Mit einer Augendusche [5], [12.3] geht das besonders gut. Im Notfall, wenn kein Wasser vorhanden ist, verwendet man Getränke. Nach dieser Erstversorgung muss der Verletzte zum Augenarzt.

Maßnahmen bei Schock

Plötzliches Erschrecken, Blutverlust, Herzerkrankungen oder Allergien können einen **Schock** auslösen. Betroffene haben meist eine kalte und schweißnasse Haut und einen schnellen Puls. Zuerst sind sie nervös und ängstlich, später ruhiger.

Auch wenn der Schock zunächst nicht so schlimm aussieht, ist erste Hilfe dringend notwendig. Der Betroffene wird in der **Schocklage**, d. h. flach mit erhöhten Beinen gelagert [6]. Um ihn vor Unterkühlung zu schützen, legt man je eine Decke oder Jacke unter und über ihn. Auf keinen Fall sollte man ihn alleine lassen. Betreuung und Zuwendung sind hier sehr wichtig. Bei einem Schock muss man immer den Rettungsdienst alarmieren.

Checkliste für den Notfall

Wo ist der Notfall?
Genaue Angaben des Unfallorts: Ort, Straße, Hausnummer, Stockwerk usw.

Was ist geschehen?
Kurze Beschreibung der Notfallsituation. Die Rettungsleitstelle muss erkennen, welche Maßnahmen eingeleitet werden müssen (Rettungshubschrauber, Feuerwehr usw.).

Wie viele Verletzte sind zu versorgen?

Rückfragen? Nicht zu schnell auflegen!
Erst auflegen, wenn das Gespräch von der Leitstelle beendet wird.

[8]

[6] *Schocklage*

112 — Notrufnummer der Feuer- und Rettungsleitstelle

110 — Notrufnummer der Polizeileitstelle. Der Notruf wird an den Rettungsdienst weitergegeben.

19222 — Notrufnummer des Rettungsdienstes in Baden-Württemberg (bei Handys nur mit Vorwahl)

SOS — Bei Handys funktioniert der Notruf (112) ohne PIN und Guthaben. Manche Handys haben eine SOS-Funktion, diese soll aber nur im Notfall benutzt werden. Ein Anruf über das Festnetz kommt schneller an der richtigen Stelle an.

[7] *Notrufnummern*

Werkstatt

Mikroskope

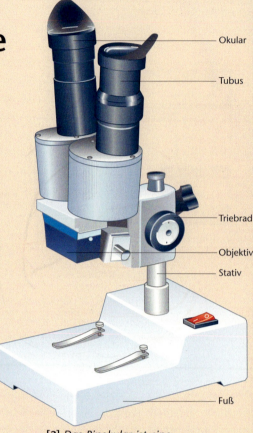

[2] Das Binokular ist eine besonders leistungsfähige Lupe.

[1] Scheinwelt: Hologramm (räumliche Abbildung) einer Banknote unter dem Binokular betrachtet.

Binokular und Mikroskop unter die Lupe nehmen

Jedes Mikroskop besteht aus einem stabilen Fuß mit Stativbügel und einem Rohr. Das Rohr, auch Tubus genannt, trägt die Linsensysteme. Die deinem Auge zugewandte Linse, durch die du in das Mikroskop blickst, heißt Okular. Am unteren Tubusende findest du beim Binokular nur eine besonders große Linse, beim Mikroskop eine drehbare Scheibe mit mehreren Objektiven. Den zu betrachtenden Gegenstand, das Objekt, legt man jeweils auf den Objekttisch. Beim Binokular verwendet man dazu eine kleine Petrischale, beim Mikroskop ein besonderes Glasscheibchen, den Objektträger.

Damit du im Mikroskop ein scharfes Bild sehen kannst, musst du jeweils den Abstand zwischen Objektiv und Objekt verändern. Dazu dient der Triebknopf am Stativbügel. Beim Binokular bewegt er den Tubus auf und ab, beim Mikroskop den Objekttisch. Bei vielen Mikroskopen besteht der Triebknopf aus einem getrennten Grobtrieb- und Feintriebrad.

Ganz kleine Dinge, die man nicht genau erkennen kann, holt man sich näher an die Augen oder betrachtet sie mit der Lupe.

Mit einer guten **Handlupe** kann man bis etwa 15fach vergrößern. Viel eindrucksvoller wird das Bild, wenn man den Gegenstand bis etwa 50-mal vergrößert betrachten kann. Dafür verwendet man ein **Binokular** [2], das auch Stereolupe oder Stereomikroskop heißt. Reicht auch dessen Vergrößerung noch nicht aus, verwendet man das noch leistungsfähigere **Mikroskop** [6]. Seine Bezeichnung ist aus zwei griechischen Wörtern zusammengesetzt und bedeutet „Kleines sehen". Mit einem guten Schulmikroskop kann man bis etwa 400fach vergrößern.

Der Mikroskop- und Binokularführerschein

Damit du bei deinen Forschungen einen guten Durchblick erhältst, solltest du folgendermaßen vorgehen:
- Binokular und Mikroskop musst du immer aufrecht tragen. Die Okulare sind nur lose eingesteckt und könnten sonst heraus fallen.
- Beim Binokular beleuchtet man das Objekt am besten von oben, beim Mikroskop von unten.

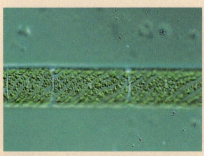

[3] Die Fäden der Fadenalge Spirogyra lassen sich gut unter dem Mikroskop betrachten. Drehst du vorsichtig am

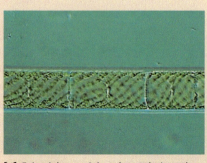

[4] Feintrieb, so siehst du nacheinander unterschiedlich scharfe Bilder. Das Mikroskop kann nur eine sehr dünne

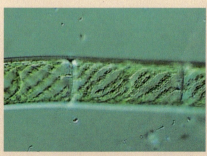

[5] Schicht scharf abbilden. Um einen räumlichen Eindruck zu bekommen, drehst du vorsichtig den Feintrieb.

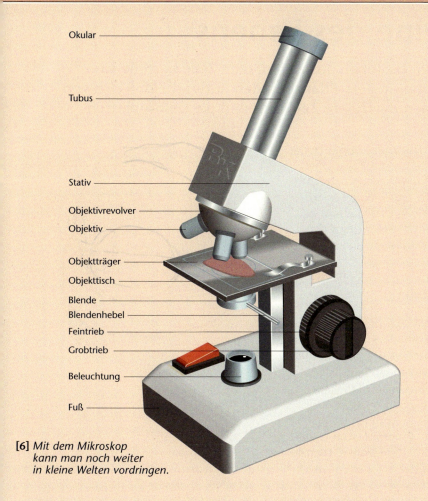

Labels: Okular, Tubus, Stativ, Objektivrevolver, Objektiv, Objektträger, Objekttisch, Blende, Blendenhebel, Feintrieb, Grobtrieb, Beleuchtung, Fuß

[6] Mit dem Mikroskop kann man noch weiter in kleine Welten vordringen.

- Binokulare haben meist ein Zoom-Objektiv. Mit einem besonderen Stellrad stellst du die kleinste Vergrößerung ein.
- Beim Mikroskop beginnst du beim Betrachten eines Objektes immer zuerst mit der kleinsten Vergrößerung. Sie ist dann eingestellt, wenn am Mikroskop das kürzeste Objektiv (mit der Beschriftung 3:1) direkt auf das Objekt zeigt. Nun drehst du so lange den Grobtrieb am Triebknopf, bis der Objekttisch ganz weit oben steht. Dann schaust du in das Okular und drehst den Tisch langsam herunter, bis das Bild scharf erscheint. Die optimale Schärfe stellst du mit dem Feintrieb ein. Wenn du alles gesehen hast, drehst du den Objektivrevolver weiter und stellst erneut scharf ein.
- Beim Binokular schaust du mit beiden Augen in die Okulare. Hier musst du die beiden Einblickteile auf deinen Augenabstand einrichten.
- Das Mikroskop hat zwar nur einen Tubus, aber halte beim Beobachten dennoch beide Augen offen, um sie nicht zu überanstrengen.

1 Verfasse eine Gebrauchsanweisung für den sorgfältigen Umgang mit einem Mikroskop oder einem Binokular. Vergiss nicht die Beschreibung der Einzelteile und ihrer Funktionen.

2 Warum beginnt man die mikroskopische Arbeit immer zuerst mit der geringsten Vergrößerung?

Feintrieb und Blende bringen die Schärfe

Das Binokular zeigt dir ähnlich wie die Handlupe ein räumliches Bild vom betrachteten Gegenstand. Im Mikroskop kannst du dagegen immer nur eine bestimmte Ebene im Objekt scharf sehen. Was darüber oder darunter liegt, bleibt unscharf. Mit dem vorsichtigen Drehen am Feintrieb kannst du dich gleichsam von oben nach unten – oder umgekehrt – durch ein Objekt hindurch arbeiten. Wenn du den Objekttisch hebst, wird zunächst die Oberseite eines Objektes scharf abgebildet. Beim weiteren Anheben erscheinen dann schrittweise die tieferen Etagen. Auf diese Weise gewinnst du dennoch einen räumlichen Eindruck von deinem Objekt.

Das Mikroskop hat unter dem Objekttisch noch eine besondere Einrichtung, die Blende. Sie regelt einerseits die Lichtmenge, die in den Tubus und damit in dein Auge fällt, dient aber andererseits auch dazu, die Schärfentiefe zu verbessern.

3 Betrachte ein Objekt, beispielsweise die Schramme auf einem Objektträger oder die Fadenalge Spirogyra [3] – [5], bei offener und geschlossener Blende. Beschreibe deine Feststellung.

4 Wie kannst du auch am Mikroskop ein räumliches Bild des Objektes gewinnen?

5 Um zu berechnen, wie stark das Mikroskop vergrößert, liest man von Objektiv und Okular die eingravierten Zahlenwerte ab und multipliziert sie miteinander [7].

Wie stark vergrößert demnach ein Mikroskop mit dem Objektiv 40 und dem Okular 12,5?

Vergrößerungstabelle		
Objektiv	Okular	Vergrößerung
4 fach	10 fach	40 fach
10 fach	10 fach	100 fach
40 fach	10 fach	400 fach

[7]

Bausteine des Lebens

Alle Lebewesen bestehen aus Zellen. Jede Zelle besteht aus mehreren Bestandteilen. Pflanzenzellen unterscheiden sich von tierischen Zellen durch ihre Zellwand und die Chloroplasten.

Als 1665 der Engländer Robert Hooke eine dünne Scheibe aus der Rinde einer Korkeiche durch ein Mikroskop betrachtete, erkannte er eine regelmäßige Anordnung aus rechteckigen Gebilden, die er **Zellen** nannte. Heute weiß man, dass ausnahmslos alle Lebewesen aus Zellen aufgebaut sind.

Bauplan einer Zelle

Die Blätter der Wasserpest [2] sind schon von Natur aus dünn genug, um unter dem Mikroskop ein Bild ihrer vielen Zellen zu zeigen. Mit Feintrieb und Blende kannst du die zahlreichen Zellen eines solchen Blattes erkennen. In den Zellen fallen vor allem die grasgrünen Körperchen auf. Man nennt sie **Chloroplasten** [1], [8]. Sie kommen nur bei Pflanzen vor. Mithilfe des Sonnenlichtes stellen sie energiereiche Stoffe her. Besonders gut ist der Aufbau einer Pflanzenzelle [8] an einem Zwiebelhäutchen zu erkennen. Den größten Raum in der Zelle nimmt ein Bläschen ein, das im Wesentlichen Wasser und einige darin gelöste Stoffe enthält: der **Zellsaftraum** [10]. Er wird von einer Membran (Haut) vom **Zellplasma** abgegrenzt. Das Zellplasma ist eine Flüssigkeit, in der alle lebenswichtigen Vorgänge der Zelle ablaufen. In diesem Zellplasma befinden sich die Chloroplasten und ein größeres, kugelförmiges Gebilde, der **Zellkern**. Er steuert alle Lebensvorgänge. Die Zelle ist von einer dünnen, aber recht festen Haut, der **Zellmembran**, umgeben. Nur Pflanzenzellen besitzen zum Schutz auch noch eine Zellwand. Sie gibt der Zelle außerdem ihre Form.

[1] *Die Blattzellen der Wasserpest [2] zeigen oft eine eindrucksvolle Plasmaströmung.*

[2] *Wasserpest*

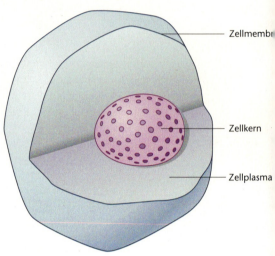

[7] *Tierzelle*

Wie stelle ich ein Zwiebelhaut-Präparat her?

Schneide eine Küchenzwiebel längs in vier Teile und trenne eine der mittleren Schichten heraus. In die Innenseite dieser Schuppe ritzt du mit einer Rasierklinge oder einem Skalpell vorsichtig ein kleines Viereck. Danach lässt sich dort mit der Pinzette ein dünnes Häutchen abziehen. Dieses legst du in einen Tropfen Leitungswasser auf einen Objektträger. Setze nun das Deckglas schräg auf den Objektträger und ziehe es vor bis zum Tropfen. Wenn du es nun langsam absenkst, kann die Luft seitlich entweichen. So verhinderst du störende Luftblasen unter dem Deckglas. Überflüssiges Wasser lässt sich einfach mit Filterpapier wegsaugen. Sollte das Präparat beim Betrachten austrocknen, kannst du mit einer Pipette einen Tropfen Wasser hinzufügen.

Wenn du anstelle des Wassers einen Tropfen Methylenblau-Lösung oder gewöhnliche Füllertinte verwendest, so färbt sich der Zellkern blau. Dieses Anfärben kann auch nachträglich geschehen: Dazu trägst du auf der einen Seite einen Tropfen der Farbstoff-Lösung mit einer Pipette am Deckglasrand auf und saugst auf der gegenüber liegenden Seite Wasser mit Filterpapier ab.

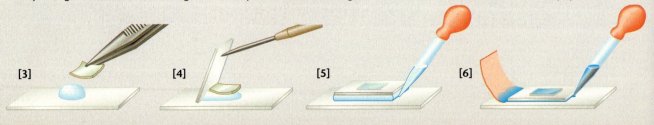

[3] [4] [5] [6]

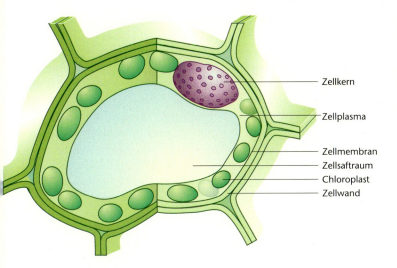

[8] *Pflanzenzelle*

Labels: Zellkern, Zellplasma, Zellmembran, Zellsaftraum, Chloroplast, Zellwand

Merkmal

▶ Alle Lebewesen bestehen aus Zellen.

▶ Die wichtigsten Bauteile einer Zelle sind Zellmembran, Zellkern und Zellplasma.

▶ Pflanzenzellen enthalten zusätzlich Chloroplasten und einen Zellsaftraum und sind von einer Zellwand umgeben.

Denkmal

❶ Wodurch kann man eine pflanzliche und eine tierische Zelle unter dem Mikroskop klar unterscheiden?

❷ Wozu färbt man mikroskopische Präparate manchmal an?

❸ Lege eine Tabelle in deinem Heft an. In der ersten Spalte erfasst du alle Bestandteile der Zelle, in der zweiten Spalte ergänzt du ihre Aufgaben.

❹ Schreibe eine kleine Anleitung für das Anfertigen eines mikroskopischen Präparates, beispielsweise von einem Haar oder Insektenflügel.

❺ Stelle wie ROBERT HOOKE ein Korkenscheibchen-Präparat her und vollziehe seine Entdeckung nach.
Beschreibe dein Vorgehen in einem kleinen Text.

❻ Bastle ein Zellmodell aus einer durchsichtigen Kunststoffschachtel und anderen Bauteilen.

Pflanzen- oder Tierzellen?

Im Gegensatz zu den pflanzlichen Zellen der Wasserpest [1] ist die Form der Mundschleimhautzellen [9] rundlich. Diesen und allen tierischen Zellen fehlen der große Zellsaftraum, die Zellwand und die Chloroplasten. Das ist typisch für alle tierischen Zellen.

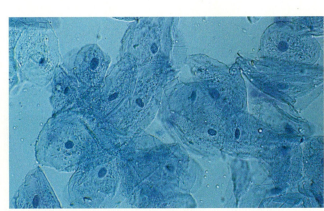

[9] *Mundschleimhautzelle: Schabt man mit einem Löffel vorsichtig die Innenseite der Wange ab, so bleiben daran einige Zellen der Mundschleimhaut haften. Um ihren Zellkern im Mikroskop besser erkennen zu können, kann man einen Farbstoff (Methylenblau-Lösung) auf das Präparat geben, der am Zellkern besonders gut haftet.*

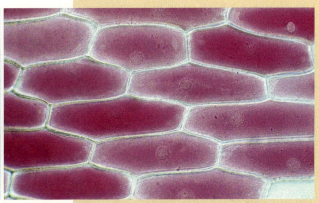

[10] *Gefärbter Zellsaftraum in den Zellen einer rotschaligen Zwiebel*

Erkunden und erforschen — Werkstatt

Leben im Wassertropfen

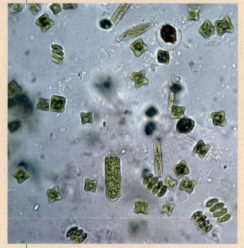

Das Leben in einem Wassertropfen ist so vielfältig, dass wir nur ein paar Beispiele zeigen können. Hier ist allerdings nicht der Wassertropfen aus dem Wasserhahn gemeint, sondern der aus einem natürlichen Gewässer. Du kannst auch selbst mit natürlichen Stoffen eine „Brühe" herstellen, in der du viele Kleinstlebewesen finden wirst.

Fischen mit dem Planktonnetz
Meist genügt es nicht, einfach mit einer Pipette einen Wassertropfen aus einem Teich zu entnehmen und unter dem Mikroskop zu betrachten. So dicht leben die winzigen Wasserbewohner, Plankton genannt, nun auch wieder nicht zusammen.

1 Besser ist es, ein besonders feinmaschiges Planktonnetz langsam durch das Wasser zu ziehen. Wenn du kein Planktonnetz zur Hand hast, fährst du mit einem Stück Seidenstrumpf durch das Wasser. Spüle die in den Maschen hängenden Kleinstlebewesen mit etwas Wasser in ein leeres Glas ab. Dazu stülpst du das Planktonnetz vorher um. Wenn sich im Glas bei seitlich einfallendem Licht viele zuckende Pünktchen zeigen, war dein Fischzug erfolgreich.

[1] *Im Trüben gefischt: Die Wasserprobe zeigt viele ungewöhnliche Einzeller wie Grünalgenkolonien und Kieselalgen.*

[2]–[4] *Heuaufguss*

[2]   [3]   [4]

[6] *Facetten-Rädertierchen fressen abgestorbene Pflanzen- und Tierreste sowie frei schwebende Algen.*

[7] *Astalgen bilden in stehenden und langsam fließenden Gewässern Watten aus verzweigten Fäden.*

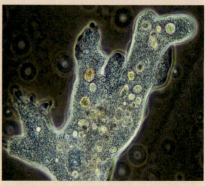

[8] *Auf der Unterseite von Wasserpflanzen findet man die Wechseltierchen, auch Amöben genannt.*

Heuaufguss ansetzen

Wenn kein Schulteich oder Weiher zum Planktonfischen in der Nähe ist, kannst du einen ganzen Minizoo auch mit einem so genannten **Heuaufguss** [2]–[4] heranzüchten.

2 Besorge dir ein wenig Heu, zerschneide es in kleine Stücke und übergieße es mit abgekochtem und wieder erkaltetem Wasser [2]. Gieße das Wasser nach 2 bis 3 Tagen durch ein Sieb, wirf das alte Heu weg und gib ein paar neue Halme dazu. Stelle den Ansatz an einen hellen, aber kühlen Platz [3]. Nach wenigen Tagen wird das Wasser trüb, und auf der Oberfläche bildet sich eine schillernde Kahmhaut. Etwa eine Woche später entnimmst du davon mit der Pipette eine kleine Probe [4], [5]. Für ein weiteres Präparat saugst du etwas Wasser von der Oberfläche eines Grashalms.

3 Überlege dir, woher die vielen Kleinstlebewesen stammen, die du aus trockenem Heu herangezüchtet hast.

[9] *Pantoffeltierchen sind Wimpertierchen, die sich aktiv im Wasser fortbewegen. Das ist ein großer Vorteil gegenüber den schwebenden Einzellern.*

Was man so alles findet

4 Entnimm eine Wasserprobe aus einem Teich oder Tümpel und untersuche sie unter dem Mikroskop. Meist findest du kleinere blau- oder grasgrüne Algenfäden, auch grüne Einzeller in Kugelgestalt oder anderer Form. Daneben fallen kleine umher flitzende Gestalten auf. Meist sind es Wimpertiere wie das Pantoffeltierchen [9], die in rasender Fahrt durch das Gesichtsfeld sausen. Sie sind bis zu 0,3 mm lang.

Mit etwas verdünntem Tapetenkleister oder ein paar Wattefäden kannst du sie wirksam abbremsen. Pantoffeltierchen finden sich nur in Teich- oder Tümpelwasserproben. Im Heuaufguss treten dagegen andere Arten von Wimpertierchen auf.

5 Warum findet man zwar viele Kleinstlebewesen im Teichwasser, aber keine in einem Tropfen aus der Wasserleitung?

6 Erstelle einen Steckbrief über die Lebensweise von Amöben und Wimpertierchen.

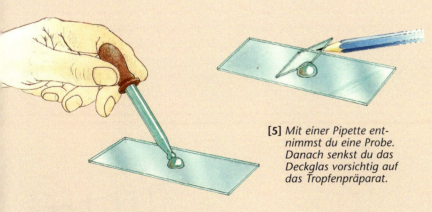

[5] *Mit einer Pipette entnimmst du eine Probe. Danach senkst du das Deckglas vorsichtig auf das Tropfenpräparat.*

Projekt-Tipp: Aufwuchs ansiedeln

Befestige je zwei Objektträger mit einer Wäscheklammer oder Gummiband aufeinander [10] und hänge sie an einem größeren Schwimmkorken in ein großes Konservenglas oder ein kleines Aquarium, das du mit Gartenteichwasser und wenigen Wasserpflanzenstücken befüllt hast. Stelle den Ansatz hell, aber kühl und ohne direkte Sonneneinstrahlung auf. Nach ein bis zwei Wochen entnimmst du die Objektträger, trocknest sie auf der Außenseite gut ab und trennst die beiden Glasscheiben voneinander. Lege ein Deckglas auf die unbehandelte Seite. Auf der Glasfläche haben sich viele Kleinstlebewesen angesiedelt. Du kannst die Objektträger auch wieder in das Kulturgefäß zurücksetzen und weitere Besiedlungen abwarten.

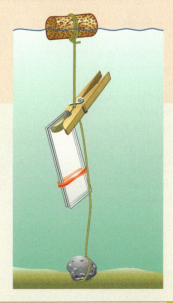

[10] *Einladung zum Aufsitzen: So siedelt man Kleinstbewohner in stehenden Gewässern auf Objektträgern an.*

Erkunden und erforschen — Werkstatt

Lebenswerke aus Zellen

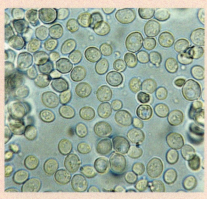

[1] *Hefezellen: Ohne diese einzelligen Pilze geht kein Pizza-Boden.*

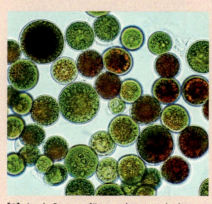

[2] *Auch Regenpfützenalgen enthalten alles in einer Zelle.*

[3] *In manchen Süßwasserpolypen wohnen Tausende einzelliger Grünalgen.*

Zellen sind im Allgemeinen sehr klein. Mit bloßem Auge sind sie meist nicht zu erkennen. Auf einem einzigen Stecknadelkopf finden rund eine Million Bakterien Platz.

Dagegen sind Hefezellen [1] schon etwas größer – etwa 1000 von ihnen könnten den Nadelkopf dicht besetzen. Manche Zellen [5] können aber auch sehr groß sein. Die Faserzellen von Pflanzen wie Hanf oder Flachs sind gleich mehrere Zentimeter lang. Vogeleier sind die größten Zellen im Tierreich.

Vom Einzeller ...

Einzeller schaffen mit nur einer Zelle alles, was zum Leben gehört – Fortbewegung, Nahrungsaufnahme, Verdauung und Vermehrung. Die meisten Einzeller leben im Wasser. Pflanzliche Einzeller mit Chloroplasten nennt man Algen [2]. Einige davon leben auch außerhalb des Wassers und begrünen schattige Mauern oder Baumrinden. Besonders hübsch anzusehen sind die Kieselalgen. Sie besitzen eine gläserne Zellwand mit feinen Streifen- und Lochmustern.

Tierische Einzeller wie die Wimpertiere [23.9] sind meist farblos. Sie ernähren sich häufig von Bakterien. Man findet sie nicht nur in natürlichen Gewässern, sondern auch im abgestandenen Wasser einer Blumenvase.

... zum Vielzeller

Einzeller kommen nur mit einer Zelle aus, größere Lebewesen dagegen nicht. Sie bestehen jeweils aus mehreren bis sehr vielen Zellen. Die einzelnen Zellen hängen rundum aneinander und halten sich gegenseitig fest.

Gut aufgebaut

Auf beiden Seiten eines Buchenblattes [4] erkennt man eine Blatthaut, die die Oberflächen abdichtet. In die Blatthaut der Blattunterseite sind zahlreiche Spaltöffnungen für den Gasaustausch eingebaut. Die übrigen Blattgewebe bestehen aus Zellen, die mit Chloroplasten vollgestopft sind. Im Palisadengewebe stehen recht schlanke Zellen dicht nebeneinander wie die Latten im Zaun. Im Schwammgewebe liegen die Zellen locker verteilt mit vielen Zwischenräumen – wie in einem Schwamm. In den Zellen mit Chloroplasten entstehen mithilfe des Sonnenlichts lebenswichtige Stoffe wie Zucker und Sauerstoff [104.5].

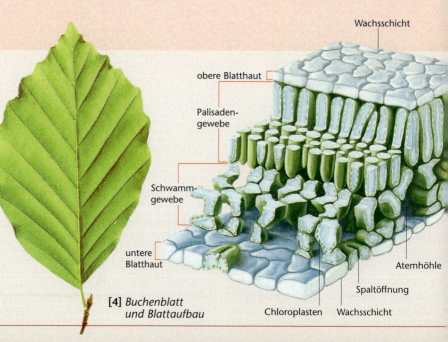

[4] *Buchenblatt und Blattaufbau*

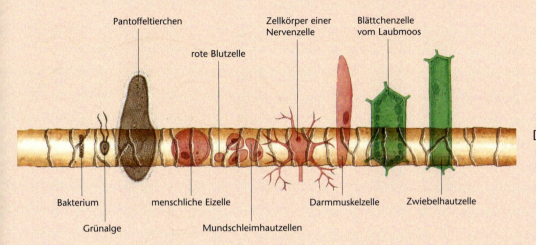

[5] *Das Haar als Messlatte: Manche Zellen sind größer als ein Haar dick ist.*

Labels: Pantoffeltierchen, rote Blutzelle, Zellkörper einer Nervenzelle, Blättchenzelle vom Laubmoos, Bakterium, menschliche Eizelle, Darmmuskelzelle, Zwiebelhautzelle, Grünalge, Mundschleimhautzellen

So bilden sie ein **Gewebe** wie die Maschen eines Netzes. Ein solches Gewebe aus gleichen Zellen ist die Mundschleimhaut [21.9]. Etwa 1 Quadratmillimeter (mm²) davon – so groß wie der Buchstabe „o" von dieser Seite – besteht aus rund 2000 einzelnen Zellen. Die Haut der Finger oder der Hand ist dicker. Unter 1 Quadratmillimeter (mm²) liegen dort etwa 50000 Hautzellen.

Ein erwachsener Mensch ist aus ungefähr 100 Billionen Zellen aufgebaut – eine unvorstellbar große Zahl. Würde man alle diese Zellen aneinander reihen, ergebe sich die vierfache Entfernung Erde – Mond (1,52 Mio. km).

Von der Zelle zum Organismus

In einem vielzelligen Lebewesen sehen nicht alle Zellen gleich aus. Daher findet man in Pflanzen und Tieren auch nicht nur eine Gewebesorte. Mehrere Gewebe bilden zusammen ein **Organ**. Ein **Organismus** ist aus verschiedenen Organen zusammengesetzt, eine Pflanze beispielsweise aus Wurzel, Sprossachse und Blättern.

1 Untersuche unter dem Mikroskop die feinen Häutchen, die sich von der Oberfläche eines Tulpen- oder Lauchblattes abziehen lassen. Beschreibe deine Beobachtungen.

2 Schneide vorsichtig ein dünnes Scheibchen von einer Salatgurke, einer Möhre oder einem Apfel ab und untersuche es ungefärbt unter dem Mikroskop. Was ist zu sehen?

Spezialisten unter den Zellen

In einem Laubblatt kann man ungefähr zehn verschiedene Zellsorten unterscheiden. Eine komplette Pflanze besteht aus etwa 100 verschiedenen Zelltypen. Tiere besitzen in ihren zahlreichen Organen zusammen weit über 1000 unterschiedliche Bautypen von Zellen mit jeweils besonderer Aufgabe.

Viele Lebewesen haben zusätzlich zu ihrer Grundausstattung auch noch besondere Zellen. Zerreibt man vorsichtig die Blätter einer Minze oder eines Lavendels, duftet es angenehm nach Tee oder Parfüm. Die Duftstoffe strömen aus besonderen Drüsenhaaren, die beim Reiben zerstört werden.

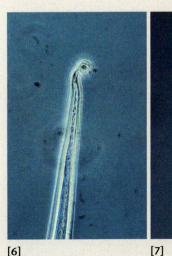
[6]

[7]

[6], [7] *An Stängeln und Blättern der Brennnessel sitzen lange, spitze Haarzellen. Bei Berührung verlieren sie leicht ihren Kopf und lassen dann einen Reizstoff in unsere Haut eindringen, der Jucken und Brennen hervorruft.*

Ein Projekt planen

In einem Projekt kannst du dich mit Fragen beschäftigen, die dich selbst interessieren, auch wenn sie nicht genau zu einem Schulfach passen. Dabei kommt es nicht nur auf das Ergebnis an. Im Mittelpunkt eines Projektes steht der Weg.

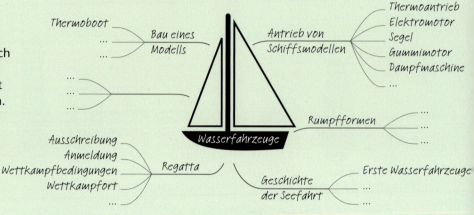

[1] Sammlung von Unterthemen im Mindmap

Gruppen bilden

Ein Projekt kannst du alleine oder gemeinsam mit anderen durchführen. Im Schülerteam kannst du die Aufgaben auf mehrere Schultern verteilen. Die Gruppenmitglieder ergänzen sich. Jeder hat seine Stärken und Schwächen. Ich kann besonders gut mit dem Computer umgehen, du gestaltest hervorragend Plakate und die dritte im Bunde hat tolle Ideen für Rollenspiele. Wie nützlich die Gruppenarbeit für ein Projekt sein kann, erfährst du beim „Eiertransporter" [3].

Themen finden

Themen kannst du aus allen Lebensbereichen wählen. Zur freien Themenfindung bietet sich eine Ideenbörse oder ein Ideenwettbewerb an. Um Themen zu finden, kannst du auch Oberthemen wie „Lebensnotwendiges Wasser" oder „Leben im Luftmeer" formulieren. Im Gedankenaustausch in der Gruppe sowie durch weitere Informationen kannst du das Thema eingrenzen und festlegen, unter welchen Aspekten du bzw. deine Projektgruppe das Thema anpacken will. Mindmaps [1] oder andere Formen der Gliederung [2] helfen dir.

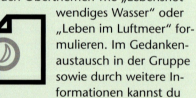

[2] Auf Kärtchen geschriebene Ideen und Themen lassen sich an der Tafel oder an einer Pinnwand sammeln und ordnen.

Gruppenarbeit: Eiertransporter

Ein rohes Ei soll aus 2,50 m Höhe unbeschädigt zum Boden gebracht werden, ohne dass ein Mensch eingreift. Entwerft und baut in der Gruppe einen Eiertransporter, mit dem dies möglich ist. Legt vor dem Projekt das Testgelände fest.

Für die Durchführung des Projekts stehen euch 20 Minuten zur Verfügung. Führt euren „Eiertransporter" auch den anderen Schülerinnen und Schülern eurer Klasse vor. Wie funktioniert er?

Folgendes Material steht euch zur Verfügung [3]:
- verschiedene bunte Blätter DIN A4
- 3 Bogen weißes Papier DIN A3
- 1 Korken einer Weinflasche
- Schere
- 1 rohes Ei
- Tesafilm
- Klebstoff
- 1 Luftballon
- 1 Gummibändchen

[4] Eine Internet-Suchmaschine findet unter dem Stichwort „Wasserfahrzeuge" über 20 000 Einträge. Da ist es gar nicht einfach, sich das Richtige herauszusuchen.

[6] Die Projektbeschreibung wird von der Gruppe gemeinsam erarbeitet und von allen Gruppenmitgliedern unterschrieben. In ihr legt die Gruppe das Ziel, die Gliederung und den Materialbedarf des Projektes fest.

[5] In einer Bücherei findet ihr zahlreiche, gut geordnete Informationen.

Informationen beschaffen

Alle Formen der Material- und Informationsbeschaffung sind möglich.

- Tageszeitungen, Zeitschriften und Bücher sind dafür geeignet. In vielen Büchereien **[5]** kannst du zu einem Thema eine so genannte Bücherkiste zusammenstellen lassen.
- Viele Informationen und Ideen lassen sich im Internet finden. Es fällt oft schwer, aus der Fülle an Material das passende herauszufinden **[4]**.
- Lehrer, Eltern oder Mitarbeiter von Firmen, Organisationen sowie Vereinen stehen in Gesprächen oder Interviews als Experten zur Verfügung.
- Zu manchen Themen gibt es auch spezielle Unterrichtsfilme.

Projekte beschreiben

Deine Gruppe hat sich informiert und Material gesammelt. Nun kannst du gemeinsam mit deinem Team das Thema in Teilbereiche untergliedern. Legt auch fest, wer wofür verantwortlich ist **[6]**. Verteilt die Arbeiten bzw. Aufgaben. Erstellt einen Arbeitsplan mit Zeitleiste. Überlegt euch auch, welche Materialien ihr braucht und wie und wem ihr das Projekt vorstellen wollt.

[3] Material für den Eiertransporter

1 Erkunden und erforschen — **Ratgeber**

Ein Projekt durchführen – präsentieren – bewerten

Die Planungen für das Projekt sind abgeschlossen und in der Projektbeschreibung „Wasserfahrzeuge" festgehalten. Nun setzt du mit deinen Teampartnern den Arbeitsplan in die Tat um.

In einem Projekt bist du immer auf dem Weg, wobei du das Ziel immer vor Augen hast. Schon bei der Planung hast du dir gemeinsam mit deiner Gruppe überlegt, wie ihr welche Teile des Projektes präsentieren wollt. Dies hat natürlich Auswirkungen auf die Projektdurchführung.

[1]

Projekte durchführen

Sonja vertieft ihr Wissen zur Geschichte der Seefahrt. Sie strukturiert es und stellt es auf einem großen Plakat dar. Marc erkundigt sich über mögliche Antriebsformen bei Booten und fasst sein Wissen in einer Computerpräsentation zusammen. Verena zeichnet verschiedene Rumpfformen auf Folien und notiert sich die Vor- und Nachteile sowie den konkreten Einsatz dieser Bootskörper. Vom örtlichen Modellbauverein erhält sie einige Bootsmodelle mit unterschiedlichen Rumpfformen. Du baust in der Zwischenzeit ein Thermoboot. Außerdem bist du von der Gruppe als „Zeitwächter" benannt worden. Du überwachst die Zeitplanung der Gruppe und machst sie auf Zeitüberschreitungen aufmerksam.

Wichtig ist, dass sich die Gruppe regelmäßig trifft und sich gegenseitig über den Fortgang der Arbeiten informiert. Dabei geht es nicht nur um fachliche Dinge und den Projektfortschritt, sondern auch um die Zusammenarbeit in der Gruppe und mit anderen Gruppen, den Einsatz des Einzelnen und vieles mehr. Vielleicht können die anderen Gruppenmitglieder dir auch bei auftretenden Problemen und Fragen helfen.

Ein Projekt verläuft nicht geradlinig. Manchmal merkt ihr bei der Durchführung, dass die Planung geändert werden muss. Neue Erkenntnisse führen zu Veränderungen. Informationen erweisen sich nicht als ausreichend oder es fehlt noch Material. Dann müsst ihr nochmals Informationen oder Material beschaffen.

[3]

[4]

[5]

[2]

Projekte präsentieren

Bereits bei der Planung des Projekts habt ihr euch Gedanken zur Präsentation gemacht. In einer Wandzeitung könnt ihr euer Wissen, eure Erkenntnisse, Fotos eurer Produkte oder den Projektverlauf vorstellen. Jeder Interessierte kann alles über euer Projekt dort nachlesen.

Möchtet ihr euer Projekt Mitschülern, anderen Klassen, Lehrern oder Eltern vorstellen, so solltet ihr euch für eine Vortragspräsentation entscheiden. Jedes Gruppenmitglied stellt mit eigenen Worten einen Teil des Projektes vor. Bilder auf Plakaten, Folien oder Computerpräsentationen sowie Modelle oder Gegenstände machen Präsentationen interessant und informativ. Hier gilt: Ein Bild sagt mehr als tausend Worte. Allerdings sollten die Bilder und Gegenstände auch für die Zuschauer in der letzten Reihe gut erkennbar sein. Vielleicht könnt ihr auch eine Zeitung zur Präsentation einladen oder das Projekt auf der Homepage eurer Schule präsentieren.

Projekte bewerten

Mit deinen Teampartnern warst du während des ganzen Projektes ständig im Gespräch. Mit der Präsentation ist das Projekt abgeschlossen.

Nun ist Zeit, in Ruhe ein Abschlussgespräch zu führen. An diesem Gespräch können auch das Projekt betreuende Lehrer teilnehmen. Sinnvoll ist das vor allem dann, wenn sie eure Projektarbeit bewerten wollen. Macht euch Gedanken darüber, wie das Projekt gelaufen ist [7]. Konnten alle Planungen umgesetzt werden? War die Zusammenarbeit für alle in Ordnung? Hat sich jemand benachteiligt gefühlt? Was habt ihr gelernt?

[6]

[7] Über sein Tun sollte man nachdenken, vor allem im Hinblick auf die Zusammenarbeit mit anderen. Ein Projekt sollte mit einem Abschlussgespräch enden. Lob oder Kritik wird nicht nur aus dem Team, sondern von allen kommen, denen ihr das Projekt präsentiert habt.

Vorbereitung auf das Abschlussgespräch

Projekt: Wasserfahrzeuge
Name:
Gruppe:

Was war mein Anteil an der Projektarbeit?

Was will ich das nächste Mal anders machen?

Was habe ich gelernt?

„Sich einfach in Luft auflösen" ist eine Redensart, die verrät, dass Luft für uns eigentlich nichts bedeutet. Man kann sie weder sehen noch schmecken und wenn sie rein genug ist, kann man sie nicht einmal riechen. Für uns ist sie so selbstverständlich, dass wir diesen Stoff mit den vielen „luftigen" Eigenschaften kaum wahrnehmen. Dabei leben wir auf dem Grunde eines ziemlich tiefen oder besser gesagt hohen Luftmeeres. Der Blick nach oben scheint ins endlose Blau des Himmels zu reichen, wenn nicht gerade eine dicke Wolkenschicht im Luftmeer schwimmt. Ohne Luft wäre das Leben für Pflanzen, Tiere und für uns Menschen unmöglich. Mit dem Schrei eines Neugeborenen werden die Lungen mit Luft gefüllt. Sie werden auf diese Weise „angeschaltet" und das Leben im Luftmeer beginnt. Luft ist ein unentbehrliches „Lebensmittel" und Lebensraum zugleich. Sie ist ein bewegtes Thema, nicht nur dann, wenn sie Wäsche auf der Leine flattern lässt und trocknet. Bewegte Luft kann kraftvoll arbeiten, Energie liefern oder Fahrzeuge mit Segeln antreiben. Sie bewegt auch die Gemüter, wenn sie verschmutzt ist oder gar Schadstoffe enthält. Erst jetzt wird uns bewusst: Luft ist „nichts" und doch alles.

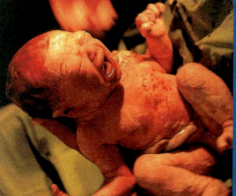

Luft²

30 | 31

Luft hat was

Luft kann man nicht sehen, trotzdem braucht sie Platz, und sie wiegt etwas. In Hüllen gepresst, kann sie tragen und federn, und sogar vor einem Aufprall schützen.

[1] Bei der Rettung von Menschen nutzt die Feuerwehr die federnde Wirkung der eingeschlossenen Luft im Sprungkissen.

[2] Luft kann eine recht komfortable Federung sein. Je nachdem, wie stark die Luftmatratze aufgepumpt wird, ist die Federung härter oder weicher.

Wenn man behauptet, eine leere Flasche sei randvoll, dann darf man sich nicht wundern, wenn man nicht ganz ernst genommen wird. Es ist verblüffend, aber eine leere Flasche lässt sich nicht so ohne weiteres mit Wasser füllen [3]. Sie muss also auch im leeren Zustand etwas enthalten.

Luft füllt alles Leere

Wo Luft ist, kann nicht gleichzeitig etwas anderes sein. Wenn Luft ausweichen kann, lässt sie sich durch Flüssigkeiten oder feste Stoffe leicht verdrängen. Luft ist ein **gasförmiger Körper** und hat ein **Volumen**.

[3]

Luft zum Anfassen

Mit Luft kommen wir dauernd in Berührung. Nur spüren wir dabei kaum etwas. Erst wenn ein Luftzug an uns vorbeistreicht, nehmen wir die Luft als einen gasförmigen Stoff wahr.

Nur wenn wir der Luft eine Hülle verpassen, nimmt sie Gestalt an [2]. In einem aufgeblasenen Luftballon befindet sich nichts anderes als eine Portion zusammengedrängter Luftteilchen [4]. Sobald wir die Öffnung des Luftballons freigeben, strömt die eingeschlossene Luft wieder aus. Die Luftballonhülle schrumpft zusammen.

Versuche

1 Auch Luft braucht Platz
Stecke einen Trichter mit engem Hals in eine Flasche und dichte den Zwischenraum zwischen dem Trichter und der Flasche mit Knetmasse sorgfältig ab [3]. Fülle nun schnell Wasser ein. Was kannst du beobachten? Kann dir ein Strohhalm beim Einfüllen helfen? Wiederhole den Versuch mit einem Trichter mit weiterem Hals.

2 ⚠ Luft hat Masse
Lege eine Glaskugel mit zwei geöffneten Hahnen [5] auf eine Feinwaage und bestimme die Masse. Die Hahnen sollen geöffnet sein, damit du sicher bist, dass die Glaskugel auch mit Luft gefüllt ist. Nun schließe einen Hahn und pumpe über den zweiten mit der Wasserstrahlpumpe möglichst viel Luft heraus (Achtung: Splittergefahr!). Drehe den Hahn zu und wiege die Kugel erneut.

Wenn du nach dem Wiegen einen Hahn der Kugel unter Wasser öffnest, strömt so viel Wasser in die Kugel ein, wie du vorher Luft herausgepumpt hast. Bestimme das Volumen dieser Wassermenge mit einem Messzylinder. Mit diesen Ergebnissen kannst du ausrechnen, welche Masse ein Liter Luft hat.

Eingesperrte Luft federt

Die federnde Eigenschaft eingeschlossener Luft wird im Alltag und in der Technik häufig genutzt. Fahrrad- oder Autoreifen, das Sprungkissen und die Luftmatratze sind nichts anderes als Luftpolster. Sie dämpfen den Aufprall, bieten Schutz und können uns tragen. Das alles ist nur möglich, weil sich Luft in einem geschlossenen Raum zusammendrücken lässt.

Luft braucht Platz und wiegt etwas

Luft ist ein gasförmiger Körper und braucht Platz. Sie ist unsichtbar, deshalb kann man kaum glauben, dass sie Masse hat und deshalb auch etwas wiegt. Wenn man aber eine luftgefüllte Glaskugel [5] wiegt, sie dann luftleer pumpt und nochmals wiegt, kann man zeigen, dass dies keine falschen Behauptungen sind.

[4] *Ein Luftballon verändert seine Form sehr stark mit der Luftfüllung.*

Merkmal

▶ Luft ist ein gasförmiger Körper.

▶ Luft hat Volumen und Masse.

▶ Wenn man Luft in Hüllen füllt, so kann sie tragen, federn und schützen.

[6] *Schon sehr früh haben Menschen Metalle geschmolzen und in Formen gegossen. Mit Blasebälgen wurde Luft in das Feuer unter dem Schmelztiegel geblasen.*

Denkmal

❶ Normalerweise spüren wir die Luft nicht. Nenne einige Situationen, in denen du die Luft deutlich spürst.

❷ Einen Blasebalg [6] sieht man heute nur noch ganz selten. Welchen Zweck hat dieses Gerät wohl einmal erfüllt?

❸ Drücke ein Papiertaschentuch so in ein leeres Glas, dass es nicht herausfallen kann. Notfalls klebst du es am Boden etwas fest. Drücke das Glas senkrecht, mit der Öffnung nach unten, in ein größeres, mit Wasser gefülltes Glasgefäß. Ziehe danach das Glas mit dem Taschentuch senkrecht heraus. Wie ist dieser Trick wohl zu erklären?

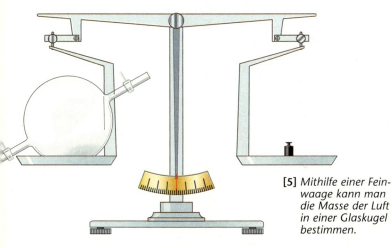

[5] *Mithilfe einer Feinwaage kann man die Masse der Luft in einer Glaskugel bestimmen.*

Alle Körper bestehen aus Teilchen

Luft besteht wie alle Körper aus kleinsten Teilchen.

- In festen Körpern bleiben die Teilchen nahezu unbeweglich an ihrem Platz.
- In flüssigen Körpern lassen sich die Teilchen leicht gegeneinander verschieben, sie halten aber noch zusammen.
- Bei gasförmigen Körpern sind sie dagegen im Raum frei beweglich.

  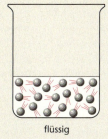 

fest   flüssig   gasförmig

[7] *Feste, flüssige und gasförmige Körper: Die Teilchen sind als Kugeln dargestellt.*

Luft und was in ihr steckt

Luft ist ein Gasgemisch aus Stickstoff, Sauerstoff, verschiedenen Edelgasen und Kohlenstoffdioxid.

In einem Windlicht ist die Flamme windgeschützt und brennt problemlos. Ähnlich ist es auch, wenn man eine Kerze in einem Becherglas brennen lässt. Deckt man das Becherglas jedoch ab, erlischt die Kerze [1].

[1] *Eine Kerze in einem abgedeckten Becherglas erlischt.*

Luft ist ein Stoffgemisch

Zur Verbrennung benötigt man Luft. Bei genauerer Untersuchung stellt sich heraus, dass bei der Verbrennung nur ein Teil der Luft verbraucht wird. Dieser Bestandteil der Luft heißt **Sauerstoff**. Bringt man eine brennende Kerze in die übrig gebliebene Restluft, so erlischt diese Kerze ebenfalls. Der restliche Teil der Luft erstickt also Flammen, er heißt **Stickstoff**. Er ist der Hauptbestandteil der Luft.

Außerdem enthält Luft noch **Kohlenstoffdioxid**, es entsteht bei vielen Verbrennungen, z. B. bei einer Kerze. Alle Tiere und Menschen atmen Kohlenstoffdioxid aus. **Edelgase** kommen nur in geringen Mengen in der Luft vor. Zusätzlich befindet sich noch **Wasserdampf** in der Luft, besonders viel bei feuchtem, warmem Wetter.

Luftgase kann man nachweisen

Auf den ersten Blick sind die Luftgase alle gleich. Sie sind geruch-, geschmack- und farblos. Nur wegen ihrer besonderen Eigenschaften kann man sie unterscheiden. Sauerstoff hat die Eigenschaft, eine Verbrennung zu fördern, ohne selbst dabei zu brennen. Ein glimmender Holzspan, der in einen Glaszylinder mit Sauerstoff getaucht wird, flammt hell auf. Die **Glimmspanprobe** [2], [154.5] ist ein Nachweis für Sauerstoff.

Kohlenstoffdioxid löst sich in Wasser, dabei entsteht Kohlensäure. Durch Schütteln lässt sich das Kohlenstoffdioxid leicht aus einer Sprudelflasche locken. Über ein Glasrohr kann man es in Kalkwasser leiten [7]. Wenn ein farb- und geruchloses Gas Kalkwasser trübt, kann es sich nur um Kohlenstoffdioxid handeln. Die **Kalkwasserprobe** ist ein Nachweis für Kohlenstoffdioxid.

[2] *Die Glimmspanprobe ist ein Nachweis für Sauerstoff.*

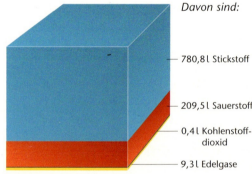

[3] *In einen Würfel mit der Kantenlänge von einem Meter passen 1 000 Liter Frischluft.*

Davon sind:
- 780,8 l Stickstoff
- 209,5 l Sauerstoff
- 0,4 l Kohlenstoffdioxid
- 9,3 l Edelgase

Warum man Sauerstoff mit „O" schreibt

Atome und Elemente
Atome sind die Grundbausteine, aus denen alle Stoffe aufgebaut sind. Atome haben unterschiedliche Eigenschaften, z. B. unterscheiden sie sich in ihrer Größe. Atome mit gleichen Eigenschaften gehören zum selben **Element**. Jedes Element ist mit einem Symbol unverwechselbar gekennzeichnet. Die **Elementsymbole** sind Abkürzungen, z. B. He für Helium, Ne für Neon, Ar für Argon und Kr für Krypton. Viele Elementsymbole haben ihren Ursprung im Griechischen und Lateinischen, den Sprachen der Gelehrten früherer Zeiten. Sauerstoff (O) kommt von Oxygenium, Stickstoff (N) heißt auch Nitrogenium, Kohlenstoff (C) kommt von Carboneum.

Moleküle und Verbindungen
Die Teilchen der Edelgase sind einzelne Atome. Die Teilchen der Gase Stickstoff und Sauerstoff bestehen jedoch aus zwei gleichen, miteinander verbundenen Atomen. Solche Teilchen nennt man **Moleküle**. Auch das Kohlenstoffdioxid-Teilchen ist ein Molekül. Es besteht allerdings aus Atomen verschiedener Elemente, aus zwei Sauerstoffatomen und einem Kohlenstoffatom. Kohlenstoffdioxid ist eine **Verbindung**.

Kugeln oder Buchstaben und Zahlen
Die Atome und Moleküle der Luftgase können als Kugelmodelle dargestellt werden [6]. Man kann sich dann sofort ein Bild von diesen Teilchen machen. Allerdings ist dies recht umständlich. Mit Buchstaben und Zahlen geht es viel schneller: Die Atome erhalten ihr Elementsymbol, die Anzahl der Atome geht aus einer tief gestellten Zahl hinter dem Elementsymbol hervor. Für Sauerstoff-Moleküle schreibt man folglich O_2, für Stickstoff-Moleküle N_2 und für Kohlenstoffdioxid-Moleküle schreibt man CO_2.

[4] Helium ist viel leichter als Luft. Deshalb wird es als Füllgas für Luftschiffe verwendet.

[5] Mit Neon und anderen Edelgasen gefüllte Leuchtröhren leuchten in unterschiedlichen Farben.

Edel und sehr hilfreich

Edelgase sind nur in geringen Mengen in der Luft enthalten und hoch begehrt, wegen ihrer besonderen Eigenschaften. Argon ist das häufigste Edelgas. Es wird für Glühlampenfüllungen verwendet und als Schutzgas, das beim Schweißen den Luftsauerstoff fern hält. Helium wird als Füllgas für Luftschiffe verwendet, weil es leichter als Luft ist [4]. Neon lässt Leuchtröhren hell aufleuchten [5], und mit Krypton gefüllte Glühlampen sind besonders leuchtstark.

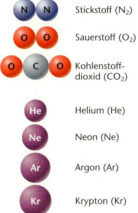

Stickstoff (N_2)
Sauerstoff (O_2)
Kohlenstoffdioxid (CO_2)
Helium (He)
Neon (Ne)
Argon (Ar)
Krypton (Kr)

[6] Gase in der Luft

Merkmal

▶ Luft ist kein Reinstoff, sondern ein Gasgemisch. Luft besteht hauptsächlich aus Stickstoff und Sauerstoff. Außerdem enthält die Luft geringe Mengen an Kohlenstoffdioxid und Edelgasen.

▶ Edelgase sind: Helium, Neon, Argon und Krypton. Ihre Teilchen sind einzelne Atome.

▶ Stickstoff, Sauerstoff und Kohlenstoffdioxid liegen als Moleküle vor.

▶ Mit der Glimmspanprobe kann man Sauerstoff nachweisen.

▶ Mit der Kalkwasserprobe kann man Kohlenstoffdioxid nachweisen.

▶ Atome sind die Grundbausteine, aus denen alle Stoffe aufgebaut sind.

▶ Atome und Moleküle kann man mit Symbolen darstellen.

Denkmal

❶ Welcher Stoff hat in der Luft den größten Anteil?

❷ 1000 Liter Frischluft enthalten 209,5 Liter Sauerstoff [3]. Wie hoch ist der Sauerstoffanteil in Prozent? Berechne auch die Anteile der anderen Luftgase in Prozent.

❸ Welche Luftbestandteile liegen als Moleküle vor und welche als Atome?

❹ Was bedeutet die Kurzschreibweise CO_2? Nenne Art und Anzahl der Atome.

Versuche

1 Leite das Kohlenstoffdioxid aus einer nicht ganz gefüllten Sprudelflasche mit einem durchbohrten Stopfen und einem gebogenen Glasrohr in ein leeres Becherglas um [7]. Stelle in ein weiteres Glasgefäß eine kleine brennende Kerze. Gieße das aufgefangene, unsichtbare Kohlenstoffdioxid über die Kerze. Erstelle nun einen Steckbrief dieses Gases.

2 ⚠ Blase eine Minute mit einem Strohhalm in ein Glas mit Kalkwasser. (Achtung: Kalkwasser ist ätzend!) Was stellst du fest und was schließt du daraus?

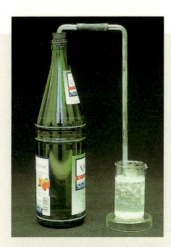

[7] Kohlenstoffdioxid kann man mit der Kalkwasserprobe nachweisen.

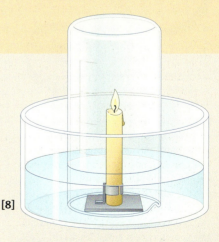

[8]

3 Führt den abgebildeten Versuch [8] durch. Markiert den Wasserstand zu Beginn und am Ende des Versuchs mit einem Filzstift.

Das Luftmeer um uns herum

Die Gewichtskraft der über uns lastenden Luftmassen verursacht den Luftdruck. Dieser wird mit zunehmender Höhe geringer, weil die Luftteilchen dort weniger werden.

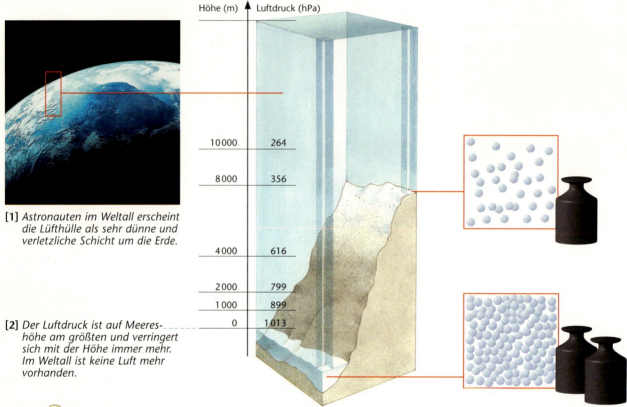

Höhe (m)	Luftdruck (hPa)
10 000	264
8 000	356
4 000	616
2 000	799
1 000	899
0	1 013

[1] *Astronauten im Weltall erscheint die Lufthülle als sehr dünne und verletzliche Schicht um die Erde.*

[2] *Der Luftdruck ist auf Meereshöhe am größten und verringert sich mit der Höhe immer mehr. Im Weltall ist keine Luft mehr vorhanden.*

Die Erde ist von einer Lufthülle, der **Atmosphäre**, umgeben. Die Atmosphäre reicht in eine Höhe von mehreren hundert Kilometern. Erst danach beginnt das luftleere Weltall. Für uns bedeutet das, dass wir Dauertaucher sind und am Grunde eines ziemlich hohen Luftmeeres leben.

[3] *Mit dem Barometer misst man den Luftdruck der Atmosphäre.*

[4] *Mit dem Manometer misst man den Luftdruck in einem Reifen.*

Luft lässt sich zusammendrücken

Beim Aufpumpen eines Fahrradreifens merkt man, dass sich Luft zusammendrücken lässt. Das ist schon ein bisschen anstrengend, und man braucht Kraft, bis die Luftteilchen zusammengepresst und enger beieinander sind. Schließlich fährt man aber nur dann gut, wenn der Reifen den richtigen **Luftdruck** hat. Zum Messen des Drucks im Reifen verwendet man ein **Manometer** [4].

Luftmasse und Luftmaße

Luft nimmt wie alle Stoffe einen Raum ein. Sie hat also ein **Volumen**, das man in Litern oder Kubikmetern misst. Luft hat wie alle Stoffe auch eine Masse, mit der sie von der Erde angezogen wird.

Die Kraft, mit der die Erde alles anzieht, nennt man **Gewichtskraft**. Sie wird in Newton gemessen. Ein Newton entspricht ungefähr der Kraft, mit der eine 100 g schwere Tafel Schokolade von der Erde angezogen wird.

Von Luftdruck spricht man, wenn die Gewichtskraft der Luft auf eine ganz bestimmte Fläche wirkt. Der Druck wird in Pascal gemessen. Wenn auf eine Fläche von einem Quadratmeter eine Gewichtskraft von einem Newton wirkt, beträgt der Druck genau 1 Pascal. 1 Pascal ist ein sehr geringer Druck, deshalb verwendet man im Alltag und in der Technik auch die Einheit bar [8]. 1 bar = 100 000 Pa. Der Luftdruck beträgt auf Meereshöhe 1,013 bar oder 1 013 hPa.

$$\text{Luftdruck} = \frac{\text{Gewichtskraft}}{\text{Fläche}}$$

Einheit des Luftdrucks:

1 Pascal (1 Pa)

$$1\,\text{Pa} = \frac{1\,\text{N}}{1\,\text{m}^2}$$

[5] *Frei im Weltraum schwebend müssen Astronauten ihre Atemluft mit sich tragen.*

[6] *Wo im Hochgebirge die Luft dünn wird, kann eine Sauerstoffmaske den Sauerstoffmangel ausgleichen.*

Luft, die sich selbst zusammendrückt

Luft ist zwar sehr leicht, aber doch nicht ganz ohne Masse und Gewicht. Ein Liter Luft wiegt immerhin 1,3 g. Bei der Höhe der Atmosphäre kommt da ganz schön viel zusammen. Die Luft presst sich am Erdboden wegen des Gewichtes der darüber liegenden Luftschichten von selbst zusammen. Die Luftteilchen sind hier am engsten beieinander und stehen deshalb ganz schön unter Druck. Man sagt, der Luftdruck ist an der Erdoberfläche am größten. Mit einem **Barometer** [3] kann man den Luftdruck messen.

Je weiter man sich von der die Erdoberfläche entfernt, desto kleiner wird der Luftdruck, weil die Masse der darüber liegenden Luftschichten nicht mehr so schwer ist. Die Luft in großer Höhe ist „dünner" [6].

Druck wirkt nicht nur von oben

Die Luft lastet auf jedem Quadratzentimeter unserer Haut mit einem Gewicht, das etwa einem Kilogramm-Wägestück entspricht. Weil dieser Druck jedoch von allen Seiten gleichmäßig auf uns einwirkt [7] und unser Körper diesen Außendruck durch seinen Innendruck ausgleicht, spüren wir nichts davon.

[7] *Der Luftdruck wirkt gleichmäßig von allen Seiten.*

Größe	Einheit	
Fläche	Quadratmeter	1 m²
Volumen	Kubikmeter Liter	1 m³ = 1000 l 1 l = 0,001 m³
Masse	Kilogramm	1 kg
Kraft	Newton	1 N
Druck	Pascal bar Hektopascal = millibar	1 Pa = 0,00001 bar 1 bar = 100000 Pa 1 hPa = 100 Pa = 1 mbar = 0,001 bar

[8]

Merk*mal*

▶ Die Luft hat Volumen und Masse und besteht aus Gasteilchen.

▶ Ein Liter Luft wiegt 1,3 g.

▶ Auf der Erdoberfläche ist der Luftdruck am höchsten. Je höher wir steigen, desto geringer ist der Luftdruck.

▶ Im Weltraum müssen Astronauten ihre Atemluft mit sich führen.

▶ Der Luftdruck wird in der Einheit Pascal (Pa) gemessen. Er beträgt auf Meereshöhe 1 013 Hektopascal.

Denk*mal*

❶ Errechnet das Volumen eures Klassenzimmers und die Masse der Luft im Klassenzimmer. Schätzt vorher: Kann ein Schüler die Luft alleine tragen?

❷ Bei der schnellen Überwindung von größeren Höhenunterschieden wird das Trommelfell ganz schön verbogen. Überlege, was mit dem Trommelfell bei Tal- bzw. Bergfahrten geschieht.

❸ Bei Bergwanderungen muss man sich erst einmal an die dünnere Höhenluft gewöhnen. Erkläre, warum man gerade dort bei körperlichen Anstrengungen anfangs leicht aus der Puste kommt.

❹ Bergsteiger, die extreme Höhen bewältigen, leiden oft unter Nasenbluten. Woran könnte das liegen?

❺ Auf der Erde hat ein Körper der Masse 100 Gramm eine Gewichtskraft von ca. 1 N. Der Luftdruck auf Meereshöhe beträgt etwa 1 013 hPa. Das sind 101 300 Pascal oder 101 300 Newton pro m². Für Rechenkünstler ist es nun leicht, herauszufinden, wie viel Kilogramm pro m² bzw. wie viel Gramm pro cm² das ausmacht.

❻ Warum macht das Aufpumpen eines Fahrradreifens am Anfang keine Mühe, während es später immer schwieriger wird?

Luftdruck

Der Luftdruck erzeugt erstaunlich große Kräfte. Mit den Versuchen auf dieser Seite kannst du entdecken, was der Luftdruck alles bewirken kann.

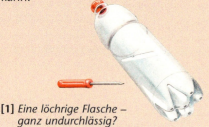

[1] *Eine löchrige Flasche – ganz undurchlässig?*

[2] *Schaffst du es, das Brett zu teilen?*

[3] *Kann das funktionieren?*

1 Eine zauberhafte Flasche

Nimm eine leere Kunststoffflasche und bringe mit einem spitzen Gegenstand auf dem Boden der Flasche vorsichtig mehrere kleine Löcher an [1]. Befülle danach die Flasche über dem Waschbecken mit Wasser und verschließe sie mit dem Deckel. Was stellst du fest? Drehe nun den Schraubverschluss langsam auf und beobachte.

2 Mit einer Zeitung Holz spalten

Lege ein Holzbrettchen auf einen Tisch, sodass etwa 10 cm über den Rand ragen. Nimm die Doppelseite einer Zeitung, lege sie über den Tisch und streiche sie flach, bis sie eng an Tisch und Brettchen anliegt. Stelle dich seitlich an das Brett und schlage mit deiner Handkante kurz und kräftig auf das Ende des überstehenden Holzstücks [2]. (⚠ *Achtung: Verletzungsgefahr durch die Bruchstelle und umherfliegende Teile!*) Was kannst du feststellen?

3 Verblüffendes mit einer Postkarte

Fülle eine weithalsige Flasche oder ein Trinkglas vollständig mit Wasser und drücke eine Postkarte mit der glatten Seite nach unten fest auf die Öffnung der Flasche. Halte nun die Postkarte mit einer Hand fest und drehe die Flasche um [3]. Nimm nun die Hand von der Karte. Was passiert wohl, wenn die Flasche nicht ganz gefüllt ist? Versuche das Versuchsergebnis vorherzusagen und wette mit deinem Nachbarn. Wie sind die Ergebnisse zu erklären?

[7] *Barometer mit Gummimembran*

Datum	Aktuelle Wetterlage	Luftdruckmessung (selbst gebautes Barometer)	Luftdruckmessung (handelsübliches Barometer)	Wettervorhersage	Sonstiges

[8] *Trage deine Beobachtungen und Messergebnisse in eine Tabelle ein.*

Projekt-Tipp: Bau von Barometern

Um die Veränderungen des Luftdrucks zu beobachten, kannst du dir mit sehr einfachen Materialien selbst ein Barometer herstellen.

Vergleiche deine Messwerte mit den Wetterdaten aus der Zeitung und mit den Messungen eines handelsüblichen Barometers. Sage nach der Auswertung deiner ersten Messungen mit dem selbst gebauten Barometer das Wetter vorher und kündige schönes oder schlechtes Wetter an.

1 Bau eines Barometers mit Gummimembran

Kürze einen Luftballon mit der Schere und spanne ihn über die Öffnung eines Einmachglases. Klebe den Rand des Ballons mit Klebeband so am Glas fest, dass es luftdicht verschlossen ist. Verbinde zwei Trinkhalme miteinander und befestige an einem Ende ein Dreieck aus Pappe. Klebe das andere Ende in die Mitte der Gummimembran. Stelle dein Barometer an einen schattigen Platz mit gleich bleibender Temperatur. Ermittle mithilfe einer Skala aus Pappe an verschiedenen Tagen den Zeigerstand des Barometers [7] und notiere die Werte.

[4] *Magdeburger Halbkugeln im Klassenzimmer*

[5] *Saugglocke zur Abflussreinigung*

[6] *Einmachglas mit Gummi, Dosenbarometer, Brennspiritus*

4 Zwei Gegenstände haften aneinander

Dem Physiker und Magdeburger Bürgermeister Otto von Guericke (1602–1686) gelang es, durch das Erzeugen eines luftleeren Raumes zwei große Halbkugeln so stark gegeneinander zu pressen, dass sogar zwanzig Pferde die beiden Halbkugeln nicht auseinander ziehen konnten. Du kannst ähnliche Experimente mit kleineren Gefäßen machen:
a) Zünde ein Teelicht an und stelle es in ein Glas. Lege auf das Glas ein angefeuchtetes Stück Küchenpapier und stelle ein zweites gleich großes Glas mit der Öffnung nach unten darauf [4]. Was stellst du fest?

b) Besorge dir zwei Sanitärsaugglocken [5] oder zwei Saughaken und presse sie fest aneinander. Kannst du die beiden Sauger wieder auseinander ziehen? Die Saugglocken oder Saughaken können auch als Hebewerkzeug eingesetzt werden. Finde heraus, wie groß die Kraft einer Saugglocke ist, indem du damit verschiedene Gegenstände hochhebst. Führe die Versuche an rauen, glatten, feuchten, … Oberflächen durch. Was beobachtest du?
c) Informiere dich mithilfe eines Lexikons über das Leben von Otto von Guericke und über die Durchführung und die Auswirkungen seines Experiments.

5 Luftdruckmessungen im Einmachglas

Lege in ein Einmachglas ein Dosenbarometer und lies den Luftdruck ab [6]. Träufle ganz wenige Tropfen Brennspiritus auf die Innenseite des Deckels. Lege auf den Glas- oder Deckelrand einen angefeuchteten Einmachgummi. Entzünde nun vorsichtig den Brennspiritus und stülpe den Deckel mit der brennenden Flüssigkeit über das Glas. Drücke ihn leicht fest. Beobachte den Zeiger des Barometers. Versuche den Deckel des Glases anzuheben. Erläutere deine Beobachtungen.

[9] *Flaschenbarometer*

2 Bau eines Flaschenbarometers

An einem selbst gebauten Flaschenbarometer [9] sind die Veränderungen des Luftdrucks ebenfalls sichtbar. Nach dem Zusammenbau wird der Wasserspiegel in der Flasche und im Glasrohr zunächst gleich sein. Überlege, wie sich der Wasserspiegel ändern muss, wenn der Luftdruck steigt oder fällt.

3 Treppenhaus-Barometer

In älteren Barometern drückt der Luftdruck eine Flüssigkeit nach oben. Die Höhe der Flüssigkeitssäule ist ein Maß für den Luftdruck.

Bringt an einem etwa 12 m langen, durchsichtigen Gartenschlauch Markierungen im Abstand von 5 cm an. Füllt den Schlauch vollständig mit Wasser und verschließt ihn an einem Ende. Taucht das offene Ende in einen mit Wasser gefüllten Eimer und hängt den Schlauch in seiner vollen Länge senkrecht im Treppenhaus oder am Schulgebäude auf. Beschreibt nach einigen Tagen eure Beobachtungen.

Frische Luft für den Körper

Bei jedem Atemzug wird die Lunge gedehnt und wieder zusammengepresst. Nur so kann beständig Luft aus- und einströmen.

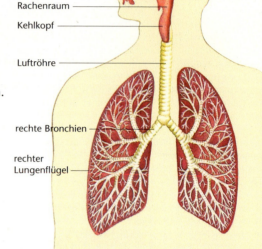

Tief und deutlich sichtbar holt der Schwimmer Luft [4], sobald der Kopf über der Wasseroberfläche auftaucht. Bis zum Ziel muss die Lunge den Körper ununterbrochen und vor allem schnell mit möglichst viel Luft versorgen – genauer gesagt mit viel Sauerstoff. Sauerstoff ist der lebensnotwendige Bestandteil der Luft. Ohne ihn wäre der Körper nicht zu bewegen, nichts würde funktionieren.

Wenn wir uns nicht gerade anstrengen, ist die Atmung kaum zu beobachten. Wir nehmen dann mit jedem Atemzug gerade mal einen halben Liter Luft auf. Bei großer körperlicher Anstrengung kann die Lunge jedoch mit jedem Atemzug sechs bis sieben Liter Luft fassen.

Stationen auf dem Luftweg

[1] *Schützend wölben sich die Rippen des Brustkorbes um die beiden Lungenflügel.*

Beim Einatmen gelangt die Luft zuerst in die beiden Nasenhöhlen [2]. Diese sind von der stets feuchten Nasenschleimhaut überzogen. Staubteilchen bleiben einfach an ihr hängen. An der Oberfläche der Nasenschleimhaut sitzen außerdem winzige Flimmerhärchen, die sich ständig hin- und herbewegen. Mit ihrer Hilfe können die Verunreinigungen aus der Atemluft zu den Nasenöffnungen befördert und beim Schnäuzen entfernt werden. Die gut durchblutete Nasenschleimhaut erwärmt zudem die Atemluft und feuchtet sie an. Sie erkennt die Duftstoffe, die der Atemluft beigemischt sind.

Unter dem Rachenraum liegt am Eingang zur Luftröhre der Kehlkopf [2]. Hier überkreuzen sich Nahrungs- und Luftweg. Beim Schlucken verschließt der Kehldeckel die Luftröhre und verhindert so, dass Speiseteilchen in die Luftröhre gelangen. Und wenn das schon einmal passiert ist, dann haben wir uns verschluckt.

Ringförmige Knorpelspangen halten die 10 bis 12 cm lange und etwa 2 cm weite Luftröhre ständig offen. An ihrem unteren Ende gabelt sich die Luftröhre in zwei große Bronchien. Diese verzweigen sich in den Lungenflügeln immer weiter, bis sie in Millionen kleinster Lungenbläschen [44.1] bis [44.3] enden.

[2] *Der Weg der Atemluft*

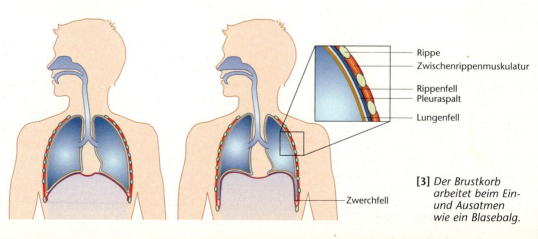

[3] *Der Brustkorb arbeitet beim Ein- und Ausatmen wie ein Blasebalg.*

[4] Körperliche Anstrengung macht Atmung ganz besonders sichtbar.

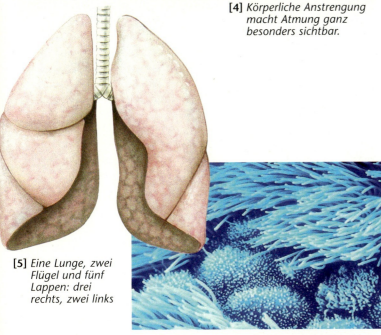

[5] Eine Lunge, zwei Flügel und fünf Lappen: drei rechts, zwei links

[6] Die Innenseite der Luftröhre ist von einer Schleimhaut mit unzähligen Flimmerhärchen ausgekleidet. Sie befördern durch wellenförmige Bewegungen bis hierher eingedrungene Staubteilchen und andere Fremdstoffe zurück in den Rachenraum, wo sie dann verschluckt werden.

Merkmal

▶ Die eingeatmete Luft wird im Nasen-Rachenraum geprüft, gefiltert, angewärmt und befeuchtet.

▶ Die Luftröhre gabelt sich in zwei Bronchien, die sich in den beiden Lungenflügeln immer feiner verzweigen und schließlich in den Lungenbläschen enden.

▶ Die Lungenflügel besitzen keine Muskeln, die sie bewegen könnten. Erst das Zusammenspiel von Zwischenrippenmuskulatur, Lungen-, Rippen-, und Zwerchfell ermöglicht das Ein- und Ausströmen der Atemluft.

[7] Modellversuch zur Atmung

Denkmal

❶ Auf dem Weg der Atemluft zur Lunge befinden sich zwei Reinigungen, ein Wegweiser, eine Prüfstelle, eine Heizungs- und eine Befeuchtungsanlage. Beschreibe den Weg der Atemluft und erkläre diese Stationen.

❷ Führe den abgebildeten Modellversuch [7] durch. Fertige dazu eine Skizze an. Ordne den Teilen des Modells die passenden Körperteile zu und beschrifte sie.

❸ Erkläre die Unterschiede zwischen Modell [7] und Wirklichkeit.

❹ Lies den Abschnitt „Wie die Lunge in Gang gehalten wird" genau durch und beschreibe den Vorgang des Ausatmens.

Wie die Lunge in Gang gehalten wird

Beim Atmen spüren wir, wie sich der Brustkorb hebt und wieder senkt und wie er dabei etwas größer und wieder kleiner wird [3]. Ebenso bewegt sich die Bauchdecke gleichmäßig ein wenig nach vorn und wieder zurück. Die Lungenflügel besitzen keine Muskeln und können sich deshalb nicht selbst mit Luft füllen oder entleeren. Im Grunde funktioniert die Lunge wie ein großer Blasebalg. Erst das perfekte Zusammenspiel verschiedener Körperteile ermöglicht das Ein- und Ausströmen der Atemluft.

Beim **Einatmen** zieht sich die Zwischenrippenmuskulatur zusammen. Der Brustkorb wird dadurch angehoben, und der Brustraum vergrößert sich. Die Lungenflügel liegen sehr eng an den **Rippen** an. Sie sind mit einer Haut, dem **Lungenfell**, überzogen. Die Innenseite des Brustkorbes ist mit dem **Rippenfell** ausgekleidet. Zwischen beiden Häuten befindet sich ein schmaler Spalt, der mit einer Flüssigkeit gefüllt ist. Dadurch haften sie fest aneinander und lassen sich nur gegeneinander verschieben. Beim Heben des Brustkorbes wird die Lunge automatisch gedehnt, sodass Luft einströmen kann.

Das **Zwerchfell** ist eine dünne, hochgewölbte Muskelschicht, die den Brust- und Bauchraum voneinander trennt. Es zieht sich beim Einatmen zusammen und wird deshalb nach unten gezogen. Im Brustraum gibt es dadurch für die Lunge noch mehr Platz. Das Zwerchfell drückt nun auf die Eingeweide. Die Bauchmuskulatur erschlafft, die Bauchdecke wölbt sich leicht nach vorn.

Atmung

[1] *Bei niedrigen Außentemperaturen kondensiert das Wasser der ausgeatmeten Luft.*

Atmen ist mehr als nur der beständige Wechsel von ein- und ausströmender Luft. Wie viel Luft wir überhaupt auf einmal einatmen können, wann wir schnell oder langsam atmen, wie sich die eingeatmete Luft von der ausgeatmeten unterscheidet, das alles sind Fragen, die ihr mit dieser Seite selbst erforschen könnt.

Damit euch bei den vielen Forschungsaufgaben nicht schon vorher die Luft ausgeht, ist es am besten, wenn ihr euch die Arbeit aufteilt. Jede Gruppe formuliert zu ihrer Aufgabe eine Fragestellung, auf die der Versuch eine Antwort gibt und erstellt ein Protokoll. Zum Schluss stellt ihr die Ergebnisse der ganzen Klasse vor.

1 Atemlufttemperaturen

Stellt mit einem Thermometer die Lufttemperatur im Unterrichtsraum fest und notiert den Messwert.

Eine Versuchsperson hält beide Hände so vor die Nase, dass sie einen Hohlraum bilden. Nun atmet sie eine Minute lang durch den Mund ein- und durch die Nase aus. Ein Mitschüler oder eine Mitschülerin hält dabei das Thermometer in den Hohlraum. Nach einer Minute liest sie die Temperatur ab und notiert den Messwert. Wiederholt den Versuch mit mehreren Versuchspersonen im Unterrichtsraum.

In einem zweiten Durchgang könnt ihr diese Messreihe auch im Freien durchführen. Vergleicht abschließend die Messwerte der Außentemperaturen mit der Temperatur der ausgeatmeten Luft und erklärt das Ergebnis.

2 Ausgeatmete Luft und was in ihr steckt

Eine Versuchsperson hält eine kleine Glasscheibe oder einen Taschenspiegel dicht vor den Mund und haucht mehrmals dagegen.

Eine zweite Versuchsperson atmet durch die Nase ein und bläst die Ausatmungsluft mehrmals hintereinander in einen kleinen, durchsichtigen Plastikbeutel.

Welche Veränderungen könnt ihr an der Glasoberfläche und im Plastikbeutel beobachten? Erklärt, wie diese Veränderungen zustande kommen.

3 Atmung kann man auch in Zentimetern messen

Ein Mitschüler atmet so tief ein wie er nur kann und hält dann kurz die Luft an. Währenddessen messt ihr den Umfang seines Brustkorbes mit einem Maßband und notiert den Messwert. Wiederholt den Versuch, wenn der Schüler vollständig ausgeatmet hat. Führt diesen Versuch bei mehreren Testpersonen durch und tragt die Messwerte in eine Tabelle ein.

Weshalb unterscheiden sich die Messwerte der verschiedenen Personen voneinander? Nennt mögliche Gründe.

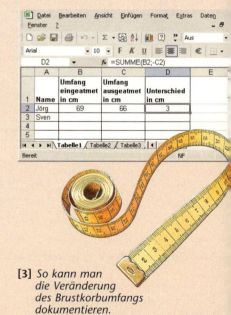

[3] *So kann man die Veränderung des Brustkorbumfangs dokumentieren.*

4 Atmung in Litern

Eine Glasglocke [6] mit mindestens 5 Litern Fassungsvermögen und Markierungen im Abstand von 500 ml wird auf drei Steinplattenstückchen in eine mit Wasser gefüllte Wanne (Aquarium) gestellt. Verschließt die obere Öffnung mit einem Glashahn und füllt die Glasglocke vollständig mit Wasser. Saugt dazu die Luft durch die obere Öffnung mit der Wasserstrahlpumpe ab. Eine Versuchsperson atmet tief ein und bläst mithilfe eines gekrümmten Glasrohres die gesamte Atemluft langsam in die Glasglocke. An den Markierungen kann man ablesen, wie viel Luft die Versuchsperson ausgeatmet hat. Tragt den Wert in eine Tabelle ein.

Wiederholt den Versuch mit denselben Mitschülern, deren Brustkorbumfang beim Ein- und Ausatmen bereits vermessen wurde. In welchem Zusammenhang stehen die Änderungen des Brustkorbumfanges und das Volumen der ausgeatmeten Luft?

5 Ein- und Ausatemluft ist nicht dasselbe

Baut eine Versuchsanordnung entsprechend der Abbildung [7] auf. Füllt dann beide Gefäße mit klarem Kalkwasser. Eine Versuchsperson atmet nun vorsichtig über das Mundstück abwechselnd mehrmals ein

[4] *Meeressäugetiere, wie der Wal, können lange, aber nicht unbegrenzt unter Wasser bleiben.*

und aus. Das Kalkwasser darf dabei auf keinen Fall in den Mund gelangen.

Fertigt zu diesem Versuch eine Skizze an und zeichnet mit verschiedenfarbigen Pfeilen den Weg der Ein- bzw. Ausatemluft ein. Beobachtet das Kalkwasser in beiden Gefäßen und erklärt das Versuchsergebnis.

6 Die Zahl der Atemzüge ist nicht immer gleich

Sitzt entspannt auf einem Stuhl und zählt eure Atemzüge pro Minute. (Einmal ein- und einmal ausatmen macht einen Atemzug.) Schreibt die Werte in einer Tabelle auf. Die eine

[5] *Atmen unter Wasser gelingt nur mit großem technischen Aufwand.*

Hälfte der Mitglieder eurer Arbeitsgruppe macht dann 15 Kniebeugen, die andere 30. Stellt nach dieser Anstrengung die Zahl eurer Atemzüge pro Minute fest und vergleicht die notierten Werte.

7 Luftige Rechnung

Wir machen etwa 16 bis 20 Atemzüge pro Minute und nehmen dabei mit jedem Atemzug ungefähr einen halben Liter Luft (500 ml) auf. Berechnet die Luftmenge, die man in einer Minute, in einer Stunde, an einem Tag benötigt. Erklärt anschließend, warum auf diese Art die Rechnung nie ganz aufgehen kann.

So viel Liter Luft braucht man in einer Stunde beim …	
Schlafen	208 l
Liegen	400 l
Stehen	450 l
Gehen	1 000 l
Rad fahren	1 400 l
Schwimmen	2 600 l
Bergsteigen	3 100 l
Rudern	3 600 l

[6] *Versuchsaufbau zur Bestimmung des Atemvolumens*

[7] *Vorrichtung zum Vergleich von ausgeatmeter und eingeatmeter Luft*

[8] *Durchschnittlicher Sauerstoffbedarf bei verschiedenen Tätigkeiten*

[9]

Austausch der Atemgase

In den Lungenbläschen gelangt Sauerstoff aus der Atemluft ins Blut. Kohlenstoffdioxid nimmt genau den umgekehrten Weg. Diesen beständigen Wechsel bezeichnet man als Gasaustausch.

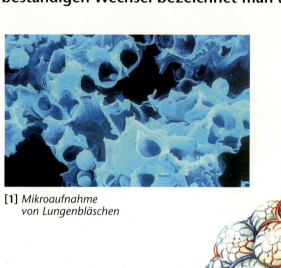

[1] *Mikroaufnahme von Lungenbläschen*

[2] *Obwohl die einzelnen Lungenbläschen winzig klein sind, ergibt ihre gesamte Fläche etwa die Größe eines Fußballfeldes.*

In Abbildungen blau dargestelltes Blut bedeutet, dass es sich dabei um Blut mit besonders viel Kohlenstoffdioxid und wenig Sauerstoff handelt. Beim rot gezeichneten Blut ist dies genau umgekehrt.

Wir brauchen uns körperlich gar nicht großartig anzustrengen, und trotzdem füllen und leeren sich unsere Lungenbläschen im Laufe eines Tages mehr als 15 000 mal mit Luft. Die Lungenbläschen [2] sind winzig. Ihr Durchmesser beträgt nur 0,2 bis 0,6 mm und ihre Wände sind weniger als ein Tausendstel Millimeter dünn. Die Zahl der Lungenbläschen ist dagegen riesig. Man hat ausgerechnet, dass in beiden Lungen etwa 850 Millionen Lungenbläschen vorkommen. Um jedes Lungenbläschen spinnt sich ein enges und stark verzweigtes Netz feinster Blutäderchen bzw. Blutgefäße [2]. Man nennt solche winzigen Blutgefäße auch Kapillaren. Aneinander gereiht erreichen die Blutgefäße der Lungenbläschen eine Länge von beachtlichen 13 000 m.

Austausch der Atemgase

Beim Atmen strömt die Luft auf der Innenseite der Lungenbläschen entlang. Dabei gelangt Sauerstoff (O_2) durch die hauchdünnen Wände in die Blutgefäße und wird mit dem Blutstrom abtransportiert. Alle Bereiche des Körpers erhalten auf diese Weise lebensnotwendigen Sauerstoff. Gleichzeitig transportiert der Blutstrom Kohlenstoffdioxid (CO_2) zu den Lungenbläschen. Von dort gelangt es in die Hohlräume der Lungenbläschen [4], [5] und mit der Ausatemluft ins Freie.

Der Austausch beider Gase kann nur deshalb erfolgen, weil das Blut in den Blutgefäßen recht langsam fließt. Die Austauschfläche ist sehr groß. Blutgefäße und Lungenbläschen sind nur durch eine hauchdünne Wand getrennt [4], [5].

Lungenbläschen sind wie Einbahnstraßen

Sauerstoffteilchen bewegen sich wie die Teilchen aller flüssigen oder gasförmigen Stoffe immer dorthin, wo es weniger von ihnen gibt [6]. Mit dem Blut werden die Sauerstoffteilchen aus den Lungenbläschen abtransportiert. Die Anzahl der Sauerstoffteilchen in den

Lungenbläschen ist deshalb größer, weil die Atemluft ständig Sauerstoff in die Lungenbläschen nachliefert. Die Anzahl der Sauerstoffteilchen in den Lungenbläschen ist deshalb größer als die im Blut. Der Blutstrom hält diesen Unterschied aufrecht, indem er den Sauerstoff ständig abtransportiert. Er sorgt somit für die beständige Wanderung der Sauerstoffteilchen in Richtung Blut: Sauerstoff wandert in Richtung des Konzentrationsgefälles.

Merkmal

▶ In den Lungenbläschen findet der Austausch der Atemgase statt.

▶ Die eingeatmete, sauerstoffreiche Luft gibt einen Teil ihres Sauerstoffs an das Blut ab. Die Sauerstoffteilchen wandern dabei in Richtung des Konzentrationsgefälles.

▶ Aus dem kohlenstoffdioxidreichen Blut wandern Kohlenstoffdioxidteilchen in Richtung des Konzentrationsgefälles in die Lungenbläschen.

▶ Beim Ausatmen werden die Lungenbläschen zusammengedrückt, die sauerstoffarme Luft gelangt nach außen.

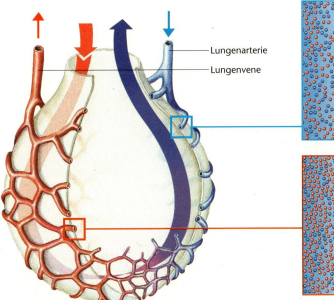
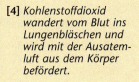
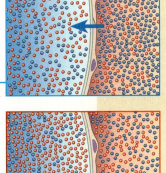

[4] *Kohlenstoffdioxid wandert vom Blut ins Lungenbläschen und wird mit der Ausatemluft aus dem Körper befördert.*

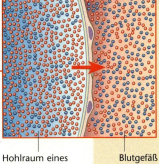

[5] *Sauerstoff gelangt aus dem Lungenbläschen ins Blut und wird mit dem Blutstrom weitertransportiert.*

[3] *Um jedes Lungenbläschen spinnt sich ein feines Netz kleinster Blutgefäße.*

Hohlraum eines Lungenbläschens   Blutgefäß

Wenn Teilchen wandern, tun sie es nach festen Regeln

Die Teilchen verschiedener flüssiger oder gasförmiger Stoffe durchmischen sich ständig, und zwar so lange, bis die Anzahl der Stoffteilchen überall gleich ist. Eine solche selbstständige, ohne äußere Einwirkung ablaufende Durchmischung heißt **Diffusion**.

Fülle einen Standzylinder zu einem Viertel mit Fruchtsirup und überschichte diesen vorsichtig mit Wasser. Fülle einen zweiten Standzylinder mit Wasser und bitte deine Lehrerin oder deinen Lehrer etwas Kaliumpermanganat hinzuzugeben. Lasse beide Gefäße längere Zeit stehen. Notiere deine Beobachtungen.

[6] *Die Teilchen des Kaliumpermanganats wandern in Richtung der niedrigeren Konzentration.*

Denkmal

❶ Erkläre mithilfe der Abbildungen [4] und [5], wie Kohlenstoffdioxid aus dem Blut in die Ausatmungsluft und wie Sauerstoff aus den Lungenbläschen in die Blutgefäße gelangt.

❷ Berechne die Fläche eures Klassenzimmers und vergleiche den Wert mit der Gasaustauschfläche einer Lunge.

❸ Lies den Abschnitt „Lungenbläschen sind wie Einbahnstraßen" und erkläre, warum beim Vergleich mit einer Einbahnstraße die Atemgase nicht gemeint sind.

Dicke Luft im Klassenzimmer

Ein luftiger Würfel in Zahlen

$1 m^3 = 1000 l = 1000000 cm^3 \triangleq 100\%$ = ein Ganzes

Davon sind:

$0,1 m^3$	=	$100000 cm^3$	$\triangleq$	10%	= 100000 ppm
$0,01 m^3$	=	$10000 cm^3$	$\triangleq$	1%	= 10000 ppm
$0,001 m^3$	=	$1000 cm^3$	$\triangleq$	$0,1\%$	= 1000 ppm
$0,000001 m^3$	=	$1 cm^3$	$\triangleq$	$0,0001\%$	= 1 ppm

[2] Umrechnungshilfe

[1] Beim Gähnen nehmen wir einen tiefen Atemzug.

Der Pausengong ertönt. Du kommst in den Raum einer anderen Klasse und riechst sofort den „Mief". Ohne tief zu atmen gehst du zur Fensterfront, öffnest ein Fenster und holst kräftig Luft. Deine Mitschüler reißen die anderen Fenster auf. Nach wenigen Minuten ist die dicke Luft verzogen, und alle fühlen sich wohler.

Gähnen hat nicht nur mit Langeweile zu tun
Von verbrauchter Luft spricht man, wenn ihr Anteil an Sauerstoff geringer geworden ist. Man wird dann müde und fängt an zu gähnen. Der Anteil des Kohlenstoffdioxids dagegen ist bei verbrauchter Luft um ein Vielfaches angestiegen. Außerdem hat die Feuchtigkeit der Luft zugenommen, weil wir beim Ausatmen und über die Haut Wasserdampf abgeben. Die Haut gibt noch weitere Stoffe an die Luft ab, die man nur mit großem Aufwand messen, aber umso besser riechen kann. Betritt man ein ungelüftetes Klassenzimmer, nimmt man diesen „Mief" besonders gut wahr. Der Geruchssinn gewöhnt sich aber daran, und man merkt nach kurzer Zeit nichts mehr davon. Selbst die Temperatur eines Raumes, in dem sich viele Menschen befinden, nimmt fühlbar zu. Schließlich beträgt die „Betriebstemperatur" des Menschen ungefähr 37 °C, deutlich mehr als die normale Raumtemperatur.

Prozent und ppm – damit muss man schon rechnen
Neben der Raumtemperatur und der Luftfeuchtigkeit kann man auch den Kohlenstoffdioxidgehalt in der Luft messen. Man verwendet dazu ein Gasspürgerät. Die Messwerte werden in Prozent Volumenanteil oder **ppm** angegeben. Hinter der Abkürzung ppm verbirgt sich der englische Ausdruck „parts per million", was so viel bedeutet wie „Teile von einer Million". In einen Würfel mit der Kantenlänge von einem Meter würden eine Million kleiner Würfel mit der Kantenlänge von einem Zentimeter passen. Ein solches Würfelchen wäre dann 1 ppm dieses Kubikmeters. Anders ausgedrückt könnte man auch sagen: Ein ppm und 999 999 weitere ergeben ein Ganzes.

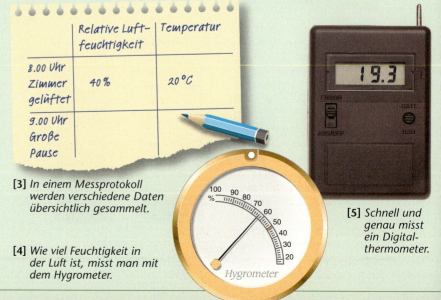

	Relative Luftfeuchtigkeit	Temperatur
8.00 Uhr Zimmer gelüftet	40 %	20 °C
9.00 Uhr Große Pause		

[3] In einem Messprotokoll werden verschiedene Daten übersichtlich gesammelt.

[4] Wie viel Feuchtigkeit in der Luft ist, misst man mit dem Hygrometer.

[5] Schnell und genau misst ein Digitalthermometer.

 [6]
 [7]
 [8]
 [9]

CO₂-Konzentrationen

Der Anteil von Kohlenstoffdioxid (CO_2) an der Frischluft beträgt etwa 0,037 Prozent oder 370 ppm. Das entspricht – bezogen auf einen Kubikmeter Raumluft – 370 cm³. Im Laufe einer Schulstunde kann der CO_2-Gehalt im Klassenzimmer auf 0,25 Prozent steigen. Dann befinden sich in jedem Kubikmeter Raumluft schon 2500 cm³ CO_2.

Bei 0,1 Prozent CO_2 in der Atemluft müsste eigentlich das Signal zum Lüften gegeben werden. Der Professor für Gesundheitslehre MAX VON PETTENKOFER hat diesen Wert schon im Jahr 1858 als Grenzwert für schlechte Luft festgelegt. Ab 3 Prozent wird CO_2 gefährlich und führt zur Ohnmacht. Ein CO_2-Gehalt von 10 Prozent oder 100 000 ppm ist für den Menschen tödlich.

Denkmal

❶ Beschreibt die Abbildungen [6]–[9]. Leitet daraus Tipps zur Verbesserung des Raumklimas ab.

❷ Wie viel Liter Raumluft stehen in eurem Klassenzimmer jeder Schülerin und jedem Schüler zur Verfügung? (Bei euren Berechnungen dürft ihr aber die Lehrerin bzw. den Lehrer nicht vergessen, die müssen manchmal ja auch ganz schön Luft holen.)

❸ Auch bei festen Stoffen rechnet man mit ppm. Wie viel macht wohl ein ppm von einem Kilogramm aus?

❹ Es wäre schade, wenn ihr eure Erkenntnisse als Raumluftexperten nur für euch selbst nutzen würdet. Veröffentlicht eure Messergebnisse und eure Tipps zur Verbesserung des Raumklimas in der Schülerzeitung.

[10] Wie lange brennt das Teelicht in Frischluft und in ausgeatmeter Luft?

Versuche

1 Messungen im Klassenzimmer

Lüftet euer Klassenzimmer, ehe ihr mit euren Raumluftuntersuchungen beginnt. Nach dem Schließen der Fenster und Türen kann mit den Messungen begonnen werden. Wiederholt die Messungen am Ende der Unterrichtsstunde, nach zwei Unterrichtsstunden und nach der großen Pause. Tragt die Messwerte in eine Tabelle [3] ein.
a) Messt die Lufttemperatur [5].
b) Untersucht mit einem Hygrometer [4] den Feuchtigkeitsgehalt der Luft.

Die Messwerte werden in Prozent angegeben. Der Messwert „50 %" bedeutet hier übrigens nicht, dass die Hälfte der Luft aus Wasser besteht, sondern dass die Luft halb so viel Wasserdampf enthält wie sie höchstens aufnehmen könnte.

2 Frischluft und ausgeatmete Luft

a) Stülpe über ein brennendes Teelicht ein Trinkglas. Miss mit deiner Stoppuhr, wie lange es dauert, bis die Kerzenflamme erlischt.
b) Puste über einen Gummischlauch Atemluft (12 Atemzüge) in ein Trinkglas, das mit einem Stück Karton oder mit den Händen abgedeckt ist [10]. Stülpe das Glas danach über das Teelicht. Bestimme wiederum die Zeit, bis die Flamme ausgeht.
c) Betätige dich körperlich, indem du die Treppe im Schulhaus mehrmals auf- und abwärts läufst, auf dem Schulhof einige Meter sprintest oder schnell 20 Kniebeugen machst. Gehe dann wie im Versuch b) vor und miss die Zeit bis zum Erlöschen der Flamme.

Spedition Blut

Blut gelangt in alle Teile des Körpers. Mit ihm werden Stoffe transportiert, die den reibungslosen Ablauf aller Lebensvorgänge ermöglichen.

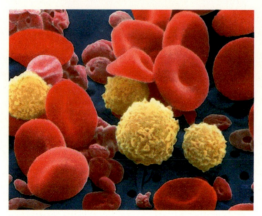

[2] *Für das Auge ist Blut eine rote Flüssigkeit. Die Mikroaufnahme zeigt viele verschiedene Zellen.*

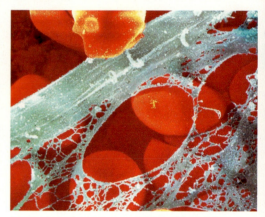

[3] *Bei der Blutgerinnung bildet sich ein Netz aus Fäden – ein körpereigenes Pflaster.*

[1] *Blutbank – eine Anlage, die Leben retten kann.*

Wer denkt schon an die Besonderheiten dieses Lebenssaftes, wenn er sich geschnitten hat und einige Tropfen Blut aus der Wunde hervorquellen? Der Gedanke an ein Pflaster liegt da viel näher. Obwohl nur 5 bis 7 Liter Blut in unserem Körper kreisen, handelt es sich dabei um den wohl gewaltigsten Strom, den das Leben kennt. Blut erreicht jedes Organ und nahezu jede Zelle. Auf seinem Weg durch den Körper legt es mehr als 90 000 Kilometer zurück.

Blut ist fest und flüssig zugleich

Frisches Blut von einem Schlachttier wird durch Zusatz eines Salzes am Gerinnen gehindert. Schon nach kurzer Zeit setzen sich drei unterschiedliche Schichten ab [6]. Die obere Schicht besteht aus einer klaren, gelblichen Flüssigkeit, dem Blutplasma. Dann folgt ein schmales, kaum erkennbares Band mit den weißen Blutzellen und den Blutplättchen. Ganz unten haben sich die roten Blutzellen abgesetzt. Blut ist demnach eine Flüssigkeit mit festen Bestandteilen.

Blutzellen sind Spezialisten

Die roten Blutzellen [4] sehen wie pralle rundliche Scheiben aus, die in der Mitte eingedellt sind. Sie enthalten den Blutfarbstoff Hämoglobin, der die Farbe des Blutes bewirkt. **Rote Blutzellen** sind außerdem so winzig, dass 500 aufeinander gestapelte Scheibchen einen Turm von nur einem Millimeter ausmachen. Mit jedem Atemzug heften sich Sauerstoffmoleküle an das Hämoglobin und erreichen auf diese Weise alle Bereiche des Körpers. Das in den Körperzellen gebildete Kohlenstoffdioxid wird im Gegenzug mit dem Blut zur Lunge transportiert.

Die **weißen Blutzellen** [4] haben die Aufgabe, eingedrungene Krankheitserreger zu vernichten. Sie können ihre Form stark verändern und sich sogar durch die Wände der Blutbahnen hindurchzwängen. Trifft eine weiße Blutzelle auf einen Krankheitserreger, so stülpt sie sich über den Eindringling, schließt ihn ein und frisst ihn regelrecht auf.

Den dritten festen Bestandteil im Blut bilden die **Blutplättchen** [4]. Es sind winzige Gebilde, die unregelmäßig geformt sind. Ihre Aufgabe ist es, bei einer Verletzung mitzuhelfen, das ausströmende Blut zu stoppen [3].

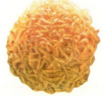

Blutplasma — Rote Blutzelle — Weiße Blutzelle — Blutplättchen

[4] *Hauptbestandteile des Blutes*

Blut – ein Strom, der alles bewegt

Leben ist abhängig von Energie. Diese wird durch den Abbau von Nährstoffen in den Körperzellen freigesetzt. Dazu ist auch Sauerstoff notwendig. Körperzellen benötigen aber auch Baustoffe um zu wachsen oder sich zu erneuern. Diese Baustoffe werden ebenfalls aus den Nährstoffen gewonnen. Mineralsalze, Vitamine und viele andere Stoffe sorgen für den reibungslosen Ablauf sämtlicher Lebensvorgänge. Den Transport und die Zustellung dieser Stoffe übernimmt zum größten Teil das flüssige **Blutplasma**, in dem diese Stoffe gelöst sind. Der Blutstrom befördert Abfallstoffe zu den Nieren und zur Lunge, wo sie ausgeschieden werden. Das Blutplasma enthält außerdem einen Gerinnungsstoff. Im Falle der Verletzung einer Blutbahn bildet dieser zusammen mit den Blutplättchen ein Netz aus Fäden [3]. In diesem Netz verfangen sich zunehmend mehr Blutzellen, bis die Blutung schließlich zum Stillstand kommt.

Die Vorgänge in den Körperzellen erzeugen Wärme, die der Blutstrom im Körper verteilt. Überschüssige Wärme wird über die Haut an die Luft abgegeben.

Gesamtblutmenge ca. 5 Liter

Zellige Bestandteile 44 % oder 2,2 Liter
Blutplättchen 250 000 – 400 000 pro mm^3
Weiße Blutzellen 5 000 – 10 000 pro mm^3
Rote Blutzellen 5 – 6 Millionen pro mm^3

Blutplasma 56 % oder 2,8 Liter
Wasser ca. 2,5 Liter
Nähr- und Baustoffe, Mineralsalze,
Vitamine, Gerinnungsstoffe
ca. 0,3 Liter

[5] *Durchschnittsblutmenge eines Erwachsenen*

[6] *Abgestandenes Blut trennt sich in seine festen und flüssigen Bestandteile.*

Merkmal

▶ Blut besteht aus dem Blutplasma und verschiedenen Zelltypen.

▶ Die roten Blutzellen transportieren den Sauerstoff.

▶ Weiße Blutzellen haben die Aufgabe, eingedrungene Krankheitserreger abzuwehren.

▶ Blutplättchen und ein Gerinnungsstoff des Blutplasmas sorgen bei kleineren Verletzungen dafür, dass der Blutfluss gestoppt wird.

Denkmal

❶ Lies den Text dieser Seite aufmerksam durch und notiere stichwortartig sämtliche Aufgaben des Blutes.

❷ Informiere dich über einen „Bluterguss" und über so genannte blaue Flecken, die man sich gelegentlich zuzieht.

❸ Oberflächenschürfungen der Haut bluten nicht. Versuche zu erklären, weshalb sich trotzdem eine Kruste bildet und diese nahezu farblos ist.

❹ Ein Dreizehntel deines Körpergewichtes in Liter ergibt deine persönliche Blutmenge. Berechne.

Blut untersuchen

Untersuchungen des Blutes sind sicherlich nicht jedermanns Sache. Dabei ist es recht spannend, sich mit dem „Saft des Lebens" einmal etwas genauer zu beschäftigen. Es wird nur Tierblut vom Metzger oder vom Schlachthof verwendet.

1 Zuerst wird das Tierblut von der Lehrerin oder vom Lehrer durch einen Zusatz von Ammoniumoxalat am Gerinnen gehindert. Man spricht jetzt von Oxalatblut. Stelle nach folgender Anleitung einen Blutausstrich zur Untersuchung unter dem Mikroskop her: Gib zuerst einen Tropfen des Oxalatblutes auf einen Objektträger. Verstreiche den Blutstropfen mit einem zweiten Objektträger, so dass das Blut in einer dünnen Schicht gleichmäßig verteilt ist. Lege ein Deckglas auf und mikroskopiere zuerst bei 100facher, dann bei 400facher Vergrößerung. Zeichne und beschreibe die Form der roten Blutzellen.

2 Untersuche unter dem Mikroskop bei unterschiedlichen Vergrößerungen einen bereits fertigen und angefärbten Blutausstrich (Dauerpräparat). Versuche möglichst viele unterschiedliche Blutzellen zu erkennen. Zeichne einige davon und beschrifte sie.

3 Schütte etwa 100 ml frisches, unbehandeltes Blut und 100 ml Oxalatblut jeweils in einen Standzylinder und lasse sie 24 Stunden lang stehen. Beschreibe deine Beobachtungen.

4 Rühre 100 ml frisches, unbehandeltes Blut mit einem rauen Holzstab etwa zehn Minuten lang kräftig durch. Beschreibe die Rückstände am Holzstab.

Transportwege im Kreislauf

Vom Herzen angetrieben, fließt das Blut über die Arterien in ein weit verzweigtes Netz von Kapillaren, um schließlich über die Venen zum Herzen zurückzukehren.

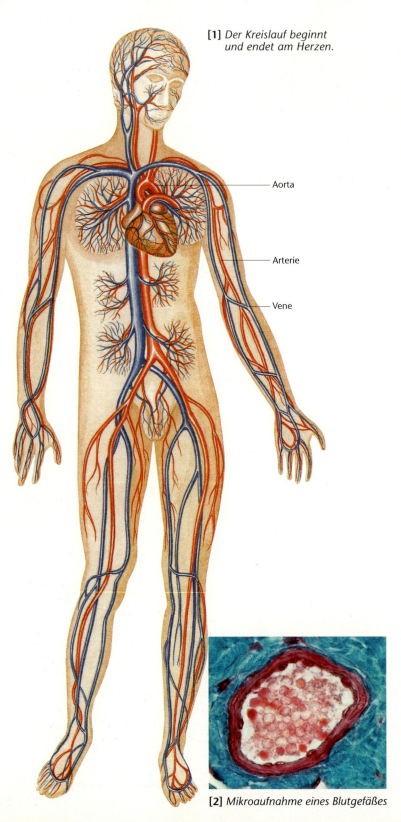

[1] *Der Kreislauf beginnt und endet am Herzen.*

- Aorta
- Arterie
- Vene

[2] *Mikroaufnahme eines Blutgefäßes*

Mit jedem Herzschlag werden etwa 70 ml sauerstoffreiches Blut in die Aorta gepresst. Sie ist die größte Blutbahn unseres Körpers und hat einen Durchmesser, der immerhin 2 cm beträgt. Die **Aorta** [1] zählt wie alle anderen Blutbahnen, die vom Herzen wegführen und sich mit zunehmender Entfernung immer weiter verzweigen, zu den Schlagadern bzw. Arterien. Etwa 60–80 Druckwellen folgen in jeder Minute aufeinander. Dabei gelangen, ohne dass wir uns sonderlich anstrengen müssten, in jeder Minute fast 5 Liter Blut in die Blutbahnen des Kreislaufsystems. Bei großer Anstrengung können das in der gleichen Zeit über 20 Liter sein. Starre Rohre könnten diesen Belastungen nicht lange standhalten. Die Wände der Blutgefäße sind deshalb so gebaut, dass ihnen die lebenslang und pausenlos erfolgenden Druckwellen des Blutes nichts anhaben können.

Der Kreislauf – mal schwungvoll …

Die Verteilung des Blutes im Körper geschieht hauptsächlich durch die Pumpleistung des Herzens. Mit jedem Blutschwall werden die Aorta und die sich anschließenden größeren **Arterien** [1] gedehnt. Die elastischen Wände dieser Blutgefäße gehen sofort nach der Dehnung in ihre Ausgangslage zurück und drücken dadurch das Blut vorwärts [3]. Dort, wo Arterien knapp unter der Haut liegen, kann man die Druckwelle des Herzschlags als Puls fühlen. Die Wände der großen Arterien sind elastisch und enthalten viele ringförmig angeordnete Muskelfasern. Sie übernehmen auch die Aufgabe einer Hilfspumpe, die so genannte Arterienpumpe [3]. Mit zunehmender Entfernung vom Herzen verzweigen sich die Arterien in immer feinere Blutgefäße, die **Kapillaren**. Sie sind etwa 50mal dünner als das Haar eines Menschen und durchziehen als engmaschiges Netz alle lebenden Gewebe unseres Körpers. Die Kapillaren sind so eng, dass sich selbst die winzigen roten Blutzellen nur im „Gänsemarsch" hindurchzwängen können [4]. Ihre Wände sind hauchdünn.

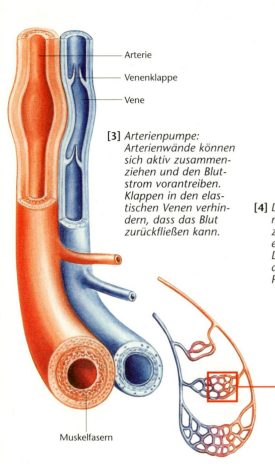

[3] Arterienpumpe: Arterienwände können sich aktiv zusammenziehen und den Blutstrom vorantreiben. Klappen in den elastischen Venen verhindern, dass das Blut zurückfließen kann.

[4] Die Körperzellen nutzen Sauerstoff zur Oxidation [99.7] energiereicher Stoffe. Dieser Vorgang ist die Umkehrung der Fotosynthese [104.5].

[5] Die Oxidation von Traubenzucker liefert Energie.

... mal langsam und träge

Der Blutfluss ist in den Kapillaren wesentlich langsamer geworden. Durch die dünnen Wände der nur noch 0,008 mm weiten Kapillaren kann der mitgeführte Sauerstoff die Blutgefäße verlassen und gelangt in die angrenzenden Zellen. Dort verbindet er sich mit dem energiereichen Traubenzucker [104.5] und zerlegt ihn. Dabei entstehen Kohlenstoffdioxid und Wasser. Das Wichtigste ist jedoch: Durch diese Reaktion wird Energie freigesetzt, die unser Körper für vielerlei Vorgänge benötigt.

Wenn das Blut die Kapillaren wieder verlässt, strömt es nur noch langsam und träge dahin. Es sammelt sich nun in zunehmend größer werdenden Blutgefäßen, den Venen, um schließlich wieder zum Herzen zurückzugelangen. Von dort fließt es nicht gleich wieder in den **Körperkreislauf**, sondern gelangt in einen zweiten Kreislauf, den **Lungenkreislauf**. Das Herz pumpt das Blut zum Auftanken von Sauerstoff und zur Abgabe von Kohlenstoffdioxid in die Lungen. Von dort fließt das sauerstoffreiche und kohlenstoffdioxidarme Blut zum Herzen zurück.

Merkmal

▶ Blutbahnen, die vom Herz wegführen, bezeichnet man als Arterien. Solche Blutgefäße, die zum Herz hinführen, nennt man Venen.

▶ Die kleinsten Verzweigungen der Blutgefäße heißen Kapillaren.

▶ Durch die hauchdünnen Wände der Kapillaren findet der Stoffaustausch mit dem umliegenden Gewebe statt.

Denkmal

❶ Durch die größeren Arterien fließt das Blut mit einer Geschwindigkeit von 30 cm pro Sekunde. In den Venen legt es in der gleichen Zeit nicht einmal mehr 1 cm zurück. Erkläre diesen Unterschied.

❷ Halte einen Arm längere Zeit in die Höhe, den anderen nach unten. Vergleiche dann beide Hände und erkläre deine Beobachtungen.

❸ Arterien [3] haben ziemlich dicke Wände, in denen viele ringförmig angeordnete Muskelfasern vorkommen. Kapillarenwände [4] bestehen nur aus einer einzigen Zellschicht und Venen haben Klappen. Warum gibt es bei den Blutgefäßen so viele Unterschiede?

❹ Wie viel sind eigentlich 70 ml Blut? Prüfe das mit einem Messzylinder einmal nach. Errechne die Blutmenge, die an einem Tag in den Blutkreislauf gepumpt wird.

❺ An welchen Stellen des Körpers kann man besonders leicht den Puls fühlen?

Motor des Lebens

Das Herz ist der Motor, der den Kreislauf in Gang hält und somit ein leistungsfähiges Transportsystem ermöglicht.

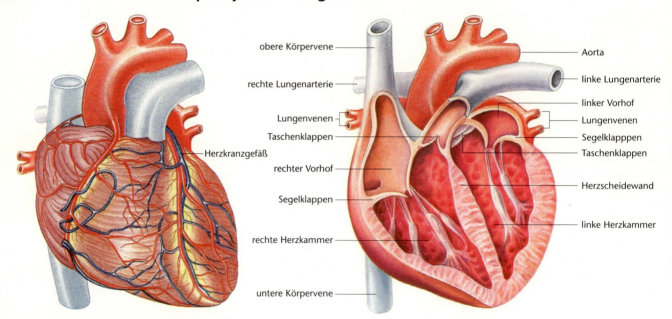

[1] *Die Herzkranz-gefäße versorgen den pumpenden Muskel mit Blut, damit er selbst für den lebenswichtigen Blutstrom sorgen kann.*

Schon immer war das Herz etwas ganz Besonderes. Vielleicht liegt das daran, dass das dumpf und spürbar pochende Organ von selbst auf sich aufmerksam macht. Auf Wände gesprayt, aus Schokolade gegossen oder als Lebkuchenherz gebacken, ist es auch ein Symbol der besonderen Zuneigung oder Liebe. Bewundernswert bleibt das Herz aber auch dann noch, wenn wir es ganz nüchtern als menschliches Organ betrachten.

Das Herz arbeitet pausenlos

Zwischen den Lungenflügeln, über dem Zwerchfell und hinter dem Brustbein gelagert, pulsiert das etwa 300 Gramm schwere und faustgroße Herz. Es ist ein Meisterwerk an Präzision und Ausdauer. In jeder Minute schlägt es 60 bis 80 mal, selbst wenn wir gerade gar nichts Besonderes tun und uns nur ausruhen. Dabei werden 5 Liter Blut in den Kreislauf gepumpt und gleichzeitig aus ihm

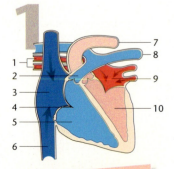 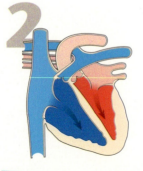 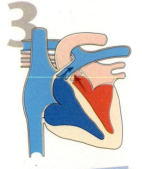 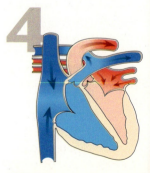

A Die Herzkammern erschlaffen, und die Taschenklappen werden geschlossen. Die Vorhöfe weiten sich aus und üben einen Sog auf das Blut aus. Der Saug-Pump-Mechanismus beginnt von neuem.

B Beim Zusammenziehen der Herzkammermuskulatur wird das Blut kraftvoll in die Lungenarterie bzw. in die Aorta gepumpt. Die Taschenklappen sind geöffnet, die Segelklappen dagegen sind geschlossen.

C Der Druck des Blutes in den beiden Vorhöfen und die Erschlaffung der Herzkammermuskulatur bewirken die Öffnung der Segelklappen. Das Blut kann nun in die beiden Herzkammern strömen.

D Die Muskulatur der Herzkammern beginnt zu erschlaffen. Die beiden Vorhöfe nehmen das heranströmende Blut aus dem Körper- und dem Lungenkreislauf auf. Die Segelklappen sind noch geschlossen.

[2]–[5] *Saug-Pump-Mechanismus*

[6] Zielgerichtet trifft der Pfeil mitten ins Herz – ein Symbol des Verliebtseins.

Merkmal

▶ Das Herz ist ein Hohlmuskel, der sich rhythmisch zusammenzieht und wieder erschlafft.

▶ Aus dem Körper kommendes Blut gelangt durch die Pumparbeit des Herzens in den Lungenkreislauf.

▶ Aus dem Lungenkreislauf kommendes Blut wird über die Aorta in den Körperkreislauf gepumpt.

▶ Ein System von Ventilen regelt die Strömungsrichtung des Blutes.

Denkmal

❶ Manchmal passiert es schon, dass man lechts und rinks verwechselt. Warum aber wird bei der Abbildung eines Herzens die rechts gezeichnete Herzhälfte als die „linke" bezeichnet?

❷ Die Wand der linken Herzkammer ist viel dicker und damit auch stärker als die rechte. Außerdem hat sie eine sechsmal größere Druckkraft. Hier ist eine Begründung gesucht.

❸ Folgende Aussage ist nicht korrekt, und du kannst sie sicherlich berichtigen: „In den Venen fließt sauerstoffarmes Blut, in den Arterien sauerstoffreiches."

❹ Die Funktionsweise des Herzens ist ein Saug-Pump-Mechanismus. Erkläre diese Bezeichnung.

❺ Die Herzklappen arbeiten wie Ventile. Was ist eigentlich das Besondere an so einem Ventil?

❻ Ordne den Ziffern 1 bis 10 der Abbildungen zum Herzschlag [2]–[5] folgende Begriffe zu: Aorta, Lungenarterie, Lungenvene, Körpervene, Taschenklappen, Segelklappen, linker Vorhof, rechter Vorhof, linke Herzkammer, rechte Herzkammer.

❼ Lies die Beschreibungen zu den vier Phasen (1 bis 4) des Herzschlags [2]–[5] genau durch und ordne sie dann den entsprechenden Abbildungen (A bis D) zu.

❽ Mithilfe eines Simulationsprogramms zum Saug-Pump-Mechanismus des Herzens kannst du die Karten A bis D [2]–[5] in die richtige Reihenfolge bringen.

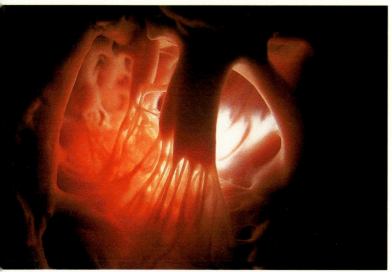

[7] Herzklappen: Ventile, so dünn wie Seidenpapier, aber ungleich robuster, regulieren den Blutstrom.

wieder aufgenommen. In einer beständigen Folge von Herzschlägen hält es den Kreislauf in Gang, und das ein ganzes Leben lang. Es beginnt zu arbeiten, sobald aus einer befruchteten Eizelle ein vier Wochen alter Embryo geworden ist. In einem 75-jährigen Leben schlägt es mehr als 2,5 Milliarden Mal und bewegt dabei viele Millionen Liter Blut.

Vier Höhlen, zwei Teile, ein Herz

Das Herz ist ein Hohlmuskel [1], der sich regelmäßig in einem genau abgestimmten Rhythmus zusammenzieht und wieder erschlafft. In seinem Inneren ist es durch die Herzscheidewand in zwei ungleich große Hälften geteilt. Jede Hälfte besteht aus einem kleineren, dünnwandigen Vorhof und einer dickwandigeren Herzkammer. In den rechten Vorhof münden die obere und die untere Körpervene, in den linken die von der Lunge kommende Lungenvene. Aus der rechten Herzkammer entspringt die Lungenarterie, aus der linken die große Körperschlagader oder Aorta.

Ein System von Ventilen regelt im Herzen die Strömungsrichtung des Blutes. Vorhöfe und Herzkammern werden durch die Segelklappen getrennt. Am Übergang vom Herzen zur Lungenarterie und zur Aorta befinden sich die dreiteiligen Taschenklappen. Die Herzklappen verhindern das Zurückströmen des Blutes.

Klopfzeichen der Anstrengung

Kreislauf bedeutet mehr als nur zirkulierendes Blut

Unter Kreislauf versteht man viel mehr als nur ein unvorstellbar weit und fein verzweigtes Netz von Blutgefäßen, in dem das Herz den Blutstrom antreibt und zirkulieren lässt. Besonders deutlich wird das bei sportlichen Betätigungen, wenn der Körper mehr Energie benötigt. Der Herzschlag beschleunigt sich und das Herz pumpt eine größere Menge Blut in die Adern. Wir atmen schneller und intensiver. Durch die verstärkte Atemtätigkeit und die erhöhte Durchblutung erhalten die Muskeln mehr Sauerstoff und auch mehr Nährstoffe. Beides ist nötig, wenn ausreichend Energie bereitgestellt werden soll. Wo viel gearbeitet wird, entsteht überschüssige Wärme. Bei erhöhter Bluttemperatur erweitern sich die Blutgefäße der äußeren Körperbereiche. Die verstärkte Durchblutung dieser Gefäße bewirkt eine Wärmeabstrahlung an die Umgebung. Zusätzlich wird Schweiß abgesondert, er verdunstet und entzieht dadurch dem Körper Wärme. Wenn der Kreislauf auf Touren kommt, sind nicht nur das Herz und die Blutgefäße beteiligt. Die Atmungsorgane und die Muskulatur sind ebenfalls verstärkt gefordert. Auch der Stofftransport und die Wärmeregulation müssen sich den erhöhten Anforderungen anpassen. Die fühlbare und rhythmische Dehnung der Blutgefäßwände, nennt man **Pulsschlag**. Er ist ein deutliches Zeichen für diese körperliche Anstrengung.

[1] *Keine Bewegung – das kann ganz schön anstrengend sein.*

[2] *Skater bringen sich und ihren Kreislauf gleichermaßen in Schwung.*

Die Rumhockerei in den langen Schulstunden kann manchmal ganz schön ermüdend und auch ein bisschen langweilig sein. Wir tun uns im Laufe des Vormittags zunehmend schwerer, aufmerksam bei der Sache zu bleiben und uns zu konzentrieren. Leicht lassen wir uns durch Störungen ablenken. Richtig anstrengend ist so etwas. Zum Glück gibt es da die Pausen, in denen man ausgelassen toben oder andere tolle Sachen machen kann. Wenn es im Sportunterricht erst mal so richtig zur Sache geht, ist das auch anstrengend, aber eben ganz anders – eigentlich angenehm anstrengend.

Der Puls auf dem Prüfstand

Folgende Aufgaben führt ihr am besten in Partnerarbeit durch. Ein Team bereitet eine große Tabelle vor, in die die Ergebnisse der Mes-

Stufen-Test

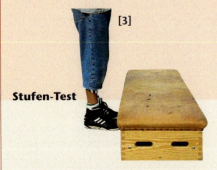

[3] [4] [5] [6]

Nur eine Stufe, die den Puls höher bringt

Besorge einen wie auf der Abbildung dargestellten Kastenteil. Übe vor Testbeginn erst den Ablauf des Stufentests ein: Stelle dich vor den Kasten. Steige zuerst mit dem rechten Bein auf den Kasten, dann mit dem linken. Setze nun das rechte Bein wieder auf den Boden und anschließend das linke. Für eine Übung (auf-auf-ab-ab) braucht man ungefähr 2,5 Sekunden. Eine Mitschülerin oder ein Mitschüler stoppt die Zeit für dich. Führe die Übung nun drei Minuten lang durch. Setze dich danach hin und ruhe dich genau 30 Sekunden lang aus. Bestimme nun deinen Minutenpuls.

Tipps für ein trainiertes Herz

- Regelmäßiges Training stärkt und kräftigt die Herzmuskulatur.
- Ein trainiertes Herz kann bei Belastung mehr Blut in die Adern pumpen als ein untrainiertes.
- Beim Kreislauftraining soll der Pulsschlag zwischen 130 und 170 liegen.
- Ein ideales Training muss mindestens 10 Minuten, besser 20 Minuten durchgehalten werden und soll mindestens dreimal die Woche erfolgen.

[7]

sungen am Schluss – nach Jungen und Mädchen getrennt – eingetragen werden können.

1 Miss einer Versuchsperson, die schon eine ganze Weile ganz ruhig auf einem Stuhl sitzt und ausgeruht ist, die Pulsschläge in einer Minute (Minutenpuls). Notiere den Wert.

2 Die Versuchsperson sollte vor der zweiten Messung zwei Minuten lang stehen, sich nirgends anlehnen und sich ganz ruhig verhalten. Miss nun den Minutenpuls und notiere den Wert. Wie lässt sich die Veränderung der Pulsschläge erklären?

3 Miss ebenfalls eine Minute lang den Belastungspuls. Als Belastung sollen 20 Kniebeugen zügig hintereinander durchgeführt werden. Beginne unmittelbar nach der letzten Kniebeuge mit dem Pulsmessen. Miss aber nur 15 Sekunden lang und multipliziere die Zahl mit 4. Warum muss man hier wohl eine kürzere Messzeit wählen?

4 Rechnet die Mittelwerte aus und überlegt, welche Ursachen erhöhte Werte haben könnten.

Was den Kreislauf trainiert, gesund ist und Spaß macht

Nur solche Sportarten, die eine gleichmäßige Anstrengung von Herz und Lunge bewirken, gelten als wirklich gesund. Es sind Sportarten, die die Ausdauer trainieren. Die gleichmäßigen und kraftvollen Bewegungen beim Radfahren, bei der Gymnastik, beim Schwimmen, Joggen oder beim Seilhüpfen fördern die Leistungsfähigkeit des Kreislaufs.

[9] *Kraftvolle und gleichmäßige Bewegungen treiben die Mannschaft voran und den Pulsschlag nach oben.*

[10] *Bei Wettrennen braucht man ganz schnell viel Energie.*

Der Puls – das Maß für körperliche Anstrengung

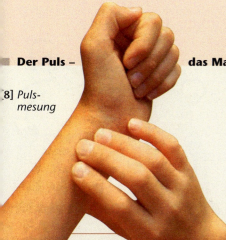

[8] *Pulsmesung*

Fühle deinen Pulsschlag an der Arterie am Innern des Handgelenkes. Die Arterie verläuft im Bereich der Speiche. Zähle die Pulsschläge 15 Sekunden lang. Nimm die Zahl mal 4. Du weißt dann, wie oft dein Herz in einer Minute schlägt. Misst man den Puls im Ruhestand des Körpers spricht man auch vom **Ruhepuls**. Der Puls lässt sich ebenfalls an der Halsschlagader messen.

[11] *Flotte Rhythmen gehen in Fleisch und Blut über und wirken wie der Motor unserer Bewegungen.*

Luft

1 Luft – kaum zu fassen
Luft hat schon seltsame Eigenschaften. Sie braucht Platz, wiegt auch noch etwas und trotzdem können wir sie nicht sehen.
a) Zeichne und beschreibe drei Versuchsaufbauten, mit denen du die Eigenschaften der Luft untersuchen kannst.
b) Luft ist eine Mischung aus mehreren Stoffen. Beschreibe die Zusammensetzung von 100 Litern Luft in einem Schaubild.
c) Dein Lehrer gibt dir ein unbekanntes Gas. Mit welchen Nachweismethoden kannst feststellen, um welches Gas es sich handelt? Führe den Nachweis durch.

2 In luftigen Höhen
Bei einer Hochgebirgstour öffnet ein Bergsteiger auf dem Gipfel eine Plastikflasche zum Trinken und verschließt sie danach wieder. Im Tal angekommen, ist die Flasche zerknautscht. Bergsteiger beschweren sich in großer Höhe über „dünne Luft".
a) Erkläre die Zusammenhänge und informiere dich über den unterschiedlichen und auch wechselnden Luftdruck in der Atmosphäre.
b) Bis zu welcher Höhe über dem Meer können Menschen ohne Hilfsmittel überleben?
c) Informiere dich, in welcher Höhe große Verkehrsflugzeuge fliegen. Warum wählen sie wohl diese Höhe? Was muss man beim Bau eines solchen Flugzeuges beachten, damit die Passagiere und der Pilot in dieser Höhe atmen können?

3 Druckmessung
Die Luft, die uns umgibt, hat einen bestimmten Druck, in Reifen ist „Überdruck". Wie kann man das messen?
a) Informiere dich über geeignete Messgeräte und die physikalischen Einheiten, die man verwendet. Nutze dazu verschiedene Informationsquellen (Lexikon, Internet, Tankstelle, ...).
b) Miss den Druck in einem Autoreifen und in einem Fahrradreifen. In welchem Reifen ist der Druck höher? Informiere dich, wie hoch der Druck in verschiedenen Autoreifen und Fahrradreifen sein sollte.
c) Miss den Luftdruck in deinem Klassenzimmer über den Zeitraum von einer Woche und trage deine Messwerte in ein Diagramm ein.
d) Fasse die wichtigsten Informationen und Messergebnisse auf einem Plakat zusammen und stelle sie der Klasse vor.

4 Wetten, dass ...
... es möglich ist, eine im Wasser liegende Münze mit den Fingern aus dem Wasser zu holen, ohne die Hände nass zu machen?

Auf einer Untertasse, die mit etwas Wasser gefüllt ist, liegt eine Münze. Ziel ist es nun, die Münze von der Untertasse zu nehmen, ohne dabei das Wasser zu berühren. Für die Aufgabe stehen dir lediglich

ein Glas und eine brennende Kerze zur Verfügung. Suche nach Lösungsmöglichkeiten, um die Münze ins Trockene zu bekommen. Beschreibe die einzelnen Lösungsversuche und begründe deine Vorgehensweise.

5 Wenn das Wasser bis zum Flaschenhals steht

Lege deinen Daumen auf die Öffnung einer vollständig mit Wasser gefüllten Flasche, sodass beim Umdrehen der Flasche keine Flüssigkeit entweicht. Tauche die Flasche mit dem Hals nach unten in eine mit Wasser gefüllte Wanne. Was passiert, wenn du den Daumen von der Öffnung wegnimmst? Schreibe deine Vermutung auf und überprüfe sie. Erkläre das Ergebnis.

6 Frischluft

Beschreibe den Weg der Atemluft. Formuliere ganze Sätze und verwende dazu folgende Begriffe: Nasenhöhlen, Lungenbläschen, Bronchien, Rachenraum, Kehlkopf, Lungenflügel, Luftröhre.

7 „Kreislaufende" Aufgaben

Erkläre, weshalb man den Blutkreislauf mit nachfolgenden Einrichtungen vergleichen kann:
a) Warmwasserleitung
b) Klimaanlage
c) Einbahnstraße
d) Spedition
e) Entsorgungsunternehmen
f) Reparaturwerkstatt

8 Das A und E der Atmung

Entscheide, ob die nachfolgenden Beschreibungen dem Einatmungs- oder Ausatmungsvorgang zuzuordnen sind. Schreibe die folgenden Sätze ab und kennzeichne sie mit einem E für Einatmung und einem A für Ausatmung.
- Das Lungenvolumen vergrößert sich.
- Die Bauchdecke wird leicht eingezogen.
- Der Brustraum verkleinert sich.
- Der Brustkorb hebt sich.
- Das Zwerchfell zieht sich zusammen und flacht ab.
- Die Zwischenrippenmuskulatur erschlafft.

9 Wegbeschreibung

Beschreibe den Weg und den Bestimmungsort eines Sauerstoffteilchens im menschlichen Körper.

10 Korrekturbedarf

Lies die folgenden Aussagen aufmerksam durch. Suche diejenigen heraus, die falsch sind und korrigiere sie. Schreibe alle Aussagen in der richtigen Fassung in dein Heft.
- Alle Adern, die zum Herz führen, werden in einer Zeichnung blau dargestellt.
- Beim Einatmen hebt sich der Brustkorb und senkt sich das Zwerchfell.
- Die Lunge unterstützt durch aktives Zusammenziehen und Erschlaffen den Atmungsvorgang.
- Beim Einatmen entsteht in der Lunge ein Überdruck, sodass die Luft einströmen kann.
- Die festen Bestandteile des Blutes sind die Blutplättchen, die roten und die weißen Blutzellen. Die weißen Blutzellen transportieren den Sauerstoff und das Kohlenstoffdioxid.
- Beim Kreislauftraining kommt es darauf an, den Puls möglichst rasch nach oben zu treiben.
- Ausdauertraining führt mit der Zeit zu einer Vergrößerung des Herzmuskels und zu einer kleineren Pulsfrequenz.
- Das Blut strömt von der rechten Herzkammer in den Körperkreislauf.
- Durch die Wände der Kapillaren gelangen die Stoffe über die Gewebeflüssigkeit in die umliegenden Körperzellen und umgekehrt.

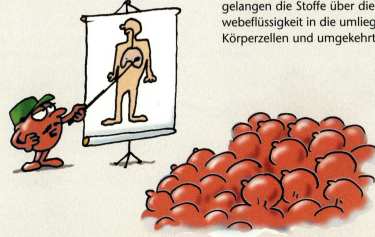

Wer hat nicht schon einmal den Wunsch gehabt, sich mit der Leichtigkeit eines Vogels in die Lüfte zu erheben und die Welt von oben zu betrachten? Es ist ein uralter und lange gehegter Traum der Menschheit, fliegen zu können. Schon in einer alten griechischen Sage wird die Geschichte von Ikarus erzählt, der sich mit seinem Vater Dädalus den Traum vom Fliegen erfüllt haben soll. Die beiden sammelten zunächst große, lange Vogelfedern. Diese befestigten sie mit Wachs an ihren Armen und ahmten so die Flügel eines Vogels nach. Nun konnten sie sich in die Lüfte erheben. Bald schon ermahnte Dädalus seinen Sohn, nicht zu nahe an die Sonne zu fliegen. Doch Ikarus, glücklich und frei in den Lüften schwebend, hörte nicht auf den Rat seines Vaters. Das Wachs begann zu schmelzen, die Federn fielen von den Armen, und er stürzte ins Meer. Heute hat sich der Traum vom Fliegen erfüllt. Gleitschirme halten so manchen Ikarus der Moderne in der Luft. Düsenflugzeuge rasen viel schneller als jeder Vogel durch die Lüfte. Dabei sollte man nicht vergessen, dass dies nur mit einem gewaltigen technischen Aufwand möglich ist. Obwohl man heute die Geheimnisse des Fliegens weitgehend kennt, bleibt die Selbstverständlichkeit, die Sicherheit und die Eleganz, mit der sich Vögel in der Luft bewegen, nach wie vor ein bewundernswertes und gefiedertes Rätsel.

Flieger^3

Ein Allerweltsvogel

Amseln sind nahezu überall zu beobachten. Sie ermöglichen deshalb einen gute Einblick in die sonst eher verborgene Welt eines Vogels.

Noch ehe der Frühling richtig beginnt, ist bereits der melodische Gesang, laut und wohlklingend vorgetragen, zu hören. Man braucht auch gar nicht lange zu suchen, um eine Amsel hoch oben im Wipfel eines Baumes zu entdecken. Mit weit geöffnetem Schnabel schmettert, flötet und pfeift der Vogel sein Lied, das um diese frühe Jahreszeit besonders lebhaft klingt.

Vom scheuen Waldvogel zum Kulturfolger

Die Amsel war ursprünglich ein scheuer Waldvogel. Heute stört sie weder die Nähe des Menschen noch Gartenarten oder gar der Straßenverkehr. Tiere, die die Nähe des Menschen nicht meiden, sondern Gärten, Parkanlagen und andere Bereiche als neuen Lebensraum annehmen und dadurch einen Vorteil haben, nennt man **Kulturfolger**.

Bedeutungsvoller Gesang

Für das Amselmännchen hat der Gesang eine ganz besondere Bedeutung. Während wir uns darüber freuen, steckt der Vogel deutlich hörbar sein Revier ab. Er trägt seine Melodie von einer so genannten Singwarte [2] aus vor. Dies kann ein erhöhter Platz, ein Baum, ein Hausdach oder ein Lichtmast sein. Das Amselmännchen unterbricht sofort seinen Gesang, wenn ein fremdes Amselmännchen in das bereits besetzte Revier eindringt.

Der Eindringling wird vom Revierinhaber mit gespreizten Flügeln und weit geöffnetem Schnabel vertrieben. Dabei verfolgen sich die beiden Tiere, indem sie heftig umeinander herumflattern und dabei aufgeregt „Tschik–tschik–tschik" rufen [3]. Erst wenn der Eindringling vetrieben ist, kehrt der Revierinhaber auf seine Singwarte zurück. Der Gesang des Amselmännchens dient im zeitigen Frühjahr aber auch der **Balz**, dem Werben um ein Weibchen. Gleichzeitig werden andere Amselmännchen eingeschüchtert und auf Abstand gehalten. Amselweibchen singen dagegen nicht. Sie äußern nur Warnlaute.

Ein stabiles Nest bietet Schutz

Nach der Balz erfolgt die Paarbildung. Bei der Wahl des Nistplatzes sind Amseln nicht besonders wählerisch. Sie bauen das Nest in etwa 2 m Höhe in Sträuchern, dichten Bäumen, in Holzstapeln oder unter dem Dach von Gartenhäusern. Kleine Zweige, Wurzeln, trockene Blätter und selbst der eine oder andere Plastikfetzen sind das Rohmaterial für den Nestbau. Das Weibchen formt daraus eine Mulde. Innen verstärkt sie die Mulde mit feuchter Erde. Nach dem Trocknen verbindet die Erde das Nestmaterial und macht es besonders stabil. Schließlich polstert sie das Nest mit Halmen und Moos weich aus [7].

[1] *Eine Amsel wird etwa 25 cm groß. Das Männchen hat ein schwarzes Gefieder, einen gelben Schnabel und einen gelben Augenring.*

[2] *Singwarte*

[3] *Revierverteidigung*

[4] *Lebensraum der Amsel*

Aufzucht der Jungen

Ab Anfang April brütet das Weibchen, selten auch das Männchen, 4 bis 6 grünlichblaue Eier mit rotbraunen Flecken [7]. Nach etwa 14 Tagen schlüpfen die Jungen. Noch sind die Augen geschlossen und nur wenige Federkiele auf der nackten Haut zu entdecken. Die Jungen sind hilflos, sie werden von den Alten gewärmt und unablässig mit Würmern und Insekten gefüttert [8]. Die Jungen sind **Nesthocker** und verlassen das Nest erst nach 12 bis 13 Tagen. Dann sind sie flügge. Trotzdem bleiben sie noch einige Tage in der Nähe des Nestes und betteln lautstark um Futter.

Regenwürmer zählen zur Hauptnahrung der Amseln. Mit dem langen und kräftigen Schnabel wenden sie auf der Suche nach Würmern und Insekten das Laub.

[5] *Das Amselweibchen ist am braunen Schnabel und am bräunlichen Gefieder zu erkennen.*

Merkmal

▶ Die Amsel ist ein Kulturfolger. So bezeichnet man Tiere, die in der Umgebung des Menschen leben.

▶ Amselmännchen grenzen mit ihrem Gesang ihr Revier ab und locken Weibchen an.

▶ Amseln können bis zu dreimal im Jahr brüten. Die Jungen sind Nesthocker, sie kommen nackt und mit geschlossenen Augen zur Welt.

Denkmal

❶ Wodurch lassen sich Amselweibchen und Amselmännchen voneinander unterscheiden?

❷ Junge Amseln bezeichnet man als Nesthocker. Schreibe auf, was sich hinter diesem Begriff verbirgt.

❸ Amseln haben wie andere Tiere ein für sie typisches Revier-, Balz- und Brutpflegeverhalten. Schreibe auf, was zum jeweiligen Verhalten gehört und welchem Zweck es dient.

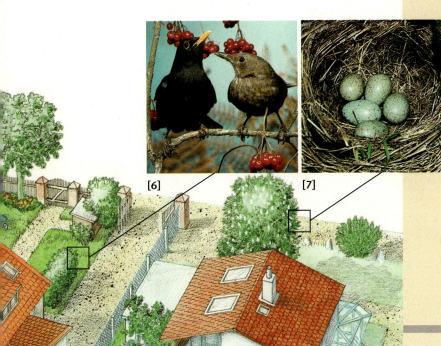

[6] [7]

[8] *Weit aufgesperrte Schnäbel verlangen immer wieder nach Futter.*

Projekt-Tipp

Im Internet findest du viele Informationen über das Leben der Amseln. Stelle in einer kleinen Übersicht wichtige Informationen über die Amsel zusammen.

Vögel beobachten

[1]

Julia schaut ihnen einfach gern zu, wenn sie ihren Schnabel ganz vorsichtig ins Wasser der Vogeltränke tauchen, um daraus zu trinken. Besonders lustig ist es, wenn sich einige dieser Vögel aufgeplustert haben und sich mit geschäftigem Flügelschlagen der Gefiederpflege widmen oder sich einfach nur ein bisschen Kühlung verschaffen. Inzwischen hat Julia sogar gelernt, ihre Badegäste beim Namen zu nennen. Amseln und Spatzen kannte sie ja schon immer. Dass Spatzen allerdings Haussperlinge heißen, war ihr dagegen neu. Wie Blaumeisen von Kohlmeisen, Buchfinken von Grünfinken und das Rotkehlchen vom Gartenrotschwanz zu unterscheiden sind, kann sie sich jetzt ganz leicht merken.

Beobachten – beschreiben – bestimmen

Ein Vogelbuch durchblättern führt zu nichts, wenn man das Tier zuvor nicht genau beobachtet hat. Die Befragung eines Vogelkenners wird schwierig, wenn es mit der Beschreibung hapert. Ein Merkmal allein, wie zum Beispiel „schwarz-weißes Gefieder", führt schnell in eine Sackgasse. Es trifft auf die Bachstelze ebenso zu wie auf die Elster oder die Schwanzmeise. Bei der Beobachtung sollte man sich möglichst viele Merkmale eines Vogels einprägen.

Dazu gehören Größe, Färbung des Gefieders und des Schnabels. Oftmals gibt es auch Auffälligkeiten, wie zum Beispiel Flecken am Kopf, auf der Brust, an den Flügeln oder Besonderheiten des Rücken- und Bauchgefieders. Die Form des Schwanzes und die Größe der Beine helfen in manchen Fällen ebenfalls weiter.

Vogelbilder halten still

Zum Glück fliegen die Vögel auf dieser Seite nicht gleich davon. Du kannst sie in aller Ruhe betrachten. Mithilfe der Beschreibungen ist es sicherlich nicht allzu schwer, die passenden Abbildungen zuzuordnen.

[2] *Bestimmungsmerkmale bei einem Vogel*

[3]   [4]

Von der Vogelbeobachtung zum Vogelbuch

- Wenn du Vögel beobachtest, brauchst du schon etwas Geduld. Benutze möglichst ein Fernglas.
- Suche für deine ersten Beobachtungen eine günstige Stelle aus. Das kann im Frühjahr ein Starenkasten sein, im Sommer eine Vogeltränke und im Winter das Futterhäuschen.
- Notiere möglichst viele Merkmale [2] des beobachteten Vogels.
- Notiere außerdem seine Verhaltensweisen, z. B. wie er fliegt, trinkt, läuft, was er frisst, wo er sich aufhält …
- Gestaltet nach euren Beobachtungen im Schulumfeld ein Vogelbuch [5].

Das Rotkehlchen, wie es im Vogelbuch steht

Das Rotkehlchen gehört zu den häufigsten Singvogelarten und auch zu den besten Sängern. Der kleine Vogel lebt sehr unauffällig.

Aussehen:
Die rostfarben bis orange gefärbten Federn der Stirn, der Brust, der Kehle und der Wangen sind die auffälligsten Kennzeichen.

Ruf/Gesang:
Der Gesang ist für diesen kleinen Vogel recht laut. Ab der zweiten Märzhälfte klingt ein „Tick-ick-ick …". Ab und zu ähnelt der Ruf auch dem der Amsel – „tsiih".

Lebensraum:
Es lebt in Wäldern, ist aber auch in Parks und Gärten anzutreffen.

Nahrung:
Die Nahrung besteht aus Spinnen, Würmern und Insekten. Nicht alle Rotkehlchen ziehen im Winter in den Süden. Zunehmend bleiben immer mehr Rotkehlchen den Winter über hier. Bei länger dauerndem Frost kann an einer geschützten Bodenstelle ein Fettfuttergemisch angeboten werden.

Verhalten:
Auffallend ist die herausgestreckte Brust, wenn es aufrecht am Boden steht.

Brut:
Als Bodenbrüter baut das Rotkehlchen sein Nest auf den Boden in Wald und Garten. Zwischen April und Juli brütet es zweimal 5 bis 6 Eier aus. Brutdauer: 14 Tage. Nach etwa zwei Wochen sind die Jungen flügge.

[5] Anregung für ein Vogelbuch

Singdrossel
Die Singdrossel ist etwas kleiner als eine Amsel. Die Oberseite ist braun, Brust und Bauch sind hell mit braunen Tupfen.

[6]

Elster
Die Elster ist mit 46 cm schon ein großer Vogel. Sie ist leicht an ihrem schwarzweißen Gefieder zu erkennen. Es glänzt zudem metallisch. Die Schwanzfedern sind besonders lang.

Zilpzalp
Der Zilpzalp ist ein unscheinbarer kleiner Vogel. Oberseits ist er braun gefärbt, auf der Bauchseite cremefarben. Über das Auge läuft ein dunkler Streifen.

Eichelhäher
Der Eichelhäher ist mit 34 cm etwas größer als eine Taube. Sein Gefieder ist oberseits rotbraun mit heller Kehle und einem schwarzen Bartstreifen. Das auffälligste Merkmal jedoch sind die leuchtend blauen, schwarzweiß gestreiften Federn an den Flügeln.

Buchfink
Der Buchfink ist etwa sperlingsgroß. Männchen und Weibchen sind unterschiedlich gefärbt. Beim Männchen ist das Gefieder an Scheitel und Nacken blaugrau, auf dem Rücken und der Unterseite rötlichblau. Die dunkleren Flügel haben zwei weiße Binden. Das Weibchen ist einheitlich braun gefärbt mit einem helleren Bauchgefieder.

[7]

Haussperling
Beim Haussperling hat das Männchen einen grauen Scheitel, eine schwarze Kehle und einen braunen Nacken. Die Flügel sind braun und dunkel gestreft mit einer weißen Bide. Das Weibchen trägt ein einfarbig graubraunes Gefieder.

[8]

Kohlmeise
Die Kohlmeise ist oberseits olivgrün. Die Flügel sind blau mit einem weißen Streifen. Der Kopf ist schwarz, mit Ausnahme der weißen Wangen. Auf der Brust läuft ein schwarzer Streifen bis zum Bauch.

[9]

Vom Ei zum Küken

Vögel legen Eier, die sie bebrüten und auf diese Weise mit Wärme versorgen. Aus ihnen schlüpfen schließlich die Küken.

[1] *Auf einigen Bauernhöfen und in manchen Kleingärten sind noch frei laufende Hühnervölker zu beobachten.*

[2] *Der Hahn „tritt" die Henne. Nur aus einem befruchteten Hühnerei entwickelt sich ein Küken.*

[3] *Hühner sind Bodenbrüter. Die Henne legt die Eier in eine Nestmulde, bevor das Brutgeschäft beginnt.*

Ganz gleich wie groß ein Hühnervolk auch ist, mehr als einen Hahn wird es nicht geben. Der „stolze Gockel" duldet keinen weiteren Hahn. In einem heftigen Hahnenkampf würde er sein Revier verteidigen. Unter den Hennen gibt es eine strenge Rangordnung. Wer diese verletzt, wird heftig angegriffen. Es herrscht eine feste Hackordnung.

Werbung um die Henne

Das Balzen des Hahnes beginnt mit dem Locken der Henne. Der Hahn nimmt dazu Futter in den Schnabel und ruft in kurzen Abständen. Wenn sich eine Henne nähert, spreizt der Hahn sein Gefieder und stolziert um sie herum. Ist die Henne paarungsbereit, duckt sie sich auf den Boden. Daraufhin steigt der Hahn auf und presst seine Kloake [5] an die der Henne. Die Kloake ist die Enddarmöffnung, in die der Ausführgang für die Geschlechts- und Ausscheidungsprodukte mündet. Man sagt, die Henne wird vom Hahn getreten. Dabei gelangt die Samenflüssigkeit des Hahnes in den Eileiter der Henne.

Wie kommt der Dotter in die Schale?

Im Eierstock befinden sich viele kleine Dotterkugeln [5]. Es sind Eizellen, die einzeln in den Eileiter wandern und dort heranwachsen. Jede Dotterkugel ist von einer Eihaut umhüllt und besitzt eine Keimscheibe, worin der Zellkern liegt. Dringt eine Samenzelle in die Keimscheibe ein, so verschmelzen die beiden Zellkerne miteinander. Aus der Keimscheibe entwickelt sich dann das Küken.

Die Dotterkugel wird auf dem Weg durch den Eileiter zuerst vom Eiklar, den Hagelschnüren und dann von zwei Schalenhäuten

[4]–[11] *Die Entwicklung des Kükens im Ei: Ist der Nährstoff-Proviant aufgebraucht, wird es eng in der Schale.*

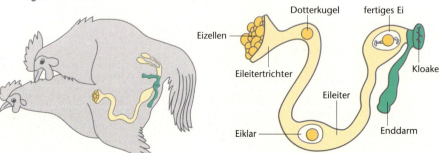

[4] *Hahn „tritt" Henne.*

[5] *Die Entstehung eines Eies im Eileiter. Die Wanderung des Eies im Eileiter dauert etwa einen Tag.*

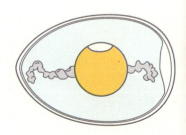

[6] *Das Ei und seine Bestandteile*

umhüllt. Im letzten Abschnitt des Eileiters erhält das Ei die Kalkschale, sie enhält viele Poren und ist somit luftdurchlässige. Am stumpfen Pol des Eies weichen die beiden Schalenhäute auseinander und bilden eine Luftkammer. Die verdrillten Hagelschnüre bewirken, dass die Keimscheibe immer oben liegt und somit nahe am wärmenden Bauch der brütenden Henne.

Bevor ein Küken schlüpft

Schon drei Tage nach Brutbeginn haben sich auf der Dotteroberfläche Adern gebildet. Kopf und Augen des Kükens sind bereits nach sechs Tagen zu erkennen [8]. Kopf, Schnabel, Flügel und die ersten Federn sind schon nach 14 Tagen gut ausgebildet, wobei Dotter und Eiklar immer mehr aufgebraucht werden. Am 21. Tag durchbricht das Küken mithilfe des Eizahnes auf der Oberseite des Schnabels die Kalkschale. Schnell trocknen die feinen Daunenfedern. Das Küken [11] kann gleich nach dem Schlüpfen sehen, beginnt zu laufen und sucht nach Futter. Es ist ein **Nestflüchter**.

Urahn der Haushühner

Alle Haushuhnrassen stammen von einem Wildhuhn, dem Bankivahuhn, ab, das heute noch in den Wäldern Südostasiens lebt [13]. Bankivahühner sind Bodenvögel, sie scharren nach Insekten und Würmern, fressen aber auch Samen und Knospen. Bankivahühner übernachten in Bäumen. Einmal im Jahr legt die Bankivahenne etwa zehn Eier, nach 21 Tagen Brutzeit schlüpfen die Küken.

[12] *Italiener – eine besonders farbenprächtige Rasse.*

[13] *Bereits vor 4 000 Jahren hielt man in Indien das Bankivahuhn als Haustier.*

Merkmal

▶ Im Vogelei ist die Dotterkugel die Eizelle. Nach der Befruchtung wird sie noch im Eileiter vom Eiklar und der Kalkschale umhüllt. In 21 Tagen entwickelt sich im Hühnerei ein Küken.

▶ Das Haushuhn stammt vom Bankivahuhn ab. Dieses legt nur etwa zehn Eier im Jahr. Haushühner legen dagegen bis zu 300 Eier im Jahr.

Denkmal

❶ Vergleiche das Verhalten von Wildhuhn und Haushuhn. Welche Gemeinsamkeiten und Unterschiede stellst du fest?

❷ Beim Einlegen eines Hühnereis in heißes Wasser steigen Bläschen auf. Wie ist das zu erklären?

❸ Nimm ein Stückchen Eierschale und halte sie gegen das Licht. Erkläre deine Beobachtung.

❹ Hühner sind Bodenvögel. Wie würdest du diesen Begriff erläutern?

❺ Übertrage den Querschnitt durch das Hühnerei [6] in dein Heft und beschrifte mithilfe des Textes die Abbildung.

[11] *Geschafft!*

[7] *Dotterkugel mit Keimscheibe und Eiklar*

[8] *Ein dichtes Blutgefäßsystem sorgt für eine gute Nährstoffversorgung.*

[9] *Vollständig entwickeltes Küken vor dem Schlüpfen*

[10] *Mithilfe des Eizahns auf dem Schnabel durchstößt das Küken die Schale.*

Vogelwelten

[1] *Weißstörche sind nesttreu. Sie kehren Jahr für Jahr zum gleichen Nest zurück, wenn die Landschaft genügend Nahrung bietet.*

Heute ist Herr Hoffmann in der Klasse zu Besuch und erzählt, wie es früher in der Gemeinde aussah. Er hat sogar alte Fotos mitgebracht. An der Straße zum Nachbarort standen früher links und rechts Bäume. Es gab abenteuerlich anmutende Hohlwege, die irgendwann einmal zugeschüttet wurden. Lange Hecken durchzogen die Landschaft, mitten im Dorf gab es sogar mal einen Löschteich. Unser Bach zog damals in weiten Schleifen durch Wiesen, wo es jetzt nur noch Äcker gibt. Und dort, wo einige Schüler der Klasse heute wohnen, waren früher Obstbaumwiesen. Herr Hoffman weiß sogar von Störchen zu erzählen, für die künstliche Nistunterlagen, zumeist alte Wagenräder, errichtet wurden. Doch heute sieht alles ein bisschen anders aus. Viele Tiere, die hier lebten, kennen wir nur noch von Bildern. Herr Hoffmann nennt uns verschiedene Gründe für diese Veränderungen.

Feuchtgebiete

Weißstörche [1] sind auf ausgedehnte Feuchtgebiete geradezu angewiesen. Sie ernähren sich überwiegend von Fröschen, Molchen, Fischen, Mäusen, Schnecken und größeren Insekten. Werden Feuchtwiesen und Sumpfgebiete trockengelegt, Moore entwässert und Tümpel zugeschüttet, dann wird damit für viele Tiere und Pflanzen der Lebensraum zerstört. Trockengelegte Wiesen sind für Weißstörche wie „leere Tische", sie finden keine Nahrung mehr.

Fließgewässer

Der Eisvogel [2] lebt an klaren Bächen und Flüssen. Von einem Ansitz aus lauert er auf kleine Fische. Im Sturzflug taucht er ins Wasser und fängt seine Beute mit dem spitzen Schnabel [58.3]. Als Höhlenbrüter braucht er steile Uferböschungen. Hier gräbt er einen 40 bis 90 cm langen und nur sechs cm breiten Tunnel, der in einer Höhle endet. In diese Bruthöhle legt er sechs bis sieben Eier, die beide Eltern abwechselnd bebrüten.

Wie der Eisvogel braucht auch die Wasseramsel [3] saubere Gewässer, die nicht verbaut sind. Viele Fließgewässer wurden jedoch begradigt und haben mit Steinen befestigte Ufer oder gar ein betoniertes Bachbett.

Hecken und Brachflächen

Hecken, Gebüsche sowie Feldraine bieten dem Rebhuhn [4] in der offenen Feld- und Wiesenlandschaft Nahrung und Schutz. Das Rebhuhn ernährt sich von Sämereien, Insekten, Spinnen und Würmern und ist aufgrund seiner Färbung ausgezeichnet an das offene Gelände angepasst. Flurbereinigungen haben dazu geführt, dass der Lebensraum dieses Boden bewohnenden Vogels stark eingeschränkt oder gar völlig beseitigt wurde.

[2] *Eisvögel zeigen sowohl sauberes Wasser als auch den naturnahen Zustand von Flüssen und Bächen an.*

[3] *Wasseramseln tauchen auf den Grund fließender Gewässer, um von dort ihre Nahrung zu holen.*

[4] Rebhühner sind taubengroße Wildhühner, die in der offenen Landschaft vorkommen.

[5] Manchmal gelingt es, den Steinkauz an künstliche Nisthöhlen zu gewöhnen.

[6] Der Star ist ein typischer Höhlenbrüter, der auch gerne Nisthilfen [7], [8] annimmt.

Baumhöhlen

Beim Abholzen alter Obstbäume gehen gleichzeitig Brutplätze verloren. Hierunter leiden viele Vogelarten, wie zum Beispiel der Steinkauz [5]. Der Steinkauz ist eine verhältnismäßig kleine Eule. Im Gegensatz zu anderen Eulenarten ist der Steinkauz auch tagsüber aktiv. Er erbeutet kleine Säugetiere, Vögel, Frösche und Eidechsen. Am Boden hüpfend sucht er auch nach Regenwürmern und Insekten. Der bevorzugte Lebensraum des Steinkauzes ist die offene Landschaft mit alten Bäumen. Er nistet vorwiegend in Baumhöhlen, die inzwischen allerdings selten geworden sind.

Denkmal

❶ Außer den Vogelarten auf dieser Seite gibt es noch andere, die in ihrem Bestand stark gefährdet sind. Dazu gehören Gartenrotschwanz, Wiedehopf, Neuntöter und Schwalben. Informiert euch über diese Vogelarten und erstellt zu jeder einen Steckbrief, aus dem auch ersichtlich wird, warum die betreffende Vogelart gefährdet ist. Am besten ist es natürlich, wenn ihr euch die Arbeit mit anderen teilt.

❷ Der Wasseramsel ergeht es genauso wie dem Eisvogel, und der Graureiher hat ähnliche Schwierigkeiten wie der Weißstorch. Erstellt auch zu diesen Vogelarten einen Steckbrief.

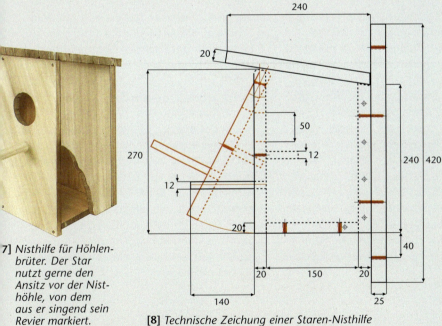

7] Nisthilfe für Höhlenbrüter. Der Star nutzt gerne den Ansitz vor der Nisthöhle, von dem aus er singend sein Revier markiert.

[8] Technische Zeichnung einer Staren-Nisthilfe

[9] Nisthilfe für Uferbrüter wie z. B. die Wasseramsel.

Projekt-Tipp: Nisthilfen-Architektur

Wasseramseln sind Halbhöhlenbrüter, die von der Wasseroberfläche aus in ihre Höhle [9] gelangen. Nisthilfen für Höhlenbrüter [7], wie z. B. für den Star [6], müssen absolut lichtdicht sein und das Einflugloch braucht einen ganz bestimmten Durchmesser.

Das Material für den Bau der Nisthilfen darf nicht beliebig gewählt werden, sie können zudem nicht überall angebracht werden und müssen den natürlichen Brutstätten ähnlich sein.

Erkundigt euch beim Vogelschutzbund oder beim Förster, für welche Vogelarten Nisthilfen in eurer Umgebung sinnvoll sind. Fertigt mithilfe der Fachleute zunächst eine Skizze an. Zeichnet dann eine maßstabsgetreue Bauanleitung. Bittet euren Berater nach der Fertigstellung der Nisthilfen darum, euch bei der sachgerechten Anbringung zu unterstützen.

Einmal Afrika und zurück

Für viele Vögel ist Afrika das Ziel ihrer jährlichen Reise. Diese Zugvögel weichen dem knapp gewordenen Futterangebot während des Winters bei uns aus.

[1] *Rauchschwalben*

Wie in jedem Jahr treffen Ende April die **Mehlschwalben** [4] wieder bei uns ein. Vom langen Flug aus dem Süden erschöpft, sitzen die zierlichen Vögel auf Drähten, Dachrinnen und Zweigen. Sie „schwatzen" und zwitschern ihr kurzes Lied. Doch diese Pausen dauern nicht lange, denn ständig sind die Mehlschwalben auf Insektenjagd. Sie erjagen ihre Beute im schnellen Flug aus der Luft. Ihren Namen erhielten die Vögel wegen ihres reinweißen Gefieders auf der Unterseite und wegen der ebenfalls weißen Kehle. Oberseits ist das Gefieder genauso blauschwarz gefärbt wie der kurzgegabelte Schwanz. Mehlschwalben lassen sich leicht von **Rauchschwalben** [1] unterscheiden. Diese haben eine rötlichbraune Kehle und Stirn sowie einen deutlich tiefer gegabelten Schwanz.

Im Frühjahr gibt es viel zu tun

Bei Mehlschwalben fällt der besondere Bau des Nestes auf. Unter Dächern oder Mauervorsprüngen, an Wänden aus Holz oder Stein und oft auch in der Nähe landwirtschaftlicher Betriebe bauen meist mehrere Paare nebeneinander ihre rundlichen Nester. Sie suchen an Pfützen unermüdlich nach feuchten Erdklümpchen. Diese tragen sie zum Nistplatz, und nach und nach formen sie ein halbkugelförmiges Lehmnest. Das Nest hat immer an der Oberseite ein kreisrundes Schlupfloch. Schon bald hat das Weibchen zur ersten Brut im Mai 3 bis 4 weiße Eier gelegt. Nach zwei Wochen schlüpfen die Jungen, die Eltern füttern sie mit verschiedenen Insekten. Schon nach 3 Wochen sind die jungen Mehlschwalben flügge. Sie verlassen das Nest und jagen gemeinsam mit dem Schwarm der Altvögel nach Nahrung. In der Regel zieht das Paar den Sommer über noch eine zweite und dritte Brut auf.

Es ist Herbst geworden

In der Kolonie der Mehlschwalbennester ist es still geworden. Die Rufe der bettelnden Jungvögel sind verstummt. Nun sammeln sich Hunderte Vögel auf den Drähten der Überlandleitung [2]. Es ist ein ständiges Auf- und Abfliegen, das von einem unruhigen Gezwitscher begleitet wird. Eines Tages im Oktober ist es dann soweit. Der große Schwarm erhebt sich, und die Mehlschwalben ziehen wieder nach Süden.

Dem Vogelzug auf der Spur

Es ist noch nicht sehr lange her, dass man das Geheimnis des Vogelzuges aufklärte. Noch bis ins 17. Jahrhundert nahm man an, dass viele Vögel in Höhlen überwintern. Seefahrer berichteten, dass sie auf Landgang in Afrika Vögel beobachten konnten, die sie auch aus ihrer Heimat kannten. Weißstorch, Mauersegler und Kuckuck gab es also auch im fernen Afrika, aber auffallenderweise nur, wenn bei uns gerade Winter war.

Im Jahre 1822 fand man unweit von Berlin einen Weißstorch, in dessen Flügel ein langer Pfeil steckte. In den folgenden Jahren machte man immer wieder ähnliche Entdeckungen. Es waren Pfeile aus Afrika, mit denen diese Tiere gejagt worden waren.

Heute wissen wir sehr viel mehr über die Gründe des Vogelzuges, über die Ziele und Flugstrecken und wie sich Zugvögel auf der weiten Reise zurechtfinden. Sie orientieren sich an auffälligen Landmarken wie Flussläufen und Bergen, an den Gestirnen und am Magnetfeld der Erde.

[2] *Versammlungsort Überlandleitung: Ständig kommen weitere Mehlschwalben hinzu.*

Wenn die Nahrung knapp wird

So wie den Schwalben geht es auch noch vielen anderen Vogelarten. Rotkehlchen, Grasmücken und Kuckuck, die ebenfalls von Insekten leben, verlassen uns im Winter. Manche ziehen nur bis in die Länder rund ums Mittelmeer, wo es auch im Winter genügend Insekten gibt. Aber auch Vögel, die nach Würmern und Larven im Boden suchen, wie die Singdrossel, müssen ziehen. Auch für Störche, die von Fröschen, Reptilien und großen Insekten leben, gibt es im Winter bei uns nichts zu fressen.

Gefahren auf der langen Reise

Nicht alle unsere Zugvögel kehren aus dem Winterquartier zurück. Für viele ist der Flug zu anstrengend. Beim Überqueren der Alpen sterben viele im Schnee- und Eisregen. Heftige Stürme und Gewitter überfordern die Schwächsten unter ihnen.

Viele Zugvögel geraten aber auch in die Netze von Fallenstellern oder werden abgeschossen. Überall dort, wo Singvögel als Delikatesse gelten, jagd man die wehrlosen Flieger.

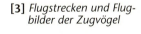

[3] *Flugstrecken und Flugbilder der Zugvögel*

[4] *Mehlschwalbe*   [5] *Mauersegler*

[5] *Mauersegler gehören zu den Seglern, obwohl sie Schwalben zum Verwechseln ähnlich sehen. Da auch sie Insekten im Flug fangen, hat sich ihr Körperbau denen der Schwalben angeglichen. Allerdings sind ihre Flügel etwas schmaler und sichelförmig. Sie brüten in Mauerritzen oder unter Dachrinnen.*

Merkmal

▶ Mehl- und Rauchschwalben gehören zu den Zugvögeln, die in Afrika überwintern.

▶ Zugvögel verlassen wegen der Nahrungsknappheit im Winter Mitteleuropa.

▶ Da Zugvögel hier brüten, werden sie als einheimische Vogelarten geführt, auch wenn sie, wie der Mauersegler, nur drei Monate hier leben.

Denkmal

❶ Obwohl Zugvögel viele Monate des Jahres bei uns gar nicht leben, zählt man sie zu den einheimischen Vogelarten. Das solltest du etwas genauer erklären.

❷ Beschreibe den Flugweg der abgebildeten Vogelarten.

❸ Welches Flugbild gehört zum Mauersegler, zur Mehl- und zur Rauchschwalbe [3]?

❹ Welche Erklärung gibt es wohl dafür, dass manche Vogelarten solche weiten Reisen unternehmen?

❺ Informiere dich über andere Zugvogelarten und stelle sie vor.

❻ Lege eine Tabelle an und vergleiche Mauersegler, Mehl- und Rauchschwalbe.

❼ Das Überwinterungsgebiet der Rauchschwalbe ist etwa 9000 km entfernt von uns. Die Schwalben benötigen dorthin ca. 30 Tage. Wie lange würdest du zu Fuß benötigen, wenn du täglich 30 km schaffst?

❽ Die Rauchschwalbe ist gefährdeter als die Mehlschwalbe. Begründe das bitte.

❾ Wo überwinden Zugvögel das Mittelmeer und welche Besonderheit zeigen die Störche? Schlage dazu im Atlas nach.

Projekt-Tipp

Liegt eure Schule in einer ländlichen Region, könnt ihr auf dem Schulhof oder im Schulgarten eine Lehmpfütze anlegen und sie ständig feucht halten. Beobachtet, welche Schwalbenarten kommen, um sich Nistmaterial zu holen.

Fliegen ist mehr als Flattern

Sie rudern kraftvoll, lassen sich manchmal mühelos von der Luft tragen und können sogar in der Luft „stehen": Vögel beherrschen viele Formen des Fliegens.

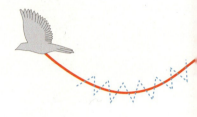

Langsam ziehen die Segelflugzeuge ihre Bahnen. An manchen Tagen kann man diese Gleiter zu mehreren übereinander kreisend am Himmel beobachten, wie sie scheinbar von einer unsichtbaren Schnur gezogen immer höher in den Himmel steigen. Oft sieht man in ihrer unmittelbaren Nähe, wie ein Vogel seine Schwingen ausbreitet und in gleicher Weise an Höhe gewinnt.

Segelflug

Beide Flieger, der Pilot ebenso wie der Vogel, nutzen die aufsteigende Warmluft, um mühelos an Höhe zu gewinnen. Warme Aufwinde oder Thermik [80.3] entsteht immer dort, wo sich der Boden durch Sonneneinstrahlung besonders gut erwärmt. Zu den besten Thermikseglern gehört der Storch [2]. Mit ausgebreiteten Schwingen lässt er sich von den warmen Aufwinden nahezu bewegungslos in größere Höhen heben.

Gleitflug

Ohne sichtbaren Flügelschlag gleitet ein Schwan [5] auf die Wasseroberfläche zu. Erst kurz vor dem Aufsetzen stellt er seine Schwingen gegen die Flugrichtung, um zu bremsen. Noch vor dem Landen werden die Füße nach vorne gestellt, ehe sie ins Wasser eintauchen. Im Gleitflug bleiben die Flügel scheinbar unbeweglich vom Körper abgestreckt. Dabei kommen die Vögel ganz ohne Flügelschlag vorwärts. Allerdings verlieren sie dabei ständig an Höhe.

Schleiereulen [72.4] gleiten nahezu lautlos auf ihre Beute zu. Die vier Zehen spreizen sie dabei paarweise nach vorn und hinten, so dass sie die Beute wie mit einer Klammer festhalten.

Ruderflug

Typischer noch für Vögel ist der rasche Flügelschlag, das ständige Auf und Ab ihrer Schwingen. Starten, Beschleunigen, Steuern, Abbremsen und Landen gehören zu den vielfältigen Aufgaben eines Vogelflügels. Der Flügelschlag selbst erinnert eher an ein Rudern im Luftmeer. Bei jeder Bewegung drehen sich die Flügel ein wenig, als ob sie die Luft nach hinten schaufeln wollten.

Rüttel- und Sturzflug

Turmfalken [8] kann man oftmals dabei beobachten, wie sie plötzlich über einem Feldrain mit raschen Flügelbewegungen in der Luft an einer Stelle „stehen" bleiben. Dieser

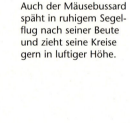

[1] Kolibris stehen im Schwirrflug vor Blüten, um Nektar zu saugen.

Auch der Mäusebussard späht in ruhigem Segelflug nach seiner Beute und zieht seine Kreise gern in luftiger Höhe.

[2] Störche sind mit ihren breiten Flügeln gute Segler.

[3] Wanderfalken sind geschickte Jäger in der Luft. Ihre Beutetiere sind fast ausschließlich Vögel.

[4] Die schweren Schwäne brauchen zum Starten aus dem Wasser einen langen Anlauf.

[5] Bei der Landung schieben die Schwäne das „Beingestell" nach vorne und bremsen mit den Flügeln.

[6] *Die Flugbahn des Bergfinken geht beim Ruderflug auf und ab.*

[9] *Diese Kanadagänse zeigen unterschiedliche Phasen des Ruderflugs.*

Rüttelflug ist typisch für die Beutezüge der Greifvögel. Wird eine Feldmaus entdeckt, dann legt der Turmfalke beide Flügel dicht an den Körper und stürzt mit bis zu 270 km/h auf das Beutetier zu. Nur kurz über der Beute bremst er den Sturzflug mit ausgebreiteten Flügeln ab. Selbst in der Luft kann ein Greifvogel Beute schlagen.

Schwirrflug

Kolibris [1] leben in Mittel- und Südamerika. Sie gehören zu den kleinsten Vögeln der Welt. Der auf Kuba lebende Hummelkolibri misst nur 6 cm und wiegt gerade mal 2 Gramm. Die gewandten Flieger ernähren sich vorwiegend von Nektar. Bei der Nahrungsaufnahme „stehen" sie im Schwirrflug vor der Blüte. Die Flügel schlagen dabei 50 bis 80 mal pro Sekunde. Der lange und leicht gekrümmte Schnabel mit der gespaltenen Zunge kann nun zum Nektarsaugen in die Blüte gebracht werden.

[7] *Vogel im Ruderflug: Wo endet der Abschlag und wo beginnt der Aufschlag?*

Merk**mal**

▶ Vögel beherrschen mehrere Flugarten. Die meisten Kleinvögel bewegen sich im Ruderflug fort.

▶ Für den Segelflug sind große Flügel und warme Aufwinde (Thermik) erforderlich; deshalb können nur Vögel ab der Größe eines Bussards so in der Luft kreisen.

▶ Rüttel- und Sturzflug zeigen kleinere Greifvögel bei der Suche nach Beute.

Denk**mal**

❶ Nenne vier verschiedene Flugarten von Vögeln und nenne Beispiele.

❷ Vergleiche den startenden [4] und landenden Schwan [5].

❸ Informiere dich über weitere fliegende Wirbeltiere und ordne sie in die Klassen der Wirbeltiere ein.

❹ Erkläre den Unterschied zwischen Segelflug und Gleitflug.

❺ Gibt es auch in Afrika Blüten bestäubende Vögel? Informiere dich.

❻ Erkläre, wie es zur Thermik kommt.

❼ Informiere dich über die Unterschiede beim Beutefang von Wander- und Turmfalke.

❽ Beschreibe die Phasen des Beutefangs beim Turmfalken.

[8] *Turmfalken sind Kulturfolger, man sieht sie häufig in Städten.*

Maximale Fluggeschwindigkeiten

Brieftaube	80 km/h
Falke	79 km/h
Star	81 km/h
Stockente	104 km/h
Wanderfalke (Sturzflug)	290 km/h
Haussperling	45 km/h
Mäusebussard	45 km/h
Schwalbe	65 km/h
Mauersegler	180 km/h

[10]

Vögel sind sie alle

Weltweit gibt es rund 8600 Vogelarten, in Mitteleuropa 240. An ihrem Federkleid, den zu Flügel umgebildeten vorderen Gliedmaßen und ihrem Hornschnabel kann man sie leicht erkennen. In ihrer Lebensweise zeigen sie oft große Unterschiede.

Straußenvögel [1]
Die Straußenvögel sind Laufvögel, weil sie zu schwer zum Fliegen sind. Deshalb fehlt an ihrem Brustbein der für Vögel so charakteristische Brustbeinkamm [75.6], an dem die Flugmuskulatur ansetzt. Die Federn der Strauße bilden keine geschlossene Fahne [74.2] und sind flauschig weich. Straußenvögel gibt es in Afrika, Südamerika (Nandu) und Australien (Emu). Der Emu [1] wandert, durch die Jahreszeiten bedingt, über den ganzen australischen Kontinent – allerdings zu Fuß. Er ist also ein Zugvogel der besonderen Art.

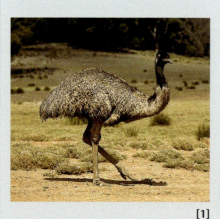
[1]

Pinguine [2]
Pinguine sind unverwechselbar: Mit ihrem schwarzweißen Gefieder, den paddelähnlichen Flügeln und der an Land hoch aufgerichteten Körperhaltung müssen sie oft für Karikaturen herhalten. Diese Meeresvögel kommen nur auf der Südhalbkugel vor. Bis zu 200 Federn pro cm² und eine dicke Speckschicht schützen die Vögel vor dem eisigen Wasser, in

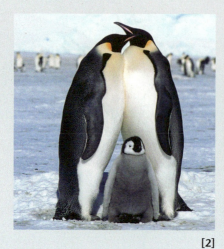
[2]

dem sie sich oft wochenlang aufhalten und Fische jagen. Dabei bewegen sie sich „fliegend" fort. Die helle Bauch- und dunkle Oberseite sind im Wasser eine gute Tarnbung. Den eisigen Winterstürmen trotzen Pinguine, dicht zusammengedrängt, in riesigen Kolonien.

Schleiereule [4]
Die nach vorn gerichteten, großen Augen kennzeichen Eulen als nächtlich jagende Vögel. Besonders gestaltete Federn ermöglichen ihnen einen nahezu geräuschlosen Flug. Mit den spitzen Krallen greifen sie ihre Beute, meist kleinere Säuger und Vögel. Unverdauliche Reste, wie Knochen und Haare würgen sie als Gewölle wieder aus. Eulen sind Höhlenbrüter, die auch künstliche Nistkästen beziehen.

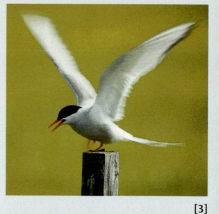
[3]

Möwe, Seeschwalbe [3]
Möwen und die ihnen ähnlich sehenden Seeschwalben (Küstenseeschwalbe [3]) gehören zu den Vögeln, denen man regelmäßig an Meeresküsten und größeren Binnengewässern begegnet. Es sind gewandte Flieger, die dank ihrer mit Schwimmhäuten versehenen Füße auch schwimmen können. Möwen ernähren sich von Fischen, fressen aber auch Aas. Im Winter suchen große Schwärme von Lachmöwen auch Müllhalden auf, um nach Fressbarem zu stöbern.

[4]

[5]   [6]   [7]

Spechte [5]

Spechte, wie der Buntspecht [5], sind hervorragend an ein Leben am Baumstamm angepasst. Mit dem meißelförmigen Schnabel zimmern sie Bruthöhlen, die später auch andere Höhlenbrüter nutzen. Die Kletterfüße, bei denen je zwei Zehen nach vorn und hinten weisen, bieten am Stamm sicheren Halt. Die Schäfte der Schwanzfedern [74.2] sind besonders stabil, sodass sich der Specht damit abstützen kann. Die Beute, meist Insekten und deren Larven, holen sie mit ihrer langen oft klebrigen und mit Widerhaken besetzten Zunge, aus dem Holz.

Geier [6]

Geier gehören zu den Greifvögeln, die tagsüber auf Nahrungssuche gehen. Mit ihren breiten Schwingen segeln sie stundenlang in der Thermik [81.3] und halten nach Beute Ausschau. Als Aasfresser verfügen sie über einen ausgeprägten Geruchssinn, was bei Vögeln selten ist. Andere Greifvögel, wie Adler, Habicht oder Falken jagen nur lebende Beute. Geier kommen hauptsächlich in den wärmeren Regionen der Erde vor. Ihre Horste legen sie meist in Felsnischen an.

Star [7]

Stare kann man häufig im Siedlungsbereich sehen; es sind typische Kulturfolger, die auch vom Menschen gefertigte Nistkästen [67.7] als Brutstätte annehmen; es sind Höhlenbrüter. Ihr schwarzes Gefieder glänzt in der Sonne oft metallisch bunt. Durch die hellen Tupfen kann man Stare leicht von den etwa gleich großen Amseln unterscheiden. Oft sieht man sie zu mehreren auf dem Rasen rasch trippelnd nach Würmern und anderen Kleintieren suchen. Stare gehören zu den Singvögeln. Sie können sogar andere Vogelstimmen nachahmen.

▎Denkmal

❶ Woran erkennt man am Skelett und an den Federn, dass Strauße flugunfähig sind?

❷ Durch welche besonderen körperlichen Merkmale sind Spechte an das Leben am Baumstamm angepasst?

❸ Was zeichnet Eulen als Jäger der Nacht aus?

❹ Nenne die Kennzeichen von Kulturfolgern.

❺ Vergleiche Säugetiere und Vögel. Lege eine Tabelle in deinem Heft an und nenne mindestens fünf Unterschiede.

Merkmale der Vögel

- Das Federkleid ist typisch für alle Vögel. Die Federn sind sehr leicht aber dennoch fest. Sie ermöglichen das Fliegen, schützen vor Kälte und Nässe.
- Vögel haben einen Schnabel aus Horn, der einiges über die Ernährungsweise verrät, sie verwenden ihn als vielseitiges Werkzeug.
- Die Flügel sind die Vordergliedmaßen der Vögel.
- Das Vogelskelett ist aufgrund der dünnen und teilweise hohlen Knochen sehr leicht und die Lungen sind besonders leistungsfähig.

[8] *Frisch geschlüpfter Vogel*

- Gesang und Ruf dienen der Revierabgrenzung und der Fortpflanzung. Die meisten Vögel bauen Nester, in denen sie ihre Eier ausbrüten.
- Die Küken entwickeln sich in Eiern, aus denen sie am Ende der Brutzeit schlüpfen.

Federn, Flügel, Fliegen

Einige Besonderheiten im Körperbau ermöglichen den Vögeln das Fliegen: die Stromlinienform, das geringe Gewicht, das Federkleid und die Flugmuskulatur.

[1] Daunenfeder

[4] *Fahrzeuge werden schneller und Energie sparender durch abgerundete Formen. Flugzeuge sehen aus wie Vögel.*

[2] Schwungfeder

Wer sich im Luftraum bewegt, muss ein Leichtgewicht sein. So sind z. B. Marder und Taube ungefähr gleich groß. Die Taube wiegt aber nur etwa 500 g, während der Marder das Dreifache auf die Waage bringt.

Ein Grund für das geringe Gewicht der Vögel ist die **Leichtbauweise**: hohle, teilweise luftgefüllte Röhrenknochen, die kein Knochenmark enthalten, sind dennoch hart und widerstandsfähig.

Federn – typisch Vogel

Das auffällige, oft farbenprächtige Federkleid bedeckt dachziegelartig außer Fuß und Schnabel den ganzen Körper. Diese Federn, die das Aussehen und die Form des Vogels bestimmen, heißen **Deckfedern**. Die großen Tragflächen der Flügel bilden die **Schwungfedern** [2]. Auch die **Schwanzfedern** sind meist große Federn. Sie dienen beim Fliegen als Steuer. Deckfedern schützen den Vögelkörper zudem vor Nässe, weil an ihnen das Regenwasser abperlt. Unter den Deckfedern befindet sich eine dichte Schicht aus **Daunen** [1]. Diese Federn sind leicht, weich und flaumig. Sie bilden eine wärmeisolierende Schicht. Besonders im Winter, wenn sich die Vögel zum Schutz vor Kälte so richtig aufplustern, wird dies deutlich.

Starke Muskeln – große Leistung

Vögel überqueren auf ihren Zügen Meere und Gebirge, fliegen bei Frost wie auch an heißen Tagen, in großen Höhen ebenso wie in Bodennähe. Manche von Ihnen erreichen Spitzengeschwindigkeiten von 180 km/h, legen Tausende von Kilometern zurück oder schaffen dabei über 600 Flügelschläge pro Minute. Solche Leistungen sind nur mit einer besonders kräftigen Flugmuskulatur möglich.

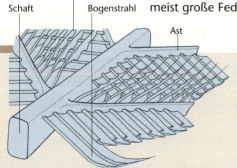

[3] Schwungfeder: Feinbau der Fahne

Kunstwerk Feder

Vogelfedern bestehen aus Horn wie unsere Haare. Das ist ein elastischer, leichter und trotzdem fester Stoff. Wenn wir eine Schwungfeder [3] betrachten, dann fällt zunächst der lange Federkiel [2], bestehend aus Schaft und Spule, auf. Die Spule ist innen hohl, biegsam und dadurch stabil.

An jedem Federkiel befindet sich eine Fahne, die aus lauter feinen Ästen besteht. Diese Äste teilen sich weiter auf in Bogenstrahlen und Hakenstrahlen [3].

Streicht man über die Fahne, stellt man fest, dass sie eine elastische und dennoch feste Fläche besitzt.

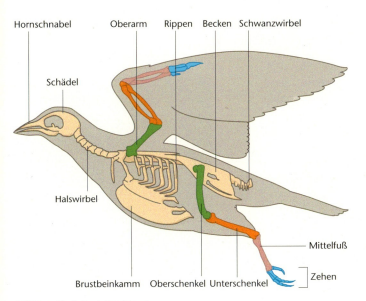

[5] Das Skelett einies Vogels ist an das Fliegen angepasst.

Bei manchen Vogelarten wiegt sie mehr als die Hälfte des gesamten Vogelkörpers. Der große Brustmuskel setzt an dem breiten Brustbeinkamm [5] an und sorgt für die Bewegung der Flügel. Auch das Herz des Vogels ist besonders leistungsfähig, weil der Blutstrom die Flugmuskulatur mit ausreichend Sauerstoff versorgen muss.

Vom Auf und Ab des Flügelschlags

Die Flügel aller Vögel haben bestimmte Gemeinsamkeiten. An den Vorderkanten sind sie durch das Armskelett verstärkt und daher sehr fest. Die nach hinten zeigenden Schwungfedern sind dagegen beweglich. Beim Flügelheben, dem Aufschlag, werden sie so gedreht, dass die Luft zwischen ihnen hindurchstreichen kann. Beim Abschlag bilden sie dagegen eine undurchlässige Fläche. Der Vogel drückt somit Luft nach unten und sich selbst ein Stückchen nach oben.

Versuche

1 Betrachte eine Fahne mit einer Lupe und erkläre das, was du erkennst, mithilfe Abbildung [3].

2 Zerzause eine Federfahne und streiche sie mit Daumen und Zeigefinger wieder glatt. Warum gelingt es? Erkläre, wie ein Vogel das machen kann.

3 Halte eine ziemlich große Feder (Taube) mit geschlossener Fahne etwa 5 cm vor den Mund und versuche, eine Kerze auszublasen. Mache dasselbe mit einem Stofftaschentuch. Erkläre.

Merkmal

▶ Das Skelett der Vögel ist durch die luftgefüllten Knochen besonders leicht.

▶ Federn sind das Erkennungsmerkmal der Vögel. Je nach Körperpartie haben sie unterschiedliche Aufgaben.

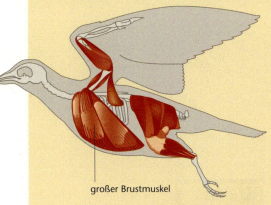

[6] Der große Brustmuskel ist für das Auf und Ab der Flügel zuständig.

Denkmal

❶ Nenne Verkehrsmittel, die stromlinienförmig gebaut sind. Worin liegt die Bedeutung dieser Form?

❷ An der Körperform und am Brustbein kann man bei einem Vogel erkennen, ob er ein guter oder ein schlechter Flieger ist. Wie ist das möglich?

❸ Früher wurden Bücher und Urkunden mithilfe einer Vogelfeder geschrieben. Probiere es einmal aus.

❹ Ist der Auf- oder Abschlag des Flügels kräftiger? Begründe.

❺ Nenne verschiedene Federtypen eines Vogels, deren Funktion und platziere sie am Körper.

[7] Die Flügel der Vögel sind wie die Tragflächen eines Flugzeugs gewölbt [77.6].

Flieger

[1] Drachenflieger nutzen mit der großen Tragfläche ihrer Gleiter die Aufwinde.

1 Wie das Geheimnis gelüftet werden kann

Fliegen ist ganz schön kompliziert. Das machen schon die aufwändigen Vorbereitungen deutlich, die getroffen werden müssen, bevor es in der Fliegerwerkstatt so richtig losgehen kann. Besorgt euch zuerst mehrere Balsaholz-Brettchen, die 250 mm · 100 mm · 20 mm groß sind, und alle anderen Materialien, die zur Durchführung des folgenden Versuches gebraucht werden. Teilt euch dann die Arbeit auf und geht folgendermaßen vor:

- Eines der Balsaholz-Brettchen behält seine ursprüngliche Form A. Aus ihm baut ihr später einen ziemlich unförmigen „Flügel."
- Bringt das zweite Brettchen zuerst mit grobem, dann mit feinem Schleifpapier in die Form B. Weil diese Form von der Seite gezeichnet wurde, spricht man auch von Profilform.
- Das dritte Brettchen erhält die Profilform C.
- Nun bereitet die Steckvorrichtung für den Wägebalken vor.
- Überzieht dann die fein geschliffenen Oberflächen der Profilbrettchen mit Alu-Folie, damit diese ganz glatt sind. Die Alu-Folie könnt ihr am Profilende leicht ankleben.
- Jetzt baut den Versuch so, wie in der Abbildung [4] dargestellt, auf.
- Den Wägebalken mit dem Profil auf der einen und den Ausgleichgewichten auf der anderen Seite zuerst ins Gleichgewicht bringen.
- Den Kraftmesser auf „0" stellen.
- Die Flügelprofile nun der Reihe nach von vorn mit einem kräftigen Fön anblasen. Achtet darauf, dass ihr genau von vorn und nicht von oben oder unten anblast.

[3] Schon bei leichtem Anblasen hebt sich das zuvor herabhängende Blatt.

Vor dem Start befällt einem immer das gleiche mulmige Gefühl: Schafft es das voll besetzte Flugzeug mit dem ganzen Gepäck in die Luft und bleibt es dann oben?

OTTO VON LILIENTHAL, ein Pionier der Luftfahrt, hat sich um 1890 ähnliche Fragen gestellt: Kann ein Gegenstand fliegen, der schwerer ist als Luft? Die Antwort erhielt er durch das Studium der Störche [6], die er wegen ihrer „Fliegekunst" über eine lange Zeit beobachtete. Dabei fiel ihm auf, dass diese Vögel beim Starten immer gegen den Wind rennen. Die genauere Untersuchung eines Storchenflügels brachte ihn der Antwort ein gutes Stück näher.

[2] Der Fön sorgt für kräftigen Wind.

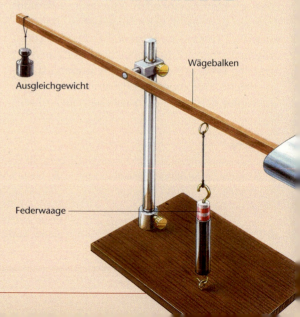

[5] *Die breiten Schibretter und die Körperhaltung machen Schispringer zu Fliegern.*

[6] *Die Luft, die über die obere, gewölbte Oberfläche strömt, legt einen weiteren Weg zurück als die, die den Flügel unten umströmt. Dadurch entsteht ein Druck nach oben.*

2 Für Windkanalforscher und Flugzeugbauer

- Verwendet für die „Flügel"-Versuche unterschiedlich starke Gebläse [2]. Überlegt, welche Bedeutung der Kraftmesser hat.
- Formt Profile aus Balsaholz, von denen ihr euch noch stärkeren Auftrieb erwartet und testet sie in eurem „Windkanal".
- Formt ein unebenes Profil und lasst die Alufolie weg.

Vergesst nicht, zu allen Versuchen ein Protokoll anzufertigen.

Gegen den Wind

Die Luft fließt teilweise über den Flügel hinweg und teilweise unter ihm entlang. Die Luft über dem gewölbten Flügel strömt schneller, weil ihr Weg weiter ist. Die Luftteilchen werden dabei auseinander gezogen. Die Luft unter dem Flügel hat den kürzeren Weg. Die Luftteilchen liegen enger beisammen. Unter diesen Bedingungen wird der Flügel nach oben gezogen. Der Fachmann spricht dabei von **Auftrieb**. Über dem Flügel herrscht ein Unterdruck, darunter ein Überdruck.

Denk**mal**

❶ Zeichne das Profil C in dein Heft und ordne der Zeichnung folgende Begriffe zu: Anströmung, große Geschwindigkeit der Luftströmung, kleinere Geschwindigkeit der Luftströmung, Saugkraft (Sog), Auftrieb.

❷ Warum ist es wichtig, als Flieger gegen den Wind zu starten?

❸ Skispringer [5] sind „menschliche Flügel". Erkläre diese etwas ungewöhnliche Behauptung.

„Flügel"

[4] *An einem Modell lassen sich die Geheimnisse des Fliegens entdecken.*

[7] *Im Windkanal zeigen feine Rauchfahnen die Luftströmung an.*

Flieger selbst bauen

Welcher Papierflieger bleibt am längsten in der Luft? Welches Modellflugzeug fliegt am weitesten? Wer schafft es mit seinem Flugzeug, den auf dem Boden markierten Punkt zu treffen? Diese und andere Wettbewerbe kannst du mit deinen selbst gebauten Flugzeugmodellen in der Klasse durchführen. Besorge dir zusätzliche Informationen über Modellflugzeuge, um ein besonders wettbewerbsfähiges Flugmodell herstellen zu können. Nützliche Tipps bekommst du nicht nur in der Bücherei oder im Internet, sondern auch auf einem Segelflugplatz.

[1] *Start des Fluggleiters*

[2] *Das Tragflächenprofil ähnelt dem Flügelquerschnitt eines Vogels.*

Flugverhalten von Papierfliegern

Baue zunächst verschiedene Papierflieger. Versuche dabei, ihre Flugeigenschaften nach und nach zu verbessern. Kannst du z. B. mit deinem Papierflieger eine Links- oder eine Rechtskurve fliegen? Wie müssen dazu die Leitwerke ausgerichtet sein? Schaffst du es, mit deinem Papierflugzeug einen Looping zu fliegen?

Herstellung eines Fluggleiters

Stelle aus einer Kiefernholzleiste und verschiedenen anderen Materialien [4] einen Fluggleiter her. Finde durch Flugversuche heraus, welche Materialien für die Tragflächen und die Leitwerke besonders geeignet sind. Teste Tragflächenprofile, die sich in der Form oder Größe unterscheiden [2]. Verändere zusätzlich das Gewicht deines Fluggleiters und versuche sein Flugverhalten so zu beeinflussen, dass er sich stabil und ruhig in der Luft bewegt.

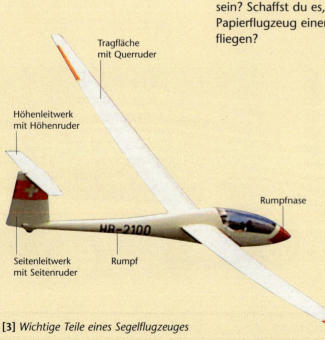

[3] *Wichtige Teile eines Segelflugzeuges*

[4] *Mögliche Materialien zum Bau eines Fluggleiters*

Baumaterial
Kiefernholzleiste
Wellpappe
buntes Papier
Tonpapier
Trinkhalme
Rundstäbe aus Holz
Knetmasse
Büroklammern
Holzspieße
Draht
dünne Hartschaumplatten
Stoff
Pergamentpapier

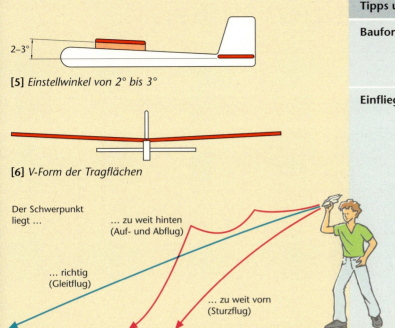

[5] *Einstellwinkel von 2° bis 3°*

[6] *V-Form der Tragflächen*

[7] *Eine Verbesserung der Flugeigenschaften erhältst du durch Gewichtsverlagerung oder Verbiegen des Höhenleitwerks.*

[8]

Tipps und Tricks	
Bauform	• Zwischen Tragfläche und Höhenleitwerk soll ein kleiner Einstellwinkel von 2 bis 3 Grad sein [5]. • Der Flieger fliegt stabiler, wenn die Tragflächen eine leichte V-Form haben [6].
Einfliegen	• Biege Balsaholz vorsichtig, es bricht leicht! • Bei Auf- und Abflug [7]: Der Flieger ist hinten zu schwer oder der Einstellwinkel ist zu groß. Füge mehr Trimmgewicht an der Rumpfnase hinzu, oder biege die Hinterkante des Höhenleitwerks etwas nach unten. • Bei Sturzflug [7]: Der Flieger ist vorne zu schwer oder der Einstellwinkel ist zu klein. Nimm etwas Trimmgewicht an der Rumpfnase weg bzw. füge hinten Gewicht hinzu, oder biege die Hinterkante des Höhenleitwerks etwas nach oben. • Bei Kurvenflug: Die Tragflächen sind verdreht oder nicht im Gleichgewicht. Manchmal ist auch das Seitenleitwerk verzogen. Biege die Hinterkante des Seitenleitwerks nach links, wenn der Flieger nach rechts kurvt, und umgekehrt.

Austrimmen

Stelle zunächst eine Vorrichtung zum Austrimmen deines Modellfliegers her, indem du durch ein Sperrholzbrett zwei Nägel schlägst [9]. Lege deinen Flieger mit den Tragflächen auf den Nagelspitzen auf. Die Auflagepunkte sollen beim ersten Drittel der Tragfläche liegen. Du siehst nun genau, ob dein Flieger nach hinten oder zu weit nach vorne kippt. Ideal sind etwa 5 Grad Neigung nach vorn. Balanciere nun deinen Flieger mit Trimmgewichten, wie z. B. Bleikügelchen, Büroklammern oder Knetmasse, aus. Befestige sie wenn nötig mit einem Klebeband an der Rumpfnase. Geringe Unterschiede kannst du auch durch Abschleifen oder das Auftragen von Farbe ausgleichen.

Einfliegen

Teste deinen Fluggleiter an einem windstillen Tag auf einer Wiese oder einem sanft abfallenden Hang. Auch die Turnhalle bietet sich für das Einfliegen an. Halte den Flieger etwa unter dem Schwerpunkt am Rumpf mit Daumen und Zeigefinger fest [1]. Lasse den Fluggleiter mit einem leichten Schubs waagerecht oder leicht nach unten aus der Hand gleiten, möglichst genau gegen die Windrichtung. Beobachte das Flugverhalten. Dein Modellflieger sollte geradeaus fliegen und nicht nach rechts oder links ausbrechen. In der Tabelle [8] ist beschrieben, wie du die Flugeigenschaften verbessern kannst.

Balsagleiter

Einen Modellflieger mit sehr guten Flugeigenschaften kannst du dir aus Balsaholz herstellen [10]. Balsaholz ist ein sehr leichter Werkstoff und kann mit einem Universalmesser problemlos bearbeitet werden. Baue mit der Unterstützung deines Lehrers einen Balsagleiter.

[10] *Modellflieger aus Balsaholz*

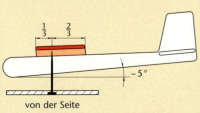

[9] *Der Auflagepunkt der Tragfläche auf der Trimmvorrichtung teilt die Tragfläche bei einem Drittel ihrer Breite. Ein richtig ausgetrimmter Flieger ist dann etwa 5 Grad nach vorn geneigt.*

In luftigen Höhen

[1], [2] *Vögel und Segelflieger kreisen in der Thermik und lassen sich in die Höhe tragen.*

Große Greifvögel können oft stundenlang ohne Flügelschlag kreisend in der Luft bleiben. Mit Segelflugzeugen kann man bei guten Wetterbedingungen mehrere Stunden ohne zusätzlichen Antrieb Rundflüge absolvieren. Ohne die Thermik wäre dies nicht möglich.

Was ist Thermik?

Scheint die Sonne auf die Erdoberfläche, erwärmt sich der Erdboden. Der Boden wiederum erwärmt die darüber liegende Luft. Warme Luft ist leichter als kalte, sie hat aufgrund der Wärmeausdehnung eine kleinere Dichte. Deshalb lösen sich die warmen „Luftpolster" von Zeit zu Zeit vom Boden ab und steigen nach oben wie eine Seifenblase. Diesen Vorgang nennt man **Thermik**. Der entstehende Aufwind ähnelt einem Schlauch mit einem Durchmesser von ca. 20 bis 150 Metern [3]. Man bezeichnet ihn als **Thermikschlauch**.

Ideale Wetterbedingungen

Eine gute Thermik ist dann zu erwarten, wenn bei Sonneneinstrahlung, schwachem Wind und trockener aber eher kalter Luft ein großer Temperaturunterschied zwischen warmen und kalten Luftmassen besteht. Dies ist dann der Fall, wenn man im Frühjahr trotz Sonnenschein noch einen Pullover anziehen muss, oder wenn es im Sommer angenehm warm, aber nicht zu heiß ist. An schwül-heißen Sommertagen entwickelt sich dagegen kaum Thermik.

Günstige Stellen für Thermik

Da helle, glatte Flächen die Sonnenstrahlen stärker reflektieren als dunkle Oberflächen, erhitzen sich die Luftmassen je nach Untergrund unterschiedlich stark. Beispielsweise erhöht sich die Lufttemperatur über einem geteerten Parkplatz sehr viel schneller als über einem Badesee oder einer Wiese. Thermische Aufwinde bilden sich besonders an Freiflächen mit geringem Bodenbewuchs, an Getreidefeldern oder an sonnenbeschienenen felsigen Hängen. Hoch gewachsene Wiesen oder Waldflächen sind weniger günstig für das Entstehen von Aufwinden.

Segelflug in Zahlen

Beim Segelfliegen werden verschiedene Wettbewerbe durchgeführt. Neben dem Segel-Kunstflug gibt es den Strecken-Segelflug [5] mit dem Ziel, eine möglichst große Strecke mit dem Segelflugzeug zurückzulegen. Der Strecken-Segelflug-Weltrekord liegt bei über 2400 km im motorlosen Flug in einer Zeit von ca. 14 Stunden.

Gelingt es einem Piloten, in einer Warmluftblase zu kreisen, steigt er mit ihr nach oben und kann bis zu 3000 m Höhe gewinnen. Einen Höhengewinn erfährt ein Segelflugzeug aber nur dann, wenn die erwärmte Luft schneller nach oben steigt, als das Flugzeug in ihr nach unten sinkt. Unter normalen Wetterbedingungen kann ein Thermikschlauch das Segelflugzeug zwischen 3 und 6 Metern pro Sekunde nach oben befördern. Das bedeutet, dass man in fünf Minuten einen Höhengewinn von fast 1000 Metern macht. Damit ist die Energie der Sonne in der erreichten Höhe des Fliegers gespeichert und kann jetzt in Geschwindigkeit und damit in Strecke umgewandelt werden.

Aus 1000 m Höhe können Segelflugzeuge zwischen 40 und 60 Kilometer weit gleiten, bevor sie sich einen neuen Aufwind suchen müssen. Diese Leistung des Segelflugzeuges wird in der **Gleitzahl** ausgedrückt. Eine Gleitzahl von 40 entspricht einer Strecke von 40 Kilometern aus 1 km Höhe.

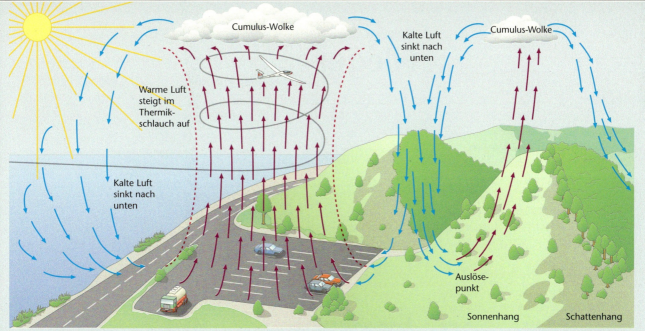

[3] *Im Thermikschlauch steigt die warme Luft nach oben. Die abgekühlte Luft sinkt außerhalb des Schlauches ab. In der Fliegersprache wird der Thermikschlauch auch als Bart bezeichnet.*

Zudem ist nutzbare Thermik meistens über unebenem Boden anzutreffen. Dies liegt daran, dass ein **Auslösepunkt**, der den Luftmassen einen Widerstand entgegensetzt, die Bildung eines Thermikschlauches begünstigt. Solche Punkte können Waldränder oder Berghänge sein [3]. Der Wind streicht über Kanten und Bergrücken und steigt am Kamm nach oben.

Suche nach der Thermik

Breite Aufwinde treten unter Wolken auf, besonders unter einem **Cumulus** [4], der üblichen blumenkohlartigen Schönwetter- oder Schäfchenwolke. Beim Aufsteigen kühlt sich die warme Luft um ca. 1 °C pro 100 Höhenmeter ab. Da kalte Luft weniger Wasser aufnehmen kann als warme, kondensiert ab einer bestimmten Höhe die in der Luft enthaltene Feuchtigkeit. Denselben Vorgang kann man im Winter beobachten, wenn sich kalte Brillengläser bei Raumtemperatur beschlagen.

Die Cumulus-Wolken weisen den Segelfliegern den Weg auf der Suche nach Thermik. Durch den Aufstieg der Warmluft ist am Boden Platz für kühlere Luft, die sich ebenfalls wieder erwärmt. Der Ablauf beginnt von neuem.

[4] *Cumulus-Wolken am Himmel zeigen eine gute Thermik.*

[5] *Die mit der Thermik gewonnene Höhe wird in Flugstrecke bis zur nächsten Wolke umgesetzt.*

Flieger

1 Merkmale eines Vogels
Wer Vögel beschreiben will, muss die einzelnen Körpermerkmale auch benennen können. Übertrage die nebenstehende Abbildung in dein Heft und beschrifte die Körpermerkmale 1 bis 17.

2 Amseln – Kein Problem!
Einige der nachfolgenden Aussagen sind falsch und haben mit Amseln nichts zu tun. Finde sie heraus und stelle sie richtig.
a) Amseln sind so groß wie Buchfinken.
b) Amselmännchen und Amselweibchen unterscheiden sich nur durch die Farbe ihres Schnabels.
c) Amselweibchen und Amselmännchen sind gleich gefärbt.
d) Bei der Amsel singen beide Geschlechter.
e) Amseln sind bei der Nistplatzsuche keineswegs wählerisch.
f) Amselweibchen sind an ihrem gelben Augenring deutlich zu erkennen.
g) Amseln bauen ihr Nest in Baumhöhlen.
h) Die Brutdauer bei Amseln beträgt etwa zwei Wochen.
i) Amseljunge schlüpfen nackt und blind aus dem Ei, sie sind Nestflüchter.
j) Amseljunge sperren die Schnäbel weit auf, sobald die Elterntiere mit Futter kommen.
k) Mit ihrem Gesang signalisiert das Amselweibchen ihre Paarungsbereitschaft.

3 Die gesuchten Acht – ein Vogelrätsel
Gesucht sind 7 einheimische Vogelarten und eine Vogelart aus Asien.

1 Gesucht ist ein dunkelbrauner Greifvogel. Stundenlang kann er im Segelflug kreisen, wobei die Schwingenspitzen aufgebogen und die Schwanzfedern weit gespreizt sind.
2 Wer kennt den sperlingsgroßen Singvogel? Das Gefieder des Männchens ist an Scheitel und Nacken graublau gefärbt. Auf dem Rücken und auf der Unterseite ist es rötlichblau.
3 Hier handelt es sich um einen Boden bewohnenden Hühnervogel. Das Gefieder des im Vergleich zur Henne größeren Hahnes ist besonders farbenprächtig.
4 Alle Haushuhnrassen stammen von dem gesuchten Wildhuhn ab, das in den Wäldern Südostasiens lebt.
5 Der gesuchte und recht häufig vorkommende Singvogel hat rostfarbene bis ins Orange gefärbte Federn an Stirn, Brust, Kehle und an den Wangen.
6 Ameisen zählen zur Lieblingsspeise dieses Vogels, der sich auffallend häufig am Boden aufhält. Mit seinem kräftigen Meißelschnabel zimmert er Nisthöhlen in Baumstämme.
7 Gesucht ist jetzt ein etwa 45 cm großer, schwarzweißer und metallisch glänzender Vogel mit besonders langen Schwanzfedern.
8 Besonders auffallend sind bei diesem Vogel die leuchtend blauen, schwarzweiß gestreiften Federn an den Flügeln.

4 Ei(ne)-Wanderung

Übertrage die Zeichnung in dein Heft. Schreibe dann die Sätze in der richtigen Reihenfolge ab und ersetze die Fragezeichen durch die Ziffern aus der Abbildung.
- Im Eileiter ? wird die Dotterkugel ? mit Eiklar ? umgeben.
- Im Eierstock ? reifen viele Eizellen ? heran.
- Das fertige Ei ? verlässt durch die Kloake ?, wo auch der Enddarm ? mündet, den Körper.
- Im letzten Abschnitt des Eileiters erhält das Ei die feste Kalkschale.
- Die Dotterkugel ? gelangt durch das Trichterorgan ? in den Eileiter. Hier findet die Befruchtung statt, nachdem der Hahn die Henne „getreten" hat.

5 Flieger

Die ersten Flugzeuge wurden nach dem Vorbild der Vögel gebaut. Moderne Düsenjets haben nur noch eine entfernte Ähnlichkeit mit dem „Fieseler Storch", aber sie fliegen auch.
a) Vergleiche Vögel mit Flugzeugen und stelle Gemeinsamkeiten und die jeweiligen Besonderheiten heraus. Trage deine Überlegungen in eine Tabelle ein.
b) Informiere dich über das Aussehen des Fieseler-Storch.
c) Erkundige dich nach weiteren fliegenden Tieren, die nicht zu den Vögeln gehören und beziehe sie in deinen Vergleich mit ein.
d) Trage nochmals alle Eigenschaften zusammen, die das Fliegen ermöglichen.

6 Allerhand (Vogel)Typen

Die rund 8 600 Vogelarten fasst man in Gruppen zusammen. Informiere dich über einzelne Typen und notiere dir die wichtigsten Kennzeichen auf kleinen Karteikärtchen oder lege dir mithilfe eines Computers eine Tabelle an. Stelle in einer Präsentation einzelne Vertreter vor. Hier einige Beispiele: Zugvögel, Singvögel, Greifvögel, Höhlenbrüter, Pinguine, Straußenvögel, Eulen, Kulturfolger.

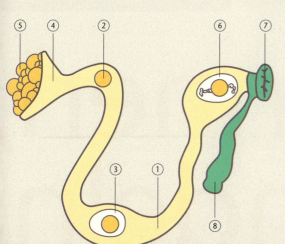

Verbrennen, verwandeln

Menschen verschwinden auf offener Bühne, Kaninchen werden aus scheinbar leeren Hüten gezogen oder Gabeln verbiegen sich ohne erkennbare Krafteinwirkung. Solche Erscheinungen gehören in das Reich der Magie und erfordern eine umfangreiche Trickkiste.

Doch wer seine Umwelt aufmerksam betrachtet, wird eine Menge Beobachtungen machen, die an Zauberei denken lassen: Feuerwerksraketen zerplatzen in einem gigantischen Farbenspiel, eine Brausetablette verschwindet sprudelnd in einem Wasserglas, Magnesium verbrennt zu weißem Pulver. Andere Gegenstände verändern auf scheinbar wundersame Weise ihre Farben oder Eigenschaften. Aus einem grauen Staub entsteht Beton, ein fester und dauerhafter Werkstoff. Metallisch glänzendes Werkzeug setzt rotbraunen Rost an. Kleine unscheinbare Pflanzen erzeugen Gasbläschen.

Bei all diesen Phänomenen handelt es sich um ganz normale und natürliche chemische Reaktionen. Stoffe wie Eisen, Magnesium oder auch Brausetabletten werden in andere Stoffe verwandelt, die völlig andere Eigenschaften besitzen. Diese neu entstandenen Stoffe bezeichnet man allgemein als Verbindungen. Das Verbrennen ist ein solcher chemischer Vorgang, den du oft im Alltag beobachten kannst.

4 verbinden

Drei Dinge braucht das Feuer

Brennstoff, eine ausreichend hohe Temperatur und Sauerstoff sind notwendig, um ein Feuer zu entfachen.

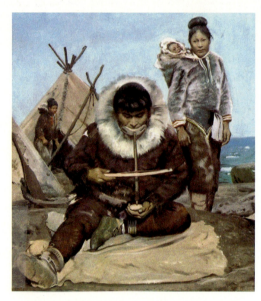

[1] *Ein Feuerbohrer*

[2] *Gefahrensymbol für leicht entzündliche oder hoch entzündliche Stoffe*

Feuerbohren war mühsam – es erforderte viel Erfahrung und Geduld. So schwer haben wir es heute nicht mehr. Im Supermarkt finden wir eine Menge Hilfsmittel, die uns das Feuermachen erleichtern. Doch ein Lagerfeuer nur mit einem Streichholz oder Feuerzeug zu entzünden, erfordert eine Menge Fingerspitzengefühl und geplantes Vorgehen.

Alles paletti – Brennstoffe auf der Platte

Um ein Feuer zu entfachen, braucht man zunächst ein brennbares Material. Solche **Brennstoffe** können fest, flüssig oder gasförmig sein, wie zum Beispiel Holz, Kohle, Erdöl und Erdgas. Diese Stoffe brennen allerdings nicht von alleine. Sie müssen erst einmal entzündet werden. Das heißt, ihnen muss zunächst Wärme zugeführt werden, ehe sie brennen. Bei einem Streichholz geschieht das zum Beispiel an der Reibfläche.

Eine allmähliche Wärmesteigerung liefert genauere Erkenntnisse über das Zündverhalten verschiedener Brennstoffe. Erhitzt man eine Eisenplatte, auf der Streichhölzer, Papier, Pappe und Holz liegen, vorsichtig mit einem Brenner [4], stellt man fest, dass sich die Streichhölzer zuerst entzünden und zu brennen anfangen. Im Vergleich zu den anderen Brennstoffen haben die Streichhölzer die niedrigste **Zündtemperatur**. Aber auch diese beträgt immerhin 200 °C.

Materialien, die sehr schnell entflammen, erkennt man am Gefahrensymbol [2]. Man bezeichnet sie auch als **Brandbeschleuniger**.

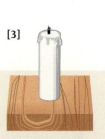
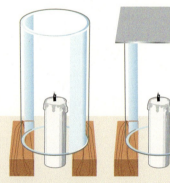

[3]

Versuche

1 ⚠ Führe einen Versuch wie im Text und in der Abbildung [4] beschrieben durch. Vergleiche dabei die Zündtemperatur von Streichhölzern mit der von Kohleanzündern. Fertige dazu eine Skizze und ein Versuchsprotokoll an. *(Achtung: Stichflammen können entstehen!)*

2 Führe den abgebildeten Kerzenversuch [3] durch. Beobachte genau die Kerzenflammen, skizziere die Beobachtungen und begründe sie.

3 Entzünde eine Kerzenflamme und warte, bis das Wachs rings um den Docht geschmolzen ist. Puste die Flamme aus und halte ein brennendes Streichholz 1–2 cm über den rauchenden Docht.
Was kannst du beobachten? Begründe deine Beobachtung.

4 **LV** ⚠ An das obere Ende einer schräg eingespannten Metallrinne wird mit einer Tiegelzange ein benzingetränkter Wattebausch gehalten. Am unteren Ende steht eine brennende Kerze. Notiere deine Beobachtungen und versuche eine Erklärung abzugeben. *(Achtung: Benzin ist leicht entzündlich!)*

[4] *Der Stoff mit der niedrigsten Zündtemperatur entflammt zuerst.*

[5] *Das Verbrennungsdreieck fasst die Voraussetzungen für ein Feuer zusammen.*

Der Sauerstoff bringt's

Eigentlich hast du alles richtig gemacht, trotzdem will das Feuer nicht richtig brennen. Dann hilft es oft, in die Glut hinein zu pusten, und schon züngeln die Flammen. Brennstoff und Zündtemperatur sind also nicht die einzigen Voraussetzungen für ein Feuer. Es kann nur dann brennen, wenn ausreichend Luft zugeführt wird. Ein Windhauch bringt genauso wie ein Blasebalg das Feuer zum Aufglühen. Ohne Sauerstoff würden die Flammen ersticken, noch ehe der Brennstoff aufgebraucht ist.

Merkmal

▶ Voraussetzung für ein Feuer sind:
1. ein Brennstoff,
2. das Erreichen der Zündtemperatur,
3. Sauerstoffzufuhr.
Das Verbrennunggsdreieck [4] fasst dies zusammen.

▶ Die Zündtemperaturen verschiedener Brennstoffe sind unterschiedlich.

▶ Je feiner ein Brennstoff zerteilt ist, desto schneller und heftiger kann er verbrennen.

Denkmal

❶ Welche drei Bedingungen müssen erfüllt sein, dass man ein Feuer entzünden kann?

❷ An Tankstellen ist Rauchen und offenes Feuer verboten. Ist das wirklich so gefährlich?

❸ Wie würdest du das Brennholz eines Lagerfeuers aufschichten? Fertige eine Skizze dazu an.

❹ Du kannst eine Kerze auspusten oder ersticken. Welche Bedingungen für ein Feuer entfernst du jeweils?

❺ Mit feuchtem Daumen und Zeigefinger kannst du eine Kerze löschen, ohne dich zu verbrennen. Wieso?

Zerteilung

[6] *Holzkohlepulver verbrennt schneller als Holzkohle im Grill.*

[7] *Eisenwolle lässt sich im Gegensatz zu einem Eisenstück leicht entzünden.*

[8] *Holzspäne lassen sich leicht entzünden und brennen schneller als Holz.*

[9] *Mit Luft gemischter Holzstaub kann explodieren.*

Ein größeres Stück Kohle oder einen Holzklotz mit nur einem Streichholz anzünden zu wollen, ist unmöglich. Ein Blatt Papier, fein zermahlener Kohlestaub, Holzspäne oder Holzwolle lassen sich dagegen sehr leicht entzünden.

Obwohl es sich um ein und denselben Stoff handelt, gibt es einen gewaltigen Unterschied. Durch das Zerteilen eines Feststoffes wird dessen Oberfläche stark vergrößert. Dies bewirkt, dass der Sauerstoff der Luft an viel mehr Stellen mit dem Brennstoff in Berührung kommt. Je feiner ein Brennstoff zerteilt ist, desto schneller und heftiger kann er verbrennen. Stäube fester Brennstoffe und gasförmige Brennstoffe entzünden sich sehr schnell, weil ihre Entzündungstemperatur wegen der feinen Verteilung viel leichter erreicht wird. Diese Stoffe sind deshalb äußerst feuergefährlich.

Flammen bilden sich übrigens nur, wenn es durch die Zündtemperatur gelingt, feste oder flüssige Brennstoffe in einen gasförmigen Zustand zu versetzen. Ist das nicht möglich, verbrennen sie nur mit Glut.

Verbrennen, verwandeln, verbinden

Auch Metalle brennen

Bei der Verbrennung entstehen Stoffe mit neuen Eigenschaften. Eine chemische Reaktion, bei der sich ein Stoff mit Sauerstoff verbindet, nennt man Oxidation. Dabei entstehen Oxide.

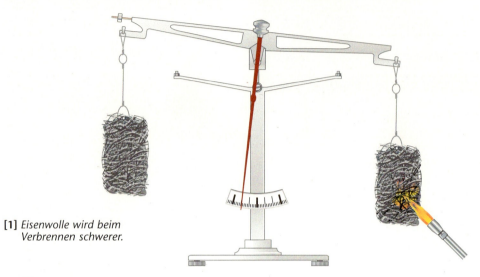

[1] *Eisenwolle wird beim Verbrennen schwerer.*

Die Verbrennung hat nichts mit Zauberei zu tun, obwohl es uns manchmal so vorkommt. Holz verbrennt, zurück bleibt Asche, Papier ergeht es genauso. Das Aussehen der Stoffe hat sich gewaltig verändert.

Metall wird schwerer

Auch Eisen kann man verbrennen. Entzündet man Eisenwolle, so beobachtet man ein Aufglühen, das man verstärken kann, indem man hineinpustet. Aus der grau glänzenden, elastischen Eisenwolle wird ein blauschwarzer, spröder Stoff. Verwunderlich scheint nur, dass der neue Stoff schwerer ist [1].

Jede Verbrennung erfordert Sauerstoff. Das Eisen nimmt beim Verbrennen diesen Sauerstoff auf und wird folglich schwerer. Beide haben sich zu **Eisenoxid** verbunden, einem neuen Stoff mit völlig anderen Eigenschaften.

Die Verbrennung bezeichnet man als **chemische Reaktion**, bei der sich ein Brennstoff mit Sauerstoff verbindet, oder kürzer als **Oxidation**. Ein Stoff, der bei einer Oxidation entsteht, heißt **Oxid**. Eisen verbindet sich bei der Verbrennung mit Sauerstoff zu Eisenoxid. Ähnliche Reaktionen lassen sich bei vielen Metallen beobachten. Man spricht dann allgemein von **Metalloxiden** [3].

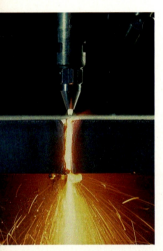

[2] *Beim Trennen einer Metallplatte mit dem Schneidbrenner verbrennt ein Teil des Metalls zu Metalloxid.*

Sauerstoff macht's möglich

Auf Baustellen werden oft Eisenplatten oder Stahlträger mit Schneidbrennern zerteilt [2]. Hierzu erhitzt man das Metall mit einer Gasflamme, bis es glüht. Dann schließt man die Zufuhr des Gases und lässt nur noch Sauerstoff auf das glühende Metall strömen. Das Metall wird **oxidiert**. Die dabei frei werdende Wärme bringt das Metall entlang des Schnittes zum Glühen. Es bildet sich ein heftiger Funkenregen von weggeschleudertem Eisenoxid. Zurück bleibt ein schmaler Spalt.

vorher	nachher
Metall + Sauerstoff ⟶	Metalloxid
Magnesium silberglänzend Schmelztemperatur 649 °C	**Magnesiumoxid** weiß, spröde Schmelztemperatur 2 802 °C
Kupfer rötlich glänzend, weich Schmelztemperatur 1 083 °C	**Kupferoxid** schwarz, spröde Schmelztemperatur 1 336 °C
Eisen grau glänzend Schmelztemperatur 1 535 °C	**Eisenoxid** blauschwarz, spröde Schmelztemperatur 1 594 °C
Zink hellgrau glänzend Schmelztemperatur 419 °C	**Zinkoxid** weiß, in der Hitze gelb Schmelztemperatur 1 975 °C
Silber silberglänzend Schmelztemperatur 962 °C	**Silberoxid** schwarz, spröde zersetzt sich ab 160 °C

[3]

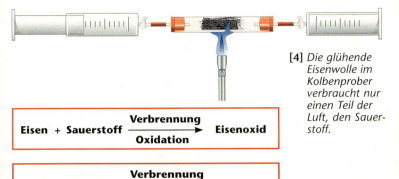

[4] *Die glühende Eisenwolle im Kolbenprober verbraucht nur einen Teil der Luft, den Sauerstoff.*

Eisen + Sauerstoff $\xrightarrow[\text{Oxidation}]{\text{Verbrennung}}$ Eisenoxid

Metall + Sauerstoff $\xrightarrow[\text{Oxidation}]{\text{Verbrennung}}$ Metalloxid

Oxidation braucht Sauerstoff

Kolbenprober sind im Prinzip genauso aufgebaut wie eine Spritze, die jeder schon einmal bekommen hat. Der Kolben lässt sich bei geöffnetem Hahn vor- und zurückbewegen, schließt aber trotzdem luftdicht ab. Eine Portion von 100 ml Luft wird mehrmals über glühende Eisenwolle hin- und herbewegt [4]. Das erkaltete Restgas macht aber nur noch 80 ml aus, 20 ml fehlen. Drückt man das Restgas in einen Standzylinder und hält einen brennenden Holzspan hinein, erlischt dieser. Es ist also nicht die gesamte Luft, die bei einer Oxidation den neuen Stoff schwerer macht, sondern nur der Sauerstoff, der jetzt Teil des Metalloxids geworden ist.

Merkmal

▶ Die Verbrennung ist eine chemische Reaktion, bei der sich Stoffe mit Sauerstoff verbinden.

▶ Die Verbindung mit Sauerstoff nennt man Oxidation.

▶ Bei der Oxidation entstehen Stoffe mit völlig neuen Eigenschaften.

▶ Bei der Oxidation von Metallen erhält man Metalloxide.

Denkmal

❶ Welcher Stoff entsteht, wenn Aluminium oxidiert wird?

❷ Auf dem Etikett eines Chemikalienbehälters kannst du die Aufschrift „Kupferoxid" lesen. Aus welchen Ausgangsstoffen ist dieser Stoff entstanden?

❸ 6,5 g Gramm Zink werden verbrannt. Das Reaktionsprodukt wiegt etwa 8 Gramm. Erkläre die Massenzunahme.

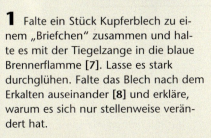

[5] *Eisenwolle verbrennt hell glühend in reinem Sauerstoff zu Eisenoxid.*

[6], [7] *Kupfer wird in der Hitze der Flamme oxidiert.*

[8] *Wunderkerze*

Versuche

1 Falte ein Stück Kupferblech zu einem „Briefchen" zusammen und halte es mit der Tiegelzange in die blaue Brennerflamme [7]. Lasse es stark durchglühen. Falte das Blech nach dem Erkalten auseinander [8] und erkläre, warum es sich nur stellenweise verändert hat.

2 ⚠ Magnesium ist ein matt silbern glänzendes, leichtes Metall. Halte einen kleinen Streifen Magnesium mit der Tiegelzange in die Flamme. Beschreibe das Reaktionsprodukt. Wie heißt der neue Stoff? *(Achtung: Magnesium brennt sehr hell! Verwende eine getönte Schutzscheibe oder -brille.)*

3 ⚠ Stelle selbst Wunderkerzen her: Mische Magnesiumpulver mit wenig Eisenpulver. Tauche einen 20 cm langen Baumwollfaden in flüssiges Wachs. Vor dem Erstarren des Wachses ziehst du den Faden durch das Metallgemisch. *(Achtung: Halte die Wunderkerze beim Entzünden mit einer Tiegelzange fest.)*

Oxide, die in die Luft gehen

Als Verbrennungsprodukt von Kohlenstoff und Schwefel entstehen gasförmige Oxide, die unsichtbar in die Luft gelangen.

[1]

[2]

[1] *Von einem großen Lagerfeuer bleibt nur ein kleines Häufchen Asche übrig.*

[2] *Das Einatmen von Kohlenstoffmonooxid ist tödlich, Feuerwehrleute müssen sich davor schützen.*

Von einem großen Lagerfeuer bleibt nur ein kleines Häufchen Asche übrig [1]. Dabei müsste doch alles, was mit Sauerstoff verbrennt, schwerer werden [88.1].

Kohlenstoff geht in die Luft

Unsere Brennstoffe Holz, Kohle, Erdöl und Erdgas bestehen zu unterschiedlichen Anteilen aus Kohlenstoff. Holz oder Kohle verbrennen zu hellgrauer, fast weißlicher und pulvriger Asche, die zudem viel leichter geworden ist als der Brennstoff vorher einmal war. Was als Asche jedoch übrig bleibt, sind die Rückstände unverbrannter Anteile des Brennstoffes. Der Kohlenstoff, aus dem die Energie für die Wärme und das Licht des Feuers kommen, scheint sich dagegen in Luft aufgelöst zu haben.

Dem Abgas auf der Spur

Auch Erdöl und Erdölprodukte, z. B. Benzin, enthalten Kohlenstoff. Benzin verbrennt in einer Porzellanschale mit einer rußenden Flamme [6]. Nach einiger Zeit ist vom Benzin nichts mehr übrig. Ruß ist unverbrannter Kohlenstoff, der von den Verbrennungsgasen mitgerissen wird. Das trüb gewordene Kalkwasser in der Waschflasche ist jedoch ein deutlicher Beweis dafür, dass ein Teil des Kohlenstoffs des Benzins zu **Kohlenstoffdioxid** verbrannt ist.

Die Kohlenstoffteilchen haben sich beim Verbrennen mit Sauerstoffteilchen verbunden und sind als unsichtbares Gas in die Luft entwichen. Kohlenstoff ist kein Metall. Wenn er oxidiert wird, entsteht daher kein Metalloxid, sondern ein **Nichtmetalloxid**.

Nichtmetalle und ihre Oxide

Schwefel (S)

Schwefel ist Bestandteil vieler Gesteine. Reinen Schwefel erkennt man an seiner hellgelben Farbe. Es ist ein spröder, geruch- und geschmackloser Stoff, der mit schwach blauer Flamme verbrennt.

Schwefelverbindungen sind in Eiweißstoffen enthalten. Er ist somit ein wichtiger Grundbaustein aller Lebewesen. Heute wird Schwefel unter anderem zur Herstellung von Gummi benötigt.

[3] *Schwefel*

Schwefeldioxid (SO_2)

Schwefeldioxid entsteht, wenn Schwefel verbrannt wird. Dabei haben sich Schwefelteilchen und Sauerstoffteilchen miteinander verbunden. Das unsichtbare, stechend riechende Gas ist äußerst giftig. Es reizt die Schleimhäute und die Augen und schädigt auf Dauer die Atmungsorgane. Da es aber auch Bakterien abtötet, wird es oft benutzt, um Trockenfrüchte oder Weinfässer keimfrei zu machen. Das Verbrennen von Schwefel im Experiment darf nur unter dem Abzug erfolgen.

[4], [5] *Schwefeldioxid zerstört die Pflanzenfarbstoffe.*

Nichtmetall + Sauerstoff $\xrightarrow[\text{Oxidation}]{\text{Verbrennung}}$ Nichtmetalloxid

[6] Die Verbrennungsgase von Benzin werden durch eine Waschflasche mit Kalkwasser geleitet.

[7] Beim Verbrennen von Heizöl entsteht auch das Nichtmetalloxid Wasser, das als helle Wolke kondensiert. Das ebenfalls entstandene Kohlenstoffdioxid und das Schwefeldioxid bleiben unsichtbar.

Feuer und Schwefel

Wo Feuer brennt, entweicht meist noch ein anderes Gas: **Schwefeldioxid**. Es ist das Verbrennungsprodukt des Schwefels. Schwefel ist ein Element, das in geringen Mengen Grundbaustein aller Lebewesen ist. Holz enthält folglich Schwefelverbindungen. Kohle und Erdöl sind im Laufe von Jahrmillionen aus Pflanzen und Tieren entstanden, auch sie enthalten Schwefelverbindungen.

In den Haushalten, in der Industrie und in den Kraftwerken werden Kohle und Erdölprodukte verbrannt. Deshalb entstehen dort große Mengen Schwefeldioxid.

Merkmal

▶ Kohlenstoff (C) reagiert beim Verbrennen mit Sauerstoff (O) zum gasförmigen Kohlenstoffdioxid (CO_2).

▶ Wird Kohlenstoffdioxid (CO_2) in klares Kalkwasser eingeleitet, trübt es sich. Diese Trübung dient als CO_2-Nachweis.

▶ Schwefel (S) verbrennt zum giftigen Gas Schwefeldioxid (SO_2).

▶ Wie bei den Metallen gilt: Ein Nichtmetall verbindet sich mit Sauerstoff zu einem Nichtmetalloxid.

Denkmal

❶ Welche Oxide entstehen beim Verbrennen von Kohlenstoff?

❷ In welchen Formen kann reiner Kohlenstoff vorkommen?

❸ In welcher Eigenschaft unterscheiden sich Kohlenstoffdioxid und Kohlenstoffmonooxid?

❹ Manchmal sagt man: „Die Luft im Raum ist verbraucht." Was bedeutet diese Redensart?

❺ Ein Katalysator im Auto soll das Entweichen schädlicher Stickoxide in die Umwelt verhindern. Informiere dich: Aus welchen Elementen entstehen Stickoxide?

Kohlenstoff (C)

Kohlenstoff kommt in reiner Form als Ruß oder **Graphit** vor, aus dem man Bleistiftminen herstellt. Er ist geschmacks- und geruchlos und außerdem ein wesentlicher Bestandteil aller lebenden Organismen. Auch der Edelstein **Diamant** ist reiner Kohlenstoff.

[8] Graphit und Diamant

Kohlenstoffdioxid (CO_2)

Kohlenstoffdioxid ist ein unsichtbares und ungiftiges Gas. Es entsteht, wenn Kohlenstoff oxidiert. Es sprudelt in vielen Getränken oder sorgt als Trockeneis für Nebel auf der Bühne der Stars. Kohlenstoffdioxid ist ein natürlicher Bestandteil der Luft. Es entsteht auch bei der Atmung. Grüne Pflanzen benötigen es für ihr Wachstum. Kohlenstoffdioxid ist schwerer als Luft, es brennt nicht und kann mit Kalkwasser nachgewiesen werden.

Kohlenstoffmonooxid (CO)

Kohlenstoffmonooxid bildet sich, wenn bei der Verbrennung von Kohlenstoff nicht genügend Sauerstoff vorhanden ist. Es ist ein unsichtbares, geruchloses Gas, das sich beim Einatmen in der Lunge an die roten Blutkörperchen anlagert. Diese können dann nicht mehr genügend Sauerstoff transportieren. Der Mangel an Sauerstoff kann zur Bewusstlosigkeit und sogar zum Tod führen. Kohlenstoffmonooxid ist deshalb sehr giftig.

Feuer und Flamme

[1]

Feuer und Flammen dienen nicht nur der Erzeugung von Wärme, sondern auch der Lichtgewinnung. In der heutigen Zeit nutzt man dazu aber fast nur noch die Elektrizität. Von all den alten Lichtquellen wie Kienspan, Öl- oder Petroleumlampen hat nur noch die Kerze überlebt. Ihr weiches, gelbliches Licht mit dem ruhigen Flackern der Flamme strahlt eben mehr als nur Licht und Wärme ab. Es hat etwas Feierliches und Stimmungsvolles an sich.

Was aber geschieht in einer Kerzenflamme? Die folgenden Versuche sollen euch bei der Beantwortung dieser Frage helfen. Bevor ihr euch nun mit Feuereifer an die Versuche macht, ist es sicherlich hilfreich, die Arbeit zu verteilen und kleinere Gruppen zu bilden.

Wie vielseitig und interessant eine einfache Kerzenflamme sein kann, merkt ihr dann, wenn am Schluss jede Gruppe ihre Arbeitsergebnisse der ganzen Klasse präsentiert.

Innenleben einer Kerzenflamme

1 Stellt eine gebrauchte Kerze in einem Halter auf eine feuerfeste Unterlage und entzündet sie. Beobachtet zunächst ganz genau die Größe und die Farbzonen der Flamme. Zeichnet die Kerzenflamme möglichst genau ab.

2 Nehmt einen Holzstab, z. B. einen Schaschlikspieß, in beide Hände, und führt ihn von der Seite in die Kerzenflamme [3]. Unterbrecht den Versuch, bevor das Holz zu brennen beginnt. Wiederholt den Versuch an einer anderen Stelle des Stabes. Formuliert einen Merksatz.

Das Zusammenspiel von Wachs und Docht

3 Ersetzt bei einem Teelicht den Docht durch einen Baumwollfaden, durch einen wachsgetränkten Baumwollfaden, ein Streichholz ohne Kopf, ein abgebranntes Streichholz. Versucht eure „Kerzen" anzuzünden.

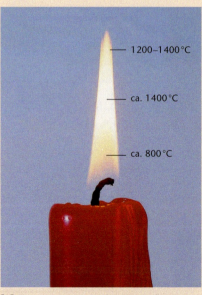

[2] *Temperaturen in der Kerzenflamme*

[3] *So kann man Mikado-Stäbchen machen*

4 Erhitzt ein etwa nussgroßes Stück Kerzenwachs in einem kleinen Porzellantiegel. Beschreibt, was mit dem Wachs geschieht. Versucht es nach einer, drei und nach fünf Minuten zu entzünden. Wann beginnt das Kerzenwachs zu brennen?

5 Entzündet eine neue Kerze und beschreibt, weshalb das nicht ganz so einfach ist wie bei einer gebrauchten. Versucht die Unterschiede zu begründen.

6 Zerteilt eine Kerze, entfernt den Docht und taucht ihn in eine Porzellanschale mit flüssigem Wachs. Wartet, bis das Wachs fest geworden ist. Beobachtet, was passiert, wenn der Docht entzündet wird.

Die Kerze – eine Mini-Gasfabrik

7 Blast eine Kerze, die einige Zeit gebrannt hat, vorsichtig aus. Bringt sofort ein brennendes Streichholz von oben in die Nähe der Wachsdämpfe [4]. Wiederholt den Versuch. Diesmal wartet ihr aber eine Weile,

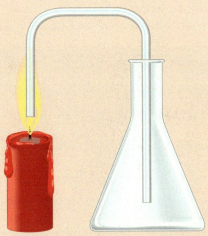

[5] *Brennstoff oder Abgas?*

bevor ihr das brennende Streichholz an den Docht heranführt. Formuliert zu euren Beobachtungen einen Merksatz.

8 Entzündet eine Kerze und lasst sie eine Zeit lang brennen. Nehmt ein zweifach gebogenes Glas- oder Metallröhrchen und haltet es mit dem einen Ende in die Flamme [5]. Leitet den Wachsdampf in einen Erlenmeyerkolben. Versucht den aufgefangenen Wachsdampf zu entzünden.

9 Haltet mit einer Tiegelzange ein Glasröhrchen in die Kerzenflamme seitlich des Dochtes [6]. Führt nach einer Weile ein entzündetes Streichholz an das andere Ende des Röhrchens heran. Wiederholt den Versuch, indem ihr das untere Ende des Röhrchens an den Rand der Kerzenflamme haltet.

Stoffe in der Flamme

10 Haltet einen kalten, sauberen Porzellantiegel knapp über den leuchtenden Teil einer Kerzenflamme. Welchen Stoff könnt ihr so nachweisen?

11 Gebt zuerst etwas klares Kalkwasser in einen Standzylinder. Führt einen brennenden Kerzenstummel mit einem Verbrennungslöffel in den Standzylinder, bis die Flamme erlischt.

Nehmt die Kerze heraus, verschließt den Glaszylinder mit einer Glasplatte und schüttelt ihn. Welches Gas kann damit nachgewiesen werden?

[4] *Flamme auf dem Sprung*

[6] *Flamme aus der Flamme*

[7] *Die Herstellung von Kerzen kann ein interessantes Projekt sein. Informiert euch über die Technik des Kerzenziehens.*

4 Verbrennen, verwandeln, verbinden

Feuer löschen – aber wie?

Brennstoff, seine Zündtemperatur und Sauerstoff sind Voraussetzungen für ein Feuer.
Fehlt eine davon, erlischt es.

[1] *Brennstoffentzug durch Schneisen*

[2] *Ersticken mit Löschschaum*

[3] *Ersticken durch Abdecken*

[4] *Kühlen mit Wasser*

[6] *So sieht es aus, wenn man brennendes Öl mit Wasser „löscht".*

Manchmal geht der Mensch zu leichtsinnig mit dem Feuer um. Dann ist es gut, sich auf die Feuerwehr verlassen zu können. Ihre Technik der Brandbekämpfung stört die Bedingungen, die ein Feuer zum Brennen braucht.

Brennstoff entziehen

Beim Löschen eines Feuers kommt es darauf an, eine seiner drei Bedingungen zu beseitigen. Bei Waldbränden werden oftmals mit schweren Maschinen Schneisen [1] angelegt und Gräben gezogen. Auf diese Weise wird dem Feuer der Brennstoff entzogen und somit ein Übergreifen der Flammen verhindert.

Kühlen

Das wohl bekannteste und häufigste Löschmittel für ein Feuer ist Wasser [4]. Mit ihm werden die brennbaren Stoffe so stark abgekühlt, dass deren Zündtemperatur unterschritten wird. Häufig werden auch Häuserfronten oder andere Gegenstände neben einem Großbrand mit Löschwasser bespritzt,

Versuche

Das „Spiel" mit dem Feuer hat schon etwas Aufregendes an sich. Sicher liegt das an den Gefahren, die der Umgang mit dem Feuer mit sich bringt. Daher sind höchste Aufmerksamkeit und Vorsicht geboten. Die folgenden Brenn- und Löschversuche werden am besten im Freien durchgeführt. Aus Sicherheitsgründen tritt dabei hauptsächlich die Lehrerin oder der Lehrer in Aktion.

[7]

[8]

1 **LV** Auf einer feuerfesten Unterlage werden kleine Holzstücke entzündet [7]. Sobald das Feuer richtig brennt, wird zunächst nur ein wenig Wasser auf die Flammen gespritzt. Erst dann wird das Feuer richtig gelöscht.

2 **LV** In einer Porzellanschale werden mehrmals hintereinander einige Milliliter Brennspiritus entzündet [8]. Das Feuer wird durch Abdecken mit einem festen Karton, einer Metallplatte, einem dicken Lappen und schließlich mit Sand gelöscht.

Brandklasse	Beispiele für Stoffe	Löschmittel
A Klasse A Brände fester Stoffe, die normalerweise unter Glutbildung verbrennen	Holz, Kohle, Papier, Stroh, Faserstoffe, Textilien	Wasser, Schaum, Pulver für Glutbrände
B Klasse B Brände von flüssigen oder flüssig werdenden Stoffen	Benzin, Benzol, Heizöl, Ether, Alkohol, Stearin, Harze, Teer	Schaum, Pulver, Kohlenstoffdioxid
C Klasse C Brände von Gasen	Acetylen, Wasserstoff, Methan, Propan, Stadtgas, Erdgas	Pulver, Kohlenstoffdioxid
D Klasse D Brände von Metallen	Aluminium, Magnesium, Natrium, Kalium	Pulver für Metallbrände, Steinsalz, trockener Sand

[5] *Brandklassen*

damit sie erst gar nicht ihre Zündtemperatur erreichen können.

Ersticken

Wasser ist jedoch nicht immer als Löschmittel geeignet. Bei manchen Brennstoffen kann dies sogar sehr gefährlich sein [6]. Fett beispielsweise, das in einer Pfanne in Brand geraten ist, weil es überhitzt wurde, muss mit einem Deckel von der Sauerstoffzufuhr abgeschnitten werden [3]. Viele kleinere Brände können auf ähnliche Weise auch mit einer Decke erstickt werden.

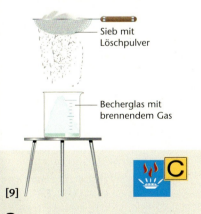

[9]

[10]

3 [LV] Aus einem Butangasbrenner lässt man eine kleine Menge Gas nach unten in ein Becherglas strömen. Man entfernt den Brenner und entzündet das Gas aus sicherem Abstand mit einem langen brennenden Holzspan [9]. Zum Löschen streut man durch ein Sieb Löschpulver (Natriumhydrogencarbonat) über den Brandherd. Löschpulver unterbindet schlagartig die Reaktion des Brennstoffes mit Sauerstoff.

4 [LV] Auf einer dicken, feuerfesten Unterlage wird wenig Magnesiumpulver

Merkmal

▶ Feuer löscht man, in dem man die Voraussetzungen für sein Entstehen beseitigt:
1. Brennstoff entziehen,
2. unter die Zündtemperatur abkühlen,
3. Sauerstoff entziehen.

▶ Die Brandbekämpfung richtet sich nach Brennstoff und Brandgröße.

Denkmal

❶ Welche Feuerlöschmittel befinden sich im deinem Chemieraum? Welche Brände sollen wohl mit ihnen bekämpft werden?

❷ Warum sollte man bei einem Schwelbrand im Zimmer niemals zum Lüften die Fenster öffnen?

❸ Überlege dir, was geschieht, wenn eine Pfanne mit brennendem Öl oder Fett mit Wasser übergossen wird [6]. Wie löscht man brennendes Öl richtig?

❹ Informiere dich über die verschiedenen Löschmittel und ihre Wirksamkeit bei verschiedenen Brandklassen.

❺ Ordne die folgenden Brennstoffe den entsprechenden Brandklassen zu: Karton, Petroleum, Methan, Textilien, Kerzenwachs, Kalium, Papier, Alkohol, Wasserstoff.

❻ Betrachte das Verbrennungsdreieck [87.5] und die Fotos auf dieser Doppelseite. Welche der drei Bedingungen für Feuer wird jeweils gestört?

Projekt-Tipp

Besucht die Feuerwehr und lasst euch zu Brandschutz-Experten ausbilden.

entzündet. *(Sicherheitsabstand! Getönte Schutzscheibe und -brille!)* Der Brand wird mit trockenem Sand, Zementpulver oder Salz bedeckt. Diese Löschmittel erwärmen sich so stark, dass sie zum Teil schmelzen und eine feste, undurchlässige Kruste bilden. Magnesiumbrände kann man weder mit Wasser noch mit Kohlenstoffdioxidschaum löschen.

Verbrennung ohne Flamme

Eisen rostet, Kupfer erhält eine grüne Patina. Metalle werden im Laufe der Zeit auch ohne Flamme oxidiert.

[1] Patina ist nichts anderes als eine dauerhafte Schutzschicht aus oxidiertem Kupfer.

[2] Auch Stahlbleche halten nicht ewig.

An fast allen Metallen nagt der Zahn der Zeit. Sie verbinden sich mit Sauerstoff, ohne dass sie brennen.

Stille Oxidation

Dachrinnen aus Zink und Fensterrahmen aus Aluminium verlieren nach einiger Zeit ihren metallischen Glanz und bekommen einen matten Überzug. Bei Kupfer ist diese Veränderung noch auffälliger. Metallisch glänzende Kupferdächer oder Regenrinnen verfärben sich zunächst dunkelbraun. Nach langer Zeit nehmen sie die grüne Farbe der **Patina** an [1]. Bei Zink, Aluminium und Kupfer ist diese Form der Oxidation ohne Verbrennung, die „stille Oxidation", erwünscht, da die **Oxidschicht** das Metall schützt.

Eisen rostet

Ganz anders ist es bei Eisen. Ganz gleich, ob es sich um einen Nagel, eine Fahrradkette, die Karosserie eines Autos, um Eisenbahnschienen oder um den mächtigen Rumpf eines Schiffes handelt: Auf der Oberfläche eisenhaltiger Gegenstände, die mit feuchter Luft in Berührung kommen, bildet sich allmählich eine rotbraune Rostschicht. **Rost** hat nichts mehr von der Festigkeit oder dem Glanz des Eisens. Er ist weder magnetisch, wie sich das für Eisen gehört, noch leitet er elektrischen Strom. Rost ist ein neuer Stoff mit völlig anderen Eigenschaften. Eisen verbindet sich bei Feuchtigkeit mit dem Sauerstoff aus der Luft. Die Rostbildung ist also eine Oxidation und der Rost ein Oxid des Eisens.

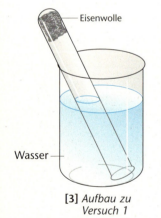

[3] Aufbau zu Versuch 1

Versuche

1 Du benötigst vier Stücke Eisenwolle. Lasse eines davon unverändert, feuchte das zweite mit Wasser an, feuchte das dritte ebenfalls mit Wasser an und streue etwas Kochsalz darauf. Das vierte Stück tauchst du kurz in Salatöl.

Schiebe mit dem Spatel jedes Stück Eisenwolle in je ein Reagenzglas, bis an den Boden. Stelle die Reagenzgläser mit der Öffnung nach unten in ein zu zwei Drittel mit Wasser gefülltes Becherglas [3]. Beobachte die Reagenzgläser während einiger Tage. Fertige ein Versuchsprotokoll an. Beachte auch die Wasserstände in den Reagenzgläsern.

2 Reinige vier gleich große Eisennägel mit Schmirgelpapier. Außerdem benötigst du vier trockene Gläser, zwei davon mit Schraubverschluss.

Einen Nagel stellst du in ein offenes leeres Glas, einen in ein mit Wasser gefülltes Glas, sodass der Nagel zur Hälfte aus dem Wasser ragt. Die beiden übrigen Nägel gibst du in ein mit abgekochtem Wasser gefülltes, bzw. in ein mit Salatöl gefülltes Glas. Verschließe diese beiden Gläser. Erkläre die Unterschiede, die du nach einigen Tagen beobachten kannst.

[4] Chrom schützt nicht nur, sondern macht auch ganz schön was her.

Rost – ein nimmersatter Eisen-Vielfraß

Entzündete Eisenwolle verglüht zu grauschwarzem und sprödem Eisenoxid. Rost sieht jedoch ganz anders aus und kann deshalb nicht dasselbe sein wie verglühte Eisenwolle. Wenn Rost entsteht, ist auch Feuchtigkeit im Spiel. Rost ist demnach ein wasserhaltiges Eisenoxid.

Eisen überzieht sich an der Luft wie viele andere Metalle zunächst mit einer hauchdünnen Oxidschicht. Sie sieht grauschwarz aus. Diese Oxidschicht wird von der Luftfeuchtigkeit angegriffen und in Rost umgewandelt. Rost ist porös. Wasser und Luft gelangen deshalb leicht durch ihn hindurch. Unter der Rostschicht bildet sich erneut Eisenoxid, aus dem mit Wasser wieder Rost entsteht. Nur so ist es zu erklären, dass selbst dicke Eisenteile im Laufe der Zeit vollkommen durchrosten können und damit zerstört sind. Diesen Vorgang nennt man **Korrosion** [2].

Rostschutzmaßnahmen

Um Eisenteile vor Rost zu schützen, muss der Zutritt von Luft und Feuchtigkeit verhindert werden. Autos, deren Karosserie aus Eisenblech besteht, werden deshalb lackiert. Eisentore oder Eisengitter werden mit einer speziellen Rostschutzfarbe gestrichen oder mit Kunststoff beschichtet. Badewannen werden emailliert, und Gartengeräte oder Fahrradketten schützt man am

[5] Rostschutz kann ganz schön mühselig sein.

besten, indem man sie einölt. Das **Galvanisieren** [6], [100.4], [100.5], [126.5] ist ein besonders guter Rostschutz. Dabei werden Metalle, wie z. B. das rostanfällige Eisen, mit einer dünnen Schicht aus einem anderen Metall überzogen. Zink, Zinn und Chrom sind Metalle, die nicht rosten können. Stoßstangen

[6] Durch Galvanisieren erhalten Autokarosserien einen Langzeit-Rostschutz.

oder Zierleisten werden verchromt [4]. Eisengeländer werden teilweise verzinkt. Autokarosserien, deren Eisenblech verzinkt ist, haben eine erheblich längere Lebensdauer. Das Weißblech einer Konservendose ist Eisenblech, das mit einer dünnen Schicht aus Zinn überzogen ist.

Merkmal

▶ Bei der stillen Oxidation verbinden sich Metalle mit Sauerstoff ohne zu brennen oder glühen.

▶ Diese Oxidation läuft sehr viel langsamer ab.

▶ Bei Kupfer, Zink und Aluminium bildet sich dabei eine schützende Oxidschicht, bei Eisen wirkt die Oxidation zerstörerisch.

▶ Rostschutz verhindert, dass Sauerstoff an das Eisen gelangt.

Denkmal

❶ Wie verhalten sich die Metalle Kupfer, Eisen, Zink und Aluminium, wenn sie längere Zeit der Luft ausgesetzt sind?

❷ Welche Möglichkeiten gibt es, Metalle vor Korrosion zu schützen?

❸ Was ist der Unterschied zwischen Rost und Eisenoxid, das durch Ausglühen entstanden ist?

❹ Warum sollten Lackschäden am Auto sofort ausgebessert werden?

❺ Welche Bedingungen können das Rosten deines Fahrrades beschleunigen?

❻ Silberbesteck wird nach langer Zeit grau und unansehnlich. Woran könnte das liegen?

Vom Eisenerz zum Stahl

Die Herstellung von Eisen ist eine wichtige Grundlage für den technischen Fortschritt.

[1] *Beim Hochofenabstich wird das flüssige Roheisen abgelassen, eine heiße und gefährliche Arbeit, für die man einen Schutzanzug braucht.*

[2] *Im Konverter wird Sauerstoff in das flüssige Roheisen geblasen. Dadurch wird der Kohlenstoffgehalt verringert.*

Eisen ist in kleinen Mengen überall im Boden zu finden. Man erkennt das an der rotbraunen Farbe von Sandstein oder Lehm. Eisen kommt in der Natur nicht als reines Metall vor, sondern in Verbindungen, meistens Eisenoxiden. Wenn der Eisengehalt des Gesteins über 30 % liegt, spricht man von **Eisenerz** [3], dessen Abbau sich lohnt.

Vom Eisenerz zum Eisen

Um aus einem Eisenerz das Eisen zu gewinnen, zerkleinert man es zunächst und befreit es von Begleitgestein. Der wichtigste Schritt ist jedoch das Entfernen des Sauerstoffs aus dem Eisenoxid. Das geschieht im **Hochofen** [8]. In ihm wird reiner Kohlenstoff (**Koks** [4]) zu giftigem Kohlenstoffmonooxid oxidiert. Dieses Gas steigt im Hochofen auf. Dabei entzieht es dem Eisenoxid den Sauerstoff und wird dabei selbst zu Kohlenstoffdioxid [7]. Gleichzeitig ist aus dem Eisenoxid Eisen geworden. Diesen Vorgang nennt man **Reduktion**. Aufgrund der hohen Temperatur im Hochofen ist das Eisen flüssig und sinkt auf den Boden des Hochofens, wo es von Zeit zu Zeit abgelassen wird [1].

Roheisen und Gusseisen

Das im Hochofen erzeugte **Roheisen** [5] enthält noch bis zu 5 % Kohlenstoff. Es ist hart und spröde. Roheisen lässt sich weder schmieden noch walzen. Man kann es jedoch schmelzen und als **Gusseisen** in Formen gießen. Gusseisen wird zur Herstellung von Öfen, Heizkesseln, Motorblöcken und Maschinenteilen verwendet.

[3] *Brauneisenerz (Limonit) ist eine Verbindung aus Eisen, Sauerstoff und Wasserstoff.*

[4] *Koks ist reiner Kohlenstoff, den man aus Steinkohle gewinnt.*

[5] *Roheisen ist spröd und bricht, wenn versucht es zu verbiegen.*

[6] *Ein Kochtopf aus Edelstahl wird von sauren Lebensmitteln nicht angegriffen und rostet nicht.*

[7] Im Hochofen wird Eisenoxid zu Eisen reduziert. Gleichzeitig wird Kohlenstoffmonooxid zu Kohlenstoffdioxid oxidiert.

Merkmal

▶ Eisen kommt in der Natur nicht als reines Metall, sondern überwiegend als Eisenoxid vor.

▶ Im Hochofen wird dem Eisenoxid mithilfe von Kohlenstoffmonooxid Sauerstoff entzogen.

▶ Eisenoxid wird dabei zu Eisen reduziert, gleichzeitig wird Kohlenstoffmonooxid zu Kohlenstoffdioxid oxidiert.

▶ Durch Verringern des Kohlenstoffgehalts entsteht aus Roheisen hochwertiger Stahl.

▶ Durch Beimischung von Metallen wie z. B. Chrom und Nickel entsteht Edelstahl.

Stahl

Roheisen [5] enthält Fremdstoffe, z. B. Kohlenstoff und Schwefel. Um es verformbar zu machen, muss man den Kohlenstoffgehalt stark verringern. Dazu bläst man im **Konverter** [2] Sauerstoff durch das flüssige Roheisen. Dieser verbindet sich mit dem Kohlenstoff zu Kohlenstoffdioxid, das als Gas entweicht. Diesen Vorgang nennt man **Frischen**. Aus dem Roheisen wird so **Stahl**. Die Qualität dieses Stahls lässt sich durch Beimischung verschiedener Metalle verbessern. Diesen Vorgang nennt man **Legieren**. Mit Chrom und Nickel legierte Stähle sind säurebeständig und rostfrei. Man nennt sie Edelstahl [6].

[8] Querschnitt durch einen Hochofen

Denkmal

❶ Welche beiden Oxidationen finden in einem Hochofen statt?

❷ Nirosta ist ein eingetragenes Warenzeichen. Was meint dieses „Kunstwort"?

❸ Der Rennofen ist der Vorläufer des Hochofens. Suche in Lexika, Fachbüchern oder im Internet Informationen zum Rennofen.

❹ Untersuche, welche Gegenstände bei dir zu Hause Eisen bzw. Stahl enthalten.

Der Hochofen

Die in den Eisenhüttenwerken verwendeten Hochöfen [8] sind bis zu 50 m hoch bei einem Durchmesser von 12 bis 15 m. Ihre Wände bestehen aus feuerfesten Steinen, die von einem Stahlmantel umgeben sind. Zur Kühlung sind in das Mauerwerk Kästen eingelassen, durch die ständig Wasser fließt. Ein mittelgroßer Hochofen benötigt pro Tag mehr als 50 000 Liter Kühlwasser.

Diese Wassermenge würde ausreichen, um eine Stadt mit ca. 20 000 Einwohnern zu versorgen.

Den Hochofen befüllt man über die Gichtglocke abwechselnd mit Koks und einem Gemisch aus Erz und Zuschlag, dem Möller. Diese Zuschläge, meist Kalk, sind notwendig, um die noch am Erz hängenden Gesteine in niedrig schmelzende Schlacke zu verwandeln.

Alle 4 bis 6 Stunden wird das flüssige Roheisen „abgestochen". Es wird über Sandrinnen in Spezialbehälter geleitet und von dort ins Stahlwerk und in die Gießerei transportiert. Ein Hochofen ist durchschnittlich 8 bis 10 Jahre in Betrieb. Er erzeugt täglich bis zu 10 000 Tonnen Roheisen. Man lässt ihn nie ausgehen, da er sonst abgebrochen und neu aufgebaut werden müsste.

Metalle schützen Metalle

Metalle, die der Witterung ausgesetzt sind, muss man vor Korrosion schützen. Sonst werden sie nach einiger Zeit zerstört.

Eisen durch Einölen oder Einfetten vor dem Rosten zu schützen ist eine ganz schön schmierige Angelegenheit. Außerdem muss dieses Verfahren häufig wiederholt werden.

Ein Farbanstrich ist da schon wesentlich haltbarer und sieht auch noch besser aus. Aber wehe, wenn die Lackschicht an irgendeiner Stelle auch nur leicht beschädigt wird!

Manche Metalle haben's gut
Kupfer und Aluminium trotzen Wind und Wetter auch ohne Lack. Eine Oxidschicht kann ihnen nichts anhaben. Im Gegenteil, bietet sie doch dem darunter liegenden Metall Schutz vor weiterer Korrosion. Doch beim Aluminium ist diese Schicht nur hauchdünn. Durch eine **el**ektrolytische **Ox**idation des **Al**uminiums wird sie wesentlich verstärkt. Aus den ersten beiden Buchstaben ist der technische Name für dieses Verfahren entstanden: **Eloxal**. Durch Zugabe bestimmter Farbstoffe können sogar die unterschiedlichsten Färbungen erzielt werden [3].

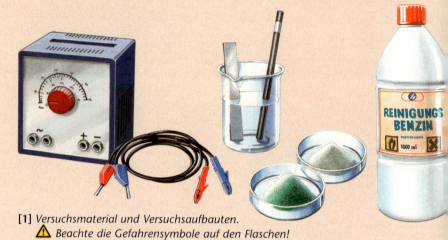

[1] *Versuchsmaterial und Versuchsaufbauten.*
⚠ *Beachte die Gefahrensymbole auf den Flaschen!*

1 Dein Lehrer gibt dir eine Lösung aus 5 ml Schwefelsäure und 95 ml Wasser in einem Becherglas. Reibe einen Aluminiumstreifen mit Reinigungsbenzin ab, sodass er fettfrei ist. Du darfst ihn jetzt nur noch mit der Pinzette anfassen. Tauche in das Becherglas einen Kohlestab und den Aluminiumstreifen. Schließe den Pluspol einer Stromquelle (Gleichstrom), die auf 6 Volt eingestellt ist, an den Aluminiumstreifen, den Minuspol an den Kohlestab an.

Lasse den Strom ca. 5 Minuten fließen. Nimm den Streifen dann heraus und spüle ihn sorgfältig unter fließendem Wasser ab. Vergleiche ihn mit einem frischen Aluminiumstreifen.

Eisen – billig aber schutzbedürftig
Eisen und Stahl müssen vor Sauerstoff geschützt werden. Dies kann man erreichen, indem man das Eisen mit einem anderen, nicht so anfälligen Metall überzieht [4], [5]. Ein wirksames Verfahren zum Korrosionsschutz ist das **Galvanisieren** [97.6], [127.5], [127.6].

2 Knicke den Draht einer kupferfarbenen Büroklammer ab und betrachte die Bruchstelle mit einer Lupe.

3 ⚠ Schmirgle einen Eisennagel blank und entfette ihn mit Reinigungsbenzin wie in Versuch 1. Fülle in ein Becherglas eine Kupferchloridlösung aus 50 ml Wasser und 0,2 g Kupferchlorid. *(Achtung: Kupferchlorid ist gesundheitsschädlich!)* Stelle den Eisennagel und einen Kohlestift in das Becherglas. Den Nagel verbindest du mit dem Minuspol und den Kohlestift mit dem Pluspol einer Stromquelle (Gleichstrom), die du auf 6 Volt eingestellt hast.

Lasse den Versuch etwa 10 Minuten laufen und beobachte die Vorgänge an den Elektroden. Vergleiche Farbe und Geruch am Plus- und Minuspol. *(Achtung: Chlor, das entstehende Gas, ist giftig! Arbeite unter dem Abzug!)*

[3] *Aluminium man kann in verschiedenen Farben eloxieren.*

[4] *Der Kern einer Büroklammer*

Material für alle Versuche

Geräte:
Stromquelle (Gleichstrom)
2 Kabel mit Krokodilklemmen
Becherglas
Schmirgelpapier
Papierhandtücher
Tiegel
Tiegelzange
Pinzette
Kohlestab
Gasbrenner
Dreibein
Drahtnetz

Chemikalien:
Reinigungsbenzin
Schwefelsäure
Wasser
Zinkchlorid
Kupferchlorid
Nickelsulfat
Ammoniumchlorid
Zinkspäne
Aluminiumstreifen
Eisennägel
Kupfermünzen
Kupferblech
Büroklammer

[2]

4 ⚠ Kupfermünzen lassen sich mit einer silberglänzenden Metallschicht überziehen. Stelle dazu eine Lösung aus 100 ml Wasser, 7 g Nickelsulfat und 0,6 g Ammoniumchlorid her. Den Pluspol einer Stromquelle (Gleichstrom) verbindest du mit einem Kohlestift, den Minuspol mit einer Kupfermünze, die wie in Versuch 1 entfettet ist. Tauche beide in die Lösung und schalte die Stromquelle bei einer Spannung von ca. 4,5 Volt ein. *(Achtung: Nickelsulfat ist gesundheitsschädlich!)*

Korrosionsschutz durch Verzinken

Ein preiswertes Verfahren des Korrosionsschutzes ist das **Verzinken**. Es wird vor allem im Bauhandwerk benutzt, um Dachrinnen, Treppengeländer oder andere Eisenteile zu schützen, die Sauerstoff und Wasser ausgesetzt sind. Auch die Automobilbauer haben das Verzinken als Rostschutz entdeckt. Man verwendet zwei unterschiedliche Verfahren: Das Feuerverzinken und das aufwändigere elektrolytische Verzinken [127.5].

[5] *Badarmaturen überzieht man zuerst mit einer Kupferschicht, danach mit silbrig glänzendem Nickel und zuletzt mit Chrom.*

5 ⚠ Elektrolytisches Verzinken: Stelle aus 10 g Zinkchlorid und 100 ml Wasser eine Zinkchloridlösung her. Schmirgle ein Stück Eisenblech oder einen Nagel blank und entfette das Metall wie in Versuch 1. Verbinde das Eisenteil mit dem Minuspol und einen Kohlestift mit dem Pluspol der Stromquelle (Gleichstrom), die du auf 4 Volt einstellst, und beobachte. *(Achtung: Chlor, das entstehende Gas, ist giftig! Arbeite unter dem Abzug!)*

6 ⚠ Feuerverzinken: Lasse in einem Tiegel Zinkspäne schmelzen und tauche einen blanken, entfetteten Eisennagel hinein. *(Achtung: Verbrennungsgefahr!)* Nimm den Nagel mit einer Tiegelzange vorsichtig heraus und lasse ihn abkühlen. Was kannst du beobachten?

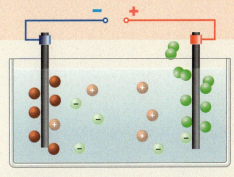

Teilchenwanderung

Ein Kupferchloridkristall besteht aus positiv geladenen Kupferteilchen und negativ geladenen Chlorteilchen. Weil sie unterschiedlich geladen sind, ziehen sie sich gegenseitig an.

Löst man den Kristall in Wasser auf, schieben sich die Wasserteilchen zwischen die geladenen Kupfer- und Chlorteilchen und trennen sie voneinander.

Schließt man eine Gleichstromquelle an, zieht der Pluspol die negativ geladenen Chlorteilchen an. Auf dieser Seite entstehen kleine Gasbläschen, das gelb-grüne Chlorgas. Die positiv geladenen Kupferteilchen wandern zum Minuspol und lagern sich dort an. Eine solche Zerlegung von Stoffen durch elektrischen Strom nennt man **Elektrolyse**.

[6] *Elektrolyse von Kupferchlorid im Teilchenmodell*

Baustoffe

[1] Fertig gemischter Beton wird in die Verschalung gepumpt.

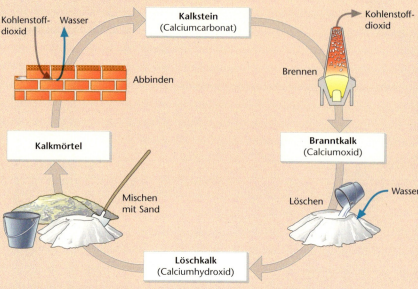

[2] Kreislauf des Kalks: Aus Kalkstein entsteht über Zwischenschritte wieder Kalkstein, nur in einer anderen Form.

Baustoffe wie Stahl, Beton, Gasbeton oder leichte Hohlblocksteine aus Ton bzw. Vulkangestein prägen das Bild einer Baustelle. Doch ganz gleich, ob man Steine im Dünnbettverfahren klebt oder Stahlbeton gießt, Zement ist der wichtigste Bestandteil in der heutigen Bautechnik.

Vom Kalkstein zum Löschkalk
Ausgangsstoff für Zement ist **Kalkstein** ($CaCO_3$), der in Brennöfen bei 900–1000 °C unter Abgabe von Kohlenstoffdioxid (CO_2) in **Branntkalk** (Calciumoxid, CaO) umgewandelt wird [2].

1 Wiege ein kleines Stück Kalkstein ab und gib es in ein feuerfestes Reagenzglas. Verschließe das Glas durch einen Stopfen mit Winkelröhrchen. Halte es nun etwa 5 Minuten mit der Tiegelzange in die heiße Flamme eines Brenners und leite das entstehende Gas durch ein Gefäß mit Kalkwasser [3]. Wiederhole das Wiegen nach dem Abkühlen. Gib nach dem Abkühlen deine Branntkalk-Stückchen in ein Becherglas und übergieße sie mit Wasser. Miss die Temperatur der Aufschlämmung.

Vom Löschkalk zum Kalkmörtel
Den Schlamm aus Branntkalk und Wasser nennt man **Löschkalk**. Zum Löschkalk gibt man noch die dreifache Menge Sand hinzu und erhält **Kalkmörtel**, das erste Bindemittel zwischen Mauersteinen. Dort erhärtet der Mörtel allmählich. Das Wasser verdunstet, der Löschkalk nimmt aus der Luft wieder Kohlenstoffdioxid auf und erhärtet wieder zu Kalkstein [2]. Man sagt, der Mörtel bindet ab.

2 Rühre Kalkmörtel an, indem du den Schlamm aus Wasser und Branntkalk mit der dreifachen Menge Sand vermischst. Verteile ihn nun auf drei Joghurtbecher [4]. Lasse einen offen, einen mit einer Frischhaltefolie und einen mit Wasser bedeckt stehen. Unter welchen Bedingungen wird der Mörtel fest?

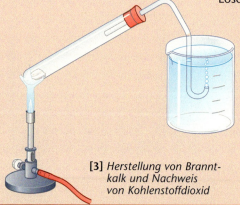

[3] Herstellung von Branntkalk und Nachweis von Kohlenstoffdioxid

Mörtel nicht abgedeckt   Mörtel mit Frischhaltefolie abgedeckt   Mörtel mit Wasser abgedeckt

[4] Unter welchen Bedingungen wird der Mörtel fest?

3 Belege die große Fläche eines Ziegelsteines mit Kalkmörtel und lege einen zweiten Ziegelstein darüber. Prüfe nach dem Abbinden die Festigkeit der Verbindung.

Verputze die geschlossene Seite eines Hohlblocksteines mit Kalkmörtel. Welche Eigenschaft des Kalkmörtels kannst du hier feststellen?

[5] *Drehrohrofen zur Herstellung von Zement*

Vom Kalkmörtel zum Stahlbeton

Das Abbinden des Kalkmörtels kann bei dicken Mauern lange dauern, dabei bleiben auch die Wände lange feucht. Außerdem bindet Kalkmörtel nur an der Luft ab. Zementmörtel ist ein Baustoff, der sogar unter Wasser abbindet und auch höher belastbar ist.

Zur Zementherstellung werden drei Teile Kalkstein mit einem Teil Ton gemischt und bei 1450 °C im Drehrohrofen [5] gebrannt. Dabei entsteht ein Zementklinker, der gemahlen und mit Gips vermischt wird. Das fertige Produkt wird als **Portlandzement** verkauft.

Eine Mischung aus Kies, Sand, Zement und Wasser ergibt **Beton**.

Will man die Festigkeit von Beton erhöhen, legt man eine Stahlmatte hinein, die so genannte **Armierung**. Man spricht dann von **Stahlbeton**. Andere Metalle kommen bei der Armierung nicht in Frage, da nur Stahl sich bei Erwärmung gleich stark ausdehnt wie Beton.

4 Rühre einen Mörtel aus 50 ml Zement, 100 ml Sand und Wasser an. Fülle den Mörtel in drei Jogurtbecher [4]. Lasse einen Becher offen stehen, verschließe den zweiten mit einer Frischhaltefolie und fülle den dritten mit Wasser auf. Vergleiche nach einer Woche den Inhalt der Jogurtbecher.

5 Bereite eine Betonmischung aus einem Teil Zement, zwei Teilen Kies und Wasser. Fülle einen Holzrahmen [6] damit aus. In einen zweiten Rahmen legst du in die Betonmischung noch ein Stück passend geschnittenes, feinmaschiges Drahtgitter. Lege nach dem Aushärten beide Platten an den Rändern auf zwei Ziegelsteine und prüfe die Festigkeit der Werkstücke.

6 Stelle einen Zementmörtel wie in Versuch 4 her. Streiche den Mörtel auf einen Ziegelstein und lege einen weiteren Stein darauf. Lasse den Mörtel abbinden und überprüfe die Verbindung auf ihre Festigkeit.

⚠ Achtung: Branntkalk und Zement sind ätzend! Sie dürfen auf keinen Fall in die Augen gelangen.

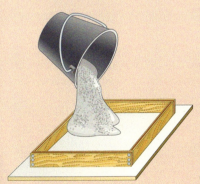

Der Holzrahmen wird zur Hälfte mit Betonmischung gefüllt.

[6] *Herstellung einer Betonplatte*

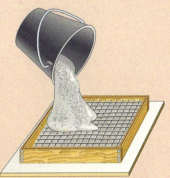

Das Drahtgitter wird auf die Betonmischung gelegt, dann wird der Holzrahmen vollends gefüllt.

[7] *Herstellung einer Armierung aus Rundstahl*

Projekt-Tipp: Stahlbeton

Stellt für eure Schule Bauelemente aus Stahlbeton her, zum Beispiel eine Parkbank, einen Blumenkübel oder U-Profil-Steine.

Solar-Fabrik Pflanze

[1] Frischluftzone Wald dank massiver Sauerstoffbildung

[2] Nahrhaftes aus Sonnenenergie

[3] Gasproduktion – unter Wasser sichtbar gemacht

Ganz gleich, ob sich Raupen gefräßig über ein Blatt hermachen [2], Kühe gemächlich Grasbüschel um Grasbüschel abweiden oder ob wir gerade einen Müsli-Riegel vertilgen, viele Tiere und auch der Mensch nutzen dabei die in Pflanzen gespeicherte Energie. Dabei stellt sich allerdings die Frage, wie aus den energiearmen Mineralsalzen [4], die die Pflanzenwurzeln zusammen mit dem Wasser aufnehmen, solche (lebenserhaltenden) Energiepakete „geschnürt" werden.

Pflanzen funktionieren anders
Pflanzen produzieren in den Chloroplasten [24.4] mithilfe des Lichts, dem Kohlenstoffdioxid aus der Luft und Wasser energiereichen Traubenzucker [5]. Als „Abfallprodukt" entsteht dabei Sauerstoff. Diesen Vorgang bezeichnet man als Fotosynthese, was so viel bedeutet wie „Aufbau von pflanzlichen Stoffen mithilfe des Lichts". Traubenzucker lässt sich als Stärke speichern, darüber hinaus ist er aber auch ein Grundbaustein für viele andere Pflanzenstoffe. Ganz gleich, ob wir es mit hartem Holz, schmackhaften Früchten oder ölhaltigen Samen zu tun haben, sie sind das Ergebnis der Fotosynthese. In ihnen steckt die Energie der Sonne, der Kohlenstoff aus dem Kohlenstoffdioxid der Luft und der Wasserstoff aus dem Wasser. Mit den Stationen dieser Werkstatt-Seite kommt ihr Schritt für Schritt hinter die Betriebsgeheimnisse der Pflanzen.

1 Bläschenweise Sauerstoff
a) Bereite eine Versuchsanordnung nach Abb. [3] vor. Binde dazu einige Sprosse der Wasserpest vorsichtig zusammen. Achte darauf, dass der Trichter ganz mit Wasser gefüllt und der Hahn verschlossen ist. Belichte dann die Versuchsanordnung mit einer starken Taschenlampe oder einer anderen Lichtquelle. Notiere deine Beobachtungen.
b) Stelle die Versuchsanordnung für einige Tage ans Fenster, bis sich genügend Gas im Trichter angesammelt hat.
Überlege, wie du nachweisen kannst, dass es sich bei diesem Gas tatsächlich um Sauerstoff handelt.

[4] Pflanzen produzieren Biomasse.

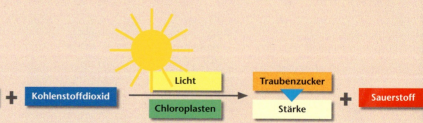

[5] Fotosynthese auf einen Blick

2 ⚠ Grüne Pflanzen – nahrhaft und energiereich

Stärke besteht aus einer Vielzahl aneinandergereihter Traubenzucker-Moleküle.

a) Viele Nahrungsmittel enthalten Stärke. Nenne Beispiele dafür.

b) Mische in einem Reagenzglas eine Messerspitze Speisestärke und Wasser. Gib einige Tropfen Iodlösung hinzu. Mache denselben Versuch mit Speisesalz und Traubenzucker.

c) Verdunkle einige Blätter einer Topfpflanze mindestens einen Tag lang, indem du sie vollständig mit Alu-Folie umhüllst. Entferne am nächsten Morgen die Folie und befestige auf der Blattober- und -unterseite einen Streifen aus Alu-Folie [8]. Stelle die Pflanze 1 bis 2 Tage ans Licht.
- Trenne dann das Blatt von der Pflanze, entferne die Alu-Folie und koche das Blatt einige Minuten in Wasser [9].
- Lege das Blatt dann in heißen Brennspiritus, bis es sich entfärbt hat [10]. (*Der Brennspiritus darf nicht auf offener Flamme erhitzt werden – Brandgefahr! Arbeite am besten mit einer elektrischen Kochplatte.*)
- Spüle das Blatt mit Wasser ab [11].
- Lege es anschließend 1 bis 2 Minuten in Iod-Kaliumiodid-Lösung [12].

Notiere deine Beobachtung und bewerte das Ergebnis.

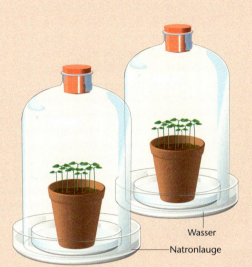

[6] *Kresse unter der Haube*

3 ⚠ Kresse unter der Haube

Säe Kressesamen in zwei Blumentöpfe. Stülpe über die jungen Keimlinge jeweils eine Glasglocke, sodass durch eine Sperrflüssigkeit keine Luft an die Keimlinge kommen kann. Die Sperrflüssigkeit ist beim ersten Topf eine 20–30 %-ige Natronlauge *(Vorsicht! Stark ätzend! Schutzbrille und Handschuhe verwenden!)* und beim zweiten Topf Wasser [6]. Beobachte den Versuch über mehrere Tage. Wie erklärst du dir die Unterschiede, wenn du berücksichtigst, dass Natronlauge das Kohlenstoffdioxid der Luft bindet?

4 Besondere Bedingungen

Baue die Versuchsanordnung [7] (250-ml-Becherglas, Standzylinder) viermal auf und fülle die 100-ml-Standzylinder vollständig mit den folgenden Flüssigkeiten:

[7] *Sauerstoffbildung lässt sich zählen.*

- Standzylinder 1: Leitungswasser
- Standzylinder 2: abgekochtes und abgekühltes Leitungswasser. Es ist jetzt fast kohlenstoffdioxidfrei.
- Standzylinder 3: jeweils zur Hälfte Leitungswasser und kohlenstoffdioxidreiches Mineralwasser
- Standzylinder 4: Mischung wie bei Standzylinder 3, dunkle die Versuchsanordnung zusätzlich ab.

Bringe in die Standzylinder jeweils drei etwa gleich große Sprosse der Wasserpest. Der abgeschnittene Sprossteil soll nach oben zeigen. Beschwere den Spross, indem du ihn an einen Glasstab bindest. Eine starke Lichtquelle unterstützt den Versuch. Zähle nach kurzer Wartezeit zwei Minuten lang die aufsteigenden Bläschen. Trage die Ergebnisse in eine Tabelle ein und fasse die Versuchsergebnisse in einem Ergebnissatz zusammen.

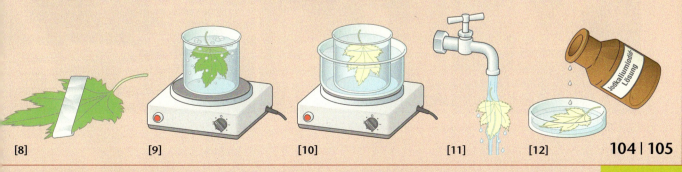

[8] [9] [10] [11] [12]

Lebenswichtiger Kreislauf

Menschen und Tiere atmen Kohlenstoffdioxid als „Abfallprodukt" aus. Pflanzen brauchen dieses zum Wachstum. Dabei bleibt wiederum Sauerstoff übrig, den Menschen und Tiere zum Atmen brauchen.

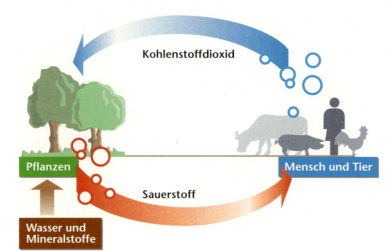

[1] *Die Gase Kohlenstoffdioxid und Sauerstoff verbinden die Pflanzen und Tiere auf untrennbare Art. Die „Abfallstoffe" der einen sind die Grundlage für die Stoffwechselvorgänge der anderen.*

Eigentlich ist es unvorstellbar: Ein Mensch kann etwa 80 Tage ohne Nahrung auskommen und immerhin etwa neun Tage ohne Flüssigkeit überleben. Ohne Atemluft überlebt ein Mensch jedoch nur wenige Minuten.

Menschen und Tiere brauchen Sauerstoff

Rundherum sind wir von Luft umgeben, doch unser Körper benötigt nur einen kleinen Teil davon, den Sauerstoff. Mit dem Blutstrom im ganzen Körper verteilt, sorgt dieser Betriebsstoff für den Abbau energiereicher Stoffe aus der Nahrung und somit für die Bereitstellung von Energie. Diese Energie wird durch eine stille Oxidation der Nahrung gewonnen. Was schließlich beim Ausatmen wieder an die Luft gelangt, ist Kohlenstoffdioxid. Sauerstoff wird aufgenommen und Kohlenstoffdioxid abgegeben. Es verschwindet erst einmal in die Luft, sodass wir es eigentlich gar nicht als Abfall wahrnehmen.

Pflanzen brauchen Kohlenstoffdioxid

Der „Abfallstoff" Kohlenstoffdioxid, den Menschen und Tiere abgeben, wird von den Pflanzen aufgenommen. Bei der **Fotosynthese** erzeugen sie aus Kohlenstoffdioxid und Wasser mithilfe des Sonnenlichts Traubenzucker. Dabei geben sie Sauerstoff ab.

[2], [3] *Ohne Energie läuft nichts. Menschen und Tiere brauchen zur Energieerzeugung Sauerstoff (O_2) und energiereiche Stoffe. Dabei atmen sie Kohlenstoffdioxid (CO_2) aus.*

[4] *Pflanzliche Biomasse enthält Kohlenstoff, der aus dem Kohlenstoffdioxid (CO_2) stammt.*

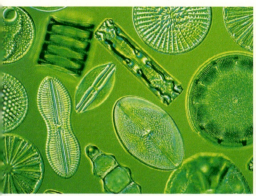

[5] *Unscheinbare Algen gehören zu den Hauptlieferanten von Sauerstoff.*

[6] *Die Brandrodung der Wälder setzt Kohlenstoffdioxid frei.*

Merkmal

▶ Sauerstoff ist ein wichtiger Stoff, der für das Leben von Menschen und Tieren unabdinglich ist.

▶ Beim Ausatmen geben Menschen und Tiere Kohlenstoffdioxid an die Luft ab.

▶ Zur Fotosynthese, dem Aufbau pflanzlicher Stoffe durch Licht, benötigen Pflanzen sowohl Kohlenstoffdioxid als auch Wasser und geben Sauerstoff ab.

Idealer Stoffkreislauf

Menschen und Tiere auf der einen und Pflanzen auf der anderen Seite ergänzen sich eigentlich ideal. Was die einen zum Leben benötigen, geben ihnen die anderen [1]. Produzierten Menschen und Tiere kein Kohlenstoffdioxid, könnten die Pflanzen nicht überleben. Sie wiederum sichern unser Leben durch ihr „Abfallprodukt" Sauerstoff.

Gestörter Kreislauf

Doch leider gerät dieser Kreislauf immer mehr aus dem Gleichgewicht. Durch die Einflussnahme des Menschen, wie etwa die Zerstörung der Regenwälder [6] oder die ungehemmte Verbrennung fossiler Brennstoffe, entsteht immer mehr Kohlenstoffdioxid. Die verbliebenen Pflanzen können den Kohlenstoff aus den gewaltigen Kohlenstoffdioxid-Mengen nicht mehr in ausreichendem Maße binden.

Denkmal

❶ Wer produziert Sauerstoff, wer Kohlenstoffdioxid, wer benötigt diese Stoffe zum Leben?

❷ Welche Gefahren entstehen durch das unkontrollierte Abholzen von großen Waldgebieten?

❸ Oft werden Parks in einer Stadt als „grüne Lungen" bezeichnet. Was steckt hinter dieser Aussage?

❹ Informiere dich im Internet über das „Biosphäre 2"-Projekt.

Erste Forschungen zur Fotosynthese

Im Jahr 1772 entdeckte JOSEPH PRIESTLEY (1733–1804) durch einfache Versuche, dass Pflanzen die Luft verbessern können: In einem hellen Raum stellte er zwei luftdicht verschlossene Glasglocken auf. In ihnen ließ er so lange Kerzen brennen, bis sie erloschen. Dann stellte er unter die eine Glasglocke eine Pfefferminzpflanze. Sie wuchs in der „verbrauchten" Luft bestens.

Nach einigen Wochen führte er mit beiden Glocken einen weiteren Versuch mit Kerzen durch. In der Glocke, in der die Pflanze gestanden hatte, erlosch die Kerze erst nach einiger Zeit, in der anderen dagegen sofort.

Nun setzte PRIESTLEY Mäuse in die luftdicht verschlossenen Glasbehälter

[7] *Versuche von PRIESTLEY*

[7]. Schon nach kurzer Zeit wurden die Mäuse ohnmächtig. Nachdem vier Wochen lang Pflanzen in der „verbrauchten" Luft gewachsen waren, setzte er die Mäuse wieder hinein. Die Tiere konnten nun längere Zeit unter der Glocke leben und atmen.

Verbrennen, verwandeln, verbinden

1 Tipps für Pfadfinder
In einem Lehrbuch für Pfadfinder findest du folgende Aufgabe:
a) Du besitzt nur noch drei Streichhölzer in deiner Streichholzschachtel. Wie gehst du geschickt vor, um ein Lagerfeuer zu entfachen? Begründe deine Ratschläge. Vielleicht hast du auch Gelegenheit, sie selbst auszuprobieren.
b) Wie sollte deine Feuerstelle aussehen, dass du nicht den Wald anzündest? An welchen Stellen darfst du auf keinen Fall ein Feuer anzünden?

2 Gefahr im Heuschober
Jeder Landwirt weiß, dass sich feuchtes Heu in der Scheune selbst entzünden kann. Deshalb achtet er genau auf die Temperatur des eingelagerten Heus.

Untersuche die Temperaturerhöhung von gepresstem Gras in einem Langzeitversuch über eine Woche: Dazu füllst du einen Plastikeimer mit frisch gemähten Gras, stampfst dieses Gras noch etwas an und deckst den Plastikeimer mit einer Plastikfolie ab. Miss jeden Tag die Temperatur im Eimer und fertige ein Messprotokoll an.

Informiere dich: Woher kommt die Temperaturerhöhung? Welche Vorsichtsmaßnahmen muss ein Landwirt ergreifen, um die Selbstentzündung seines Heus zu vermeiden?

3 Rostschutzmittel-Test
Du willst ein Baumhaus aus Holz mit Eisenbeschlägen und Nägeln bauen. Die Eisenteile sollen möglichst lange Zeit halten und gut aussehen.

Teste mit einigen Eisennägeln vier verschiedene Rostschutzverfahren. Untersuche dabei:
• die Haltbarkeit des Schutzes,
• den Einsatz der Rostschutzmittel bei schwierigen Bedingungen wie feuchter Luft oder Salzwasser,
• die Anfälligkeit des Verfahrens bei Beschädigung der Schutzschicht.

Halte deine Beobachtungen in einem Testprotokoll fest.

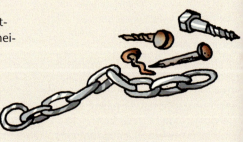

4 Brückenbau
Du hast den Auftrag, eine Brücke aus Stahlbeton zu bauen.
a) Informiere dich, wie man dabei vorgeht und baue selbst ein etwa 60 cm langes Modell. Teste das Modell nach dem Aushärten des Betons auf seine Tragfähigkeit, indem du es mit deinem eigenen Gewicht belastest.
b) Warum darf die Stahlarmierung nicht der Luft ausgesetzt sein?

5 Feueralarm!
In der Schulküche hat jemand eine Pfanne mit Fett auf dem Herd vergessen. Du kommst dazu, wie gerade aus der Pfanne hohe Flammen schlagen. Ein Mitschüler nimmt eine Sprudelflasche und will den Brand löschen.

a) Was unternimmst du, um dich und deine Mitschüler zu schützen?
b) Wie wird die Feuerwehr vorgehen, wenn sie zu einem solchen Brand kommt? Informiere dich über Fettbrände und Fettexplosionen.

Sobald es dunkel wird, versinkt die Stadt in einem Meer unzählig vieler Lichter, und die Nacht wird zum Tag. Licht in der Dunkelheit ist für uns so selbstverständlich wie der Strom, der es entzündet.

Strom ist überall, und überall wird er genutzt. Computer, Maschinen und die allermeisten Haushaltsgeräte würden ohne Strom ihre unentbehrlich gewordenen Dienste verweigern. Strom startet Autos, setzt Rolltreppen und Aufzüge in Bewegung genauso wie Straßenbahnen und Züge. Strom wärmt und kühlt, bewegt und steuert,

Elektrifizi

beleuchtet, unterhält und sorgt für Sicherheit. Dabei kann man ihn nicht einmal sehen. Er wird uns bewusst beim Anblick gewaltiger Überlandleitungen, den Lebensadern in luftiger Höhe, die im Kraftwerk beginnen, sich von Mast zu Mast schwingen und schließlich fein verzweigt in vielen Steckdosen enden.

Strom ist einer der wichtigsten Energieträger modernen Lebens geworden. Wenn die elektrische Energie als Blitz am Himmel in Erscheinung tritt, wird sie zum spannenden Naturereignis.

5 erte Welt

Elektrifizierte Welt — Werkstatt

Da sträuben sich die Haare

Wer hat ihn nicht schon selbst erlebt, den schmerzhaften Schlag, der einen manchmal trifft, wenn man völlig ahnungslos die Türklinke in die Hand nimmt und unversehens wie aus heiterem Himmel „eine gewischt" bekommt. Wenn einem die Haare recht widerspenstig zu Berge stehen und sich nur mühsam kämmen lassen, dann muss das nicht vor Entsetzen sein. Wenn Pullover beim Ausziehen hartnäckig am Unterhemd kleben, unüberhörbar knistern und sogar Funken sprühen, dann sind elektrische Kräfte im Spiel.

1 Der anziehende Filzstift

Mit kleinen Papierschnipseln, wie sie etwa beim Lochen anfallen, einem Filzstift oder Kugelschreiber aus Kunststoff und einem Pullover lässt sich das, was einem sonst eher zufällig begegnet, in einem kleinen Experiment gezielt nachmachen [2].

Hältst du den Stift zunächst einmal knapp über die Papierschnipsel, so passiert nichts. Wenn du den Stift nun kräftig am Pullover reibst und ihn den Schnipseln näherst, sieht das ganz anders aus. Unsichtbare Kräfte, über die der Stift nun verfügt, ziehen die Papierstückchen an. Anziehend kann der Stift nur deshalb geworden sein, weil er zuvor kräftig am Wollpullover gerieben wurde.

[1] *Die geladene Folie zieht die Haare an. Diese Experimente gelingen nur, wenn die Raumluft nicht zu feucht ist.*

2 Die haarsträubende Folie

Lege eine Kunststofffolie auf eine trockene Tischplatte, reibe sie fest mit einem Wolllappen und hebe sie anschließend senkrecht von der Tischplatte ab. Wenn du der Folie nun Papierschnipsel, Wollfäden, Staub und Salz näherst, zieht die Folie die Dinge an. Reibe auch andere Gegenstände aus Kunststoff und versuche weiter [1], [2], [3].

3 Überraschungen im Dunkeln

Elektrische Kräfte können nicht nur Dinge bewegen, sondern auch Leuchterscheinungen hervorrufen. Nähere der geriebenen Folie eine Leuchtstoffröhre und beobachte. Am eindrucksvollsten ist dieser Versuch im abgedunkelten Raum. Experimentiere mit der Leuchtstoffröhre an weiteren Gegenständen, die du gerieben hast.

[3] *Ein aufgeladener Kamm kann einen dünnen Wasserstrahl aus seiner Richtung ablenken.*

4 Mit einer Glimmlampe auf der Suche

Eine Glimmlampe besteht aus einem gasgefüllten Glasröhrchen, das an seinen Enden mit metallenen Kontakten versehen ist [4]. Von jedem Ende der Röhre ragen zwei Drähte oder Metallplättchen in die Mitte, ohne sich zu berühren. Versuche, mit der Glimmlampe im abgedunkelten Raum Ladungen auf geriebenen Gegenständen aufzuspüren.

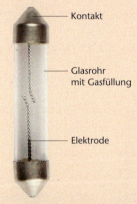

Kontakt
Glasrohr mit Gasfüllung
Elektrode

[4] *Wenn man die Glimmlampe an einer Seite hält und mit der anderen Seite einen geladenen Gegenstand berührt, kann die Ladung abfließen. Die Glimmlampe leuchtet kurz auf. Am besten ist das bei abgedunkeltem Raum sichtbar.*

[2] *Ein Stift aus Kunststoff zieht Papierschnipsel an, wenn er vorher am Pullover gerieben wurde.*

5 Gewitter im Computer

Auch bei einem Gewitter sind elektrische Kräfte im Spiel, und zwar im großen Maßstab. Mit einem Gewitter kannst du natürlich nicht experimentieren, du kannst es aber im Modell darstellen. Untersuche die Entstehung eines Gewitters mit einem Computer-Simulationsprogramm [5].

[5] Ein Gewitter als Computer-Simulation

Elektrizität und Gewitter

Statische Elektrizität
Durch das Reiben bringt man zwei Stoffe sehr intensiv zusammen. Dadurch kann **elektrische Ladung** von einem Stoff auf den anderen übergehen. Mit Ladung meint man eine Menge Elektrizität. Diese Elektrizität, die aus keiner Steckdose oder Batterie kommt, heißt ruhende oder **statische Elektrizität**.

Blitz und Donner
Ein starkes Gewitter mit Blitz und Donner ist schon eine gewaltige Naturerscheinung, die uns Angst machen und auch große Schäden hinterlassen kann.

Blitze sind elektrische Entladungen der aufgeladenen Gewitterwolken. Sie entstehen, wenn der Boden durch die Sonne erwärmt wird und die warme Luft in größere Höhen gerissen wird. Dabei laden sich die Wolken elektrisch auf. Es entstehen Spannungen von mehreren 100 Millionen Volt, bis es dann zur Entladung in eine andere Wolke oder auf die Erdoberfläche kommt. In Gebäude und Bäume, die ihre Umgebung überragen, schlägt der Blitz häufig ein. Auf dem Weg des Blitzes wird die Luft stark erhitzt und mit gewaltiger Energie auseinander getrieben, dabei entsteht der Donner.

Schutz gegen Blitzschlag
Gut geschützt gegen Blitzschlag ist man in Fahrzeugen mit einer Metallkarosserie (Auto, Eisenbahn usw.) und in Häusern mit einem Blitzableiter. Sogar ein Käfig aus Metall schützt vor Blitzen [6].

Wenn man im Freien von einem starken Gewitter überrascht wird, muss man darauf achten, dass man nicht der höchste Punkt im Gelände ist, sich nicht unter einen frei stehenden Baum stellt und auch nicht im Wasser aufhält.

Wie weit ist das Gewitter entfernt?
Wie weit ein Gewitter von uns entfernt ist, lässt sich grob abschätzen, weil der Schall viel langsamer ist als das Licht. In einer Sekunde legt das Licht etwa 300 000 km zurück, d. h. man sieht den Blitz auch in großer Entfernung praktisch in dem Moment, in dem er einschlägt. Der Schall ist im Vergleich zum Licht langsam, er legt nur 340 m in der Sekunde zurück. Wenn zwischen Blitz und Donner z. B. drei Sekunden vergangen sind, ist das Gewitter noch ungefähr einen Kilometer entfernt.

[6] Ein künstlicher Blitz schlägt in einen Metallkäfig. Dem Mann im Käfig passiert nichts.

Wie Stoffe spannend werden

Die Elektrizität kann man mithilfe des Atommodells erklären. Berühren sich unterschiedliche Stoffe, so können Elektronen vom einen Stoff zum anderen wandern.

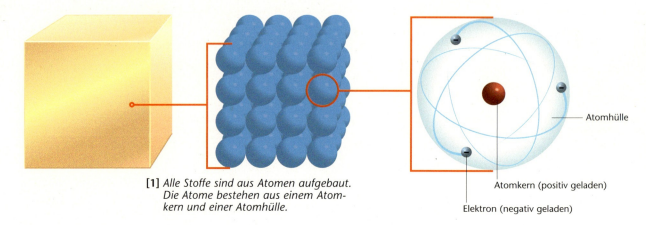

[1] *Alle Stoffe sind aus Atomen aufgebaut. Die Atome bestehen aus einem Atomkern und einer Atomhülle.*

Atomhülle
Atomkern (positiv geladen)
Elektron (negativ geladen)

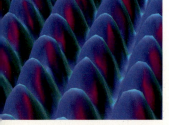

[2] *Mit einem Rastertunnelelektronenmikroskop kann man einzelne Atome auf einer Metalloberfläche sichtbar machen.*

Manche Dinge können wir uns schwer vorstellen, weil wir sie mit unseren Sinnen nicht wahrnehmen können. Entweder sind sie unvorstellbar groß wie etwa das Weltall, oder aber sie sind so winzig klein wie **Atome**, die Grundbausteine aller Stoffe.

In diesem Fall helfen **Modelle** weiter. Sie geben uns eine Vorstellung von den Dingen, die wir nicht direkt beobachten können.

Der Blick in die Kugel

Atome kann man als Kugeln darstellen. Sie unterscheiden sich je nach Stoff in ihrer Größe und in ihrer Masse. Mit diesem Modell kann man sich ein Bild vom Aufbau eines Stoffes machen [1]. Will man allerdings dem merkwürdigen „anziehenden" Verhalten von Stoffen auf die Schliche kommen, so braucht man ein erweitertes Modell, das den Blick in das Innere eines Atoms ermöglicht.

Bei diesem Modell befindet sich in der Mitte des Atoms der winzige **Atomkern**. Die **Atomhülle** besteht aus noch viel kleineren Teilchen, den **Elektronen**. Sie bewegen sich um den Atomkern. Der Durchmesser des gesamten Atoms beträgt nur etwa einen zehnmillionstel Millimeter.

Gegensätzliche Ladungen ziehen sich an

Der Atomkern und die Elektronen haben völlig unterschiedliche Eigenschaften. Diese Eigenschaften bezeichnet man als **elektrische Ladungen**, und weil sie so gegensätzlich sind, spricht man von **positiven** und **negativen** Ladungen.

Positive und negative Ladungen ziehen sich gegenseitig an. Dadurch hält der Atomkern seine Elektronen fest. Die positive Ladung des Atomkerns ist genau gleich groß wie die negative Ladung aller Elektronen in der Atomhülle zusammen. Dieses Ladungsgleichgewicht sorgt dafür, dass das ganze Atom nach außen elektrisch **neutral** wirkt.

Versuche

1 Reibe einen Kunststoffstab mit einem Wolltuch. Bestimme mit einer Glimmlampe die Art der Ladung. Ist der Stab positiv oder negativ geladen?

2 Reibe einen Kunststoffstab einmal nur wenig und bestimme mit einem Elektroskop [7] die Menge der Ladung. Reibe den Stab nun sehr kräftig und vergleiche.

[3]

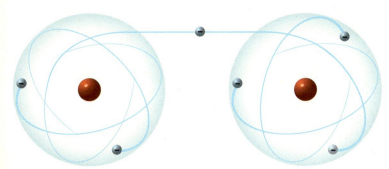

[4] *Ein Elektron wird einem Atom entrissen und auf ein anderes Atom übertragen.*

Wenn man Stoffen Elektronen klaut

Einzelne Elektronen können der Hülle eines Atoms entrissen werden. Das passiert zum Beispiel dann, wenn beim Reiben Elektronen von einem Wolltuch auf einen Kunststoffstab übertragen werden [4]. Auf dem Kunststoffstab herrscht dann ein Elektronenüberschuss. Deshalb ist er negativ geladen. Die Wolle hat dagegen einen Elektronenmangel. Sie ist positiv geladen. Elektronen streben dorthin, wo sie fehlen. Man sagt auch, zwischen dem Stoff mit Elektronenüberschuss und dem Stoff mit Elektronenmangel herrscht eine **elektrische Spannung**.

Berührt man den negativ geladenen Kunststoffstab mit einer **Glimmlampe**, so leuchtet eines der beiden Drähtchen kurz auf, und zwar an der Stelle mit dem Elektronenüberschuss [5]. Die überschüssigen Elektronen des Stabes fließen über die Glimmlampe und die Finger zur Erde ab. Wenn Elektronen fließen, spricht man von **elektrischem Strom**. Das Aufleuchten der Glimmlampe ist ein sichtbares Zeichen dafür.

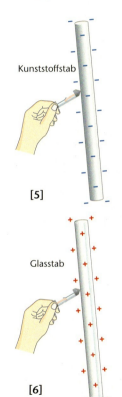

Kunststoffstab

[5]

Glasstab

[6]

[5], [6] *Die Glimmlampe zeigt es an: Kunststoffstäbe laden sich beim Reiben negativ auf. Glasstäbe laden sich positiv auf, deshalb ist der Elektonenüberschuss auf der Hand.*

Das Elektroskop

Das Elektroskop besteht aus einem senkrecht stehenden Metallstab, der oben eine Metallplatte und in der Mitte einen leichten drehbaren Zeiger trägt. Wird die Platte elektrisch geladen, so verteilt sich die Ladung über alle Metallteile. Dabei spielt es keine Rolle, ob es sich um positive oder negative Ladungen handelt. Der bewegliche Zeiger ist nun gleichartig geladen wie der Haltestab und wird deshalb von ihm abgestoßen. Wie stark der Zeiger ausschlägt, hängt von der Menge der elektrischen Ladung ab. Allerdings zeigt das Gerät nicht an, ob es sich um positive oder negative Ladung handelt.

Merkmal

▶ Ein Atom besteht aus einem Atomkern und der Atomhülle, in der sich die Elektronen bewegen.

▶ Der Atomkern ist positiv und die Elektronen sind negativ geladen.

▶ Nach außen wirkt ein Atom neutral, weil sich die Ladungen ausgleichen.

▶ Einzelne Elektronen können der Atomhülle entrissen werden.

▶ Das Elektroskop zeigt die Menge der elektrischen Ladung an.

▶ Mit der Glimmlampe kann man feststellen, ob ein Körper positiv oder negativ geladen ist.

Denkmal

❶ Zeichne das Modell eines Atoms und beschrifte es mit den Begriffen „Atomkern", „Elektron" und „Atomhülle".

❷ Der Durchmesser eines Atoms beträgt etwa einen zehnmillionstel Millimeter. Wie viele Atome würden auf der Länge von einem Meter nebeneinander passen?

❸ Was das Elektroskop anzeigen kann, kann die Glimmlampe nicht und umgekehrt. Vergleiche und erkläre.

❹ Du prüfst mit der Glimmlampe, ob ein Gegenstand elektrisch geladen ist. Was passiert mit der Ladung? Welchen Weg nimmt die Ladung?

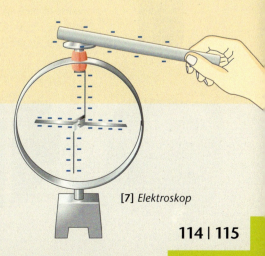

[7] *Elektroskop*

Spannung treibt den Strom an

Strom fließt unsichtbar, aber nicht von allein. Zuerst müssen elektrische Ladungen getrennt und ein Stromkreis geschlossen werden.

[1] *Sechs ganz unterschiedliche Stromquellen*

Solarzellen

Knopfzelle

Dynamo

Monozelle

Autobatterie

Generator

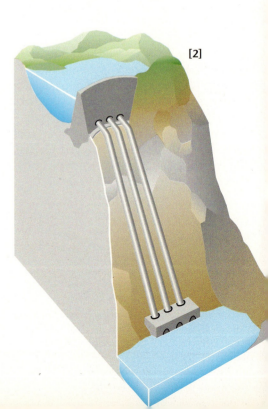
[2]

Wenn wir eine spannende Geschichte lesen, können wir kaum aufhören, weil die Spannung so groß ist. Erst wenn wir das Ende kennen, ist die Spannung vorbei.

Spannung hinter einer Mauer

Pumpspeicherwerke [2] können auch ganz schön spannend sein. Sie dienen der Stromerzeugung und kommen zum Einsatz, wenn gerade besonders viel Strom benötigt wird. Die Kraft, mit der das Wasser des Stausees gegen die Staumauer drückt, könnte man ebenfalls als „Spannung" bezeichnen. Es will abfließen, wird aber daran gehindert. Erst wenn die Schieber in den mächtigen Fallrohren geöffnet werden, rauscht das Wasser in die Tiefe und treibt die Turbinen an. Die Spannung wird auf diese Weise geringer. Wenn die Schieber wieder geschlossen sind und das Wasser nach oben in den Stausee zurück gepumpt wird, baut sich die Spannung erneut auf.

Wie Elektronen Spannung machen

Spannung ist dann vorhanden, wenn man neugierig geworden ist oder wenn Wasser zum Abfluss drängt. Dafür müssen aber erst einmal interessante Geschichten geschrieben oder Wasser nach oben gepumpt werden. Spannung gibt es schließlich nicht von ganz allein. Ganz ähnlich ist es mit dem elektrischen Strom. Auch er braucht Spannung, wenn er fließen und Energie transportieren soll. Die verschiedensten Batterien, der Fahrraddynamo, der Generator im Kraftwerk oder das Sonnensegel des Satelliten [4] sind Beispiele für solche **Stromquellen** [1]. Sie sorgen für den elektrischen Antrieb des Stroms.

Elektrische Spannung kommt zustande, wenn Ladungen getrennt werden. Bei der Ladungstrennung werden Elektronen, die immer negativ geladen sind, zum Minuspol einer Stromquelle gedrängt [3]. Am Pluspol herrscht dadurch Elektronenmangel. Je größer der Unterschied zwischen Elektronenüberschuss und Elektronenmangel ist, umso größer ist die Spannung.

Stromquellen sind Elektronenpumpen

Wird ein Stromkreis geschlossen, gleichen sich Überschuss und Mangel wieder aus. Die Elektronen fließen vom Minuspol über ein **elektrisches Gerät** zum Pluspol [5], [6]. Arbeitet die Stromquelle weiter, werden ständig Elektronen zum Minuspol „gepumpt", die dann wieder zum Pluspol fließen. Man kann Stromquellen deshalb auch als „Elektronenpumpen" bezeichnen.

[4] *Im Weltall gibt es keine Steckdosen. Hier wird mit Energie von der Sonne Strom erzeugt.*

Merkmal

▶ Elektrischer Strom ist unsichtbar, wir erkennen nur seine Wirkungen.

▶ Wenn ein Strom fließen soll, muss eine Spannung vorhanden und der Stromkreis muss geschlossen sein.

▶ Beispiele für Stromquellen sind: Batterie, Akku, Solarzelle, bewegter Dynamo.

▶ Am negativen Pol herrscht Elektronenüberschuss, am positiven Pol Elektronenmangel. Deshalb fließen die Elektronen vom Minuspol zum Pluspol.

Elektronenpumpen brauchen Energie

Zum Trennen von Ladungen, zum „Elektronenpumpen" muss allerdings Energie aufgewendet werden. Das Antriebsrad eines Fahrraddynamos muss gedreht werden, in Batterien und Akkus bewirken chemische Reaktionen die Ladungstrennung, in Solarzellen das Sonnenlicht. Diese Energie wird den Elektronen mitgegeben.

„Drängen" sich die Elektronen z. B. durch die Glühwendel einer Glühlampe, geben sie einen Teil ihrer Energie als Licht und Wärme ab. Im Elektromotor wird ihre Energie zu magnetischer Kraft, die ihn zum Drehen bringt.

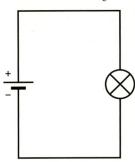

[5] *Ein einfacher Stromkreis als Schaltskizze: Diese kann man von Hand oder am Computer zeichnen.*

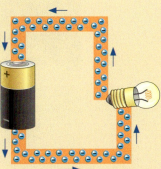

[6] *Ein einfacher Stromkreis in der Modellvorstellung: Die Elektronen fließen vom Minuspol der Stromquelle über die Glühlampe zum Pluspol.*

Denkmal

❶ Ein Pumpspeicherwerk und ein einfacher Stromkreis haben einige Gemeinsamkeiten. Ordne folgende Begriffe einander zu und erkläre sie: Rohre, elektrisches Gerät, Schalter, Turbine, Stromleitungen, Wasser, Strom, Batterie, Schieber, Pumpe.

❷ Beschreibe den Weg der Elektronen in einem einfachen Stromkreis aus Batterie, Verbindungsdraht und Glühlampe.

❸ Übertrage das Modell [6] und die Schaltskizze [5] des einfachen Stromkreises mit einer Batterie als Stromquelle und einem Glühlämpchen als elektrischem Gerät in dein Heft und beschrifte sie so genau wie möglich.

❹ Untersuche den Stromkreis mit einem Computer-Simulationsprogramm. Erweitere dabei den einfachen Stromkreis mit Schaltern und weiteren elektrischen Geräten.

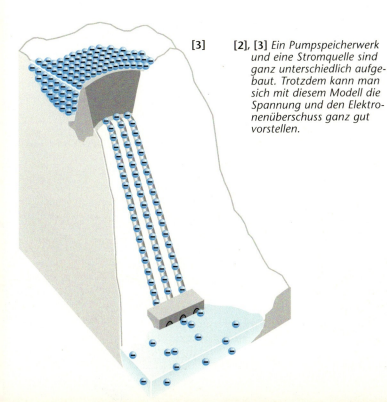

[2], [3] *Ein Pumpspeicherwerk und eine Stromquelle sind ganz unterschiedlich aufgebaut. Trotzdem kann man sich mit diesem Modell die Spannung und den Elektronenüberschuss ganz gut vorstellen.*

Die Spannung messen

Die elektrische Spannung einer Stromquelle gibt Auskunft über die Arbeitsfähigkeit, also die Energie der Elektronen. Sie wird in Volt gemessen.

[1] *Nicht immer sind Spannungen mit technischem Aufwand verbunden. Der Zitteraal mit Namen Electrophorus electricus beispielsweise kann Spannungen bis zu 550 V erzeugen – ein überaus wirksamer Schutz vor Fressfeinden.*

Natürlich macht es keinen Sinn, wenn dabei nur von kleinen oder großen Spannungen die Rede wäre. Sie müssen gemessen werden und brauchen deshalb auch eine Einheit, damit sie vergleichbar sind. Spannungen werden in der Einheit **Volt** (V) angegeben. Wenn man den Begriff „elektrische Spannung" abkürzen will, verwendet man das Formelzeichen „U". Für eine Spannung von 6 Volt wird dann kurz „$U = 6\,V$" geschrieben.

Auf vielen Stromquellen und elektrischen Geräten findet man Angaben in Volt. Daraus geht hervor, wie hoch die Spannung der Stromquelle ist oder mit welcher Spannung das elektrische Gerät betrieben werden muss.

Strom kann gefährlich sein

Stromquellen werden für uns gefährlich, wenn die Spannung mehr als 24 Volt beträgt. Dann kann der Elektronenantrieb stark genug sein, um gesundheitsschädliche oder gar tödliche elektrische Ströme durch den Körper zu „drücken". Basteleien am Stromnetz sind deshalb gefährlich und verboten.

[2] *Die Einheit der Spannung ist nach dem Erfinder der Batterie, ALESSANDRO VOLTA (1745–1827), benannt.*

Das Glühlämpchen einer Taschenlampe würde sofort durchbrennen, wenn wir es an die Steckdose anschließen würden. Das Bügeleisen bleibt kalt, wenn wir es an eine Batterie anschließen. Für jedes Gerät muss man die richtige Stromquelle benutzen.

Für jedes Gerät den richtigen Antrieb

In geschlossenen Stromkreisen „pumpen" Stromquellen Elektronen durch die Verbindungsdrähte und die elektrischen Geräte. Sie tun dies jedoch unterschiedlich stark. Man sagt, Stromquellen haben verschieden hohe elektrische **Spannungen** [3]. Die Spannung ist ein Maß für die Arbeitsfähigkeit der Elektronen.

Einheit der Spannung U:

1 Volt (1 V)

0,001 V = 1 mV (1 Millivolt)
1000 V = 1 kV (1 Kilovolt)

Spannungen	
Solarzelle	0,5 V
Knopfzelle	1,35 V
Mignonzelle	1,5 V
Monozelle	1,5 V
Stabbatterie	3,0 V
Flachbatterie	4,5 V
Fahrraddynamo	6 V
Blockbatterie	9 V
Autobatterie	12 V
Haushaltssteckdose	230 V
Kraftsteckdose	400 V
Straßenbahn	500 V
Zündkerze beim Auto	15 000 V
Eisenbahnfahrdraht	15 000 V
geriebene Folie	bis zu 30 000 V
Hochspannungsleitung	380 000 V
Blitz	einige Millionen Volt

[3]

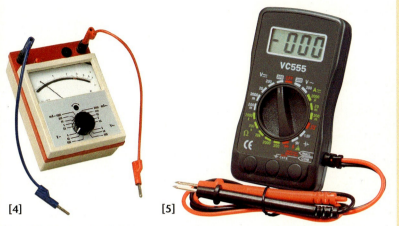

[4], [5] *Mit dem Vielfachmessgerät kann man nicht nur Spannungen messen. Es gibt Zeigerinstrumente und Instrumente mit Ziffernanzeige.*

Wie misst man die Spannung?

Mit einem Spannungsmesser oder **Voltmeter** kann man messen, wie hoch die Spannung einer Stromquelle ist. Auch mit **Vielfachmessgeräten** [4], [5] kann man Spannung messen. Vielfachmessgeräte sehen auf den ersten Blick wegen der vielen Schalter, Zahlen und Zeichen etwas verwirrend aus. Trotzdem sind sie sehr praktisch, da man mit ihnen auch andere elektrische Größen messen kann. Es gibt Zeigerinstrumente und Instrumente mit Ziffernanzeige.

Versuche

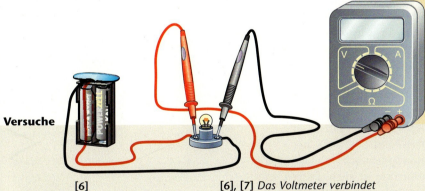

[6]

[6], [7] *Das Voltmeter verbindet man direkt mit den beiden Polen der Stromquelle. Das heißt, man schaltet es parallel zur Stromquelle.*

1 Baue den Stromkreis nach der Schaltskizze [7] auf und miss die Spannung.

2 Suche noch mehr Punkte im Stromkreis, bei denen das Messgerät parallel geschaltet ist und du die Spannung ablesen kannst.

3 Miss die Spannung verschiedener Batterien und vergleiche mit der Tabelle. Wie kann man Abweichungen von den Werten der Tabelle erklären?

Merkmal

▶ Die elektrische Spannung misst man in Volt.

▶ Das Formelzeichen für die Spannung ist U.

▶ Das Messgerät für die Spannung heißt Voltmeter oder Spannungsmesser.

▶ Das Voltmeter schaltet man parallel zur Stromquelle.

▶ Jedes elektrische Gerät darf nur mit der vorgeschriebenen Spannung betrieben werden.

▶ Der Umgang mit Netzstrom ist gefährlich, Experimente am Stromnetz sind verboten.

Denkmal

❶ Was hat ALESSANDRO VOLTA mit der Einheit Volt zu tun?

❷ Rechne 1,5 Volt in Millivolt um.

❸ Erläutere den Unterschied zwischen einem Voltmeter und einem Vielfachmessgerät.

❹ Warum darf man den Plus- und Minusanschluss bei Zeigerinstrumenten nicht vertauschen?

❺ Beim Messen soll man immer zuerst in den größten Messbereich schalten. Begründe.

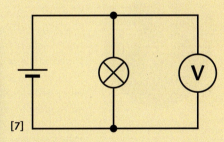

[7]

Mess-Tipps

- Mit Messgeräten musst du vorsichtig umgehen.
- Stelle am Vielfachmessgerät den richtigen Bereich für Gleichspannung (meistens „DC V" oder „V–") ein und stecke die Messkabel in die richtigen Anschlussbuchsen.
- Das Spannungsmessgerät musst du parallel zur Stromquelle schalten.
- Beginne mit den Messungen im Messbereich für die größten Spannungen.

Die Stromstärke messen

Stromstärke hat nichts mit Kraft im üblichen Sinne zu tun. Sie gibt an, wie groß die Elektronenmenge ist, die in jeder Sekunde durch einen Leiter fließt.

[1]

Die vielen Autos, die auf einer Straße fahren, bezeichnet man manchmal als „Verkehrsstrom", ohne dabei an Elektrizität zu denken.

Stark und schwach – viel und wenig

Elektrischen Strom kann man nicht sehen. Das Aufleuchten einer Glühlampe zeigt jedoch, dass Elektronen durch den Draht fließen. Fließen viele Elektronen an einer beliebigen Stelle im Stromkreis innerhalb einer bestimmten Zeit vorbei, so spricht man von einer großen **Stromstärke**. Sind es weniger, so ist die Stromstärke entsprechend kleiner.

[2] *Die Einheit der Stromstärke ist nach dem Naturforscher* ANDRÉ MARIE AMPÈRE *(1775–1836) benannt.*

Die Stromstärke – eine Frage der Zeit

Will man den „Verkehrsstrom" auf einer Straße messen, genügt es nicht, einfach die Autos zu zählen. Wichtig ist auch die Zeit, in der gemessen wird: Wie viele Autos fahren in einer Minute an der Messstelle vorbei?

Einheit der Stromstärke I:

1 A (1 Ampere)

1000 A = 1 kA (1 Kiloampere)
0,001 A = 1 mA (1 Milliampere)

Auch im elektrischen Stromkreis ist das so. Man misst in einer bestimmten Zeit die Menge der vorbeiströmenden Ladung, das entspricht einer bestimmten Anzahl von Elektronen.

Die Stromstärke wird mit dem Formelzeichen „I" abgekürzt [3]. Sie gibt an, wie viele Elektronen pro Sekunde durch eine Leitung fließen. Die Stromstärke wird in der Einheit **Ampere** angegeben. Für eine Stromstärke von 2 Ampere schreibt man kurz „$I = 2\,\text{A}$".

Im Stromkreis geht nichts verloren

Sobald ein Stromkreis geschlossen ist, fließt Strom. Die Elektronen versuchen, den Ladungsunterschied zwischen dem Minus- und dem Pluspol auszugleichen. Die Stromquelle sorgt gleichzeitig dafür, dass dieser Ladungsunterschied erhalten bleibt.

Der dünne Draht einer Glühlampe ist für die Elektronen ein Hindernis, er erschwert den Ausgleich des Ladungsunterschieds [4]. Die Elektronen geben deshalb im Glühdraht ihre Energie ab. Sie selbst werden dabei jedoch nicht verbraucht. In den Glühdraht des Lämpchens fließen in jeder Sekunde genauso viele Elektronen hinein wie aus ihm in der gleichen Zeit wieder herauskommen. Das geht aber nur, weil sich alle Elektronen an jeder Stelle im Stromkreis in gleicher Weise weiterbewegen.

Stromstärken	
Elektrische Armbanduhr	0,001 mA
Taschenrechner	0,2 mA
Glimmlampe	0,1–3 mA
Taschenlampe	0,07–0,6 A
Haushaltsglühlampe	0,07–0,7 A
Bügeleisen, Tauchsieder	2–5 A
Autoscheinwerfer	ca. 5 A
Kochplatte, Elektroofen	2–10 A
Straßenbahnmotor	150 A
Autoanlasser	bis 200 A
Elektrolokomotive	bis 500 A
Hochspannungsleitung	100–1000 A
Blitz	ca. 20 000 A

[3]

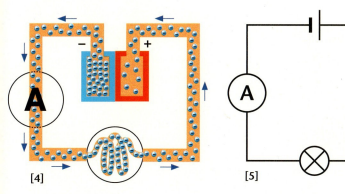

[4], [5], [7] *Die Stromstärke ist an jeder Stelle des Stromkreises gleich. Das Amperemeter ist in den Stromkreis geschaltet, damit es von allen Elektronen durchflossen wird.*

Merkmal

▶ Die elektrische Stromstärke misst man in Ampere.

▶ Das Formelzeichen für die Stromstärke ist I.

▶ Das Messgerät für die Stromstärke heißt Amperemeter oder Strommesser.

▶ Zur Messung des Stromes muss man den Stromkreis unterbrechen und das Messgerät in den Stromkreis schalten, damit alle Elektronen durch das Messgerät fließen.

▶ Im einfachen unverzweigten Stromkreis ist die Stromstärke an allen Stellen des Stromkreises gleich.

Wie misst man die Stromstärke?

Mit einem Strommesser oder **Amperemeter** [6] kann man die Stromstärke messen. Dazu müssen alle Elektronen des Stromkreises durch das Messgerät hindurchfließen [4], [5], [7]. Deshalb muss man den Stromkreis unterbrechen und das Amperemeter in den Stromkreis schalten. Die Stromstärke ist an jeder Messstelle des einfachen unverzweigten Stromkreises gleich groß.

[6] *Vielfachmessgerät, auf Strommessung gestellt*

Denkmal

❶ In einem Wasserstrom fließen Wasserteilchen. Was fließt im elektrischen Stromkreis?

❷ Durch einen Draht fließt einmal ein kleiner Strom (1 Milliampere) und dann ein großer Strom (1 Ampere). Was hat sich in dem Draht verändert?

❸ Werden die Elektronen im Glühdraht der Lampe verbraucht? Begründe deine Antwort.

❹ Warum glüht nur der Glühdraht der Lampe und nicht auch die Anschlussleitung?

Versuche

1 Baue einen Stromkreis auf, der aus Stromquelle, Glühlampe und Amperemeter besteht [7], und miss die Stromstärke.

2 Baue das Amperemeter an verschiedenen anderen Stellen in den Stromkreis ein und miss die Stromstärke dort. Notiere die Erkenntnisse aus diesen Versuchen.

Mess-Tipps

• Mit Messgeräten musst du vorsichtig umgehen.
• Stelle am Vielfachmessgerät [6] den richtigen Bereich für Gleichstrom (meistens „DC A" oder „A–") ein und stecke die Messkabel in die richtigen Anschlussbuchsen.
• Das Strommessgerät musst du in den Stromkreis schalten [7].
• Beginne mit den Messungen im Messbereich für die größten Stromstärken.

Spannung und Strom

Versuche sind schon deswegen spannend, weil sie Antworten auf neugierige Fragen geben können. Wenn dann noch Versuche zur Spannung selbst anstehen, herrscht beim Hantieren mit den vielen Drähten, Metallstäbchen, Lämpchen, Klemmen, Batterien und dem Voltmeter bald schon eine richtige, aber völlig ungefährliche Hochspannung. Die Gefahr ist eigentlich nur, dass ihr vergesst, die Ergebnisse zu notieren. Diese sollt ihr nämlich zum Schluss der ganzen Klasse vorstellen.

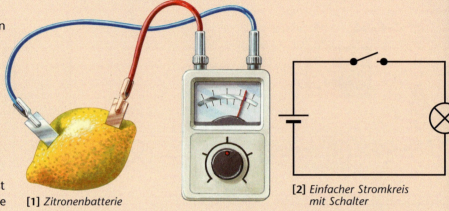

[1] *Zitronenbatterie*

[2] *Einfacher Stromkreis mit Schalter*

1 Spannungsunterschiede
Findet bei verschiedenen Batterien, einer Solarzelle und einer wieder aufladbaren Batterie, einem so genannten Akku, den Anschluss für den Elektronenüberschuss bzw. Elektronenmangel. Versucht am Aufdruck zu erkennen, welche Spannung sie haben. Schließt dann das Voltmeter an. Notiert, was für Geräte man mit den untersuchten Stromquellen betreiben kann.

2 Zitronenstrom
Steckt in eine Zitrone im Abstand von 1 bis 2 cm einen schmalen Metallstreifen aus Zink und einen aus Kupfer [1]. Verbindet den Kupferstreifen mit dem Pluspol eines Voltmeters und den Zinkstreifen mit dem Minuspol. Zu eurer Überraschung werdet ihr zwischen den beiden Polen eine Spannung feststellen. Hier läuft eine chemische Reaktion ab, bei der elektrischer Strom entsteht. Die Elektronen fließen durch den Draht vom Zink- zum Kupferstreifen und von dort in die Zitrone zurück.

Prüft nun mit einer rohen Kartoffel oder einem Apfel und unterschiedlichen Metallen, wie zum Beispiel einem Eisennagel, sowie einem Holz- und Kohlestift, ob ihr auch damit eine Spannung erzeugen könnt. Messt und vergleicht die Spannungen.

3 Gesteigerte Spannung
Ihr benötigt vier Mignonzellen und das andere abgebildete Material [3]. Messt zuerst die Spannung jeder einzelnen Mignonzelle. Kombiniert dann zwei Mignonzellen auf verschiedene Arten, indem ihr je einen Pol der Zellen miteinander verbindet. Messt die Spannung zwischen den offenen Polen.

Kombiniert nun die vier Mignonzellen im Batteriehalter so, dass jeweils ein Plus- und ein Minuspol miteinander verbunden sind [4], und messt die Spannung. Formuliert eure Ergebnisse als Merksatz. Bringt mit den vier in Reihe geschalteten Mignonzellen das Glühlämpchen zum Leuchten und zeichnet dazu eine Schaltskizze.

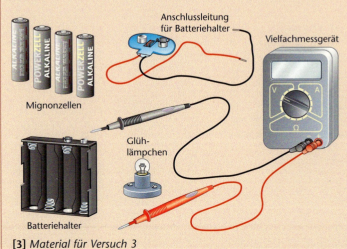

[3] *Material für Versuch 3*

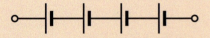

[4] *Reihenschaltung von vier Batterien*

[5] *Geöffnete 9-Volt-Batterien*

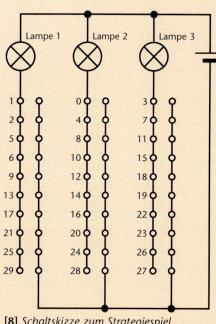

[6], [7] *Das Strategiespiel als Autoroute. Beim Berühren der Wegkontakte schließt das Metallplättchen der Spielfigur den Stromkreis.*

4 Einmal viereckig oder sechsmal rund

Ihr benötigt eine geöffnete 9-Volt-Blockbatterie [5] und ein Voltmeter. Fertigt zum Aufbau der Batterie eine Skizze an und beschriftet sie.

Nehmt die sechs einzelnen Zellen aus der Batterie und messt die Spannung der einzelnen Zellen. Legt dann zunächst zwei Zellen so zusammen, dass ihr die Gesamtspannung der beiden Zellen messen könnt. Legt dann immer eine Zelle dazu und messt die Spannung, bis ihr auch die Gesamtspannung aller sechs Zellen gemessen habt. Zeichnet jeweils eine Schaltskizze und formuliert eure Ergebnisse als Merksatz. Wie sieht die Schaltskizze der zusammengebauten Blockbatterie aus?

5 Messungen am Schalter

Baut nach der Schaltskizze [2] aus einer Batterie, einem Schalter und einer Glühlampe einen einfachen elektrischen Stromkreis auf. Stellt vor euren Messungen zunächst Vermutungen an, wie sich die Messwerte verändern werden, wenn ihr den Schalter betätigt. Messt danach die Spannung und die Stromstärke an unterschiedlichen Stellen, bei geöffnetem und bei geschlossenem Schalter. Zeichnet die dazugehörigen Schaltskizzen mit Voltmeter und notiert die Messwerte.

Untersucht, wie sich die Messwerte verändern, wenn ihr gebrauchte Batterien verwendet. Welche Messwerte ergeben sich, wenn ihr eine andere Glühlampe einbaut?

[8] *Schaltskizze zum Strategiespiel*

Projekt-Tipp: Strategiespiel

Wer gewinnt beim Strategiespiel gegen den „Computer"?

Spielregeln
Eine Spielfigur fährt über 30 Spielfelder (Nr. 0 bis 29) zum Ziel [6], [7]. Der Spieler hat als Gegner den „Computer", eine Schaltung aus Lämpchen und Kontakten [8]. Sieger ist, wer das Zielfeld (Nr. 30) erreicht.

Der Spieler kann wählen, ob er mit der Spielfigur um ein, zwei oder drei Felder vorrückt. Nach dem Zug berührt der Spieler mit der Spielfigur die Kontakte. Das Aufleuchten einer Lampe zeigt an, wie viele Schritte der „Computer" nach vorne gehen möchte (z. B. Lampe 2 leuchtet: 2 Felder vor). Der Spieler führt den Zug stellvertretend aus. Danach ist der Spieler wieder mit seinem eigenen Zug an der Reihe. Ohne die Kontakte zu berühren, entscheidet der Spieler selbst, um wie viele Felder er vorwärts zieht.

Herstellung des Spiels
Überlege dir zunächst die Form des Spielgehäuses, die Position der Anzeigelampen und Kontakte (Musterbeutelklammern) und das Aussehen des Spielfeldes. Das Spiel kann z. B. als Formel-1-Rennen oder Skiabfahrtslauf gestaltet sein.

Mache dich mit der Schaltskizze [8] vertraut. Gibt es noch andere Möglichkeiten der Verkabelung? Zeichne eine Schaltskizze und erstelle einen Arbeitsplan mit Materialliste. Stelle das Strategiespiel her und schreibe eine Spielanleitung.

Eine ganz heiße Sache

Strom kann man nicht sehen. Sobald jedoch genügend Strom durch einen Draht fließt, wird die Energie als Wärme und Licht sichtbar.

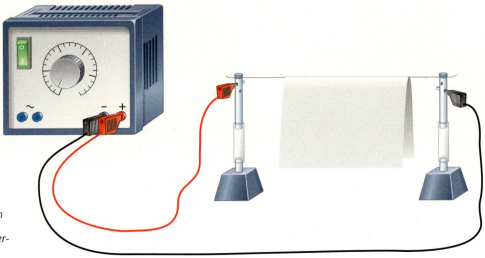

[1] *Der elektrische Strom erhitzt den Draht so stark, dass das Papierfähnchen qualmt.*

Viele Annehmlichkeiten verdanken wir dem elektrischen Strom. Er bringt die Waschmaschine und das Bügeleisen auf Touren, indem er ihnen ordentlich einheizt. Genauso lässt er Glühlampen leuchten und sorgt für Helligkeit. Kurz gesagt, der elektrische Strom bewirkt Wärme und Licht.

Wenn Papierfähnchen qualmen

Steckdosen und Batterien, an die keine Glühlampen, Elektromotoren oder anderen Geräte angeschlossen werden, sind ziemlich langweilig. Man hört und sieht nichts. Dass elektrischer Strom auch ohne die gewohnten Geräte Wirkungen hat, lässt sich zeigen, indem man einen starken Strom durch einen Draht fließen lässt: Der Draht wird so heiß, dass ein Papierfähnchen qualmt [1].

Strom bringt den Draht zur Weißglut

Kalte Hände reibt man aneinander, um sie wieder warm zu bekommen. Auf ganz ähnliche Weise verursachen Elektronen, die durch einen Draht fließen, Reibung und erzeugen dabei Wärme. Je höher die Spannung ist, desto größer ist die Stromstärke im Draht, und desto mehr Wärme wird erzeugt. Die Temperatur kann sich dabei so stark erhöhen, dass der Draht zu glühen beginnt und schließlich durchschmilzt. Allerdings ist es dann mit der Wärmeerzeugung vorbei, weil der Stromkreis unterbrochen ist.

In Elektrogeräten, die Wärme erzeugen, wird ein Draht zu einer **Heizspirale** gewickelt [3], [4], [7]. Die Heizspirale besteht aus einem Material, das erst bei hoher Temperatur schmilzt und an der Luft nicht verbrennt.

[2] *So kann die fertige Spirale aussehen.*

Versuche

1 Spannt zwischen zwei Isolierstützen einen 0,2 mm dicken und 40 cm langen Konstantandraht [1]. Hängt über den Draht ein leichtes Seidenpapier (z. B. aus einem Schuhkarton). Schließt den Draht an ein Netzgerät an und erhöht langsam die Spannung. *(Achtung: Brandgefahr!)*

2 Wickelt aus einem 0,2 mm dicken und 40 cm langen Konstantandraht eine Spirale. Dazu könnt ihr den Draht auf einen Bleistift wickeln, den ihr wieder entfernt [2].

Schaltet die Spirale nun in den Stromkreis und stellt den Strom so ein, dass der gewendelte Teil des Drahtes deutlich glüht, die geraden Teile jedoch nicht. *(Achtung: Brandgefahr!)*

Blast nun mit einem Föhn Kaltluft gegen die Spirale und erhöht den Strom wieder bis zum Glühen. Was passiert, wenn man den Föhn abschaltet? Wie kann man das erklären?

[3], [4], [7] Heizspiralen sind bei den meisten Geräten nicht direkt sichtbar, sondern in eine hitzebeständige Isolierschicht eingeschlossen. Zusätzlich sind sie oft von Metall umhüllt.

[4]

Kleine Lampenkunde

Auch in Glühlampen [5] bringt der Strom einen Draht zum Glühen. Der **Glühdraht** ist hauchdünn und besteht meistens aus Wolfram. Dieses Metall schmilzt erst bei 3 410 °C. Damit der Glühdraht nicht verbrennt [88.4], hat man besondere Vorkehrungen getroffen: Im Glaskolben ist kein Sauerstoff, er ist mit Stickstoff oder einem Edelgas gefüllt [35.6].

Ein großer Nachteil der normalen Glühlampen ist allerdings, dass sie die meiste Energie des Stroms als Wärme abgeben. Bei Energiesparlampen [6] und Leuchtstoffröhren glüht kein Draht, sie werden nicht heiß. Sie benötigen bei gleicher Leuchtstärke viel weniger Strom als Glühlampen.

[5] In einer Glühlampe ist der Glühdraht als Wendel geformt. Der Glaskolben ist mit Stickstoff oder einem Edelgas gefüllt.

Merkmal

▶ Die Energie des elektrischen Stroms kann in Wärme und Licht umgewandelt werden.

▶ Je höher die Spannung an einem Draht ist, desto größer ist die Stromstärke.

▶ Bei einer genügend großen Stromstärke beginnt ein stromdurchflossener Draht zu glühen und schmilzt schließlich durch.

▶ Glühlampen haben eine Leuchtwendel und sind mit Stickstoff oder einem Edelgas gefüllt.

[6] Eine Energiesparlampe benötigt nur ein Fünftel der Energie einer vergleichbaren Glühlampe und hält 8-mal so lang wie diese.

Denkmal

❶ Warum ist der Glaskolben bei einer Glühlampe so wichtig?

❷ Bei einer Glühlampe wird der elektrische Strom in Wärme und Licht umgewandelt. Welcher Anteil ist größer?

❸ Welche Vorteile haben Energiesparlampen [6]?

❹ Notiere einige Haushaltsgeräte, bei denen der Strom Wärme erzeugt.

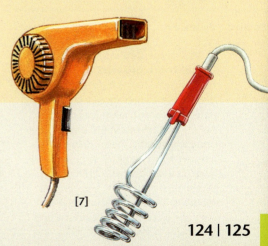

[7]

Projekt-Tipp: Styroporschneid-Gerät

Versuch 1 könnt ihr leicht zu einem Styroporschneid-Gerät weiter ausbauen. Wenn ihr die Versuchsanordnung so verändert, dass alle Teile fest montiert werden und der heiße Schneidedraht senkrecht verläuft, könnt ihr mit der Hitze des Drahtes Styroporplatten schneiden und Figuren herstellen.

Eurer Phantasie sind hier keine Grenzen gesetzt.

Beim Betrieb des Heißdrahtschneiders müsst ihr auf gute Durchlüftung des Raumes achten, damit ihr die giftigen Dämpfe nicht einatmet.

Was Strom noch alles kann

Mit Strom können schwere Lasten angehoben werden.
In flüssigen Leitern transportiert er gelöste Stoffe.

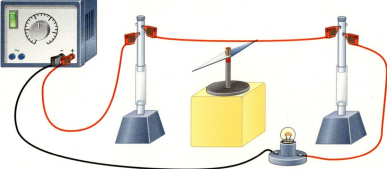

[1] *Der Versuch von* HANS CHRISTIAN OERSTED

[2] *Ein Hubmagnet auf dem Schrottplatz kann schwere Lasten heben.*

Sie halten Schranktüren zu, heften Notizzettel an Stahltafeln, selbst Stecknadeln, die versehentlich auf den Boden gefallen sind, lassen sich mit ihnen wieder einsammeln. Dahinter steckt die anziehende Kraft eines **Magneten**. Die Magnetkraft wirkt allerdings nur auf Körper aus Eisen, schwächer auch auf Nickel und Cobalt.

OERSTEDS Versuch mit der Kompassnadel

Die drehbar gelagerte Magnetnadel eines Kompasses ist darüber hinaus noch richtungsweisend. Ihre Spitze zeigt stets in nördliche Richtung. Mit einem zweiten Magneten, den man an die Kompassnadel heranführt, kann man sie allerdings aus ihrer Richtung ablenken. Magnete üben demnach auch gegenseitig magnetische Kräfte aufeinander aus.

Der dänische Naturwissenschaftler HANS CHRISTIAN OERSTED entdeckte im Jahr 1819, dass eine Kompassnadel unter einem stromdurchflossenen Draht so abgelenkt wird, als ob man ihr einen zweiten Magneten genähert hätte [1]. Die magnetische Kraft entsteht mit dem elektrischen Strom und hört auf, sobald der Strom abgeschaltet wird. Damit war die magnetische Wirkung des elektrischen Stroms entdeckt.

Magnet per Knopfdruck

Auf vielen Schrottplätzen werden **Hubmagnete** eingesetzt [2]. Weil sie die magnetische Wirkung des elektrischen Stroms nutzen, spricht man auch von **Elektromagneten**. Im Gehäuse eines Hubmagneten befindet sich ein Eisenkern, um den eine Spule mit sehr vielen Windungen gewickelt ist. Sobald Strom durch die Spule fließt, können tonnenschwere Eisenteile angehoben werden. Sie lösen sich erst wieder, wenn der Strom abgeschaltet wird.

Versuche

1 Wer baut den stärksten Elektromagneten?

Hier wird der Nagel nicht auf den Kopf getroffen, sondern zum Elektromagneten umgebaut. Dazu brauchst du isolierten Kupferdraht [3], einen Nagel und eine Batterie. Wenn dein Elektromagnet fertig ist, prüfe seine Kraft, indem du Büroklammern oder andere Dinge anhängst. Prüfe, wie man die Magnetkraft ändern kann. Verändere dazu die Anzahl der Windungen und lasse auch einmal den Eisenkern weg.

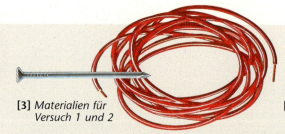

[3] *Materialien für Versuch 1 und 2*

2 Vertauschte Anschlüsse

Vertausche an deinem Elektromagneten die Batterieanschlüsse. Was verändert sich am Magneten? Bei der Überprüfung hilft dir eine Kompassnadel.

[4] *Elektrische Klingel*

3 Elektrische Kingel

Untersuche eine elektrische Klingel [4].
a) Beschreibe den Weg des Stroms durch die Klingel.
b) Warum schlägt der Klöppel nicht nur einmal an die Glocke?

Merkmal

▶ Jeder stromdurchflossene Draht erzeugt eine magnetische Kraft.

▶ Man kann die magnetische Kraft verstärken, indem man den Draht zu einer Spule aufwickelt und einen Eisenkern hineinbringt.

▶ Ein Elektromagnet besteht aus Spule und Eisenkern. Fließt Strom durch die Spule, ist diese magnetisch. Schaltet man den Strom ab, verschwindet die Magnetkraft.

▶ Der elektrische Strom transportiert Teilchen in einer Lösung und überzieht Oberflächen damit. Dieser Vorgang heißt Galvanisieren.

[5] *Eine Autokarosserie wird im Tauchbad verzinkt.*

Autos auf Tauchstation

Nichts setzt einem Auto so sehr zu wie Rost. Um dies zu verhindern, werden die Autokarosserien in einem Tauchbad, in dem Zinkteilchen gelöst sind, mit einer dünnen, nicht rostenden Schicht aus Zink überzogen [5]. Dabei werden die Zinkteilchen mithilfe des elektrischen Stroms, der durch die Karosserie fließt, angezogen und gelangen so in jede kleinste Ecke.

Radkappen, Stoßstangen, der Lenker eines Fahrrades oder die Armaturen am Waschbecken erhalten auf ähnliche Weise eine hauchdünne Schicht aus Chrom. Diese Technik, bei der Strom Stoffteilchen transportiert und sie auf andere Metalle aufträgt, nennt man **Galvanisieren** [97.6], [100.4], [101.5].

Denkmal

❶ Vergleiche einen Elektromagneten mit einem Dauermagneten. Notiere die Unterschiede und Gemeinsamkeiten.

❷ Elektromagnete werden häufig in der Technik verwendet. Sammle einige Beispiele.

❸ Welche Aufgabe hat der elektrische Strom beim Galvanisieren?

❹ Warum überzieht man Metallgegenstände durch Galvanisieren mit einer dünnen Schicht eines anderen Metalls?

❺ Welche Gegenstände in deiner Umgebung könnten durch Galvanisieren geschützt sein?

Projekt-Tipp: Galvanisieren

Informiere dich über das Galvanisieren. Mit etwas Geschick kannst du auch Blätter, Halme und andere kleine Dinge durch Galvanisieren zu schönen Schmuckstücken gestalten [6].

[6] *Auf eine Walnuss trägt man zunächst eine Holzgrundierung auf, dann Silberleitlack. Dadurch wird die Oberfläche zum elektrischen Leiter, und man kann die Nuss galvanisch verkupfern.*

„U" und „I" ganz praktisch

Material für alle Versuche

Vielfachmessgerät
4 Mignonzellen 1,5 V
Batteriehalter
Experimentierkabel
2 Glühlampen 3,8 V/0,07 A
2 Glühlampen 4 V/0,04 A
weitere Glühlampen zur Ergänzung

[1]

Wer untersucht, wie ein elektrisches Gerät funktioniert, oder einen Fehler sucht, misst Spannungen und Stromstärken. Wenn du die folgenden Versuche durchführst, wirst du einige Zusammenhänge erkennen.

Vorher solltest du dich informieren, welche Regeln bei der Spannungs- und Stromstärkemessung mit einem Vielfachmessgerät zu beachten sind [10]. Überlege dir vor jeder Messung, welche Messergebnisse zu erwarten sind. Bestimme danach mit dem Vielfachmessgerät die entsprechenden Messwerte. Halte sie im Messprotokoll schriftlich fest und untersuche sie auf Besonderheiten.

Einfacher Stromkreis

1 Baue einen einfachen Stromkreis aus einer Glühlampe und einer Batterie auf [117.6]. Miss die Spannung an der Lampe und die Stromstärke im Stromkreis [8], [9].

Reihenschaltung

2 a) Erweitere den Aufbau von Versuch 1, indem du eine zweite, gleiche Glühlampe in Reihe schaltest [2], [3]. Wie hell leuchten die Lampen im Vergleich zu Versuch 1? Miss die Spannung der Batterie (Messpunkte A und E), dann die Spannung an der Lampe L_1 (B, C) und an der Lampe L_2 (C, D). Addiere die Spannungen an den Lampen. Was stellst du fest?
b) Miss nun die Stromstärke an den Punkten A, B, C, D und E. Vergleiche deine Messwerte.

3 Verändere den Aufbau von Versuch 2, indem du zunächst verschiedene Glühlampen verwendest und dann die Anzahl der Glühlampen erhöhst. Zeichne die Schaltskizze, markiere die Messpunkte und führe

[2]

[4]

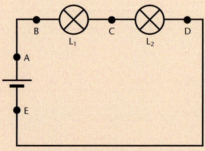

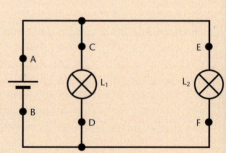

[2], [3] *Zwei Glühlampen in Reihe geschaltet*

[4], [5] *Zwei Glühlampen parallel geschaltet*

Messprotokoll zu Versuch 2 (Reihenschaltung)

Spannung zwischen den Punkten	in V
A und E	U_{AE} = ...
...	...

Stromstärke an den Punkten	in mA
A	I_A = ...
...	...

Auswertung: $U_{BC} + U_{CD}$ = ...

Auswertung: I_A = ... = ...

[6]

Messprotokoll zu Versuch 4 (Parallelschaltung)

Spannung zwischen den Punkten	in V
A und B	U_{AB} = ...
...	...

Stromstärke an den Punkten	in mA
A	I_A = ...
...	...

Auswertung: U_{AB} = ... = ...

Auswertung: $I_C + I_E$ = ...

[7]

die Spannungs- und Stromstärkemessungen durch. Welche Zusammenhänge erkennst du?

Parallelschaltung

4 a) Erweitere den Aufbau von Versuch 1, indem du eine gleiche Glühlampe parallel dazuschaltest [4], [5]. Miss die Spannung an der Batterie (Messpunkte A und B), an der Lampe L_1 (C, D) und an der Lampe L_2 (E, F).
b) Miss die Stromstärke an den Punkten A, C und E. Welche Auffälligkeiten erkennst du?

5 Experimentiere mit der Parallelschaltung, indem du unterschiedliche Glühlampen verwendest und weitere Glühlampen parallel hinzufügst. Zeichne die Schaltskizze, markiere die möglichen Messpunkte und miss die Spannungen und Stromstärken.

Denkmal

❶ Worin unterscheiden sich Parallelschaltung und Reihenschaltung? Formuliere jeweils einen Merksatz zur Stromstärke und Spannung in einer Reihenschaltung und in einer Parallelschaltung. Lege in deinem Heft eine Tabelle an und stelle die unterschiedlichen Merkmale einander gegenüber.

❷ Sind die elektrischen Geräte im Haushalt parallel oder in Reihe geschaltet? Begründe deine Antwort.

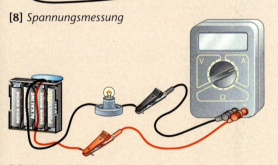

[8] *Spannungsmessung*

[9] *Stromstärkemessung*

Wichtige Regeln beim Messen	
Sicherheit	• Experimente mit Netzspannung (230 V) sind lebensgefährlich. Unter keinen Umständen darfst du mit dem Strom aus der Steckdose experimentieren. • Alle Experimente und Messungen werden im Schutzkleinspannungsbereich bis 24 V durchgeführt. • Mess- und Schaltübungen mit nassen Händen sind verboten.
Aufbau	• Messschaltung immer im spannungslosen Zustand und übersichtlich ohne Kabelgewirr aufbauen • Beim Ändern von Schaltungen die Stromquelle von der Schaltung trennen
Messung	• Zur Messung der Spannung (Gleichspannung) das Vielfachmessgerät auf „DC V" stellen. Danach bei geschlossenem Stromkreises die Spannung parallel zum Bauteil messen [8]. • Zur Messung der Stromstärke (Gleichstrom) das Vielfachmessgerät auf „DC A" stellen. Den Stromkreis öffnen und das Messgerät an den Trennstellen anschließen [9]. Messgerät und elektrisches Bauteil sind in Reihe geschaltet. • Sind die zu messenden Werte unbekannt, so ist stets der größtmögliche Messbereich einzustellen. • Polung beachten: schwarze oder blaue Messleitung für Minuspol, rote Messleitung für Pluspol

[10]

Physikalische und technische Stromrichtung

In der Elektrotechnik unterscheidet man zwischen der physikalischen und der technischen Stromrichtung [11].

Die Elektronen fließen im Leitungsdraht vom Minuspol zum Pluspol. Diese Bewegungsrichtung der Elektronen bezeichnet man als **physikalische Stromrichtung**.

Die **technische Stromrichtung** wurde zu einer Zeit festgelegt, als man noch gar nicht wusste, dass negativ geladene Elektronen im Stromkreis fließen: Sie geht gerade umgekehrt vom Pluspol zum Minuspol. Diese Stromrichtung wird in der Technik noch heute verwendet.

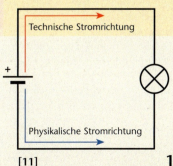

[11]

Der elektrische Widerstand

Verschiedene Lampen leuchten bei gleicher Spannung unterschiedlich hell. Sie unterscheiden sich im elektrischen Widerstand.

[1] *Ein Disko-Strahler ist heller als eine Glühlampe im Keller, obwohl beide mit 230 Volt betrieben werden.*

Musik und Getränke sind organisiert, auch die Tanzfläche im Keller ist groß genug. Nur die Beleuchtung taugt nichts, die Glühlampe mit 25 Watt reicht nicht aus. Ein 250-Watt-Strahler bringt schon mehr Stimmung in die Party. Obwohl beide Lampen mit der gleichen Spannung von 230 Volt betrieben werden, sind sie unterschiedlich hell.

Der Widerstand – eine Bremse für den Strom

Der Glühdraht der 25-Watt-Lampe [3] lässt weniger Elektronen durchfließen, er leuchtet deshalb weniger hell. Man sagt, er hat einen höheren **elektrischen Widerstand**. Der Glühdraht des 250-Watt-Strahlers [4] hat einen kleineren Widerstand, er lässt mehr Elektronen durchfließen, leuchtet deshalb heller und benötigt mehr Energie.

Der elektrische Widerstand begrenzt die Stromstärke. Je größer der Widerstand, desto kleiner ist die Stromstärke, und umgekehrt. Dort, wo Elektronen auf Widerstand stoßen, geben sie ihre Energie ab. Der Widerstand eines Drahtes bewirkt, dass die Energie des elektrischen Stromes in Wärme und Licht umgewandelt wird.

Der Zusammenhang zwischen Spannung und Stromstärke

Untersucht man den Zusammenhang zwischen der Spannung und der Stromstärke an einem Konstantandraht [2], stellt man fest, dass bei hoher Spannung auch die Stromstärke größer ist. Dies hätte wahrscheinlich jeder erwartet. Eine genauere Untersuchung der Messwerte ergibt aber, dass man beim selben Konstantandraht immer dasselbe Ergebnis erhält, wenn man die Spannung (U) durch die zugehörige Stromstärke (I) dividiert. Diesen Zusammenhang bezeichnet man als das **ohmsche Gesetz**.

Im Versuch bleibt der Konstantandraht immer derselbe, und damit auch sein elektrischer Widerstand. Der Zahlenwert, den man bei der Division von U und I erhält, verändert sich auch nicht. Er ist ein Maß für den elektrischen Widerstand des Drahtes.

Versuch

Um den Zusammenhang zwischen der elektrischen Spannung und der elektrischen Stromstärke herauszufinden, benötigst du ein Netzgerät, einen Konstantandraht (Länge 70 cm, Durchmesser 0,2 mm) und zwei Vielfachmessgeräte.
a) Baue zunächst mit diesen Materialien einen einfachen elektrischen Stromkreis auf. Schließe die Messgeräte so an, dass du die Stromstärke im Stromkreis und die Spannung am Konstantandraht messen kannst [2].

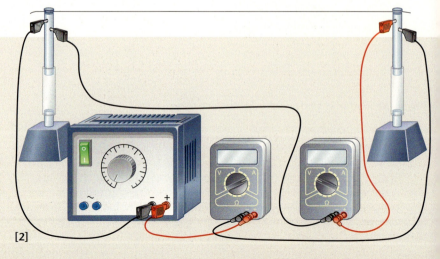

[2]

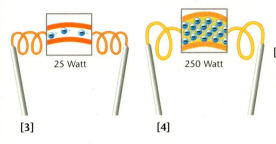

[3] [4]

[3], [4] *Ein großer Widerstand hemmt den Fluss der Elektronen. Bei einem geringen Widerstand können viele Elektronen den Drahtquerschnitt passieren.*

Widerstand in Maßen

Da der elektrische Widerstand der Quotient aus Spannung und Strom ist, ergibt sich für die Einheit des Widerstandes „Volt pro Ampere". Zu Ehren von GEORG SIMON OHM [5] nennt man diese Einheit „Ohm" (Ω). Das Formelzeichen für den elektrischen Widerstand ist „R". Wenn z. B. bei einer Glühlampe bei einer Spannung von 230 Volt die Stromstärke 0,1 Ampere beträgt, ergibt sich folgender Widerstandswert für die Glühlampe: $R = 230\,V : 0{,}1\,A = 2300\,\Omega$.

$$\text{Widerstand} = \frac{\text{Spannung}}{\text{Stromstärke}}$$

$$R = \frac{U}{I}$$

Einheit des Widerstandes R:

1 Ohm (1 Ω)

1 000 Ω = 1 kΩ (Kiloohm)
1 000 000 Ω = 1 MΩ (Megaohm)

[5] GEORG SIMON OHM (1789–1854) entdeckte den Zusammenhang von Spannung und Stromstärke.

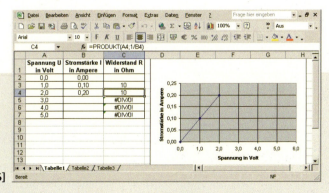

[6]

b) Beginne dann den Messversuch, indem du die Spannung ausgehend von 0 V um jeweils 1 V erhöhst bis 5 V. Lies zu jedem Spannungswert die zugehörige Stromstärke auf dem Amperemeter ab und notiere sie in einer Tabelle [6].
c) Welche Besonderheit zeigen die Messwerte? Stelle zusätzlich die Messwerte in einem *I*-*U*-Diagramm [6] dar.

Merkmal

▶ Der elektrische Widerstand hemmt den elektrischen Strom. Je höher der Widerstand, desto kleiner die Stromstärke und umgekehrt.

▶ Dividiert man die Spannung durch die Stromstärke, erhält man den Widerstand.

▶ Der elektrische Widerstand wird in der Einheit Ohm (Ω) angegeben.

▶ Das Formelzeichen für den elektrischen Widerstand ist R.

Denkmal

❶ Was fällt Dir zum Begriff „Widerstand" ein? Notiere deine Gedanken stichwortartig. Besprecht eure Ergebnisse in der Gruppe. Versucht eure Stichworte zu ordnen.

❷ Hier muss erst einmal Ordnung geschaffen werden. Was gehört zusammen? Volt, Stromstärke, Widerstand, R, Ampere, I, Ohm, Spannung, U.

❸ Bei einer 60-Watt-Lampe, die mit der Spannung 230 V betrieben wird, misst man eine Stromstärke von 0,25 A. Berechne den Widerstand.

❹ In einem Stromkreis mit einem Konstantandraht wurde bei einer Spannung von 3 V eine Stromstärke von 0,06 A gemessen. Welche Stromstärken würden sich bei Spannungen von 0,5 V, 1 V, 4 V und 6 V ergeben? Wie groß ist der Widerstand des Drahtes?

❺ Plane einen Versuchsaufbau, mit welchem du überprüfen könntest, ob das ohmsche Gesetz auch bei einer Glühlampe gilt. Beschreibe den Versuchsablauf.

❻ Ein Isolator ist ein Stoff, der den elektrischen Strom sehr schlecht leitet. Man umgibt z. B. Kabel mit einem Isolator. Was lässt sich ohne zu messen und zu rechnen über den Widerstand eines Isolators sagen?

Widerstände – ganz verschieden

In nahezu jedem elektrischen Gerät findet man Widerstände, manchmal als rundliche Gebilde mit farbigen Ringen, dann wieder als stehende schmale Objekte mit Drehknopf.

[1] *Festwiderstände und andere Bauteile auf einer Platine*

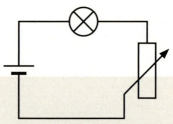

[3] *Hier kommen spezielle Widerstände zum Einsatz: ein Schiebewiderstand im Lautstärkeregler, ein temperaturabhängiger Widerstand im Fieberthermometer.*

Im Innern von Fernsehgeräten oder HiFi-Anlagen fallen sie besonders auf, die runden, länglichen und oft nur wenige Millimeter langen Gebilde [1].

Kleine Bauteile – großer Schutz

Es handelt sich um **Festwiderstände** [1], [5], die einen genau festgelegten Widerstandswert haben. Sie schützen empfindliche elektronische Teile vor zu großen Stromstärken und damit vor ihrer Zerstörung. Leuchtdioden, die z. B. anzeigen, ob der Computer eingeschaltet ist, sind solche empfindlichen elektronischen Teile. Eine Leuchtdiode hat nämlich nur einen geringen eigenen Widerstand, wenn sie von Strom durchflossen wird und leuchtet. Deshalb muss man in ihren Stromkreis einen Widerstand einbauen.

Stromstärke ganz beliebig

Möchte man die Geschwindigkeit eines Spielzeugautos, die Helligkeit einer Lampe oder die Lautstärke eines Lautsprechers regeln, muss die Stromstärke veränderbar sein. Dies geschieht mit einstellbaren Widerständen, den **Drehwiderständen** oder **Potentiometern** [5]. Drehwiderstände sind rund. Ein Drehknopf bewegt einen Schleifkontakt. Es gibt auch Schiebewiderstände [3], [5], bei denen der Schleifkontakt hin und her bewegt wird.

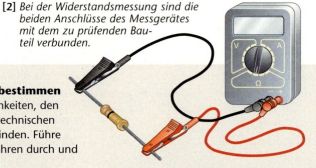

[2] *Bei der Widerstandsmessung sind die beiden Anschlüsse des Messgerätes mit dem zu prüfenden Bauteil verbunden.*

[4] *Die Helligkeit einer Lampe kann mit einem Drehwiderstand geregelt werden.*

Versuche

1 Festwiderstände bestimmen
Es gibt mehrere Möglichkeiten, den Widerstandswert eines technischen Widerstandes herauszufinden. Führe die beschriebenen Verfahren durch und bewerte sie am Ende.
a) Der Wert des Widerstandes lässt sich mit einem **Ohmmeter** ermitteln [2]. Vielfachmessgeräte werden auf den Ω-Bereich eingestellt. Wichtig ist, dass der Widerstand während der Messung nicht in einen Stromkreis eingebaut ist und keine Spannung an ihm anliegt.
b) Weil die meisten Festwiderstände sehr klein sind, kann man nicht einfach eine Zahl mit dem Widerstandswert aufdrucken. Der Widerstandswert wird deshalb mithilfe eines **Farbcodes** [7] angegeben. Du kannst also auch über das Entschlüsseln der einzelnen Farbkombinationen den Widerstandswert eines Festwiderstands ermitteln. Die abgebildeten Festwiderstände [5] haben z. B. Werte von 18 000 Ω = 18 kΩ bzw. 100 000 Ω = 100 kΩ mit einer möglichen Abweichung (Toleranz) von 5 %.

2 Veränderliche Widerstände bestimmen
Schließe zunächst einen Heißleiter an ein Vielfachmessgerät an und ermittle seinen Widerstand bei unterschiedlichen Temperaturen. Miss im Anschluss daran den Widerstandswert eines Fotowiderstands bei unterschiedlichen Lichtverhältnissen. Fasse deine Ergebnisse mit zwei Merksätzen zusammen.

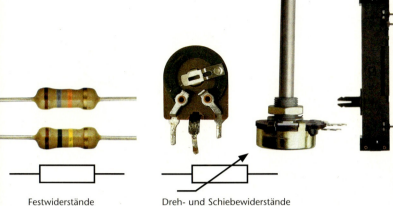

Festwiderstände
18 kΩ ± 5 % (oben)
100 kΩ ± 5 % (unten)

Dreh- und Schiebewiderstände
in unterschiedlichen Bauformen

[5] *Verschiedene Widerstände und ihre Schaltzeichen*

Merkmal

▶ Widerstände schützen empfindliche Bauteile vor zu viel Strom.

▶ Mit einstellbaren Widerständen kann der Stromfluss verändert werden.

▶ Fotowiderstände verändern ihren Widerstandswert je nach Helligkeit, Heißleiter und Kaltleiter je nach Temperatur.

Denkmal

❶ Für eine Leuchtdiode wird ein Schutzwiderstand von 680 Ohm benötigt, dessen Wert um 10 % abweichen darf. Welche Farbringe hat dieser Widerstand?

❷ Du hast einen dir unbekannten Widerstand. Welche Möglichkeiten hast du, den Widerstandswert zu bestimmen?

❸ Du möchtest die Helligkeit einer Lampe verringern. Wie musst du den Widerstandswert des in Reihe eingebauten Drehwiderstandes verändern? Überprüfe dein Ergebnis, indem du eine Versuchsschaltung mit Batterie, Glühlampe und Drehwiderstand aufbaust [4].

Temperatur und Licht verändern Widerstände

In elektronischen Thermometern [3] oder in Lichtschranken kommen Widerstände zum Einsatz, die je nach Temperatur oder je nach Helligkeit ihren Widerstandswert verändern.

Unter den temperaturabhängigen Widerständen unterscheidet man Heißleiter und Kaltleiter. Während Heißleiter den Strom umso besser leiten, je höher die Temperatur ist, leiten Kaltleiter im kalten Zustand den Strom besonders gut. Widerstände, deren Wert deutlich abnimmt, sobald Licht auf sie fällt, bezeichnet man als Fotowiderstände. Sie werden dort eingesetzt, wo durch Helligkeit etwas gesteuert werden soll, wie zum Beispiel beim Ein- und Ausschalten der Straßenbeleuchtung oder bei Lichtschranken.

Projekt-Tipp: Bau eines Ventilators mit einstellbarer Drehzahl

Eure Schülerfirma plant, einen regelbaren Ventilator in großer Stückzahl herzustellen und zu verkaufen.

Überlegt euch, wie sich die Drehzahl des Ventilatormotors regeln lässt. Zeichnet eine Schaltskizze und baut das Gerät zunächst als Versuchsschaltung auf. Vor der Herstellung des Ventilators solltet ihr euch über sein Aussehen, seine Größe und die Materialien Gedanken machen. Erstellt danach einen Arbeitsplan sowie eine Materialliste.

Stellt den Ventilator nach eurem Arbeitsplan her. Berechnet die Herstellungskosten und setzt einen Verkaufspreis fest.

[6] *So könnte euer Ventilator aussehen.*

	1.Ring 1.Ziffer	2. Ring 2.Ziffer	3.Ring Nullen	4.Ring Toleranz
schwarz	0	0	–	
braun	1	1	0	± 1 %
rot	2	2	00	± 2 %
orange	3	3	000	
gelb	4	4	000 0	
grün	5	5	000 00	
blau	6	6	000 000	
violett	7	7		
grau	8	8		
weiß	9	9		
gold			Faktor 0,1	± 5 %
silber			Faktor 0,01	± 10 %

[7] *Die ersten drei Farbringe kodieren die Höhe des Widerstandes in Ohm. Der vierte Ring gibt an, um wie viel Prozent der angegebene Wert des Widerstandes vom tatsächlichen abweichen kann (Toleranz). Du musst den Widerstand dabei so halten, dass der goldene oder silberne Ring nach rechts zeigt.*

Das Stromkreis-Trio

Die Verknüpfung von *R*, *U* und *I* macht es möglich, Ströme, Spannungen und Widerstände zu berechnen.

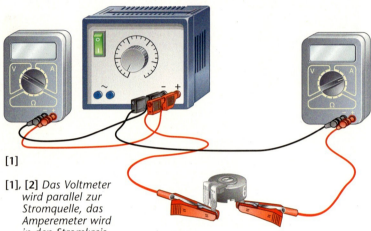

[1]

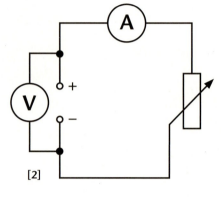

[2]

[1], [2] *Das Voltmeter wird parallel zur Stromquelle, das Amperemeter wird in den Stromkreis geschaltet.*

Die Entdeckung von GEORG SIMON OHM macht deutlich, dass zwischen der Spannung, der Stromstärke und dem Widerstand ein Zusammenhang besteht. Nach dem ohmschen Gesetz steigt bei doppelter, dreifacher, … Spannung auch die Stromstärke auf den doppelten, dreifachen, … Wert an, wenn der elektrische Widerstand gleich bleibt. Dividiert man die Spannung durch die Stromstärke, so erhält man den Widerstand:

$$\text{Widerstand} = \frac{\text{Spannung}}{\text{Stromstärke}}$$

$$R = \frac{U}{I}$$

Gleiche Spannung – unterschiedliche Widerstände

In vielen elektrischen Geräten kennt man die Werte der Widerstände und Spannungen, die Stromstärke aber nicht. Eine Messreihe [6] zeigt, dass bei gleicher Spannung *U* die Stromstärke *I* mit zunehmendem Widerstand *R* sinkt. Bei Verkleinerung des Widerstandes erhöht sich dagegen die Stromstärke. Werden die jeweils zusammengehörenden Messwerte von *R* und *I* miteinander multipliziert, ergibt sich ein nahezu gleich bleibender Wert. Dieser stimmt mit der eingestellten Spannung überein. Also muss gelten:

$$\text{Spannung} = \text{Widerstand} \cdot \text{Stromstärke}$$

$$U = R \cdot I$$

Schnell berechnet

Aus zwei bekannten Größen kannst du die dritte berechnen. Das Dreieck [5] und die Formeln auf dieser Seite helfen dir dabei. Decke die Größe, die du berechnen willst, mit dem Finger ab. Die anderen beiden Größen stehen nun entweder nebeneinander, dann werden sie multipliziert, oder übereinander, dann werden sie dividiert.

Die folgenden drei Beispiele zeigen dir, wie du die Formeln anwenden kannst.

Widerstand berechnen:
Auf dem Sockel einer Glühlampe [3] stehen die Angaben 6V / 0,05A. Welchen Widerstand hat die Glühwendel?

Lösung:

$$R = \frac{U}{I} = \frac{6\,V}{0{,}05\,A} = 120\,\Omega$$

Spannung berechnen:
Wie groß ist die Spannung an einem Draht, wenn bei einem Widerstand von 15 Ω eine Stromstärke von 0,4 A gemessen wird?

Lösung:

$$U = R \cdot I = 15\,\Omega \cdot 0{,}4\,A = 6\,V$$

[3] *Glühlämpchen* [4] *Elektromotor*

Stromstärke berechnen:
Welche Stromstärke ergibt sich bei einem Elektromotor [4] mit dem Widerstand von 60 Ω, wenn die angelegte Spannung 3 V beträgt?

Lösung:

$$I = \frac{U}{R} = \frac{3\,V}{60\,\Omega} = 0{,}05\,A = 50\,mA$$

Gleiche Stromstärke – unterschiedliche Widerstände

Lässt man durch verschiedene Widerstände jeweils einen bestimmten Strom fließen [7], zeigt sich folgender Sachverhalt: Um die gleiche Stromstärke zu erhalten, benötigt man am größeren Widerstand die größere Spannung. Teilt man die Spannung U durch den zugehörigen Widerstandswert R, erhält man den Wert der Stromstärke I. Daraus folgt:

$$\text{Stromstärke} = \frac{\text{Spannung}}{\text{Widerstand}}$$

$$I = \frac{U}{R}$$

Der Zusammenhang von R, U und I

Zwischen der Spannung, der Stromstärke und dem Widerstand besteht also ein mathematischer Zusammenhang. Sind zwei dieser Größen bekannt, kann man die dritte berechnen. Das Dreieck [5] hilft dabei.

Merkmal

▶ Zwischen den drei Größen im Stromkreis besteht ein mathematischer Zusammenhang. Durch Umformungen lassen sich Spannung, Stromstärke und Widerstand berechnen. Das Dreieck [5] hilft dir dabei.

▶ Bei gleicher Spannung gilt: Je höher der Widerstand, desto geringer ist die Stromstärke.

▶ Bei gleicher Stromstärke gilt: Je höher der Widerstand, desto höher muss die Spannung sein.

Denkmal

❶ Durch eine Glühlampe fließt bei einer Spannung von 230 V eine Stromstärke von 0,26 A. Berechne den Widerstand. Runde auf ganze Zahlen.

❷ Eine Halogenlampe hat einen Widerstand von 4 Ω. Zum Betrieb wird eine Spannung von 12 V benötigt. Wie hoch ist die Stromstärke?

❸ Auf einer Spule mit Kupferdraht steht folgende Aufschrift: 2,5 Ω, max. 2 A. Berechne die Spannung, die man im Höchstfall anlegen darf.

[6]

Spannung U	Widerstand R	Stromstärke I
5 V	100 Ω	...
5 V	200 Ω	...
5 V	...	
5 V		

[7]

Stromstärke I	Widerstand R	Spannung U
0,01 A	100 Ω	...
0,01 A	200 Ω	...
0,01 A	...	
0,01 A		

Versuche

Für die Versuche benötigst du einen 1-kΩ-Drehwiderstand (Potentiometer). Stelle die erforderlichen Widerstandswerte immer außerhalb der Schaltung im spannungsfreien Zustand mithilfe eines Vielfachmessgerätes ein [132.2]. Notiere die Messwerte beider Versuche in Tabellen [6], [7] und suche nach Besonderheiten.

⚠ *Achtung: Vermeide die Nullstellung am Drehwiderstand: Kurzschlussgefahr! Die Belastbarkeit des Drehwiderstandes muss mindestens 0,25 Watt betragen!*

1 Gleich bleibende Spannung
Wie verhält sich die Stromstärke, wenn du den Widerstand bei gleich bleibender Spannung veränderst?
a) Stelle den Drehwiderstand auf 100 Ω ein. Baue die Schaltung aus einem Netzgerät, dem Drehwiderstand und zwei Messgeräten auf [1], [2].
b) Stelle am Netzgerät mithilfe des einen Messgerätes eine Spannung von 5 V ein und miss die Stromstärke.
c) Erhöhe den Widerstand des Drehwiderstandes nacheinander auf 200 Ω, 400 Ω und 800 Ω. Miss bei unveränderter Spannung jeweils die Stromstärke.

2 Gleich bleibende Stromstärke
Untersuche nun das Verhältnis zwischen Widerstand und Spannung. Verwende dazu den Aufbau aus Versuch 1 [1], [2].
a) Stelle den Drehwiderstand auf 100 Ω ein. Lege eine Spannung von 1 V an und miss die Stromstärke.
b) Erhöhe nach dem Abschalten der Stromquelle den Widerstand auf 200 Ω. Stelle nun die Spannung am Netzgerät so ein, dass die Stromstärke gleich ist wie bei der ersten Messung. Lies die Spannung am Messgerät ab.
c) Wiederhole die Messung mit weiteren Widerstandswerten (400 Ω, 800 Ω).

Operation Widerstand

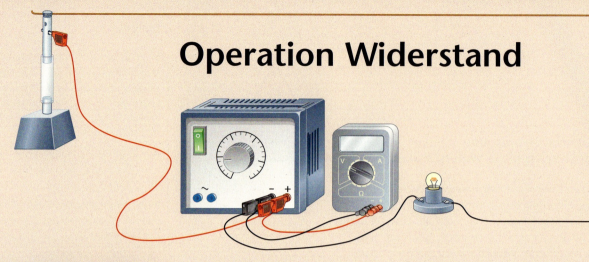

[1]

Wir schreiben das Jahr 2020. Ein Computervirus mit dem Namen „Dark Sun" legt Tag für Tag Computer-Netzwerke lahm. Die Situation eskaliert, als sich der englische, russische und amerikanische Geheimdienst infizieren. Die einzige Hoffnung zur Rettung ist ein geheimer Mikrochip. Nur mit ihm ist es möglich, den Virus zu stoppen. Die Regierungen aller Länder beauftragen den Topagenten Tom Straight, den Chip ausfindig zu machen.

Der Beginn der Operation verläuft reibungslos. Straight kann zum Versteck des Mikrochips vordringen. Der Chip befindet sich in einem lichtgesteuerten Tresor, der sich nur dann öffnet, wenn eine ganz schwach leuchtende Glühlampe darauf scheint. In seiner Tasche findet Straight die Glühlampe und die Batterien seiner zerstörten Taschenlampe, mehrere Drähte, ein Feuerzeug, lange Verbindungsleitungen und Klebeband [2]. Der Agent betrachtet die Drähte genau. Er erkennt, dass es sich um einen sehr kurzen, festen Kupferdraht, einen äußerst dünnen, sehr langen Eisendraht und einen extrem dicken, kurzen Konstantandraht handelt.

Auftrag an die Forschungsteams

Tom Straight kann das Problem nicht alleine lösen und wendet sich über Funk an seine Forschungsteams:

„Verschafft euch einen Überblick über die Situation. Versucht das Problem zu lösen, indem ihr überprüft, ob das Material, die Länge und der Durchmesser den Widerstand eines Drahtes beeinflussen. Erhitzt die Drähte und findet heraus, ob das Feuerzeug eine Hilfe sein könnte. Fertigt nach Abschluss eurer Forschungsarbeit einen kleinen Ergebnisbericht an. Welchen Draht muss ich in den Stromkreis mit Batterie und Glühlampe einsetzen? Benötige ich das Feuerzeug?"

Tom Straight bleibt nur ein Versuch. Leuchtet die Lampe zu hell, wird der Selbstzerstörungsmechanismus des Tresors ausgelöst. Der Chip ist zerstört, und die Weltwirtschaft bricht zusammen.

Hinweise für die Forschungsteams

Der Aufbau der Forschungsstationen 1, 2 und 3 ist immer derselbe [3]: Baut aus einem Netzgerät, einem Amperemeter, einer Glühlampe (3,8 V / 0,07 A) und zwei Isolierstützen einen einfachen elektrischen Stromkreis auf. Zwischen die Isolierstützen werden im spannungsfreien Zustand je nach Versuch unterschiedliche Drähte gespannt.

Stellt am Netzgerät eine Spannung von 4 Volt ein. Betrachtet bei jedem Versuchsdurchgang die Glühlampe. Wie stark leuchtet sie? Messt zusätzlich die Stromstärke. So könnt ihr feststellen, ob der Widerstand des Drahtes groß oder klein ist. Der Widerstand ist umso größer, je kleiner die Stromstärke ist. Haltet eure Messergebnisse in Tabellen fest.

[2] Das ist alles, was Tom Straight in seiner Tasche finden kann.

[3] *Versuchsaufbau zu den Forschungsstationen 1, 2 und 3*

Forschungsstation 1:
Verschiedene Materialien
Untersucht, welche Metalle besonders gut oder schlecht leiten. Spannt dazu die verschiedenen Drähte der Reihe nach zwischen die Isolierstützen. Welches Material hat einen besonders geringen Widerstand?

Forschungsstation 2:
Unterschiedlich dicke Drähte
Überprüft, welchen Einfluss der Durchmesser eines Drahtes auf die Stromstärke bzw. auf den Widerstand hat. Verwendet dazu unterschiedlich dicke Drähte. Wichtig ist dabei aber, dass die Drähte aus dem gleichen Material bestehen und gleich lang sind.

Forschungsstation 3:
Verschieden lange Drähte
Findet heraus, ob die Länge des Drahtes den Widerstand beeinflusst. Dazu wird der Konstantandraht zuerst in voller Länge eingespannt. Anschließend wird er auf 1 m, dann auf 0,5 m verkürzt.

Forschungsstation 4:
Unterschiedliche Temperaturen
Stellt Nachforschungen an, ob auch die Temperatur den Widerstand eines Drahtes beeinflusst. Formt zunächst einen Eisendraht und einen Konstantandraht von jeweils 1 m Länge und 0,2 mm Durchmesser zu einer Wendel, indem ihr sie um ein ein Reagenzglas wickelt. So lassen sich die Drähte leichter erwärmen.
Spannt zuerst den Konstantandraht in den Stromkreis ein und erhitzt ihn mit einem Feuerzeug [6]. Wiederholt den Versuch mit dem gewickelten Eisendraht.

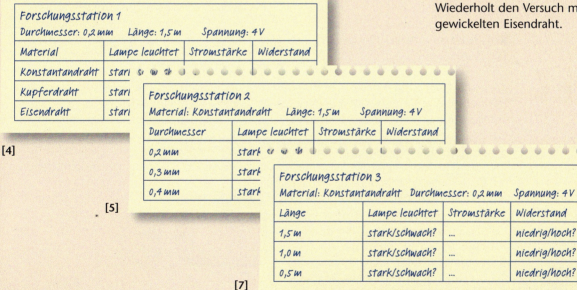

[4] [5] [7] [8]

[6] *Erhitzen der Wendel bei der Forschungsstation 4*

Die Sicherung als Notbremse

Sicherungen unterbrechen den Stromkreis, wenn elektrische Geräte defekt sind und es zu einem Kurzschluss kommt, oder wenn Leitungen überlastet werden.

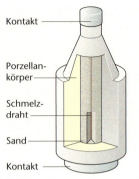

[1], [2] *Schmelzsicherung für den Haushalt*

[3] *Schmelzsicherung für das Auto*

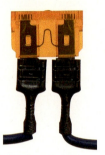

[4] *Feinsicherung in einem elektrischen Gerät*

Beim Bohren in die Wand muss man aufpassen: Wenn der Bohrer auf eine elektrische Leitung trifft, sitzt man plötzlich im Dunkeln. Der Bohrer hat einen Kurzschluss erzeugt.

Kurzschluss – Abkürzung für den Strom

Bei einem **Kurzschluss** haben die Hin- und Rückleitung der Hausinstallation oder die beiden Leitungsdrähte eines elektrischen Gerätes direkten Kontakt miteinander. Der Strom findet so eine Abkürzung auf seinem Weg zurück. Dabei steigt die Stromstärke so stark an, dass die **Sicherung** den Stromkreis unterbricht. Ohne Sicherung würde die große Stromstärke die elektrischen Leitungen übermäßig stark erwärmen, die Isolierungen aus Kunststoff würden schmelzen. Die Erhitzung könnte schließlich zu einem Brand führen. Auf jeden Fall müssten die Leitungen herausgerissen und erneuert werden.

Sicherungen darf man nicht flicken oder überbrücken, da hierdurch Leitungen oder Geräte überlastet oder zerstört werden können.

[7] *Schaltzeichen für Sicherung*

Schmelzsicherungen

Schmelzsicherungen im Haushalt [1], [2] bestehen aus einem dünnen Draht, der geschützt im Innern eines Porzellankörpers liegt. Der Strom, der zum Computer oder zur Lampe im Zimmer fließt, muss durch diesen dünnen Draht hindurch. Ist die Stromstärke zu hoch, schmilzt der Draht und unterbricht den Stromkreis. Die Sicherung muss dann ausgewechselt werden.

In vielen elektrischen Geräten kommen **Feinsicherungen** [4] zum Einsatz. Es handelt sich um Schmelzsicherungen, die im Fehlerfall das Gerät vor Zerstörung schützen.

[8] *Aufbau zu Versuch 1*

Versuche

1 a) Baue zunächst einen einfachen elektrischen Stromkreis aus Netzgerät, Amperemeter und Glühlampe (6 V / 0,5 A) auf. Verwende für die Lampenanschlüsse zwei blanke Kupferdrähte.
b) Erweitere danach die Schaltung, indem du einen Eisendraht (l = 10 cm, d = 0,2 mm) mit aufliegendem Papierfähnchen in den Stromkreis einfügst [8]. Stelle am Netzgerät eine Spannung von 6 V und am Amperemeter den größten Messbereich ein.
c) ⚠ Führe nun mit einem Schraubendreher oder einem Kabel am Lämpchen einen Kurzschluss herbei. Beobachte das Messgerät und den Draht.
(Achtung: Brandgefahr!)

[5] *Sicherungskasten im Haushalt*

[6] *Sicherungsautomat*

Sicherungsautomaten

Anstelle von Schmelzsicherungen verwendet man oft **Sicherungsautomaten** [6]. Wird eine bestimmte Stromstärke überschritten, löst ein Elektromagnet einen Schalter aus und unterbricht den Stromkreis. An der Stellung des Schalters sieht man, dass die Sicherung herausgesprungen ist. Durch Umlegen des Schalters wird der Stromkreis wieder geschlossen.

Wenn nichts mehr geht

Sind sehr viele elektrische Geräte in Betrieb, kann es vorkommen, dass die Sicherung anspricht und plötzlich nichts mehr geht. Die parallel angeschlossenen Geräte führen zu einer zu großen Stromstärke. Dabei könnten sich die Leitungen überhitzen. In jedem Sicherungskasten [5] sind mehrere Sicherungen, weil die Wohnung mehrere Stromkreise hat. Sobald die höchstens zulässige Stromstärke eines Stromkreises überschritten wird, unterbricht die Sicherung den Stromkreis.

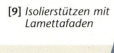

[9] *Isolierstützen mit Lamettafaden*

2 Ergänze den Versuchsaufbau von Versuch 1, indem du einen 5 cm langen Lamettafaden [9] in den Stromkreis einbaust. Führe danach wieder einen Kurzschluss herbei. Was kannst du jetzt feststellen?

3 **LV** a) In einen einfachen elektrischen Stromkreis mit einem Netzgerät und einer Halogenlampe (12V/50W) wird ein Sicherungsautomat (6A) eingefügt [10]. An der Stromquelle wird eine Spannung von 12V eingestellt.

Merkmal

▶ Sicherungen unterbrechen den elektrischen Stromkreis bei Überlastung oder Kurzschluss.

▶ Häufig werden Sicherungsautomaten eingesetzt, bei denen man nur einen Hebel umlegen oder einen Knopf drücken muss, wenn sie „herausgesprungen" sind.

Denkmal

❶ Was passiert, wenn die Stromstärke in einem Stromkreis zu hoch ist?

❷ Manchmal schraubt man Sicherungen absichtlich heraus oder schaltet Sicherungsautomaten ab. Nenne Situationen, in denen dies sinnvoll ist.

❸ Betrachte bei dir zu Hause den Sicherungskasten. Welche Sicherungen sind eingesetzt? Kannst du Unterschiede erkennen? Welche Zimmer sichern die einzelnen Sicherungen jeweils ab?

❹ Was ist zu tun, wenn eine Schmelzsicherung „durchgebrannt" ist oder ein Sicherungsautomat den Stromkreis unterbrochen hat? Unterscheide verschiedene Fälle. Befrage dazu einen Elektriker oder nutze das Internet.

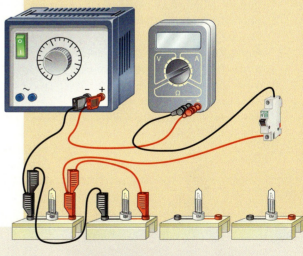

[10] *Überlastung eines Stromkreises durch Parallelschaltung mehrerer Glühlampen*

Nacheinander werden nun weitere Lampen (12V/50W) parallel dazugeschaltet. Was kannst du beobachten?
b) Der Versuchsaufbau wird durch einen zweiten Stromkreis mit Sicherungsautomat erweitert.

Unter Strom

Tragischer Tod im Garten

München. Ein dreijähriger Junge hat beim Spielen im Garten einen tödlichen Stromschlag erlitten. Die Außensteckdose am Haus war mit keiner Kindersicherung versehen. Der Junge konnte deshalb mit einem Drahtstück in der Steckdose herumstochern. Experten meinen, die Umstände seien besonders ungünstig gewesen. Der Junge war barfüßig, zudem hatte es kurz zuvor geregnet.

[1]

[3] *Verlängerungskabel mit Schutzleitung*

[4] *Aufbau eines Schutzkontakt-Steckers mit Schutzkontakt-Kupplung*

Was man nicht sieht, wird leicht unterschätzt. Deshalb kommt es immer wieder zu Unfällen durch elektrischen Strom [1].

Warum der Strom gefährlich ist

Der menschliche Körper steuert viele Organe durch schwache elektrische Ströme, z. B. das Herz [2] und auch die anderen Muskeln. Bei Stromunfällen werden diese Körperströme gestört. Es kommt zu Krämpfen oder zum lebensgefährlichen Herzkammerflimmern. Durch die Verkrampfung der Hand kann man den Strom führenden Gegenstand nicht mehr loslassen. Beim Herzkammerflimmern fällt das Herz als Pumpe aus. Schon nach wenigen Minuten tritt der Tod ein.

Leitfähigkeit des Körpers

Der Strom muss auf seinem Weg durch den menschlichen Körper drei Widerstände überwinden. Der erste Widerstand ist dort, wo die Haut die Stromquelle berührt. Das Innere des Körpers ist der zweite Widerstand. Vor allem Blut leitet den Strom recht gut. Der Gesamtwiderstand des menschlichen Körpers kann unterschiedlich sein. Im ungünstigen Fall, z. B. bei feuchter Haut, beträt er nur etwa 1000 Ohm. Der dritte Widerstand ist der Übergang vom Körper zum Erdboden. Dieser ist besonders gering, wenn der Mensch barfuß geht und der Boden feucht ist. Deshalb sind Stromunfälle im Badezimmer besonders gefährlich.

Wie gefährlich ein elektrischer Schlag ist, hängt auch von der Spannung, der Stromstärke und von der Zeitdauer des Stromflusses ab. Lebensgefahr besteht bereits bei einer Stromstärke von 0,03 Ampere in einem Zeitraum von 0,2 Sekunden. Deshalb können schon 30 Volt gefährlich sein. Um jedes Risiko auszuschalten, wurde der Grenzwert für elektrisches Spielzeug und Schülerversuche auf 24 Volt festgesetzt.

Gefahren im Haus

Die Netzspannung von 230 Volt, wie sie zu Hause an jeder Steckdose anliegt, ist absolut lebensgefährlich. Das richtige Verhalten im Umgang mit dem elektrischen Strom ist daher sehr wichtig. Zum Schutz vor Stromunfällen müssen zusätzlich alle Strom führenden Teile wie Kabel, Geräte oder Installationen durchgängig isoliert sein. Weitere Schutzmaßnahmen kommen hinzu.

Schutzkontakt-Stecker

Viele Geräte haben ein Kabel mit einer dritten Leitung [3]. Diese gelbgrüne Schutzleitung [4] ist über den Stecker mit dem Gehäuse des elektrischen Gerätes verbunden [8].

Bevor schadhafte Kabel ein Gerät unter Spannung setzen können, wird der Strom sofort durch die Schutzleitung zur Erde geleitet. Da der Strom auf diesem Weg nahezu keinen Widerstand zu überwinden hat, steigt die Stromstärke an, sodass die Sicherung den Stromkreis unterbricht. Die Bezeichnung „Schutzkontakt-Stecker" oder kurz „Schuko-Stecker" macht also durchaus Sinn.

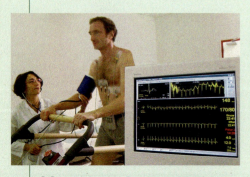

[2] *Im Elektrokardiogramm (EKG) werden die Herzströme sichtbar.*

[5] *Fehlerstrom-Schutzschalter*

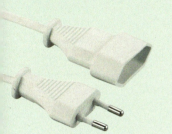
[6] *Eurostecker und -kupplung ohne Schutzkontakt*

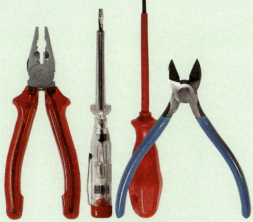
[7] *Werkzeuge mit Kunststoffgriffen schützen Elektroinstallateure vor elektrischen Schlägen.*

Fehlerstrom-Schutzschalter

Badezimmer müssen mit einem Fehlerstrom-Schutzschalter (FI-Schalter) [5] abgesichert sein. Der FI-Schalter vergleicht im Stromkreis die Stromstärke der Hin- und Rückleitung. Tritt ein Unterschied zwischen den beiden Strömen auf (Fehlerstrom), wird der Stromkreis unterbrochen.

Zum Schutz von Personen werden in Wohnhäusern z. B. hoch empfindliche FI-Schalter von 30 mA verwendet. Weichen die Ströme der Hin- und Rückleitung um mehr als 30 mA voneinander ab, spricht der FI-Schalter an und unterbricht den Stromkreis.

Isolation des Gehäuses

In elektrischen Kleingeräten wie z. B. Rasierapparat oder Radiowecker wird meist kein zusätzlicher Schutzkontakt benötigt. Dort werden so genannte Eurostecker [6] eingesetzt, die nur zwei Pole haben. Dies ist nur dann möglich, wenn sich alle Strom führenden Teile in einem isolierenden Kunststoffgehäuse befinden. Kommt es jedoch zu einer Beschädigung der Schutzisolation, besteht höchste Gefahr.

[8] *Der Weg des Stromes beim Einsatz eines Schutzkontakt-Steckers*

Merkmal

▶ Der unsachgemäße Umgang mit dem elektrischen Strom ist lebensgefährlich und kann zu Verbrennungen, Lähmungen, ja sogar zum Tode führen.

▶ Beachte die Verhaltensregeln im Umgang mit dem elektrischen Strom. Experimentiere nie mit der Steckdose!

▶ Zusätzliche Schutzmaßnahmen wie Schuko-Stecker, Schutzisolation oder FI-Schalter schützen vor Stromunfällen.

Denkmal

❶ Betrachte die Abbildungen [9] und notiere dir Tipps, wie im Haus Unfälle mit Strom vermieden werden können.

❷ Suche in Zeitungen, Broschüren und im Internet Berichte über Stromunfälle. Arbeite daraus weitere Verhaltensregeln im Umgang mit dem elektrischen Strom heraus. Gestalte danach ein Plakat zum Thema „Stromunfälle vermeiden".

❸ Plane mit deinen Mitschülern ein Rollenspiel, in welchem die wichtigsten Regeln im Umgang mit dem elektrischen Strom aufgegriffen werden.

❹ Warum leben Menschen mit feuchten Händen bei Elektrounfällen gefährlicher?

❺ Bereitet eine Expertenbefragung oder ein Interview vor. Überlegt euch Fragen zum Thema „Stromunfälle und ihre Vermeidung" und stellt diese einem Elektriker.

❻ Betrachte die Typenschilder verschiedener elektrischer Geräte und finde heraus, welche Bedeutung die aufgedruckten Symbole haben.

❼ Informiere dich: In welcher Abfolge müssen Erste-Hilfe-Maßnahmen bei Elektrounfällen vorgenommen werden?

[9]

Elektrifizierte Welt

**2 Glühlampen –
ganz genau betrachtet**
Teilt euch in Gruppen auf und verfasst Berichte zum Thema Glühlampe.
Beispiele:
- Warum brennt eine Glühlampe durch?
- Der Aufbau einer Glühlampe
- Die geschichtliche Entwicklung der Glühlampe
- Energiesparlampe contra Glühlampe
- …

Vielleicht könnt ihr eure Berichte in eurer Lokalzeitung oder auf der Homepage eurer Schule veröffentlichen.

1 Haarsträubende Experimente
a) Du kannst mit einfachen Mitteln selbst elektrische Ladungen erzeugen. Führe einfache Versuche vor und erkläre, was dabei passiert. Beschreibe, wie man die Ladungen nach Art und Menge genauer bestimmen kann.
b) Baue ein Elektroskop und erkläre seine Funktion. Als Material kannst du zum Beispiel verwenden: Alufolie, ein Stück Draht und ein Glas mit Korkstopfen.
c) Viele der Versuche von Aufgabe a) sind erst richtig möglich, wenn trockenes Wetter herrscht und die Luftfeuchtigkeit gering ist. Erkläre, warum das so ist.
d) Was hat ein Gewitter mit dem elektrischen Strom zu tun? Erkläre die Entstehung eines Gewitters und stelle die wichtigsten Verhaltensregeln zusammen, wenn dich ein Gewitter im Freien überrascht.

3 Eine große Auswahl?
Du hast eine Taschenlampe, die mit zwei Batterien betrieben wird. Gleichzeitig stehen dir vier Batterien zur Verfügung.
a) Deine Aufgabe ist es herauszufinden, welche Batterien voll und welche leer sind. Überlege dir, wie du vorgehen könntest, um das Problem zu lösen. Notiere deine Vorgehensweise und begründe deine Lösung.
b) Du hast mehrere Möglichkeiten, die vollen Batterien in die Taschenlampe einzusetzen. Bestimme die richtige Variante und begründe.

4 Schaltungen aller Art

Überlege dir, wie die einzelnen Schaltungen zu den folgenden Aufgaben aussehen könnten. Entwirf jeweils die Schaltskizze und baue eine Modellschaltung aus Bauteilen auf, die mit höchstens 24 Volt betrieben werden.

a) Mithilfe einer Glühlampe sollen Morsezeichen in Form von Lichtsignalen ausgesendet werden.
b) Ein Fahrraddynamo kann sowohl das Vorder- als auch das Rücklicht zum Leuchten bringen.
c) Eine Waschmaschine enthält neben dem Ein-/Aus-Schalter noch einen Schalter in der Bedienungstür. Das eingestellte Waschprogramm darf erst starten, wenn beide Schalter geschlossen sind.
d) Die Innenbeleuchtung eines Autos soll immer dann leuchten, wenn mindestens eine der beiden Autotüren geöffnet ist.
e) Eine Glühlampe soll nicht mehr leuchten, wenn ein Schalter geschlossen wird. Ein Kurzschluss ist dabei zu vermeiden.

5 Kniffliger Stromkreis

Der abgebildete Stromkreis enthält zwei baugleiche Glühlampen L_1 und L_2 und drei baugleiche Widerstände.

Bearbeite die einzelnen Aufgaben nacheinander und begründe deine Antworten. Baue die Schaltung auf, miss jeweils die Spannungen an den beiden Glühlampen und kontrolliere so deine Ergebnisse.

Wichtig: Nach jedem Versuch wird die Schaltung wieder in ihren Ausgangszustand zurückgeführt.

a) Vergleiche die Helligkeiten der Lampen L_1 und L_2.
b) Was passiert mit der Helligkeit der Lampe L_2, wenn du die Lampe L_1 herausgeschraubst und dann die Punkte 2 und 3 überbrückst, d.h. mit einer Leitung verbindest?
c) Nun schraubst du die Lampe L_2 heraus und überbrückst die Punkte 6 und 7. Wie verändert sich die Helligkeit der Lampe L_1?
d) Ein Kabel schließt die Punkte 1 und 4 kurz. Wie hell leuchten die Lampen nun? Wie ändert sich die Spannung zwischen den Punkten 4 und 8?
e) Wie wirkt sich eine Verbindung der Punkte 5 und 8 auf die Helligkeit der Lampen und die Spannung zwischen Punkt 1 und 5 aus?
f) Denke dir noch weitere solche Fragen aus. Versuche sie zu beantworten und im Experiment zu bestätigen.

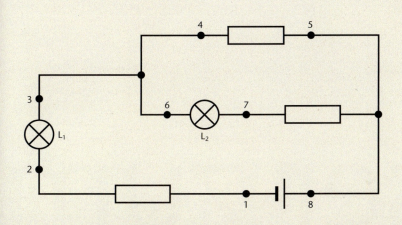

Wasser zum

Wasser übt auf uns eine ganz besondere Anziehungskraft aus. Wer glaubt, dass es allein zum Trinken und Waschen gut sei, vergisst, dass es zugleich sichtliches Vergnügen bereitet. Wir planschen, schwimmen und spüren die Leichtigkeit unseres Körpers, wenn es uns trägt.

Wasser ist etwas Besonderes, ganz gleich, ob wir an kleine Fischteiche oder an die gewaltigen Wassermassen der Ozeane denken. Wir haben es dabei mit dem Stoff zu tun, der das Bild unserer Erde prägt und ohne den das Leben auf der Erde undenkbar wäre. Wasser löscht den Durst von Tier und Mensch und ermöglicht das Wachsen und Gedeihen der Pflanzenwelt. Es kühlt Maschinen, und mit ihm werden Farben und Lacke hergestellt. Aus Wasser lässt sich Wasserstoff gewinnen, ein sagenhafter Energiespeicher für den Antrieb von Raketen und auch von Autos, die kein Kohlenstoffdioxid ausstoßen. Wasser ist nicht nur die unersetzbare Grundlage des menschlichen Lebens, es dient ihm in vielerlei Hinsicht. Doch hat das Wasser ausgedient, so bleibt oft eine traurige und stinkende braune Brühe übrig.

Reines Wasser ist farblos, es hat keinen Geruch und keinen Geschmack. Wasser tropft und fließt, sprudelt und strömt. Es erstarrt zuweilen zu Schnee und Eis oder verflüchtigt sich zu unsichtbarem Wasserdampf in der Luft. Wasser ist das Lebensmittel schlechthin, ein unentbehrlicher Rohstoff und ein unerschöpfliches Thema.

Leben | 6

Wasser ist nicht normal

Wasser kann wie andere Stoffe fest, flüssig oder gasförmig sein. Doch wenn es fest wird, verhält es sich anders als die anderen Stoffe.

[1] *Eis ist gefrorenes Wasser. Eisschollen schwimmen und können schwere Lasten tragen.*

[2] *Aggregatzustände im Teilchenmodell*

Wer hat nicht schon einmal ein Getränk zum Kühlen ins Gefrierfach gelegt und dann vergessen? Am nächsten Tag haben wir dann die Bescherung. Das Getränk ist komplett gefroren und die Flasche zerplatzt.

Wasser kann mehr als nur flüssig sein

Wasser ist in unserer Vorstellung zunächst einmal flüssig. Es passt sich der Form eines Gefäßes an [2], [4]. Die Wasserteilchen lassen sich leicht gegeneinander verschieben. Trotzdem haften sie aneinander.

Einige Wasserteilchen bewegen sich so schnell, dass die Haftung zu den anderen Teilchen aufbricht. Das Wasser **verdunstet** und wird dabei zu gasförmigem Wasserdampf. Je höher die Temperatur ist, desto schneller verdunstet das Wasser. Bei der Siedetemperatur **verdampft** das gesamte Wasser. Der Wasserdampf kann an kalten Flächen, z. B. Fenstern, zu flüssigem Wasser **kondensieren** [2], [5].

Wird Wasser abgekühlt, bewegen sich die Wasserteilchen immer langsamer. Zuletzt erstarren sie in einer gitterförmigen Anordnung [1], [2]. Aus flüssigem Wasser wird Eis.

Der Zustand des Wassers ist also veränderbar, der Stoff bleibt jedoch derselbe. Die Zustandsformen „fest", „flüssig" und „gasförmig" bezeichnet man als **Aggregatzustände**.

Frostsprengung

Stoffe dehnen sich beim Erwärmen aus und brauchen dadurch mehr Platz. Ihr Volumen vergrößert sich. Beim Abkühlen ziehen sie sich wieder zusammen, und ihr Volumen wird kleiner. So braucht z. B. 1 kg flüssiges Eisen mehr Platz als 1 kg festes Eisen, obwohl in beiden Fällen gleich viele Eisenteilchen vorhanden sind.

So verhalten sich fast alle Stoffe, nur Wasser nicht. Wasser dehnt sich aus, wenn es gefriert. Dabei hat es eine so große Kraft, dass selbst Wasserleitungen im Garten zerreißen, wenn sie nicht rechtzeitig entleert werden [6].

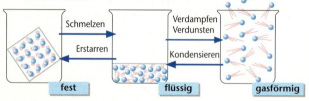

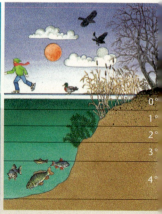

Temperaturverteilung im See

Im Sommer baden wir gern im See. Das Wasser ist schön warm, auch wenn es in größerer Tiefe recht kalt sein kann. Im Winter nutzen wir den See zum Schlittschuhlaufen. Wir müssen aber aufpassen, nicht in das flüssige Wasser unter dem Eis einzubrechen. Die Temperaturverteilung wechselt mit den Jahreszeiten [3].

In einem Liter mit 4 °C warmem Wasser sind mehr Wasserteilchen enthalten als in einem Liter Wasser mit einer an-

[3] *Temperaturverteilung in einem See – im Sommer und im Winter*

deren Temperatur. Im See sinkt deshalb 4 °C warmes Wasser auf den Grund. Flüssiges Wasser mit anderen Temperaturen befindet sich darüber. Ein Liter Eis enthält die wenigsten Wasserteilchen. Eis schwimmt darum auf dem Wasser. Dies ist die Rettung für die Fische im See. So können sie auch im Winter überleben.

[4] *Flüssiges Wasser folgt dem Gefälle der Landschaft. Es passt sich jeder Form an.*

[5] *Über heißen Quellen kühlt Wasserdampf ab und kondensiert zu feinem Nebel.*

Merkmal

▶ Wasser kann drei verschiedene Aggregatzustände haben: fest, flüssig, gasförmig.

▶ Wird ein Stoff ausreichend erwärmt oder abgekühlt, ändert sich sein Aggregatzustand.

▶ Je tiefer die Temperatur eines Körpers ist, desto kleiner ist sein Volumen.

▶ Wasser dagegen hat sein kleinstes Volumen bei 4 °C und dehnt sich bei weiterem Abkühlen wieder aus. Man spricht deshalb von der Anomalie des Wassers.

Bei 4 °C wird's eng

Wenn 6 °C warmes Wasser erwärmt wird, dehnt es sich aus. Soweit verhält es sich normal, wie alle anderen Stoffe. Doch beim Erstarren zeigt das Wasser seine einzigartigen Eigenschaften. Wenn 6 °C warmes Wasser abkühlt, zieht es sich zusammen. Wird es aber kälter als 4 °C, dann dehnt es sich wieder aus. Bei der Gefriertemperatur 0 °C nimmt das Volumen explosionsartig zu [7]. Es vergrößert sich um ca. ein Zehntel. Hier steckt die Kraft, die Flaschen zerbrechen und Wasserleitungen platzen lässt [6].

Wasser verhält sich also anomal, was „gegen die Regel" bedeutet. Man spricht deshalb von der **Anomalie** des Wassers.

[6] *Gefrierendes Wasser sprengt nicht nur Sprudelflaschen, sondern sogar Wasserleitungen aus Stahl.*

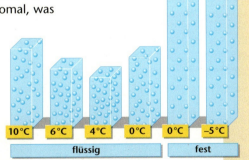
[7] *Bei 4 °C hat Wasser sein kleinstes Volumen. Bei der Gefriertemperatur dehnt es sich sehr stark aus. Die Masse bleibt immer gleich.*

Denkmal

❶ Warum kann eine Wasserflasche im Gefrierfach platzen?

❷ Wo befindet sich das 4 °C warme Wasser in einem See?

❸ In welchen Aggregatzustand wird Wasser überführt, wenn es kondensiert, erstarrt, schmilzt und verdampft? Lege hierzu eine Tabelle an.

❹ Wer die Anomalie des Wassers kennt, findet leicht eine Antwort auf die Frage, warum
a) Angeln an einem Wasserloch im Eis erfolgreich sein kann,
b) Seen immer zuerst an der Oberfläche zufrieren,
c) Gartenwasserleitungen im Winter entleert werden müssen.

❺ In einigen Gartenteichen können die Fische überwintern, in anderen nicht. Warum ist das so?

❻ Eine Pfütze trocknet mit der Zeit aus. Wie kann das sein? Das Wasser hat doch nicht gesiedet.

Versuche

1 Fülle 150 ml heißes Wasser in ein hohes Gefäß. Kühle das Wasser ab, bis es schließlich fest ist. Bestimme dabei regelmäßig Füllhöhe, Masse und Temperatur. Lege dazu eine Tabelle an.

2 Fülle zwei gleich große Bechergläser randvoll, einmal mit Wasser und einmal mit flüssigem Wachs. Lasse beide Stoffe fest werden und vergleiche.

3 Fülle eine Glasflasche und eine Kunststoffflasche mit Wasser. Wickle sie zum Schutz in eine Plastiktüte ein. Lege beide Flaschen über Nacht ins Gefrierfach.

4 Stelle ein Becherglas auf ein Stück Löschpapier, gib Eiswürfel in das Glas und fülle es vorsichtig mit Wasser randvoll. Beobachte, was passiert, wenn die Eiswürfel schmelzen. Ihr könnt ja in der Klasse vorher Wetten abschließen.

5 Fülle ein möglichst hohes Becherglas zur Hälfte mit zerstoßenen Eiswürfeln. Übergieße das Eis mit Leitungswasser. Miss nach dem Umrühren die Temperatur der Eis-Wasser-Mischung mit drei verschieden tief eingetauchten Thermometern im Abstand von einigen Minuten. Fertige zu diesem Versuch eine Tabelle an.

Wasser zum Leben — Werkstatt

Wasser wirkt gewaltig

[1] Beim Wasserläufer wird die Oberflächenspannung zum Lebensraum.

[2] Mit einem kleinen Trick gelingt es, Büroklammern auf die Wasseroberfläche zu legen.

Wasser hat ganz erstaunliche und ungewöhnliche Eigenschaften, ohne die unser tägliches Leben ganz anders aussehen würde. Mit den folgenden Versuchen könnt Ihr diesen Eigenschaften auf die Spur kommen.

Wasser bleibt zusammen und perlt ab

Auf dem frisch gewachsten Auto sieht man einzelne Regentropfen. Wasser reißt in Tropfen vom Wasserhahn und läuft nicht in einem dünnen Strahl herunter. Es gibt Tiere, die über einen See laufen können, ohne nass zu werden [1]. Alle diese Phänomene kommen von der **Oberflächenspannung** des Wassers.

1 Wette mit deinem Versuchspartner, wie viele Stecknadeln ihr in ein randvolles Wasserglas [3] werfen könnt, bis es überläuft. Verwendet ein schmales hohes Glas und seht euch dabei die Oberfläche des Wassers an. Wiederholt den Versuch mit etwas Spülmittel im Wasser.

2 Lege eine Büroklammer auf einem Stück Löschpapier vorsichtig auf eine Wasseroberfläche [2]. Beobachte! Was passiert, wenn du etwas mehr Wasser zutropfst? Was passiert, wenn du Spülmittel in das Wasser tropfst?

3 Bestreue eine Wasseroberfläche in einem Glas mit Bärlappsporen (Lycopodium). Tauche deinen Finger vorsichtig in das Wasser und ziehe ihn wieder heraus. Wenn du keine langen Fingernägel hast, dann kannst du anschließend das Pulver vom Finger wegblasen.

4 Tropfe Wasser und Alkohol jeweils auf eine Wachsfläche [4]. Vergleiche!

5 a) Decke ein trockenes Stofftaschentuch vollständig über ein randvolles Glas Wasser. Drehe das Glas mit dem Tuch schnell um. Was beobachtest du? Erkläre! Wiederhole den Versuch mit etwas Spülmittel im Wasser.
b) Halte ein trockenes Stofftaschentuch unter einen Wasserhahn. Drehe den Wasserhahn auf. Was beobachtest du? Erkläre!

[3] In ein Glas passt mehr Wasser, als man denkt.

[4] Wasser perlt von einer Wachsoberfläche ab.

[5] *Ein Wassertropfen rollt über das Blatt, nimmt den Schmutz auf und hinterlässt eine gereinigte Fläche.*

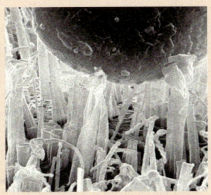
[6] *Die Kontaktfläche zwischen Wachskristallen und Schmutzteilchen auf einem Kohlrabiblatt ist winzig.*

[7] *Mithilfe von Saugnäpfen kannst du testen, welches Gewicht die Adhäsion des Wassers trägt.*

Wasser hält fest
Nach einem Regenguss klebt die nasse Kleidung an der Haut. Manchmal können wir ein Glas von der Spüle kaum hochheben. Die **Adhäsion** ist eine gewaltige Kraft, mit der Wasser an manchen Stoffen haftet [7].

6 a) Gib einige Wassertropfen zwischen zwei sorgfältig gereinigte Glasplatten. Presse sie kurz zusammen. Versuche sie schnell auseinanderzuziehen. Was beobachtest du? Erkläre!
b) Jetzt kannst du dir auch überlegen, warum die Abtropffläche für Geschirr neben der Spüle geriffelt und nicht glatt ist. Mache Versuche dazu. Stelle nasse Gläser in verschiedenen Richtungen auf glatte nasse und auf geriffelte nasse Flächen.

Wasser zieht sich hoch
Schnittblumen bleiben länger frisch, wenn sie in eine Vase mit Wasser gestellt werden. Der langsam fallende Wasserspiegel in der Vase zeigt, dass die Blumen mithilfe der **Kapillarkraft** das Wasser nach oben ziehen.

7 Stelle eine weiße Nelke, ein weißes Alpenveilchen oder einen Stangensellerie in Wasser mit Tinte [8]. Beobachte die Pflanze einige Tage im Klassenzimmer und untersuche anschließend einen Stängelquerschnitt unter dem Mikroskop. Erkläre deine Beobachtungen.

8 Tauche sehr dünne Glasröhrchen in gefärbtes Wasser [9]. Welchen Einfluss hat der Durchmesser der Röhrchen?

Wasser reinigt
Lotusblumen stehen in China für Reinheit, weil sie immer makellos sauber sind. Feine Wachskristalle an der Blattoberfläche sorgen dafür, dass sich kein Schmutz festsetzen kann und Wasser abperlt. Diesen **Lotus-Effekt** [5], [6] macht man in der Technik nach: Es gibt z. B. Fassadenfarben, die sich auf diese Weise von selbst sauber halten.

9 a) Verteile Lehmstaub auf dem Blatt einer Lotusblume oder einem Kohlrabiblatt. Tropfe nun aus einer Pipette Wasser auf dieses Blatt und lasse es hinunterlaufen. Beobachte.
b) Verunreinige das Blatt mit Graphitstaub oder Talkumpuder und lasse wieder einen Tropfen hinunterlaufen. Was beobachtetest du dieses Mal?
c) Besprühe das Blatt mit Spülmittellösung und lasse es trocknen. Führe mit diesem veränderten Blatt die Versuche a) und b) noch einmal durch.

10 a) Tauche ein Kohlrabiblatt in ein Gefäß mit Wasser. Beobachte dabei, wie das Blatt im Wasser aussieht. Ziehe nun das Blatt heraus und beobachte, wie sich das Wasser verhält.
b) Führe den Versuch a) noch einmal durch. Reibe aber vorher das Wachs von dem Kohlrabiblatt ab.

11 Erkundigt euch, in welchen Bereichen der Lotus-Effekt schon technische Anwendung gefunden hat. Stellt daraus ein Plakat für den Schulflur her.

[8] *Die Farbe zeigt, dass die Pflanze Wasser aus der Vase bekommt.*

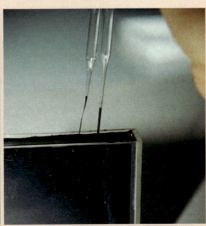
[9] *Die Kapillarkraft zieht das Wasser nach oben.*

Wasser ist die Lösung

[1] *Wasser löst Stoffe aus dem Tee.*

[2] *Beim Lösen eines Stoffes schieben sich die Wasserteilchen zwischen die Teilchen des löslichen Stoffes.*

Wasser ist in der Küche unentbehrlich. Die Zutaten werden mit Wasser gereinigt, vieles wird im Wasser gegart. Dabei werden Stoffe aus den Nahrungsmitteln im Kochwasser gelöst. Oft gießen wir diese Stoffe hinterher mit dem Wasser weg.

Es ist natürlich ärgerlich, wenn wir mit dem Wasser die Vitamine und Mineralstoffe weggießen, die für unsere Gesundheit wichtig sind. Mit Teebeuteln könnt ihr untersuchen, unter welchen Bedingungen das Wasser Stoffe löst. Darauf solltet ihr dann beim Zubereiten der Naturreis-Pfanne achten.

1 Experimente mit Tee
Beim Teekochen löst das Wasser einzelne Teilchen aus den Teeblättern. Diese Teilchen verteilen sich gleichmäßig zwischen den Wasserteilchen [1], [2]. Die folgenden Experimente zeigen, unter welchen Bedingungen sich Stoffe besonders gut in Wasser lösen.
a) Hängt in drei Becher jeweils einen Teebeutel. Übergießt die Teebeutel mit Wasser, den ersten mit kaltem, den zweiten mit lauwarmem und den dritten mit siedendem Wasser. Lasst den Tee eine Weile ziehen und vergleicht anschließend die Ergebnisse.

b) Hängt in drei Becher jeweils einen Teebeutel. Übergießt die Teebeutel mit siedendem Wasser. Lasst den ersten Teebeutel 3 Minuten im Wasser, den zweiten 5 Minuten und den letzten 10 Minuten. Vergleicht die Ergebnisse.

Zutaten zur Naturreis-Pfanne
250 g Langkorn-Naturreis
200 g Möhren
1 Stange Lauch (Porree)
1 Paprikaschote
200 g Weißkohl
2 Esslöffel Öl
200 g Sojakeime
Sojasoße, Curry, Pfeffer, Essig, Salz
[3]

Gartechniken auf dem Herd

Kochen ist Garen in viel siedender Flüssigkeit. Es ist geeignet für Fleisch, wasserarmes Gemüse und Obst, Kartoffeln und Hülsenfrüchte. Vitamine und Mineralstoffe werden aus der Nahrung gelöst. Das Kochwasser sollte für das Gericht mitverwendet werden.

Garziehen ist ein Garen in viel Flüssigkeit bei etwa 85 °C. Es ist geeignet für Fisch, Obst, Klöße, Reis und Teigwaren. Bei dieser Gartechnik werden wie beim Kochen die Nährstoffe ausgelöst.

Dämpfen ist ein Garen im Wasserdampf. Es ist geeignet für Gemüse, Obst, Kartoffeln und Fisch. Hierbei werden kaum Nährstoffe aus den Lebensmitteln gelöst.

[4]

2 Naturreis-Pfanne

Beim Kochen von Reis wirkt Wasser nicht nur als Lösungsmittel: Es lässt den Reis aufquellen und transportiert gelöstes Salz in die Reiskörner [5]. Das Wasser transportiert auch die Wärme von der Kochplatte zu den Zutaten, sodass sie garen. Nach dem folgenden Rezept könnt ihr eine Naturreis-Pfanne [6] zubereiten, die gut aussieht und gut schmeckt.

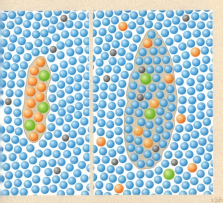

[5] *Ein Reiskorn quillt auf. Wasserteilchen werden vom Reiskorn aufgenommen. Dabei wird auch das im Wasser gelöste Salz in das Reiskorn transportiert. Gleichzeitig werden Stoffe aus dem Reiskorn heraus transportiert.*

a) Reis kochen: Bringt 0,5 Liter Wasser mit etwas Salz in einem Topf zum Sieden. Gebt den gewaschenen Reis in das siedende Wasser und schaltet die Kochplatte herunter. Lasst den Reis 35 Minuten im geschlossenen Topf garziehen. Das Wasser soll genau abgemessen und kein Kochwasser weggegossen werden, damit die gelösten Vitamine und Mineralstoffe erhalten bleiben.

b) Gemüse putzen: Wascht alles Gemüse vor dem Zerkleinern mit kaltem Wasser, nur den Lauch solltet ihr vor dem Waschen längs einschneiden.

Schält die Möhren und schneidet sie in Scheiben. Schneidet den Lauch und den Weißkohl in Streifen. Halbiert die Paprikaschote, entkernt sie und schneidet sie in Streifen.

c) Gemüse garen: Gart das Gemüse gleich nach dem Putzen und lasst es nicht längere Zeit in Wasser stehen. Erhitzt zum Garen Öl in einem Topf, fügt das Gemüse hinzu und lasst es kurz andünsten. Gebt 1/8 Liter Wasser dazu und lasst das Gemüse 15 Minuten garen.

d) Gericht fertig stellen: Lasst die Sojakeime in einem Sieb abtropfen. Gebt die Sojakeime und den gegarten Reis zu dem Gemüse. Schmeckt das Gericht mit Sojasoße, Curry, Pfeffer, Essig und Salz ab und serviert es.

[6] *Die fertige Naturreis-Pfanne*

Dünsten ist ein Garen im eigenen Saft, manchmal wird etwas Fett oder wenig Wasser zugegeben. Es ist geeignet für wasserreiche Lebensmittel, Gemüse, Obst, Fisch und zartes Fleisch. Hier treten nur geringe Nährstoffverluste auf.

Schmoren ist ein Garen durch Anbraten in heißem reinem Fett und ein Weitergaren nach Zugabe von wenig siedender Flüssigkeit. Hierbei werden hitzeempfindliche Vitamine zerstört. Wasserlösliche Nährstoffe gehen nicht verloren, da die Flüssigkeit mitverwendet wird. Es ist geeignet für Fleisch und gefüllte Gemüse.

Braten in der Pfanne ist ein Garen und Bräunen in heißem Fett. Es ist geeignet für Fleisch, Fisch und Kartoffeln. Hitzeempfindliche Nährstoffe werden zerstört, sonst gibt es kaum Nährstoffverluste.

Wasser – glasklar?

Wasser zeigt sich glasklar und manchmal auch recht trübe. Doch glasklar heißt nicht automatisch rein und gesund. Mit den folgenden Versuchen könnt ihr herausfinden, was das Wasser alles in sich hat.

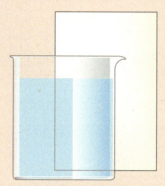

[3] *Ein weißer Hintergrund macht Schwebstoffe sichtbar.*

[4] *Filtrieren einer Flüssigkeit in einen Erlenmeyerkolben*

[5] *Eindampfen einer Flüssigkeit in einer Abdampfschale*

1 Schwebstoffe

Besorgt euch in verschließbaren Gefäßen Leitungswasser, Regenwasser, Wasser aus einem Teich und aus einem Bach. Füllt die Wasserproben jeweils in gleich große Bechergläser und stellt sie vor einen weißen Hintergrund [3]. Vergleicht das Aussehen und den Geruch der Wasserproben. Filtriert danach die Proben [4] und betrachtet die zurückgebliebenen Schwebstoffe. Erstellt zu dieser Versuchsreihe eine Tabelle und tragt eure Ergebnisse ein.

2 Rückstand

Lasst wenige Milliliter Leitungswasser, Mineralwasser, destilliertes Wasser und Salzwasser in je einer flachen Glasschale oder schwarzen Porzellanschale über einer schwachen Brennerflamme verdampfen [5]. Löscht den Brenner kurz bevor alles Wasser verdampft ist, und lasst den Rest ohne Brenner verdampfen. Betrachtet die Rückstände mit der Lupe. Erklärt, warum dieses Ergebnis beim Filtrieren nicht erreicht werden kann.

[1] *Die Wasserqualität im Schwimmbad wird regelmäßig geprüft.*

[2] *Damit das Aquarium schön aussieht und die Fische gesund sind, muss das Wasser ständig gefiltert und belüftet werden.*

Bezeichnung	weich	mittelhart	hart	sehr hart
Härtebereich	1	2	3	4
Härte in °dH	< 7	7–14	14–21	> 21

[6] *Härtebereiche des Wassers*

Projekt-Tipp: Wasser im Dauerbetrieb

Wenn ein Eimer mit Putzwasser oder eingeweichter Wäsche zu lange steht, dann wird das Wasser schmierig und riecht unangenehm. Im Schwimmbad und im Aquarium steht das Wasser meistens viel länger und bleibt trotzdem frisch. Wie wird dieses Wasser gereinigt? Wie wird es frei von Krankheitserregern gehalten?

1 ... für Wasserratten und Dauertaucher

Im Schwimmbad kommen viele Menschen zusammen, die z. B. Hautschuppen, Cremes und andere belastende Stoffe ins Wasser bringen. Ihr könnt von einem Bademeister viel über die Besonderheiten und die Qualität des Schwimmbadwassers erfahren [1].

2 ... für Fischliebhaber und Aquarianer

Im Aquarium leben Fische, die nicht krank werden sollen und sich dort auch noch ernähren wollen. In einem Fachgeschäft oder bei einem Aquarianbesitzer könnt ihr sicherlich viel über die Pflege und Aufbereitung des Wassers in Aquarien herausfinden [2].

[7], [8] *Was unter dem Mikroskop so schön aussieht, ist unerwünscht: Kalkablagerungen wirken wie ein isolierender Mantel um die Heizspirale und treiben den Stromverbrauch in die Höhe.*

[9] *Teststreifen zur Bestimmung des pH-Wertes*

[10] *Geschmacksstoffe im Wasser kann man nicht sehen.*

3 Kalk

Weiße, feste Ablagerungen im Wasserkessel und der Kaffeemaschine entstehen, wenn hartes Wasser erwärmt wird [7], [8]. Die Wasserhärte hängt von den Böden ab, durch die das Wasser sickert. Dabei löst es Stoffe und führt sie mit sich. Zusammen mit Kohlenstoffdioxid kann Wasser aus dem Kalkgestein Kalk lösen. Außer der löslichen Kalkverbindung gibt es noch andere Stoffe, die die Gesamthärte des Wassers ausmachen.

Mit Teststäbchen [168.3] könnt ihr die Wasserhärte eures Trinkwassers und eurer bisherigen Wasserproben einfach und schnell bestimmen. Beachtet dabei die Hinweise auf der Packung. Die Wasserhärte wird in Grad deutscher Härte (°dH) angegeben [6].

4 Wasser zwischen 1 und 14

Zitronensaft verleiht dem Wasser einen sauren Geschmack. Das Wasser ist zu einer sauren Lösung geworden. Seifenwasser aus Kernseife fühlt sich dagegen glitschig an und brennt in den Augen. Eine solche Lösung nennt man alkalisch.

Getränke können unterschiedlich sauer schmecken. Seifenwasser kann je nach Seifenmenge verschieden stark sein. Der pH-Wert gibt an, wie sauer oder alkalisch eine Lösung ist. Der richtige pH-Wert von Gewässern (7–8) und Böden (5,8–6,5) ist für Pflanzen und Tiere lebenswichtig.

Mit pH-Papier [9], das sich je nach pH-Wert unterschiedlich färbt, oder einem pH-Meter [202.2] kann man den pH-Wert einer Lösung messen. Messt den pH-Wert folgender Proben:
- Regenwasser
- Teich- oder Bachwasser
- saurer Sprudel
- Putzwasser
- Abwasser aus der Waschmaschine
- Seifenwasser aus dem Waschbecken
- Leitungswasser
- Wasser, das ihr beim Haarewaschen aufgefangen habt
- ...

Vergleicht die Ergebnisse mit euren Erwartungen.

5 Aromen

Nicht alles, was wie klares Wasser aussieht, ist so harmlos wie Wasser. Geschmacks- und Geruchsproben dürft ihr deshalb nur auf ausdrückliche Anweisung vornehmen. Führt den folgenden Versuch in eurer Schulküche durch.

Lasst euch von eurer Lehrerin oder eurem Lehrer folgende Wasserproben in nummerierten Trinkgläsern geben und versucht, mithilfe eures Geschmacks- und Geruchssinns herauszufinden, um welche Lösungen es sich dabei handelt:
- Leitungswasser
- Mineralwasser
- stilles Wasser
- Salzwasser
- Zuckerwasser
- Wasser mit wenigen Tropfen Essigessenz
- Wasser mit farblosem Backaroma
- Wasser mit Citronensäure oder einer anderen Fruchtsäure

Versucht, die Proben möglichst treffend zu beschreiben.

Eine Flüssigkeit – zwei Gase

Wasser ist eine Verbindung aus Wasserstoff und Sauerstoff. Der elektrische Strom kann Wasser in seine Bestandteile zerlegen.

Selbst wenn es noch so klar und sauber aussieht, haben wir es beim Wasser meistens mit einem Stoffgemisch zu tun. Die verschiedensten Stoffe können darin gelöst sein. Fehlt dem Wasser jegliche Art von Zusatz, so spricht man von destilliertem oder reinem Wasser. Es ist ein Reinstoff aus lauter gleichartigen Bestandteilen, den Wasserteilchen.

[2] *Ein Wassermolekül ist aus einem Sauerstoffatom und zwei Wasserstoffatomen zusammengesetzt.*

Geheimnisse eines alltäglichen Stoffes

Setzt man Wasser im Hofmann'schen Wasserzersetzungsapparat [1] unter Strom, steigen an den beiden Kohlestäben, die in den Stopfen stecken, farblose Gasbläschen auf und sammeln sich im oberen Teil der Glasröhren. In einer der beiden Glasröhren sammelt sich genau doppelt so viel Gas wie in der anderen. Der Reinstoff Wasser wurde in zwei verschiedene Gase zerlegt. Eine solche Zerlegung eines Stoffes durch elektrischen Strom nennt man **Elektrolyse** [101.6].

Wenn man die Hahnen des Wasserzersetzungsapparates öffnet, kann man die Gase entnehmen und zeigen, dass es sich um **Wasserstoff** und **Sauerstoff** handelt.

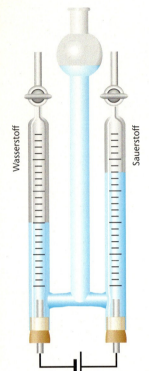

[1] *Hofmann'scher Wasserzersetzungsapparat*

Zwei Elemente – eine starke Verbindung

Stoffe, die sich in weitere Bestandteile zerlegen lassen, bezeichnet man als **chemische Verbindung**. Wasser ist eine chemische Verbindung, die sich aus zwei Anteilen Wasserstoff und einem Anteil Sauerstoff zusammensetzt. Dabei sind die Wasserteilchen aus kleineren Bestandteilen zusammengesetzt. In der Fachsprache werden solche zusammengesetzten Teilchen **Moleküle** genannt.

Jedes Wassermolekül besteht aus zwei Wasserstoffatomen und einem Sauerstoffatom [2]. Wasserstoff und Sauerstoff sind **Elemente**, die sich nicht weiter zerlegen lassen. Deshalb heißen ihre kleinsten Bestandteile auch **Atome**, das bedeutet „unteilbar".

Was ist was? – Nachweise

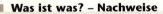

[4] *Weißes Kupfersulfat färbt sich mit Wasser blau.*

[5] *Die Glimmspanprobe ist ein Nachweis für Sauerstoff.*

Wasser
Wasser ist farb-, geruch- und geschmacklos. Man kann es mit weißem Kupfersulfat [4] oder Watesmopapier [3] nachweisen.

Sauerstoff
Sauerstoff ist ein farb-, geruch- und geschmackloses Gas, das wir mit unseren Sinnen nicht wahrnehmen können. Sauerstoff brennt nicht, er unterhält jedoch die Verbrennung. Ein glimmender Holzspan, der in reinen Sauerstoff getaucht wird, flammt hell auf [5], [34.2].

[3] *Watesmopapier färbt sich mit Wasser tiefblau.*

[6] *Wasserstoff verbrennt zu Wasser.*

Trennen und Verbinden

Ein Wassermolekül lässt sich in die Bestandteile Wasserstoff und Sauerstoff trennen. Umgekehrt sollten sich auch Sauerstoff- und Wasserstoffatome zu Wassermolekülen verbinden lassen.

Ein Becherglas, das über eine Wasserstoffflamme gehalten wird, beschlägt sich mit einer farblosen Flüssigkeit [6]. Gleichzeitig weiß man, dass ein Stoff nur dann verbrennt, wenn Sauerstoff im Spiel ist. Dass die farblose Flüssigkeit tatsächlich Wasser ist, lässt sich leicht nachweisen [3], [4].

[7] *Mit der Knallgasprobe testet man, ob der Wasserstoff mit Luft gemischt ist.*

Wasserstoff

Reiner Wasserstoff brennt mit nahezu unsichtbarer, aber sehr heißer Flamme. Wasserstoff bildet zusammen mit Luft oder reinem Sauerstoff ein hochexplosives Gemisch, das Knallgas. Bevor mit Wasserstoff gearbeitet wird, führt man die Knallgasprobe [7] durch.

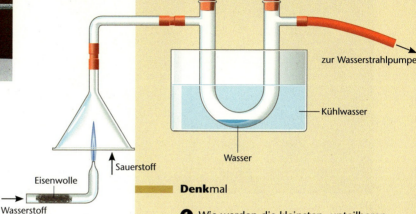

[8] *Mit diesem Versuchsaufbau kann Wasser in größeren Mengen hergestellt werden.*

⚠ Beim Umgang mit Wasserstoff ist unbedingt darauf zu achten, dass er sich nicht mit Sauerstoff oder Luft vermischt, da sonst das explosionsgefährliche Knallgas entsteht.

Brennt die Gasprobe (ein kleiner Teil des Gases) ruhig ab, handelt es sich um reinen Wasserstoff. Brennt die Probe dagegen mit einem pfeifenden Geräusch ab, liegt das gefährliche Knallgas vor.

Merkmal

▶ Wasser ist eine chemische Verbindung aus den Elementen Wasserstoff und Sauerstoff.

▶ Wasser enthält genau doppelt so viel Wasserstoff wie Sauerstoff.

▶ Ein Wassermolekül besteht aus zwei Wasserstoffatomen und einem Sauerstoffatom.

Denkmal

❶ Wie werden die kleinsten, unteilbaren Teilchen genannt?

❷ Wie nennt man Teilchen, die aus mehreren Atomen zusammengesetzt sind?

❸ Benenne und beschreibe eine Nachweismethode für folgende Stoffe:
a) Wasser
b) Sauerstoff
c) Wasserstoff

❹ Wo liegt die Gefahr beim Umgang mit Wasserstoff?

❺ Beschreibe, wie Wasser in seine Bestandteile zerlegt wird.

❻ Mit dem Versuchsaufbau [8] lassen sich größere Mengen Wasser herstellen. Beschreibe, was im Einzelnen abläuft.

Wasser und Strom

⚠ Strom in Kombination mit Wasser ist gefährlich, da Wasser den Strom leitet. Bei Gewitter im Freien zu schwimmen kann tödlich sein. Auch in feuchten Räumen muss man mit der Elektrizität besonders vorsichtig umgehen.

Ganz reines Wasser leitet den Strom allerdings fast gar nicht. Erst kleine Verunreinigungen machen das Wasser leitfähig. Beim Hofmann'schen Wasserzersetzungsapparat wird etwas Säure ins Wasser gemischt, damit es den Strom besser leitet.

Wasserstoff und Sauerstoff

Wasserstoff und Sauerstoff haben ganz unterschiedliche Eigenschaften. Zusammen setzen sie viel Energie frei.

[1] *Ohne Sauerstoff gibt es keine Verbrennung.*

Wasser, das unentbehrliche Nass, ist aus zwei luftigen Elementen zusammengesetzt. Sauerstoff ist eine weitere Grundlage des Lebens auf unserem Planeten. Wasserstoff ist das häufigste Element im Weltall.

Motor Sauerstoff

Sauerstoff ist notwendig für jede Verbrennung. Durch Verbrennung kann Energie umgewandelt und nutzbar gemacht werden. Eine Verbrennung läuft ab, wenn die Energie eines Holzscheits als Wärme und Licht frei wird, Benzin ein Auto antreibt oder Erdgasflammen das Mittagessen wärmen. Auch wenn die Energie der Nahrung als Antrieb für kraftvolle Bewegungen wirksam wird, läuft im Körper eines Lebewesens eine stille Verbrennung ohne Flamme ab.

Energieträger Wasserstoff

Auf der Erde ist Wasserstoff als Gas sehr selten. Mithilfe von elektrischem Strom kann er durch Zerlegung des reichlich vorhandenen Wassers gewonnen werden [154.1]. Wasserstoff ist ein **Energieträger**. In ihm steckt die Energiemenge, die zur Spaltung des Wassers zuvor aufgewendet werden musste.

Wasserstoff verbrennt mit dem Sauerstoff aus der Luft, sodass aus beiden Gasen wieder Wasser entsteht [155.6], [155.8]. Dabei wird viel Energie in Form von Wärme frei, die auf ganz unterschiedliche Weise genutzt werden kann.

Energie nutzbar machen

Das Zusammenspiel von Wasserstoff und Sauerstoff steckt voller Energie. Beim Start eines Raumschiffes zeigt sich, welche gewaltigen Kräfte entstehen, wenn sich Wasserstoff mit Sauerstoff unter großer Hitzeentwicklung zu Wasserdampf verbindet [2]. Mit extrem hoher Geschwindigkeit strömt dieser aus den Düsen des Triebwerks und hebt so das Raumschiff ins Weltall.

Viel weniger aufregend, aber genauso wirkungsvoll treibt Wasserstoff Autos an [3], lässt Busse fast ohne Abgase und ohne Gestank durch die Innenstädte rollen oder versorgt Häuser mit Wärme und Strom.

Wasserstoff ist kein Rohstoff wie etwa Kohle oder Erdöl, der einfach nur gefördert werden kann. Er muss erst einmal mithilfe von Strom aufwändig erzeugt werden. Trotz-

Formeln ersetzen Worte

Elemente erhalten einen Buchstaben

Das Element Sauerstoff wird in der Formelsprache der Naturwissenschaften mit „O" angegeben. Da beim Sauerstoff zwei Atome zu einem „Zwillingsmolekül" verbunden sind, schreibt man eine tief gestellte 2 an das O: Das Sauerstoffmolekül wird als „O_2" geschrieben. Das Element Wasserstoff wird mit „H" angegeben oder als Molekül „H_2".

Dass Wasser kein Element, sondern eine chemische Verbindung ist, kann man auch an seiner Bezeichnung „H_2O" erkennen. Die tief gestellte 2 heißt hier, dass zwei Wasserstoffatome am Aufbau des Wassermoleküls beteiligt sind.

Schreibt man „2 H_2O", bedeutet die vorangestellt normal geschriebene 2, dass hier zwei Wassermoleküle gemeint sind.

O_2 (Sauerstoffmolekül)

H_2 (Wasserstoffmolekül)

H_2O (Wassermolekül)

[2] Raketen verbrennen riesige Mengen Wasserstoff. Als „Abgas" entsteht fast nur Wasserdampf.

Merkmal

▶ Sauerstoff unterhält Verbrennungen.

▶ Wasserstoff ist brennbar.

▶ Wasserstoff kann als Energieträger eingesetzt werden.

▶ In den Naturwissenschaften benutzt man eine Formelsprache, um chemische Reaktionen kurz und eindeutig darzustellen.

Denkmal

❶ Welche Eigenschaften hat Sauerstoff?

❷ Welche Eigenschaften hat Wasserstoff?

❸ Wie gewinnt man Wasserstoff?

❹ Woher kommt die Energie, die im Wasserstoff steckt?

❺ Welche Abgase entstehen bei einem Wasserstoffauto?

❻ Warum treibt man Autos nicht gleich mit Strom an? Wo liegt der Vorteil der Wasserstofftechnologie?

dem ist Wasserstoff ein idealer Energieträger. Die Lagerung von Wasserstoff ist allerdings nicht einfach: In kleinen Mengen kann man ihn in Druckflaschen [155.6] aufbewahren. Abgekühlt auf −253 °C ist Wasserstoff flüssig und kann tiefgekühlt gelagert werden.

Projekt-Tipp: Wasserstofftechnologie

a) Wofür brauchen wir überall Energie? Wo könnte Wasserstoff als Energieträger eingesetzt werden? Wie können wir günstig und ohne die Umwelt zu stark zu belasten Strom erzeugen, um Wasserstoff gewinnen zu können?

b) In der Brennstoffzelle findet moderne Wasserstofftechnologie ihre Anwendung. Informiert euch und fasst eure Ergebnisse auf einem Plakat zusammen. Vielleicht habt ihr auch einen Bausatz für eine Brennstoffzelle und könnt damit ein Modellauto antreiben und präsentieren.

[3] In diesem Auto erzeugt eine Brennstoffzelle aus Wasserstoff und Sauerstoff Strom. Ein Elektromotor treibt das Auto an.

Reaktionsgleichungen

Ein O für Sauerstoff und ein H für Wasserstoff zu schreiben ist eine große Erleichterung in der Verständigung zwischen Naturwissenschaftlern. Zusätzlich gibt es **Reaktionsgleichungen**, mit denen man die Reaktionen der einzelnen Chemikalien kurz und eindeutig beschreiben kann. Die Wasserzersetzung und die Verbrennung von Wasserstoff werden folgendermaßen dargestellt:

$H_2O \longrightarrow 2H + O$
Wasser reagiert zu Wasserstoff und Sauerstoff

$2H + O \longrightarrow H_2O$
Wasserstoff und Sauerstoff reagieren zu Wasser

Die Reaktionsgleichungen zeigen auch, dass doppelt so viel Wasserstoff wie Sauerstoff beteiligt ist.

Weil die Gase Sauerstoff und Wasserstoff normalerweise als Moleküle vorliegen, „verdoppelt" man meistens die Reaktionsgleichungen und schreibt:

$2 H_2O \longrightarrow 2 H_2 + O_2$

$2 H_2 + O_2 \longrightarrow 2 H_2O$

Wasser für unser Land

Trinkwasser ist ein wichtiges Lebensmittel. Damit überall im ganzen Land erfrischendes und gesundes Trinkwasser aus dem Wasserhahn kommt, müssen die Wasserwerker einiges tun.

Trinkwasser soll farblos, angenehm kühl, geruchlos, geschmacklich einwandfrei und appetitlich sein. Es darf keine Schadstoffe und keine Krankheitserreger enthalten. Vor allem aber soll das Wasser im ganzen Land jederzeit aus jedem Wasserhahn kommen.

Das natürliche Wasserangebot

Wasser gibt es in Flüssen, in Seen und als Grundwasser. Es wird durch den Regen immer wieder aufgefüllt.

In Baden-Württemberg fällt nicht überall gleich viel Niederschlag [1]: Ausgerechnet dort, wo die meisten Menschen in Baden-Württemberg leben und es viele Industrieansiedlungen gibt, regnet es besonders wenig. Mehr als genug Regen bekommen die Gebiete, in denen weniger Menschen leben und die für Industrie auch weniger geeignet sind: die Mittelgebirge.

Auch der Bodensee, dessen Wasser besonders sauber ist, ist von den Gebieten mit hohem Wasserbedarf weit entfernt.

Wasserversorgung für alle

In den dicht besiedelten Gebieten reicht das Grundwasser nicht aus, um den Bedarf der Bevölkerung und der Industrie zu decken. Deshalb gewinnt man Wasser, wo es genügend gibt und leitet es dorthin, wo man es braucht [2]. Dies hört sich einfach an. Doch es geht um große Mengen. In jeder Sekunde werden 4 200 Liter Wasser aus dem Bodensee gepumpt und der Trinkwasserversorgung zugeführt, dazu noch 2 300 Liter aus der Donau. In jeder Minute entspricht das der Wassermenge eines Schwimmbeckens.

Pumpwerke [3], kilometerlange Rohrleitungen und **Sammelbehälter** sorgen dafür, dass zu jeder Zeit überall Wasser ankommt.

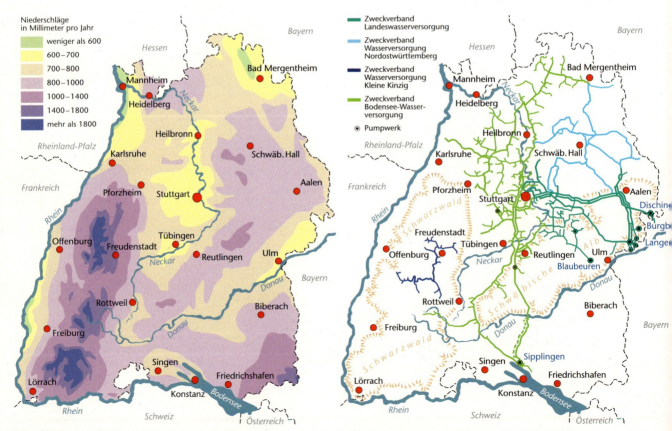

[1] *Verteilung der Niederschläge in Baden-Württemberg*

[2] *Fernwasserversorgung in Baden-Württemberg*

[3] Bei Sipplingen wird das Bodenseewasser aus 60 Metern Tiefe nach oben gepumpt.

Wie Wasser „kostbar" gemacht wird

Oberflächenwasser aus Talsperren, Seen und Flüssen mit all seinen Verschmutzungen wird zur Trinkwasserversorgung eingesetzt. Dieses Rohwasser wird im **Wasserwerk** [4] gereinigt.

Mit Rechen und Sieben werden zuerst grobe Teile zurückgehalten. Dann fließt das Wasser langsam durch ein **Absetzbecken**, in dem nicht gelöste Stoffe zu Boden sinken. Gelöste Verschmutzungen binden sich an **Flockungsmittel** und setzen sich mit diesen ab. Bakterien im **Bioreaktor** zersetzen gelöste Stickstoffverbindungen. In der **Ozonanlage** wird das Wasser desinfiziert, d. h. Bakterien werden abgetötet.

Zum Schluss wird das Wasser noch einmal gefiltert. Dabei werden unterschiedliche Arten von Filtern eingesetzt. Einer der wichtigsten ist der **Aktivkohlefilter**. Die Aktivkohle bindet Geruchs- und Geschmacksstoffe und auch einige giftige Stoffe wie Lösungsmittel und Pflanzenschutzmittel.

Das **Trinkwasser** wird täglich kontrolliert. Der Gehalt an Bakterien und Schadstoffen darf strenge Grenzwerte nicht überschreiten.

Merkmal

▶ Wasser wird dem natürlichen Wasserkreislauf entnommen, an Stellen, an denen es ausreichend vorhanden ist.

▶ Das Wasser muss meistens erst zu Trinkwasser aufbereitet werden.

▶ Die Fernwasserversorgung in Baden-Württemberg stellt sicher, dass auch in Gebieten mit wenig Niederschlag genügend Trinkwasser vorhanden ist.

Denkmal

❶ a) Welche Probleme gibt es bei der Trinkwasserversorgung in Baden-Württemberg?
b) Wie wurden diese Schwierigkeiten gelöst?

❷ Welche Schritte sind bei der Aufbereitung von Oberflächenwasser zu Trinkwasser notwendig?

❸ Was bedeutet es für die Menschen, wenn die Trinkwasserversorgung nicht zuverlässig funktioniert?

❹ a) Berechne die Wassermenge, die in einer Minute aus dem Bodensee und der Donau zusammen entnommen wird. Wie breit und tief wäre ein 25-m-Schwimmbecken, das diese Wassermenge fasst?

Projekt-Tipp

a) Erkundet den Aufbau eures nächstgelegenen Wasserwerkes. Vergleicht es mit dem Schema [4] und untersucht genau die Funktionsweise der einzelnen Abschnitte.
b) Gibt es Einrichtungen der Fernwasserversorgung in eurer Nähe? Erkundet sie und ihre Funktion für die Wasserversorgung in unserem Land.

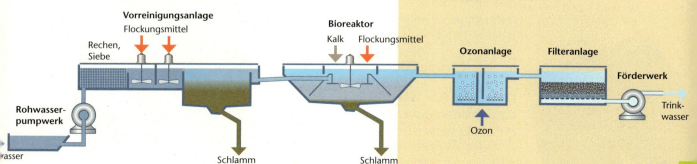

[4] Wasserwerk zur Aufbereitung von Oberflächenwasser zu Trinkwasser

Wasser – unverzichtbarer Rohstoff

Die Industrie benötigt sehr viel Wasser. Auch wenn viele Produkte kein Wasser enthalten, zu ihrer Herstellung ist fast immer Wasser notwendig.

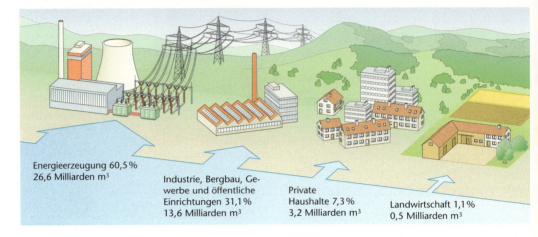

Energieerzeugung 60,5 %
26,6 Milliarden m³

Industrie, Bergbau, Gewerbe und öffentliche Einrichtungen 31,1 %
13,6 Milliarden m³

Private Haushalte 7,3 %
3,2 Milliarden m³

Landwirtschaft 1,1 %
0,5 Milliarden m³

[1] *Jährlicher Wasserbedarf in Deutschland*

Den meisten Dingen sehen wir es nicht an, dass zu ihrer Herstellung Wasser benötigt wird. Ohne Wasser gäbe es z. B. keine Autos, keinen Stahl, keinen Mikrochip, kein Papier, keine Kleidung, eigentlich gar keine Industrieprodukte.

Rohstoffe, die Grundlage der Industrie

Zur Herstellung von Textilien braucht man Baumwolle, Wolle, Seide oder Kunstfasern und Farbstoffe. Sie sind **Rohstoffe** für die Textilindustrie. Außerdem benötigt man Waschmittel und Bleichmittel. Diese Stoffe sind am Ende nicht mehr in der Kleidung vorhanden, dennoch sind sie notwendig. Deshalb bezeichnet man auch Wasch- und Bleichmittel als Rohstoffe.

Wasser wird in mehreren Stellen des Produktionsablaufs eingesetzt, z. B. um die Fasern zu waschen und zu färben. Auch Wasser ist deshalb ein unverzichtbarer Rohstoff für die Textilindustrie. Praktisch jeder Industriezweig braucht Wasser als Rohstoff und leitet es meistens als Abwasser in die Flüsse.

In vielen Produkten steckt Wasser

Die meisten Produkte, mit denen wir täglich umgehen, können nur mithilfe von Wasser hergestellt werden [4].

Sicherlich passiert es ab und zu, dass man beim Einkaufen keine Tasche hat und eine Plastiktüte mitnimmt. Zur Herstellung dieser einen Plastiktüte werden aber 10 bis 20 Liter Wasser benötigt. Das sind 1 bis 2 Eimer voll.

Um eine Jeanshose [2] herzustellen, braucht man Wasser zur Bewässerung der Baumwollpflanzen, für verschiedene Bearbeitungsschritte der Baumwolle und zum Färben des Stoffes, insgesamt 10 000 Liter. Das entspricht 83 gefüllten Badewannen.

Papierherstellung und Wasser

Der wichtigste Rohstoff für Papier ist Holz. Aber bis aus dem dunklen Holzfaserbrei Papier wird, ist viel Wasser nötig. Der Zellstoff wird herausgelöst, dann gebleicht und anschließend wieder mit Wasser zu einem Brei gemischt. Diesen kann man schließlich for-

[2] *Für die Herstellung einer Jeanshose braucht man 10 000 Liter Wasser.*

[3] *Bei der Papierherstellung kann man mit neuen Verfahren viel Wasser sparen.*

Produkt	Wasserbedarf
1 Getränkedose	3 Liter
1 Getränkekarton	5 Liter
1 Plastiktüte	10–20 Liter
1 Liter brasilianischer Orangensaft	22 Liter
1 kg Recyclingpapier (grau)	15 Liter
1 kg Frischholzpapier (weiß)	100 Liter
1 Mikrochip	80 Liter
1 Jeanshose	10 000 Liter
1 t Stahl	18 000 Liter
1 Auto	380 000 Liter

[4] *Für die Herstellung mancher Industrieprodukte ist sehr viel Wasser notwendig.*

men und trocknen. Nach jedem Arbeitsgang bleibt Abwasser übrig.

Wasser ist teuer, auch die Entsorgung des Abwassers kostet Geld und belastet die Umwelt. Deshalb reinigt die Papierindustrie ihr Abwasser und verwendet es mehrfach. Der Wasserbedarf wurde dadurch in den letzten Jahren auf ein Zehntel verringert. Trotzdem braucht man zur Herstellung von 1 Kilogramm Papier aus Holz immer noch 100 Liter Wasser. Zur Herstellung von Papier aus Altpapier benötigt man viel weniger Wasser: Für 1 Kilogramm Recyclingpapier genügen 15 Liter.

Strom braucht Wasser

Bei der Stromerzeugung in Kohle- und Kernkraftwerken entnimmt man aus Flüssen große Mengen Kühlwasser. Dieses Wasser wird zwar nicht mit Fremdstoffen belastet, aber erwärmt in die Flüsse zurückgeleitet. Warmes Wasser kann weniger Sauerstoff lösen als kaltes Wasser und ist dadurch schädlich für die Lebewesen im Fluss. Deshalb ist genau vorgeschrieben, wie viel Wärme ein Kraftwerk mit dem Kühlwasser abgeben darf.

Projekt-Tipp: Wasserbedarf

1 Informiert euch, wie ihr aus Altpapier Papier machen könnt. Wie viel Wasser benötigt ihr für die Herstellung von einem Blatt selbst geschöpftem Papier? Wie groß ist die Wassermenge, wenn ihr die Reinigung der Arbeitsgeräte mitrechnet?

2 Informiert euch, wie ihr ein T-Shirt oder ein Tuch färben könnt. Wie viel Wasser benötigt ihr dafür? Es gibt verschiedene Batiktechniken, unterscheiden diese sich im Wasserverbrauch?

3 Bestimmt mit dem Wasserzähler [6] den Wasserbedarf eurer Schule innerhalb einer Woche. Errechnet den Wasserbedarf eines einzelnen Schülers. Vergesst dabei nicht, dass auch die Lehrer, der Hausmeister usw. Wasser brauchen.

4 Eine Wasserrechnung [5] ist schon etwas eigenartig. Für ein- und dieselbe Ware muss man offenbar zweimal bezahlen. Findet heraus, warum dies so ist, und wie hoch die Preise in eurer Gemeinde sind.

▶ **Merk**mal

▶ Stoffe, die man zur Herstellung von Produkten benötigt, nennt man Rohstoffe.

▶ Wasser ist Rohstoff für fast alle Industriezweige.

▶ Den Rohstoff Wasser benötigt man in sehr großen Mengen. Neue Fertigungstechniken senken den Wasserverbrauch.

▶ Der Trinkwasserverbrauch wird in den einzelnen Haushalten von einem Wasserzähler in Kubikmetern gemessen.

▶ **Denk**mal

❶ Was ist ein Rohstoff?

❷ Nenne Beispiele für Produkte, zu deren Herstellung die Industrie Wasser benötigt.

❸ Wie können wir unser Einkaufsverhalten ändern, damit weniger Abwasser erzeugt wird?

❹ Wozu benötigt man im Haushalt besonders viel Wasser? Informiert euch bei einem Wasserversorger und stellt Wasserspar-Tipps zusammen.

❺ Wenn wir Strom sparen, wird auch weniger Kühlwasser in die Flüsse geleitet. Überlegt euch, wo wir überall Strom sparen könnten.

[5] *Wasserrechnung*

Rechnung für Wasser und Grundstücksentwässerung								
Art	Verbrauchszeitraum		Tage	Tarif	Zähler-Nr.	Zählerstand alt	Zählerstand neu	Multiplikator	Verbrauch m³
	vom	bis							
W	13.11.04	18.11.05	370	W11	000054264	257	356	1	99
A	13.11.04	18.11.05	370	A11	000054264	257	356	1	99

[6] *Der Wasserzähler misst die Wassermenge in Kubikmetern. Die Messung ist Grundlage für die Rechnung vom Wasserwerk.*

Einfach wegspülen

Wasser wird mit sehr vielen Stoffen verschmutzt.
Verbraucht wird es dabei nicht.
Es wird nur unbrauchbar.

[1] *Wer etwas reinigt, verschmutzt dafür Wasser.*

[2] *Streusalz lässt Bäume absterben, beeinträchtigt die Arbeit der Kläranlagen und belastet das Wasser.*

[3] *Düngung ist wichtig, zu viel schadet aber dem Grundwasser.*

Es ist ganz einfach, den Stöpsel zu ziehen und den ganzen Dreck mit viel Wasser in den Ausguss zu spülen. Auch mancher Industriebetrieb würde es gern so machen.

Was das Wasser wegspült

[4] *Im Modellversuch wird Schmutzwasser durch Kies, Sand und Erde gefiltert.*

Zum Putzen, Waschen, Spülen und Baden benötigen wir Wasser. Dieses ist anschließend auch noch da, aber nicht mehr so sauber wie vorher. Die Reinigungsmittel und der Schmutz sind jetzt im Wasser gelöst oder aufgeschlämmt. Das Wasser ist zu **Abwasser** geworden und damit unbrauchbar. Auch Industriebetriebe produzieren neben ihren eigentlichen Produkten eine erstaunliche Menge Abwasser.

All dieses Abwasser sammelt sich in der **Kanalisation**. Dazu kommt in vielen Gemeinden noch das Regenwasser, das die Straßen und Dächer herunterläuft. Von dort transportiert es Sand, Blätter und ähnliches in den Gully. Das ganze Abwasser wird in einer **Kläranlage** [164.1] gereinigt, bevor es wieder in den natürlichen Wasserkreislauf [174.2] zurückgeleitet werden kann.

Abfluss ohne Rohre

Regen, der nicht in die Kanalisation gelangt, versickert im Boden. Ein Teil des Wasser wird in den oberen Bodenschichten von den Pflanzen aufgenommen. Der andere Teil dringt in tiefere Bodenschichten ein. Der Boden wirkt dabei wie ein riesiger Filter [4]. Verunreinigungen bleiben an ihm haften und können von Bakterien abgebaut werden. Das Sickerwasser sammelt sich schließlich über einer wasserundurchlässigen Bodenschicht und bildet das **Grundwasser**.

Was das Wasser nicht mehr schafft

Heizöl, Altöl und Benzin hinterlassen im Grundwasser besonders deutliche Spuren. Ein einziger Liter Heizöl kann 1 Million Liter Trinkwasser ungenießbar machen.

Mineralsalze sind Stoffe, die Pflanzen zum Wachsen benötigen. Sie werden in gelöster Form von den Wurzeln aufgenommen. Mineraldünger ersetzen die fehlenden Mineralsalze im Boden. Durch intensive Düngung [3] gelangen sie allerdings ins Grundwasser.

Pestizide sind Schädlingsbekämpfungsmittel. Sie schützen Nutzpflanzen vor Pilzbefall, Insekten und Unkräutern. Ins Grundwasser gelangte Pestizide sind gesundheitsschädlich.

Schwermetalle wie Blei, Chrom, Zink, Kupfer oder Quecksilber sind in Industrieabwässern, aber auch in Batterien enthalten. Sie können nicht abgebaut werden und sind für alle Lebewesen giftig.

Lösungsmittel sind in Farben, Lacken und manchen Reinigungsmitteln enthalten. Sie können weder vom Boden gefiltert, noch von einer Kläranlage vollständig beseitigt werden. Sie müssen als Sondermüll speziell entsorgt werden.

[5] Altöl darf auf keinen Fall in den Boden gelangen. Man fängt es in einer Wanne auf.

[6] Giftige Chemikalien und Lösungsmittel können von Bodenbakterien nicht abgebaut werden.

Was dem Wasser ordentlich zusetzt

Die Bodenbakterien können nicht alle Schadstoffe abbauen. In zu großen Mengen werden sie auch nicht vom Boden zurückgehalten. Deshalb kann das Wasser Schadstoffe bis ins Grundwasser transportieren. Dieses kann dann nicht mehr als Trinkwasser aufbereitet werden.

Achtlos weggeworfene Batterien und der sorglose Umgang mit Öl [5] und anderen Chemikalien [6], [7] gefährden das Grundwasser. Selbst Schadstoffe aus der Luft werden vom Regen ausgewaschen und gelangen in den Boden.

Mist, Gülle und Mineraldünger fördern das Wachstum der Pflanzen [3]. Pestizide schützen sie vor Schädlingen und Krankheiten. Sie versickern aber auch mit dem Regenwasser und können als Schadstoffe ins Grundwasser gelangen.

[7] Achtlos gelagerte Giftstoffe werden zur sickernden Zeitbombe für das Grundwasser.

Merkmal

▶ Abwasser ist Wasser, das durch Gebrauch verunreinigt wurde.

▶ Abwasser entsteht in den Haushalten, in Industriebetrieben und durch Regenwasser.

▶ Grundwasser ist Sickerwasser, das sich über einer wasserundurchlässigen Bodenschicht sammelt.

▶ Unser Grundwasser ist vielfach belastet.

Denkmal

❶ Was ist Abwasser und wie entsteht es? Nenne Beispiele dazu.

❷ Was darf nicht ins Abwasser gelangen? Begründe!

❸ Was ist Grundwasser und wie entsteht es?

❹ Was darf nicht ins Grundwasser gelangen, und wie kann es verhindert werden?

❺ Was können wir im Alltag tun, damit
a) das Abwasser nicht zu stark belastet wird?
b) das Grundwasser nicht so belastet wird?
c) nicht so viel Abwasser entsteht?
Suche dir hierzu auch weitere Informationen, z. B. im Internet.

Projekt-Tipp

Für die folgenden Untersuchungen sollte euer Lehrer das Abflussrohr vom Waschbecken entfernen und einen Eimer darunter stellen. So könnt ihr messen, wie viel Abwasser bei verschiedenen Tätigkeiten im Haushalt entsteht:
• Putzt euch gründlich die Zähne bei laufendem Wasserhahn.
• Wischt einen Tisch bei laufendem Wasserhahn ab.
• Spült einige Teller bei laufendem Wasserhahn ab.
• Wascht euch gründlich die Hände und lasst beim Einseifen das Wasser laufen.

Wie viel Abwasser entsteht in einem Monat, wenn alle Schüler eurer Klasse jeden Tag so mit dem Wasser umgehen?

Kläranlage

Jeden Tag verbrauchen die Menschen in Deutschland 127 Liter Trinkwasser pro Kopf. Davon werden drei bis vier Liter wirklich für Essen und Kochen genutzt. Der Rest fließt als Abwasser in die Kanalisation und trifft dort auf Wasser, das von der Industrie verunreinigt wurde.

Abwasser braucht Klärung
Bevor das Wasser als Abwasser aus den Haushalten und den Gewerbebetrieben in die Kanalisation gelangt, wurde damit eine Toilette gespült, eine Waschmaschine betrieben, geputzt, geduscht, Maschinen gekühlt, und vieles mehr. Dies kann nicht alles einfach in den nächsten Bach gekippt werden, sondern muss gereinigt werden.

Die Reinigung in einer Kläranlage [1] erfolgt über drei verschiedene Reinigungsstufen. In jeder Stufe werden andere Stoffe des Abwassergemisches aus dem Wasser entfernt.

Mechanische Reinigung
Im **Rechen** werden zuerst die groben Teile herausgesiebt. Öle oder Fette, die an der Oberfläche schwimmen, können hier mit einem **Ölabscheider** entfernt werden. Die schwereren Stoffe sinken im **Sandfang** und im **Vorklärbecken** zu Boden und bilden eine dicke Schlammschicht.

1 Rechen
2 Sandfang
3 Vorklärbecken
4 Belebtschlammbecken
5 Nachklärbecken
6 Schlamm
7 Faulturm
8 Gasbehälter
9 Leitung zum Vorfluter

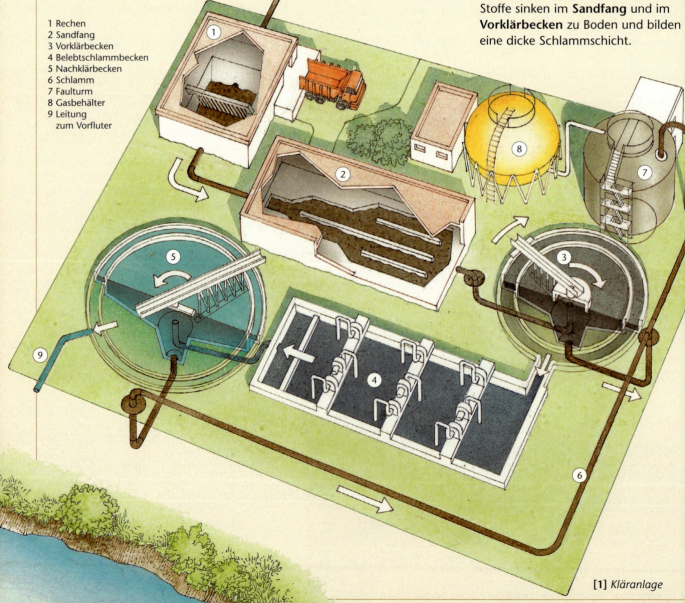

[1] *Kläranlage*

[2] Im Belebtschlammbecken „verdauen" Mikroorganismen das Abwasser.

[3] Die „Arbeit" der Mikroorganismen im Belebtschlamm wird ständig überwacht.

[4] So sieht das Ergebnis einer Fällung aus.

Biologische Reinigung

Im **Belebtschlammbecken** [2] macht sich ein riesiges Heer der verschiedensten Mikroorganismen, das sind Bakterien und andere winzige Lebewesen, über die gelösten organischen Stoffe her und frisst sie regelrecht aus dem Schmutzwasser heraus. Die Mikroorganismen brauchen dazu viel Sauerstoff. Deshalb muss dieses Becken belüftet werden.

Weitergehende Reinigung

Jetzt sollte das Wasser schon wieder recht klar aussehen, aber gelöste Stoffe sind in dem Wasser noch enthalten. In neueren Kläranlagen folgt deshalb noch eine dritte Reinigungsstufe. Hier werden dem weitgehend geklärten Wasser **Fällmittel** [4] hinzugegeben. Das sind Stoffe, die zusammen mit dem gelösten Restschmutz unlösliche Flocken bilden. Man sagt, dass der Restschmutz „ausfällt" und sich als Schlamm absetzen kann. Jetzt kann das Wasser in einen Bach oder Fluss, den so genannten **Vorfluter**, geleitet werden.

Abwasser – ein Thema und viele Fragen

Die folgenden Themen könnt ihr bei der Erkundung einer Kläranlage in kleinen Gruppen bearbeiten:

1 Fertigt eine Lageskizze der Kläranlage an und benennt darin die Reinigungsstufen.

2 Für jede Reinigungsstufe erarbeitet eine Gruppe ein Schnittbild. Aneinander gereiht, werden dann die einzelnen Abwasserstationen mit Pfeilen verbunden.

3 Die Fotografen in eurer Klasse halten jede Station der Kläranlage im Bild für ein späteres Poster fest.

4 Erstellt ein kleines Wörterbuch, in dem folgende Begriffe „geklärt" werden: Sandfang, Vorklärbecken, Belebtschlammbecken, Nachklärbecken, Fällmittel, Flockungsbecken, Faulturm, Eindicker, Schlammentwässerung, Klärschlamm, Schlammräumer, Ölabscheider, Gasbehälter, Rundräumer, Vorfluter, Zulauf.

5 Kläranlagen sind richtige Abwasserfabriken. Stellt eine Liste mit all dem zusammen, was dort produziert wird und was mit diesen „Produkten" passiert.

Abwasser – gereinigt

Lasst euch von eurem Lehrer oder eurer Lehrerin vorbereitetes Abwasser geben. Versucht dann, dieses Wasser zu reinigen. Berichtet hinterher den anderen Gruppen von euren Arbeitsschritten und präsentiert das Ergebnis.

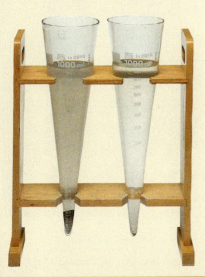
[5] Absetzproben in riesigen „Sektgläsern" zeigen, wie weit das Abwasser geklärt ist.

[6] Diese und weitere Fragen kann der Klärwerksmeister beantworten.

- Wie lange braucht das Wasser in der Kläranlage, bis es gereinigt ist?
- Wie viel Wasser fließt der Kläranlage an jedem Tag zu?
- Aus welchen Gemeinden kommt das Abwasser in dieser Kläranlage zusammen?
- Warum sehen Kläranlagen so unterschiedlich aus?
- Was passiert mit dem vielen Klärschlamm? Ist er eigentlich giftig?

Lebewesen zeigen die Wasserqualität

Aus Flüssen, die sich schlangenartig durch die Landschaft winden, sind schnell fließende Kanäle geworden. Die stärkere Strömung spült den für Pflanzen wichtigen Untergrund fort. Die Vielfalt an Pflanzen und Tieren geht stark zurück. Deshalb bemüht man sich heute, die natürlichen Fließgewässer in ihrem Zustand zu belassen und verbaute Bäche und Flüsse wieder in einen naturnahen Zustand „zurückzubauen", zu **rekultivieren**.

[1] *Mit dem Binokular kann man die kleinen Tiere besonders gut betrachten.*

Aus einem Rohr in der Uferböschung rinnt Wasser in den Bach. Es stammt aus feuchten Wiesen und Äckern. Landwirte haben im Boden eine Drainage verlegt, ein Netz aus gelochten Rohren. Dadurch wird der Boden trockener. Die Räder großer Traktoren und Landmaschinen versinken nicht mehr im Matsch, die Ernten fallen reicher aus. In den Drainagerohren sammelt sich das versickernde Regenwasser und fließt in den Bach, zusammen mit ausgewaschenen Düngemitteln und Schädlingsbekämpfungsmitteln. Das, was da in den Bach läuft, ist meistens kein klares, reines Regenwasser.

Das bekommt dem Bach nicht gut

Nicht nur das Einleiten von Fremdstoffen kann Bächen und Flüssen zusetzen. Die Befestigung und Begradigung der Ufer [3] hat zur Folge, dass der natürliche Uferbewuchs zerstört wird. Damit fehlen die Pflanzen, die Mineralsalze aufnehmen.

Dafür bekommt der Bach Noten

Ähnlich wie in der Schule werden dem Wasser „Noten" gegeben. Man nennt sie **Gewässergüteklassen** [5]. Wasser der Güteklasse I ist sauerstoffreich sowie mineralsalz- und schadstoffarm. Mit zunehmender Belastung sinkt die Güteklasse bis IV. Die Gewässer werden regelmäßig untersucht und ihre Güteklassen in Karten eingetragen. Die Messungen ergänzt man durch die Bestimmung der vorkommenden Tierarten, sie dienen als **Zeiger** für die Wasserqualität.

Tiere als Zeiger

Die wichtigste Voraussetzung für das Leben im Wasser ist der Sauerstoff, den die Lebewesen zum Atmen brauchen. Den Sauerstoffgehalt kann man messen.

Bei der Beurteilung der Wasserqualität kann man aber auch die Erfahrung nutzen, dass verschiedene Tierarten unterschiedlich gutes Wasser brauchen, um darin leben zu können. Z. B. braucht die Wasserassel weniger Sauerstoff als der Bachflohkrebs. Treten die Asseln verstärkt auf, während die Flohkrebse immer mehr abnehmen oder gar verschwinden, ist dies ein Alarmsignal: Der Sauerstoffgehalt hat abgenommen.

Manche Arten wie z. B. der Wasserläufer [4] kommen in Gewässern unterschiedlicher Güteklassen vor und sind deshalb als Zeiger nicht geeignet.

Untersuchung eines Baches

Erkundet in kleinen Gruppen den Zustand eines Bachabschnittes. Die folgenden Aufgaben sollen als Hinweis dienen. Weitere Tipps findet ihr auf den Seiten 194/195.

[2] *In einem natürlichen Wiesenbach können viele Tiere und Pflanzen leben.*

[3] *Die Begradigung eines Baches zerstört die Lebensgrundlage für viele Tier- und Pflanzenarten.*

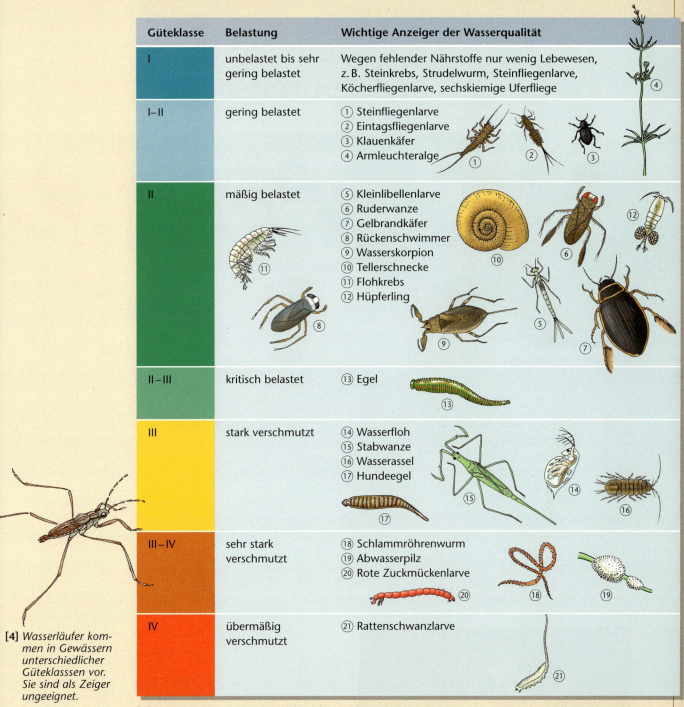

Güteklasse	Belastung	Wichtige Anzeiger der Wasserqualität
I	unbelastet bis sehr gering belastet	Wegen fehlender Nährstoffe nur wenig Lebewesen, z. B. Steinkrebs, Strudelwurm, Steinfliegenlarve, Köcherfliegenlarve, sechskiemige Uferfliege
I–II	gering belastet	① Steinfliegenlarve ② Eintagsfliegenlarve ③ Klauenkäfer ④ Armleuchteralge
II	mäßig belastet	⑤ Kleinlibellenlarve ⑥ Ruderwanze ⑦ Gelbrandkäfer ⑧ Rückenschwimmer ⑨ Wasserskorpion ⑩ Tellerschnecke ⑪ Flohkrebs ⑫ Hüpferling
II–III	kritisch belastet	⑬ Egel
III	stark verschmutzt	⑭ Wasserfloh ⑮ Stabwanze ⑯ Wasserassel ⑰ Hundeegel
III–IV	sehr stark verschmutzt	⑱ Schlammröhrenwurm ⑲ Abwasserpilz ⑳ Rote Zuckmückenlarve
IV	übermäßig verschmutzt	㉑ Rattenschwanzlarve

[4] Wasserläufer kommen in Gewässern unterschiedlicher Güteklasssen vor. Sie sind als Zeiger ungeeignet.

[5] Viele Lebewesen, die im Wasser leben, geben einen Hinweis auf die Güteklasse des Gewässers.

1 Untersucht die Umgebung des Baches. Wie sieht das Ufer aus? Gibt es Einleitungen? Woher kommt das Wasser, das in den Bach fließt? Was könnte es mitbringen? Was bringt der Bach schon vorher in diesen Abschnitt mit?

2 Untersucht den Bachabschnitt und beschreibt seinen Zustand: Wie sieht das Wasser aus, wie das Bachbett? Riecht das Wasser? Wie schnell fließt der Bach ungefähr?

3 Fangt mit Keschern [195.7] Tiere aus eurem Bachabschnitt. Sucht dabei in verschiedenen Bereichen des Wassers. Sammelt die gefangenen Tiere in einer hellen Schüssel und sortiert sie in Gläsern oder Becherlupen mithilfe von Pinseln oder Pinzetten. Bestimmt die Tierarten. Ihr Vorkommen und ihre Häufigkeit im Vergleich zu den anderen Tierarten geben euch einen Hinweis auf die Güteklasse des Baches. Lasst die Tiere nach der Bestimmung wieder in den Bach frei.

Mit dem Labor auf Spurensuche

[1] *Flüssige Testreagenzien werden mit der Pipette abgemessen.*

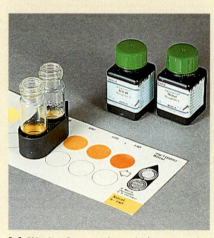

[2] *Flüssige Reagenzien mischt man mit einer bestimmten Menge der Wasserprobe. Die Farbe der Lösung vergleicht man dann mit einer Vergleichsskala.*

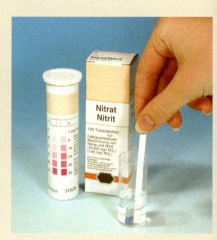

[3] *Teststäbchen taucht man einfach in die Wasserprobe und vergleicht dann ihre Farbe mit einer Vergleichsskala.*

Ist das Trinkwasser in Ordnung? Darf man dieses Jahr wieder im Baggersee baden? Muss das Wasser im Aquarium ausgetauscht werden? Aus diesen und vielen weiteren Gründen untersucht man Wasser auf Schadstoffe und andere Inhaltsstoffe.

Für Wasseruntersuchungen gibt es Teststäbchen [3] und flüssige Reagenzien [2], mit denen ihr auch ohne aufwändige Geräte einen Überblick über den Zustand eines Gewässers erhalten könnt. Beachtet genau die Gebrauchsanleitungen der Teststäbchen und Reagenzien.

Wählt an einem Bach oder See verschiedene Stellen aus, wo ihr Wasserproben nehmen wollt. Achtet dabei auf Einleitungen und Ackerflächen. Anschließend könnt ihr noch die Werte mit dem Trinkwasser der Schule oder anderen Wasserproben vergleichen. Anhand eurer Messergebnisse könnt ihr feststellen, welche Güteklasse euer Gewässer hat. Die Grenzwerte für die verschiedenen Gewässergüteklassen findet ihr in Fachbüchern oder im Internet.

Wenn ihr die Messungen im Freien macht, dann nehmt einen Abfallbehälter mit, damit ihr die Chemikalien in der Schule entsorgen könnt.

1 Nitrat- und Nitrit-Gehalt

Nitrat in Gewässern führt zu erhöhtem Pflanzenwachstum – der See ist „gedüngt". Nitrat wird in unserem Darm in Nitrit umgewandelt, daraus können dann Krebs erregende Stoffe entstehen. Nitrit in Gewässern entsteht aus Fischkot, es ist giftig für die Fische. In einem Gewässer mit hohem Nitrit-Gehalt leben wahrscheinlich zu viele Fische.

2 Phosphat-Gehalt

Phosphat gelangt durch Dünger ins Gewässer und „düngt" dann den See gleich mit. Bei zu hohem Phosphat-Gehalt kann das Gewässer „umkippen" [5], [224.2]. Eine gesundheitsschädliche Wirkung auf den Menschen ist bisher nicht bekannt.

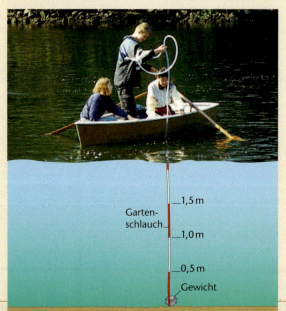

[4] *Mit einem Gartenschlauch könnt ihr Proben aus verschiedenen Wassertiefen gewinnen.*

3 Ammonium-Gehalt

Ammonium kann von Düngemitteln kommen oder bei der Zersetzung von Harn entstehen. Es ist ein wichtiges Anzeichen für Einleitungen aus Haushalt und Industrie. Deshalb wird es zur Beurteilung der Badewasserqualität kontrolliert.

4 pH-Wert

Lebewesen können nur in einem engen Bereich von ca. pH=5 bis pH=9 leben. Ideal ist der Wert pH=7. Höhere Werte können auf eine Verunreinigung durch Waschmittel hindeuten. Niedrigere Werte zeigen saures Wasser an. Dies kann die Trinkwasserleitungen angreifen. Das Wasser wird dann langsam durch giftiges Metall verunreinigt.

5 Wasserhärte

Der Härtebereich, den Pflanzen und Wassertiere bevorzugen, ist je nach Art sehr unterschiedlich. Im Haushalt führt hartes Wasser durch den Kesselstein [152.7] zu Problemen. Hartes Wasser zum Trinken ist kein Problem, Mineralwasser ist extrem hart.

6 Temperatur

Die Temperatur schwankt in natürlichen Gewässern mit den Jahreszeiten. Je wärmer das Wasser ist, desto schneller wachsen die Pflanzen. Unglücklicherweise kann warmes Wasser weniger Sauerstoff lösen als kaltes. Messt ihr regelmäßig die Temperatur eures Gewässers, dann zeigt euch eine Temperaturerhöhung an, dass eine Verschlechterung des Lebensraumes bevorsteht. Nehmt das Thermometer beim Ablesen der Temperatur nicht aus dem Wasser.

7 Sichttiefe

Manche Seen sind grün und undurchsichtig, andere Seen sind klar bis auf den Grund. Algen und Planktonlebewesen färben das Wasser grün. Sie werden in nächster Zeit viel Sauerstoff verbrauchen. Um eine Vorstellung von der Menge dieser Lebewesen zu bekommen, füllt ihr Wasser in ein hohes Becherglas. Stellt dieses Glas auf eine Zeitung. Vergleicht nun bei verschiedenen Gewässerproben, wie hoch ihr Wasser einfüllen könnt, und die Zeitung durch das Wasser gerade noch lesbar ist.

[5] *Das Wasser dieses Sees enthält zu viele Nährstoffe. Das Wasser ist durch Algen grün gefärbt. Der See ist „umgekippt".*

Kleine Mengen genau gemessen

Den Gehalt von Stoffen im Wasser [6] messt ihr meistens in Milligramm pro Liter (mg/l). Ein Milligramm ist ein tausendstel Gramm, also 0,001 Gramm.

Bei der Überwachung des Trinkwassers werden noch geringere Mengen von Schadstoffen erfasst, bis in den Bereich von weniger als einem Mikrogramm pro Liter (µg/l), das sind 0,000 001 Gramm pro Liter.

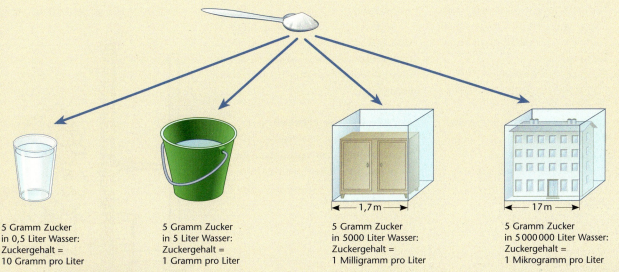

5 Gramm Zucker in 0,5 Liter Wasser:
Zuckergehalt = 10 Gramm pro Liter

5 Gramm Zucker in 5 Liter Wasser:
Zuckergehalt = 1 Gramm pro Liter

5 Gramm Zucker in 5000 Liter Wasser:
Zuckergehalt = 1 Milligramm pro Liter

5 Gramm Zucker in 5 000 000 Liter Wasser:
Zuckergehalt = 1 Mikrogramm pro Liter

[6] *Gehalt eines Stoffes in Wasser*

Wasser zum Leben

1 Wasser ist die Lösung

Wasser ist ein sehr gebräuchliches Lösungsmittel. Doch welche Stoffe lassen sich tatsächlich in Wasser lösen? Sucht euch aus der Schulküche und dem Fachraum verschiedene Stoffe zusammen, die ihr auf die Löslichkeit in Wasser testen wollt.
(⚠ *Achtet bei den Chemikalien auf die Gefahrenzeichen!*)

a) Überlegt euch genau, wie der Stoff in Wasser gelöst werden soll: Rühren? Schütteln? Welche Mengen nehmt ihr? Welche Temperatur hat das Wasser? Ihr könnt auch Vergleiche anstellen. Plant eine wiederholbare Versuchsreihe.
b) Führt die Versuchsreihe durch und stelle die Ergebnisse übersichtlich dar.
c) Lasst anschließend die gelösten Proben einen Tag stehen. Beobachtet ihr Veränderungen?
d) Informiert euch über Lösung, Suspension und Emulsion. Findet Beispiele dazu.

2 Warum ist das Meer salzig?

a) Meerwasser ist salzig, obwohl dauernd Süßwasser aus Flüssen und Bächen ins Meer fließt. Woher kommt das? Überlege dir eine Antwort und plane passende Versuche dazu.
b) In südlichen Ländern wird in Salinen aus dem Meerwasser Salz gewonnen. Dazu wird wenig Meerwasser auf eine große Fläche gebracht. Den Rest erledigt die Sonne, anschließend muss nur noch das Salz eingesammelt werden.
Was macht die Sonne genau? Woher kommt das Salz? Plane einen geeigneten Versuch, mit dem du dies im Klassenzimmer nachmachen kannst.

3 Wie Bäume trinken

Pflanzen saugen das Wasser mit ihren Wurzeln auf und versorgen so die gesamte Pflanze. Mit einem Stück Kreide kannst du ganz ähnlich Wasser aufsaugen. Besonders gut sieht man es, wenn du das Wasser mit Lebensmittelfarbe einfärbst. Probiere vorher mit verschiedenen Kreidearten aus, welche besonders gut geeignet sind. In einem Glasrohr kannst du die Kreide auch hoch stapeln.

a) Wie hoch kommt das Wasser, wenn du den Versuch einige Tage stehen lässt?
b) Beschreibe, wie Bäume das Wasser von den Wurzeln bis in die Blätter transportieren.
c) Wie gehen eigentlich die kleinen Moose vor, unterscheiden die sich von den anderen Pflanzen?

4 Tische wackeln

Tische auf der unebenen Terrasse wackeln oft. Mit einem Bierdeckel ist das Problem schnell gelöst, und die Gläser rutschen nicht mehr herunter. Doch nach jedem Regen wackelt der Tisch wieder, obwohl der Bierdeckel noch an seinem Platz liegt.
a) Überlege, warum der Tisch nach dem Regen wieder wackelt. Plane einen geeigneten Versuch dazu.
b) Was kannst du noch alles mit einem oder mehreren gestapelten Bierdeckeln auf diese Weise hochheben? Untersuche.

5 Wasser blubbert

Wenn Wasser auf dem Herd siedet, dann sehen wir es daran, dass Blasen aufsteigen. Von wo steigen die Blasen eigentlich auf? Warum steigen sie auf? Und was ist in den Blasen überhaupt drin? Überlege dir eine Antwort und plane einen geeigneten Versuch dazu.

6 Saubere Wäsche

Auf jeder Waschmittelpackung ist angegeben, dass für härteres Wasser mehr Waschmittel verwendet werden soll, als für weicheres. Kannst du herausfinden, woran das liegt?
a) Entwickle ein Experiment zur Beantwortung der Frage. Verwende als weiches Wasser destilliertes Wasser, das ist besonders weich. Mineralwasser ist ganz besonders hartes Wasser. Löse als Waschmittel Kernseifenschnitzel in Brennspiritus auf. So hast du nur die waschaktiven Substanzen und keine zusätzlichen Wirkstoffe im Waschmittel. (⚠ *Achtung: Brennspiritus ist leicht entzündlich!*)
b) Was für Hilfsmittel kannst du zusätzlich in die Waschmaschine geben, damit du eine gute Waschkraft erzielst, ohne mehr Waschpulver nehmen zu müssen?

7 Der verknotete Wasserstrahl

Mit ein bisschen Übung kannst du zwei Wasserstrahlen zu einem Strahl vereinen: Stich mit einer Nadel in den Boden eines Jogurtbechers zwei Löcher im Abstand von ca. 8 mm. Fülle den Becher ganz voll Wasser. Verbinde die beiden Wasserstrahlen mit Daumen und Zeigefinger. Erkläre das Ergebnis.

8 Mofa reinigen

Bei der letzten Tour ist es hoch her gegangen. Dein Mofa ist schlammverspritzt und ölverschmiert. Besonders den Motor hat es getroffen. Erkundige dich, wo und wie du dein Mofa reinigen kannst, ohne die Umwelt zu belasten.

9 Wasserversorgung

Erstellt eine Ausstellung über die Wasserversorgungssysteme in Baden-Württemberg, in anderen Teilen Deutschlands und in anderen Ländern.
   Teilt dazu eure Klasse in Gruppen ein, sodass jede Gruppe ein anderes Land bearbeiten kann. Geht dabei auf die jeweils typischen Probleme ein. Bezieht auch die Wasserentsorgung mit ein.

Lebensraum

Wir machen Urlaub am Meer, bewundern Segler und Surfer, baden im See, stehen staunend vor einem Wasserfall, „tümpeln" im Teich oder schauen den schwer beladenen Kähnen nach, die auf dem großen Fluss gemächlich vorbeiziehen. Manchmal ärgern wir uns über nasse Füße, wenn wir aus Versehen in eine Pfütze geraten sind. Es gibt viele, höchst unterschiedliche, stehende und fließende Gewässer. Eine Pfütze vergeht meist nach wenigen Stunden oder Tagen, während die Meere sozusagen ewig sind. Flüsse sind ausgesprochen bewegte und sehr wechselhafte Gewässer. Im Frühjahr nach der Schneeschmelze oder im Sommer nach starken Regenfällen schwellen sie stark an, treten über die Ufer und können großen Schaden anrichten. Sie schneiden sich selbst in harten Fels ein und verändern manchmal ihren Lauf. Gewässer bieten uns Sport- und Erholungsmöglichkeiten, liefern uns Trinkwasser und Nahrung, dienen als Transportwege – leider noch allzu oft als Abwasserkanal.

So unterschiedlich die großen und kleinen, stehenden und fließenden Gewässer auch sein mögen, so haben sie doch eines gemeinsam: Sie sind Heimat für eine Vielzahl von Pflanzen und Tieren. Und wir wissen längst: Ohne Wasser gäbe es kein Leben.

Wasser
7

Wasser zieht seine Kreise

Die Sonne treibt einen gigantischen Wasserkreislauf an.
Er beginnt an der Oberfläche der Ozeane, führt durch die Atmosphäre zum Festland und über die Flüsse zurück zum Meer.

Wasser – von der Sonne bewegt

Wenn die Sonne die riesigen Flächen der Ozeane erwärmt, verdunstet Wasser [2]. Die warme Luft steigt mit dem Wasserdampf nach oben und kühlt dabei allmählich wieder ab. Der gasförmige und unsichtbare Wasserdampf verdichtet sich zu Wolken, die größtenteils über den Meeren abregnen. Nur etwa ein Zehntel gelangt vom Wind angetrieben als Wasserdampf oder dickes Wolkenpaket über das Festland. Dort laden die Wolken unterschiedlich viel Regen ab. Die Niederschläge versickern im Boden, verdunsten an der Erdoberfläche, fließen in Bächen und Flüssen zum Meer zurück – ein gigantischer **Wasserkreislauf**. Über wasserundurchlässigen Schichten bilden die Niederschläge schließlich das Grundwasser, das ständig in Bewegung ist, allerdings erheblich langsamer als die rauschenden Bäche oder reißenden Flüsse. Gelegentlich tritt das Grundwasser als Quelle wieder zu Tage.

[1] Aus dem Weltraum ist die bläulich schimmernde Wasserhülle der Erde zu erkennen.

„**B**lauer Planet" müsste der Himmelskörper eigentlich heißen, auf dem wir leben: Immerhin sind nahezu drei Viertel der Erdoberfläche von Wasser bedeckt. Zudem schimmert die Erde anders als alle anderen Planeten in eigentümlich blauem Licht. Dies bewirkt die hauchdünne Luftschicht, die umhüllende Erdatmosphäre. Sie enthält gasförmigen Wasserdampf, der erst dann sichtbar wird, wenn er sich zu ausgedehnten Wolkenteppichen, den Ozeanen der Lüfte, verdichtet.

[2] Alles Wasser auf dem Land stammt letztlich aus dem Meer.

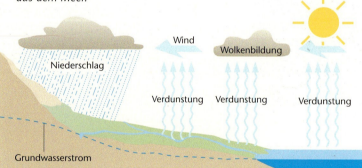

[3]

Weltweite Wasseranteile	
Gesamte Wassermenge (1,37 Milliarden km³)	**100 Anteile**
Salzwasser	97 Anteile
Süßwasser	3 Anteile
Süßwasser	**100 Anteile**
Polareis, Schnee und Gletscher	74 Anteile
Grundwasser und Bodenfeuchte	25 Anteile
Bäche, Flüsse und Seen	1 Anteil
Wasserdampf in der Atmosphäre	weit weniger als ein Anteil

„Süß" bedeutet nur „weniger salzig"

Auf den ersten Blick gibt es auf der Erde Wasser im Überfluss. Die gesamte Wassermenge wird auf 1,37 Milliarden Kubikkilometer (km³) geschätzt [3]. Sagen wir einmal, diese gesamte Wassermenge sind 100 Anteile. Dann sind etwas mehr als 97 Anteile davon salziges Meerwasser. In jedem Liter davon sind etwa 35 g Salze gelöst. Der Mensch und alle anderen Landlebewesen sind allerdings auf Süßwasser angewiesen, in dem nur wenig Salze gelöst sind. Die verbleibenden 3 Anteile Süßwasser stellen mit 40,8 Millionen km³ zwar immer noch eine gewaltige Menge dar, doch ist der weitaus größte Teil davon am Nord- und Südpol und in Gletschern zu Eis und Schnee erstarrt. Ein ebenfalls großer Anteil der Süßwasservorräte steckt als Grundwasser und Bodenfeuchte in der Erde. Der Wasserdampf in der Luft macht dagegen nur einen geringen Anteil aus. Nur etwa ein Hundertstel des insgesamt vorhandenen Süßwassers ist in Quellen, Bächen, Flüssen und Seen leicht zugänglich und kann als Trink- und Brauchwasser genutzt werden.

[4] Sturm türmt das Wasser des Meeres zu gewaltigen Wellen auf.

[5] Alle Flüsse haben nur ein Ziel: das Meer

[6] Seen sind Durchgangsstationen zwischen Wolken und Meer.

[7] Wolken sind wandernde Wasserspeicher.

Merkmal

▶ Wasser verdampft über den Ozeanen, regnet über dem Festland ab und fließt über Flüsse wieder zum Meer zurück. Diesen weltweiten Wassertransport nennt man Wasserkreislauf.

▶ Das meiste Wasser auf der Erde ist salziges Meerwasser. Von 100 Teilen des gesamten irdischen Wasservorrates sind nur 3 Teile Süßwasser.

▶ Das Süßwasser teilt man ein in Wasserdampf der Atmosphäre, Niederschlagswasser, Binnengewässer und Grundwasser.

Denkmal

❶ Im Internet findest du Informationen und Simulationsprogramme zum Wasserkreislauf. Stelle in einer Übersicht die verschiedenen Stationen des Wasserkreislaufs zusammen.

❷ Zeichne auf ein kariertes Papier zwei Quadrate mit einer Seitenlänge von jeweils 5 cm. Auf diesen Flächen befinden sich nun 100 Kästchen oder 100 Anteile. Trage mit unterschiedlichen Farben im ersten Quadrat die Salz- und Süßwassermengen ein, im zweiten die einzelnen Süßwasseranteile.

❸ Stelle dir vor, das gesamte Wasser der Erde wäre nur ein Eimer voll mit 10 Liter Inhalt. Wie groß wäre in diesem Vergleich die gesamte Süßwassermenge?

❹ Man unterscheidet ganz verschiedene Arten von Wasser. Notiere, was unter folgenden Wasserarten zu verstehen ist: Salz-, Süß-, Oberflächen-, Grund-, Niederschlags-, Sicker-, Quell-, Trink-, Brauchwasser und gebundenes Wasser. Nimm hierzu die Abbildungen auf dieser Seite zu Hilfe.

❺ Löst etwa 35 g Speisesalz in einem Liter Wasser auf. Probiert ein ganz klein wenig von diesem Salzwasser. Überlegt, warum das über den Meeren verdunstende Wasser nicht salzig ist. Denkt euch einen passenden Versuch aus, mit dem ihr das auch beweisen könnt.

❻ Wasser versickert, verdunstet oder fließt ab – verschwinden kann es allerdings nicht. Erkläre diese auf den ersten Blick widersprüchliche Behauptung.

Ohne Wasser läuft nichts

Wasser ist zum Leben unentbehrlich. Es lässt den Körper reibungslos funktionieren, indem es unzählige Stoffe transportiert, kühlt und in Form hält.

Wenn wir wieder einmal ausgelassen toben, ein spannendes Spiel für unsere Mannschaft zu entscheiden versuchen, wenn es besonders heiß ist oder unser Körper aus anderen Gründen auf Hochtouren läuft, fühlen wir es: Mund und Kehle sind wie ausgetrocknet. Wir verspüren großen Durst, den wir brennend, quälend und stets unerträglich finden. Auf jeden Fall muss er erst einmal mit Wasser gelöscht werden.

[3] *Der Körper des Menschen besteht zu 60 bis 70 Anteilen seines gesamten Gewichtes aus Wasser.*

Balance im Wasserhaushalt

Ein empfindliches und vollautomatisch arbeitendes Warnsystem unseres Gehirns signalisiert uns, wenn im Körper Wassermangel herrscht. Wir haben Durst und müssen trinken. Wasser ist für unseren Körper wie für alle Lebewesen ein lebenswichtiges Betriebsmittel, ohne das nichts funktionieren könnte. Wasser müssen wir dem Körper ständig und in gleicher Menge zuführen, wie es verloren geht. Beim Schwitzen geben wir Wasser über die Schweißdrüsen der Haut ab. Beim Anhauchen eines Spiegels etwa wird der Wasserdampf sichtbar, den wir beim Atmen über die Lungen abgeben. Auf der Toilette geht mit dem Urin und dem wasserhaltigen Kot ebenfalls viel Wasser verloren – Flüssigkeit, die unbedingt „nachgefüllt" werden muss.

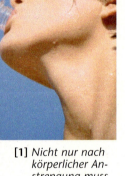

[1] *Nicht nur nach körperlicher Anstrengung muss man trinken – täglich etwa 1,5 Liter Wasser, je nach Körpergewicht.*

Den Kreislauf betanken

Trinken wir ein Mineralwasser, gelangt das Wasser vom Magen und Darm aus ins Blut. Damit erreicht es über das fein verzweigte Netz der Blutgefäße alle Bereiche des Körpers. Als **Transport**- und **Lösungsmittel** verteilt es alle lebensnotwendigen Stoffe. Gleichzeitig dient es als „Müllabfuhr" für Stoffe, die über die Nieren als Urin ausgeschieden werden.

Wasser sorgt auch dafür, dass die Organe straff und in Form sind. Schließlich dient es auch als Kühlmittel, wenn salzhaltiger Schweiß auf unserer Haut verdunstet und dem Körper auf diese Weise überschüssige Wärmeenergie entzieht.

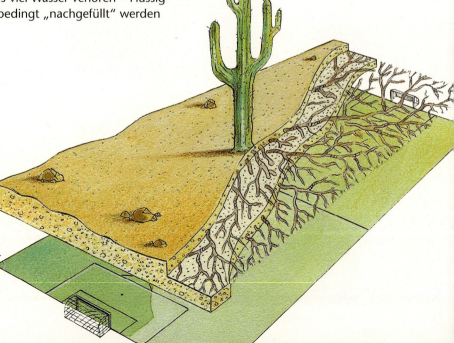

[2] *In den Wüstengebieten Nordamerikas ist der 10 bis 12 m hohe Kandelaberkaktus verbreitet. In den kurzen Regenzeiten saugt das ausgedehnte Wurzelgeflecht bis zu 3 000 Liter Wasser auf und speichert es in den verdickten, blattlosen, dornigen Stämmen: Nach Regen sind die Kakteen sichtbar dicker.*

[4] *Die treibende Kraft für den beständigen Wasserstrom ist die Verdunstung aus den Blättern – die Transpiration.*

[5] *Der sagenhafte Wasserspeicher der Dromedare liegt nicht im Höcker. Der ganze Körper speichert das Wasser.*

Merkmal

▶ Wasser gehört zu den wichtigsten Lebensmitteln. Es verteilt in den Lebewesen Stoffe, hält ihre Organe in straffer Form und kühlt sie bei Überhitzung.

▶ Nur Lebewesen, die Wasser speichern können, kommen in trockenheißen Gebieten vor. Beispiele sind die Kakteen und Dromedare.

Der Durst sitzt in den Blättern

Pflanzen ohne Wasser verwelken, sie verlieren ihre Form und sterben schließlich ab. Wasser verleiht auch Pflanzen die pralle Form und gibt den nötigen Halt – vor allem solchen, die über kein tragendes Gerüst in Form eines hölzernen Stammes verfügen. Zudem ist es Transportmittel für gelöste Mineralsalze und andere Stoffe. Über Tausende winziger Öffnungen der Blattunterseite, den Spaltöffnungen [24.4], entweicht besonders an heißen Tagen viel Wasserdampf [4]. So entsteht ein Sog, der sich bis zu den Wurzelspitzen fortsetzt. Damit der Nachschub nicht versiegt, bohren sich die feinen Wurzelspitzen Tag für Tag ein bisschen weiter zwischen die Bodenteilchen und entnehmen dort die Feuchtigkeit.

[6] *Mit der Briefwaage kannst du den Wasserverlust abgeschnittener Blätter oder anderer feuchter Materialien verfolgen.*

Denkmal

❶ Benenne wichtige Aufgaben, die das Wasser in allen Lebewesen erfüllt.

❷ Wodurch verlieren Pflanzen das mühsam über die Wurzeln aufgenommene Wasser, und wie erhalten sie Nachschub?

❸ Wie erklären sich die Wasserverluste des menschlichen oder tierischen Körpers?

❹ Salatblätter welken, knackiges Gemüse gerät aus der Form und Brot wird hart. Erkläre.

[7] *Die etwa 10 bis 15 cm große Wüstenspringmaus lebt vorwiegend von Pflanzen und Samen. Nur gelegentlich fressen sie auch Insekten und Käfer. Wüstenspringmäuse trinken nicht. Ihnen genügt der geringe Wassergehalt ihrer Nahrung. Man könnte auch sagen, „Sie essen Wasser".*

Versuche

1 Wiege jeweils 50 g Brot, Kartoffeln, frische Gartenkräuter und andere Lebensmittel ab und lass diese Proben einige Tage an einem warmen Ort trocknen. Wiege die getrockneten Proben erneut und trage die Werte in eine Tabelle ein. Errechne die Differenz und trage die Gewichtsverluste als Säulen in ein Diagramm ein.

2 Schneide eine Kartoffel und andere Lebensmittel in kleine Stückchen und gib sie in ein Reagenzglas. Erwärme langsam über einer Flamme. Halte über die Öffnung des Reagenzglases ein so genanntes Uhrglas. Schon bald wird sich dieses beschlagen. Erkläre.

3 Führe Versuch zwei mit drei trockenen Bohnen oder Erbsen durch. Was beobachtest du, wenn du ein Stückchen Wassertestpapier an die Reagenzglasöffnung hältst? Erkläre.
Was schließt du daraus für die Keimung von Bohnen- und Erbsensamen?

Lebensraum Wasser

Ein See hat viele Lebensräume

Saubere Seen, Teiche und Tümpel sind wahre Fundgruben, in, an und über denen es von großen und kleinen Lebewesen nur so wimmelt.

[1] *Schilfrohrsänger im Schilf. Das Schilf bestimmt das Erscheinungsbild des ufernahen Röhrichtgürtels.*

[2] *Der Graureiher hat zu Unrecht einen schlechten Ruf bei den Fischern. Neben Fischen fängt er auch Frösche und Mäuse.*

Der Boden ist feucht und weich. Den Blick versperrt eine fast undurchdringliche Wand aus hohen Schilfrohrhalmen, ab und zu durchsetzt von Weidenbüschen. Dahinter muss ein Gewässer liegen – ein Weiher oder ein See?

Oder ist es ein Teich? Nein, Teiche sind künstlich angelegt, zum Beispiel für die Fischzucht, für die Feuerwehr oder um eine Mühle mit dem abfließenden Wasser anzutreiben. Seen haben dagegen einen natürlichen Ursprung und stauen sich in tiefen Senken an.

Noch hören wir mehr, als wir sehen. Es raschelt in den Halmen, irgendwo ertönt ein schwätzender Gesang – ein Schilfrohrsänger [1] macht andere Vögel darauf aufmerksam, dass er hier sein Revier hat. Gelegentlich quakt ein Frosch, Mücken umschwärmen uns sirrend.

Leben im und am Wasser

Endlich finden wir einen schmalen Durchgang im Schilf. Vorsichtig und leise winden wir uns hindurch, um brütende Vögel nicht zu stören und andere Tiere nicht zu vertreiben, die sonst verschwinden würden, ehe wir sie gesehen haben. Schließlich stehen wir vor dem in der Sonne glitzernden See. Schön ist es hier!

Weidenzweige hängen bis ins Wasser. Fast das ganze Ufer ist von Schilfrohr bestanden. Hier und da liegt in Ufernähe eine grüne Insel aus schwimmenden Blättern, durchsetzt von Blüten der Weißen Seerose [182.7] oder der Gelben Teichrose. Mit seilartigen Stängeln sind beide Pflanzen im Boden des flachen Sees verankert.

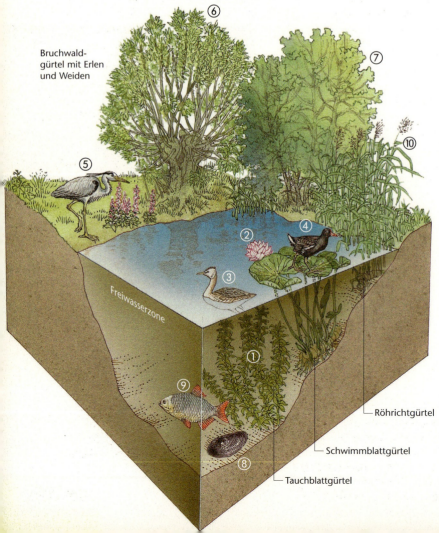

[3] *Die Einteilung eines Gewässers in Gürtel wird von den Pflanzen bestimmt, die auf dem Gewässergrund wurzeln. Der darüber stehende Wasserkörper heißt Freiwasserzone.*

Abgebildete Pflanzen und Tiere:
① *Wasserpest* ⑥ *Weide*
② *Seerose* ⑦ *Erle*
③ *Haubentaucher* ⑧ *Teichmuschel*
④ *Teichhuhn* ⑨ *Rotfeder*
⑤ *Graureiher* ⑩ *Schilf*

[4] Libellen sind meisterhafte Flieger und beherrschen den Luftraum. Jahre lang lebten sie jedoch als Larve im Wasser.

Merkmal

▶ Weiher, Seen, Teiche und Tümpel nennt man stehende Gewässer. Teiche sind immer künstlich geschaffen.

▶ Die Pflanzen, die an und in einem Gewässer wachsen, geben den verschiedenen Gürteln ihren Namen: am Ufer den Röhricht-, zur Mitte den Schwimmblatt- und den Tauchblattgürtel.

▶ Alle Gürtel eines stehenden Gewässers sind Lebensraum zahlreicher Tierarten.

[5] Rotfeder [6] Bergmolch

[5] Die Rotfeder findet man in stehenden oder langsam fließenden Gewässern.

[6] Der männliche Bergmolch gehört zu den farbenprächtigsten unter den Molchen.

Ein Stockentenpaar schwimmt gemächlich zwischen den grünen Inseln umher. Das Männchen ist bunt gefärbt, das Weibchen fast unscheinbar braun gefleckt. Immer wieder tauchen die Tiere mit dem Kopf ins Wasser und strecken ihren Bürzel in die Höhe – sie gründeln am Boden nach Nahrung. Im Bodenschlamm finden sie grüne Pflanzenreste, vielerlei Sämereien, Insekten und deren Larven, Würmer und kleine Krebstiere. Ein Teichhuhn [3], erkennbar am schwarzen Gefieder, der gelben Schnabelspitze und dem roten Stirnfleck, trippelt geschickt über die Seerosenblätter und pickt nach Insekten. Mücken und prächtig gefärbte Libellen [4] schwirren durch die Luft. Am Gewässergrund wachsen untergetaucht die Kanadische Wasserpest [3] und das Hornblatt. Darüber schwimmt der selten gewordene Froschbiss, während unsere kleinste einheimische Blütenpflanze, die Wasserlinse [185.6], auch Entengrütze genannt, viele Quadratmeter See bedeckt.

Die Bürzel dient dem Einfetten des Gefieders.

Denkmal

❶ Talsperren sind künstlich angelegte Wasserspeicher. Gehören sie nun zu den Seen oder Teichen? Begründe deine Entscheidung.

❷ Wie kann man einen See von einem Weiher unterscheiden?

❸ Warum bleibt in den tieferen Wasserschichten das Wasser auch im Sommer kalt?

❹ Der abgebildete See ist in vier Gürtel eingeteilt. Ordne die auf dieser Doppelseite genannten Pflanzen- und Tierarten jeweils einem der vier Pflanzengürtel zu. Lege dazu in deinem Heft eine Tabelle an. Suche für jeden Planzengürtel jeweils drei weitere Pflanzen- und Tierarten.

❺ Seen sind häufig Naturschutzgebiete. Begründe.

Weiher – See – Teich oder Tümpel?

Weiher nennt man flache, stehende Gewässer. Man findet Pflanzen in allen Gürteln, das Wasser ist überall gleich warm.

Seen sind dagegen wesentlich tiefer als Weiher und wie diese auch natürlich entstanden. Am Grund wachsen keine Pflanzen, da ihnen das notwendige Licht fehlt. Im Sommer ist das Wasser oben warm, während es in den tiefen Schichten 4 °C kalt ist.

Teiche sind im Unterschied zu Weiher oder See künstlich angelegt, meist durch Anstauen eines Baches. Die Wasserhöhe lässt sich oft durch einen Zu- und Abfluss regulieren.

Tümpel nennt man landläufig kleine, sehr flache, stehende Gewässer. Sie trocknen ab und zu aus.

Lebensraum Wasser

Wohnen im Wasser

Vielerlei Tiere bewohnen die unterschiedlichen Lebensräume eines Sees oder Weihers. Sie finden hier Nahrung, Schutz und eine Kinderstube für ihre Jungen.

[1] *Vorsicht: Rückenschwimmer können recht schmerzhaft stechen.*

[2] *Haubentaucher bauen sich vor der Brutzeit ein schwimmendes Nest vor dem Schilfgürtel.*

[3] *Gelbrandkäfer sind Jäger. Sie erbeuten sogar Kaulquappen und kleine Fische.*

[4] *Die Spitzschlammschnecke ist die größte heimische Süßwasserschnecke.*

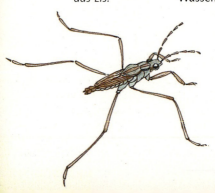

[5] *Wasserläufer gehören zu den Wasserwanzen. Sie flitzen über die Wasseroberfläche wie Schlittschuhläufer über das Eis.*

Rasant gleitet der Wasserläufer [5] auf der Jagd nach kleinen Insekten über die glitzernde Oberfläche des Gewässers. Sein geringes Körpergewicht verteilt sich auf seine langen, abgewinkelten Beine. Die Oberflächenspannung des Wassers [148.1] reicht aus, um ihn zu tragen. Die Wasserteilchen halten so gut zusammen, dass seine Füße nicht einmal nass werden.

Tiere auf Tauchstation

Insekten sind auch die Beute des Rückenschwimmers [1]. Er schwimmt mit der Unterseite nach oben unter dem Wasserspiegel. An den Hinterbeinen trägt er Tausende von Haaren, die er als Paddel benutzt. So kann er schnell zu Stellen schwimmen, an denen eine Erschütterung ein hineinfallenes Tier verrät. Damit ihm nicht die Luft ausgeht, nimmt er im dichten Kleid aus Chitinhaaren an seiner Unterseite eine Luftblase mit unter Wasser. Von Zeit zu Zeit taucht er zur Oberfläche auf, um die verbrauchte Blase durch eine neue zu ersetzen.

Der Gelbrandkäfer [3] fängt mit seinen kräftigen Zangen Insekten ebenso wie Kaulquappen und sogar kleine Fische. Die bis zu 6 cm lange Spitzschlammschnecke [4] kriecht mit ihrem muskulösen Fuß auf Wasserpflanzen. Mit ihrer zähnchenbesetzten Raspelzunge schabt sie loses Material von toten Pflanzenteilen und saugt sie auf.

Vögel mit Schwimmnest

Im Frühjahr zeigen die Männchen und Weibchen des Haubentauchers [2] auf dem Wasser einen eindrucksvollen Tanz als Vorbereitung für die Paarung. Äußerlich kann man sie nicht unterscheiden. Sie gehören zu den Lappentauchern, die, anders als Enten, an den Zehen einzelne, nicht verbundene Schwimmlappen tragen. Die Tiere bauen im Schilfgürtel ein großes Nest aus Pflanzenteilen, wo das Weibchen drei bis vier Eier ablegt. Hier ist das Nest gut getarnt und der Nachwuchs vor wasserscheuen Eierdieben wie Füchsen und Mardern sicher.

Nach heftigen Regenfällen kann der Wasserspiegel steigen. Um der Nestüberflutung zu entgehen, verankern die Haubentaucher ihr schwimmendes Nest mit Schlaufen aus Halmen so im Schilf, dass es mit dem Wasserspiegel steigt oder sinkt, so wie manche Bootsstege, die auf luftgefüllten Fässern ruhen.

Auch nach dem Schlüpfen bietet der Weiher oder See den Küken Schutz vor Feinden, die das Wasser scheuen. Die Eltern nehmen zu Ausflügen ihre Jungen oft auf dem Rücken mit. Bald lernt der Nachwuchs, wie die Eltern zu tauchen und unter Wasser Fische zu fangen.

Gäste zu allen Jahreszeiten

Zu Unrecht ist der Graureiher [178.2] der Schrecken der Fischer und Angler, denn meist erbeutet er Fische, an denen die Sportfischer kein Interesse haben. Der bis zu 90 cm große Reiher brütet gerne in Kolonien in hohen Bäumen. Manchmal sieht man ihn wie erstarrt im seichten Ufer stehen. Plötzlich stößt er mit dem langen, spitzen Schnabel wie mit einer Lanze ins Wasser. Nicht immer zielt er dabei auf Fische. Auch Frösche, Schlangen oder Insekten gehören zu seinem Speiseplan.

Auch die schwarz schillernden Kormorane [7] erscheinen am Wasser. Sie sind erstklassige Taucher und erbeuten ihre Fische unter Wasser. Danach sitzen sie mit ausgebreiteten Flügeln auf Ästen über dem Wasser, um ihr Gefieder zu trocknen. Es ist nicht eingefettet und deshalb nicht Wasser abweisend.

[6] *Kormorane sind gefürchtete Fischräuber. Sie fressen pro Tag ungefähr 600 g Fische, die sie bei Tauchgängen bis zu 20 m Tiefe fangen.*

[7]–[9] *Von links nach rechts: Süßwasserschwamm und Süßwasserpolyp sind Aufsitzer. Das Rüsselkrebschen (rechts) schwebt im Wasser, es gehört zum Plankton.*

Merkmal

▶ Das Wasser bietet den verschiedenen Tierarten Wohnraum, Nahrung, Schutz und eine Kinderstube für ihre Jungen.

▶ Je nach Größe und Lebensform unterscheidet man im Wasser Schwimmer, Schweber oder Aufsitzer.

Denkmal

❶ Wie ist es möglich, dass manche Tiere buchstäblich „auf dem Wasser wandeln"?

❷ Der Rückenschwimmer nimmt sich beim Abtauchen eine Luftblase als Atemvorrat mit. Wie macht er das?

❸ Warum werden die Nester der Haubentaucher nicht überschwemmt, auch wenn der Wasserspiegel nach Starkregen steigt?

❹ Wie verhindern die Wasserflöhe, dass sie im Wasser ständig auf den Boden absinken?

❺ Beschreibe möglichst genau, wie ein Süßwasserpolyp einen Wasserfloh fängt.

❻ Zieh ein feinmaschiges Sieb durch einen Garten- oder Parkteich, spüle den Fang in ein großes Glas mit Teichwasser und betrachte im seitlich einfallenden Licht. Beschreibe deine Feststellungen.

[7]

[8]

[9]

Schwimmen – Schweben – Sitzen bleiben

Schwimmer: Die meisten Tiere der Gewässer bewegen sich schwimmend im nassen Element fort. Die größten sind die Fische, aber auch viele Insektenlarven gehören zu dieser Gruppe.

Schweber: Viele der kleinsten Tiere, wie z. B. der Wasserfloh [182.1] und das Rüsselkrebschen [9], kommen im Wasser schwimmend nicht so recht von der Stelle. Sie sind nur wenig schwerer als Wasser. Durch weit ausladende Körperanhänge verhindern sie jedoch das Absinken. Plankton nennt man solche schwebenden Kleinstlebewesen, zu denen auch viele einzellige Algen gehören. Nur mit einem sehr feinmaschigen Netz oder Sieb kann man sie aus dem Wasser fischen.

Aufsitzer: Manche Tiere heften sich an Pflanzen, Steine oder andere Gegenstände im Wasser. Zu diesen gehören z. B. die Schwämme [7]. Im Süßwasser bleiben sie recht klein. Mit Geißeln erzeugen ihre Zellen einen Wasserstrom und holen sich daraus, was sie zum Leben brauchen.

Auch die unscheinbaren, nur etwa 5 mm großen Süßwasserpolypen [8] sitzen meist auf Pflanzen fest. So unscheinbar und zierlich sie auch aussehen, sie leben räuberisch und ernähren sich von anderen Kleintieren, wie z. B. Wasserflöhen wie dem Rüsselkrebschen [9]. Mit winzigen Zellfäden fangen sie diese, schlagen wie mit einem Stilett eine Wunde und lassen ein starkes Gift in ihr Opfer fließen. Ihrerseits werden sie zur Beute größerer Tiere.

Gewimmel im Gewässer

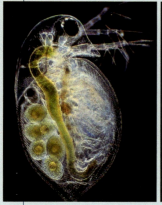

[1] Der Wasserfloh ist kein Insekt, denn dann dürfte er nur 6 Beine haben.

[2] Der Hüpferling ist ein Ruderfußkrebs. Er lebt in den Pflanzengürteln stehender Gewässer.

Wasserflöhe

Ruckartig schlägt der Wasserfloh [1] mit seinen beiden wie Äste verzweigten Antennen, sodass er kleine Sprünge vollführt. Unter dem durchsichtigen Panzer bewegen sich die fünf Beinpaare wie kleine Ruder. Das große Auge zuckt ab und zu. Auf dem Rücken pulsiert das Herz. Der grün schimmernde Darm durchzieht als gebogenes Rohr den Körper.

Im Sommer kommen beim Wasserfloh nur Weibchen vor. Sie tragen die Eier und später die Jungen geschützt unter dem Rückenpanzer. Erst im Spätsommer entwickeln sich auch Männchen. Nach der Begattung legen die Weibchen dann Eier, die den Winter überdauern.

Wasserflöhe sind Kleinkrebse. Sie leben in stillen Gewässern, denn starke Strömung würde die zarten Tierchen wegspülen. Wasserflöhe gehören zum Plankton. Vom Ufer aus kann man sie in der obersten Wasserschicht als hüpfende Punkte erkennen. Denn dort hält sich auch ihre Nahrung auf, einzellige grüne Algen.

Stechmücken

Steht im Sommer einige Tage im Garten ein Gefäß mit Wasser, wuseln bald kleine Tiere darin herum. Oft hängen sie kopfunter an der Wasseroberfläche. Es sind die etwa 0,5 cm langen Larven von Stechmücken [5]. Ein Kranz aus Borsten umgibt den Eingang ihres Atemrohres und verhindert das Eindringen von Wasser. Fällt ein Schatten von oben auf sie, tauchen sie mit zuckenden Bewegungen in die schützende Tiefe ab.

Nach einigen Tagen findest du die Puppen [6] im Wasser. Am rundlichen Vorderkörper tragen sie zwei Atemröhrchen, die wie kleine Hörner aussehen. Im Gegensatz zu Schmetterlingspuppen sehen sie den Larven ähnlich und verhalten sich wie sie.

Die Stechmücken-Weibchen [3], die als Blutsauger bekannt sind, legen ihre zu einem Floß verklebten Eier [4] auf die Wasseroberfläche ab. Durch eine „Ausstiegsluke" gelangen die Larven direkt ins Wasser. Sie ernähren sich von kleinsten Algen. Sie selbst sind wiederum begehrte Beute größerer Tiere, z. B. von Wasserläufern.

[3] Stechmückenweibchen legen ihre Eier nach einer Blutmahlzeit nur in stehende Gewässer.

[4] Das Floß aus zusammengeklebten Eiern ist leicht gewölbt und treibt auf dem Wasser.

[5] Die Larven der Stechmücken hängen die meiste Zeit an der Wasseroberfläche.

[6] Im Puppenstadium nehmen die Stechmücken keine Nahrung mehr

Versuche

1 Bring einige Wasserflöhe in ein hohes, schmales Glas mit Wasser aus dem Gewässer, aus dem die Tiere stammen. Beobachte mit einem Vergrößerungsglas, wie die Tiere sich bewegen. Zeichne ihre Bahn nach.

2 Forme eine Knetkugel von ca. 1 cm Durchmesser und stecke so viele kleine Federn hinein, bis sie im Wasser schwebt. Was haben deine Beobachtungen mit einem Wasserfloh zu tun?

Libellen

Wegen des harten Chitinpanzers müssen sich Libellenlarven [14] immer wieder häuten. Nach mehreren Häutungen im Wasser kriecht die Larve an einem Pflanzenstängel aus dem Wasser und bleibt dort scheinbar reglos sitzen. Sie drückt sich von innen aus ihrer Larvenhaut heraus [11]. Bald erscheint ein wunderschönes Insekt, das mit der wenig ansehnlichen Larve nichts mehr gemein hat: Die Libelle hat ihre Entwicklung vollendet. Nach einigen Stunden Trocknungszeit schießt sie pfeilschnell durch die Luft auf der Jagd nach Insekten.

[9] *Der Kopf der Großlibellen scheint nur aus den großen Augen zu bestehen. Ihre Vorder- und Hinterflügel sind nicht deckungsgleich.*

[10] *Bei Kleinlibellen stehen die Augen weit auseinander, Vorder- und Hinterflügel passen genau übereinander.*

[11] *Die Libelle drückt sich aus ihrer Larvenhaut, entfaltet und trocknet ihre Flügel.*

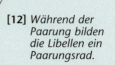

[12] *Während der Paarung bilden die Libellen ein Paarungsrad.*

Maskierte Räuber

Groß- und Kleinlibellenlarven haben die gleiche Fangtechnik. Ihre Unterlippe ist zur Fangmaske [13], [14] umgestaltet. Erspäht die Larve mit ihren großen Facettenaugen eine sich bewegende Beute, schleicht sie sich langsam an und schießt dann blitzschnell die bewegliche Maske nach vorn.

[13]

[13], [14] *Zwei spitze Klauen am Ende der Fangmaske halten das Opfer fest und führen es den Kiefern zu, die es zerkleinern.*

[14]

Wachsen im Wasser

Landpflanzen können ertrinken, Wasserpflanzen ersticken. Um das zu verhindern, haben sie sich ihrem Lebensraum angepasst.

[1] *Die Gelbe Schwertlilie ist ein Nässezeiger.*

[2] *Früher nutzte man die Blütenstände des Rohrkolbens als Lampenputzer.*

[3] *1836 wurde die Wasserpest aus Amerika nach Europa eingeschleppt.*

[4] *Wie die Seerose benutzt der Wasser-Knöterich Schwimmblätter.*

Im morastigen Untergrund des Weiherufers verankert sich der bis zu 2,5 m hohe Breitblättrige Rohrkolben [2] mit einem Geflecht aus dicken Wurzelstöcken. Ganz dicht stehen die Pflanzen nebeneinander. So verteilt sich der Druck des Windes, und die Halme knicken nicht um. Außerdem ist der Stängel elastisch. Er besitzt einen Ring aus Verstärkungen, sodass er eine hohe Stabilität hat, wie das Rohr eines Laternenpfahls.

Schwimmende Inseln

Wie Kähne, die am Anker hängen, treiben die Blätter von Seerose [7] und Teichrose auf dem Weiher. Diese „Boote" gehen wegen der Oberflächenspannung des Wassers und der luftgefüllten Hohlräume des Blattes [8] nicht unter. Dadurch schwimmen die Blätter wie eine Luftmatratze auf der Wasseroberfläche. Auf der Oberseite befinden sich winzige Spaltöffnungen, mit deren Hilfe die Pflanze atmet.

Auch die Blattstiele enthalten solche Hohlräume, sodass die Luft bis zum dicken Stängel und den Wurzeln strömen kann.

Wenn das Wasser zu tief wird

Manche stehenden Gewässer sind fast völlig von einem dichten Teppich aus winzigen grünen Blättchen bedeckt. Für viele Enten, aber auch andere Wasservögel, stellen sie eine willkommene Nahrung dar, deshalb bezeichnet man sie auch als Entengrütze. Wegen der linsenförmigen Blätter heißen sie Wasserlinsen [6].

Bei dem scheinbar dicht verwachsenen „Teppich" handelt es sich um eine ungeheure Zahl selbstständiger, winziger Pflänz-

Auenwälder – Leben mit nassen Füßen

Im Frühjahr kommt es an Flüssen häufig zu Überschwemmungen. Sinkt der Wasserstand wieder, bleiben Tümpel und sumpfige Flächen zurück. Feuchtigkeit liebende Bäume wie Erlen und Weiden siedeln sich in diesen **Auen** an und bilden lockere **Auenwälder**. Es folgen Pflanzen und Tiere, die wir aus dem Weiher kennen – sogar Fische.

Aber wie kommen die hierher? Wasservögel haben mit ihrem Gefieder unbeabsichtigt irgendwo Laich aufgenommen und ihn zu anderen Gewässern verschleppt.

Nach Überschwemmungen bleibt viel fruchtbarer Schlamm zurück. Deshalb boten die Auen von Rhein und Donau viele wertvolle Ackerflächen. Durch Dämme und Flussregulierungen versuchten die Menschen, die Fluren vor Überschwemmungen zu schützen und die Schifffahrt zu erleichtern. Das war das Ende der meisten Auenlandschaften. Heute sind ihre letzten Reste wie z. B. am Oberrhein zu Naturschutzgebieten erklärt worden. Darin bewahrt man den Lebensraum für viele seltene Tiere und Pflanzen.

[5] *Nur mit besonderer Anpassung überleben die Wurzeln der Auenwaldgehölze im sauerstoffarmen Boden.*

Schwimmblatt

Blütenknospe

Blattstiel

Wurzel

Wurzelstock

[6] *Die kleinen Wasserlinsen bilden auf stehenden Gewässern in kurzer Zeit geschlossene Schwimmdecken.*

chen, die kleinsten Blütenpflanzen der Welt. Jedes trägt Wurzeln und besteht aus zwei, höchstens aber sechs Blättchen. Wie bei den See- und den Teichrosen sorgen luftgefüllte Hohlräume für die Schwimmfähigkeit. Wasserlinsen vermehren sich meist ungeschlechtlich, sie bilden kleine Ableger.

Ganz anders lebt die so genannte Wasserpest [3]. Diese Pflanze mit ihren feinen, einfach gebauten Blättern wächst auf dem Grunde des Weihers. Auch die Wasserpest vermehrt sich ungeschlechtlich, indem sie Seitentriebe bildet. Nur selten wächst ein Stängel bis über die Wasseroberfläche hoch und entwickelt dort eine unscheinbare weibliche Blüte. Zur Samenentwicklung kommt es aber in Europa nie – es gibt hier ausschließlich weibliche Pflanzen, und deshalb fehlt die nötige Bestäubung und Befruchtung durch Pollen männlicher Pflanzen.

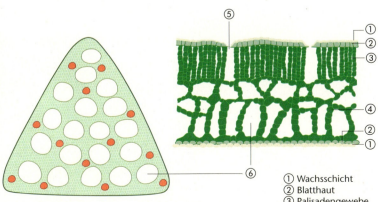

① Wachsschicht
② Blatthaut
③ Palisadengewebe
④ Schwammgewebe
⑤ Spaltöffnung
⑥ Atemhöhle

[8] *Im Querschnitt durch den Blattstiel (links) und das Schwimmblatt (rechts) lassen sich die luftgefüllten Hohlräume gut erkennen.*

Merkmal

▶ Wasserlinsen und Seerosen sind Schwimmblattpflanzen. Luftkammern in ihren Blättern sorgen für den nötigen Auftrieb.

▶ Auch Blattstiele und Stängel der Seerosen enthalten Hohlräume, damit Frischluft zu den Wurzeln im Bodenschlamm gelangen kann.

[7] *Wie Seile verbinden die Blattstiele die auf dem Wasser schwimmenden Blattflächen und Blüten der Weißen Seerose mit Stängel und Wurzeln. In ihnen werden Stoffe transportiert, die Blätter und Wurzeln jeweils voneinander benötigen. Insekten können die schwimmenden Blüten bestäuben.*

Denkmal

❶ Informiere dich über die Pflanzen in Bach- oder Flussauen. Welche Strauch- und Baumarten kommen hier vor?

❷ Warum sind manche Auenwälder an den großen Flüssen Naturschutzgebiet?

❸ Wie ist es möglich, dass Wasserlinsen auf dem Wasser schwimmen, die Wasserpest aber untergetaucht lebt?

❹ Vergleiche den Querschnitt durch ein Seerosenblatt [8] mit dem Blattquerschnitt eines Laubbaums [24.4]. Benenne Gemeinsamkeiten und Unterschiede.

❺ Warum heben Seerosen und Wasser-Knöterich ihre Blüten über die Wasseroberfläche?

❻ Schneide den Blattstiel einer See- oder Teichrose ab, halte ein Ende ins Wasser und puste in den Stängel hinein. Wie erklärst du deine Beobachtung?

❼ Rolle ein Blatt Papier zu einer Röhre und knicke diese dann. Erkläre mit deinen Beobachtungen, wie ein Rohrkolbenstängel seine hohe Stabilität erreicht.

Lebensraum Wasser

Jäger unter Wasser

Forellen sind an das Leben im Wasser hervorragend angepasst. Ein stromlinienförmiger Körper und verschiedene Flossen machen sie zu ausgezeichneten Schwimmern.

Reglos stehen die Forellen im klaren Gebirgsbach, obwohl das Wasser über Stock und Stein hinweg wirbelt und zu Tal schießt.

Stillstand ist harte Arbeit

Bei genauem Hinsehen wird der Widerspruch verständlich. Die Bachforelle ist im Wasser so ausgerichtet, dass ihr Kopf stromaufwärts zeigt. Gleichzeitig schlägt sie die Schwanzflosse hin und her. Das dadurch seitlich nach hinten gedrückte Wasser erzeugt einen Vortrieb und gleicht so die Strömung aus [2]. Der Einsatz der übrigen Flossen ermöglicht eine genaue Ausrichtung des Körpers. Während die Rückenflosse hauptsächlich zum Beibehalten der Richtung dient, erlauben die Brust- und Bauchflossen eine exakte Steuerung. Der glatte, stromlinienförmige Körper bietet dem Wasser wenig Widerstand. So verringert sich der notwendige Kraftaufwand.

Antrieb durch Vortrieb

Nimmt die Forelle ein kleines Beutetier wahr, so schlägt sie die Schwanzflosse mit ganzer Kraft und kann so selbst gegen die starke Strömung jagen. Sieht sie ein Insekt dicht über der Wasseroberfläche, springt sie mit Schwung aus dem Wasser und schnappt die Beute mit dem Maul. Angler machen sich das zunutze, indem sie künstliche Fliegen an der Schnur über das Wasser tanzen lassen.

Atmen unter Wasser

Forellen müssen wie auch andere Fische unter Wasser atmen. Sie haben dafür ein besonderes Organ, das die Luft direkt aus dem Wasser entnimmt. In regelmäßigen

Das Seitenlinienorgan zeigt dem Fisch plötzliche Druckwellen an – zum Beispiel beim Annähern eines Räubers.

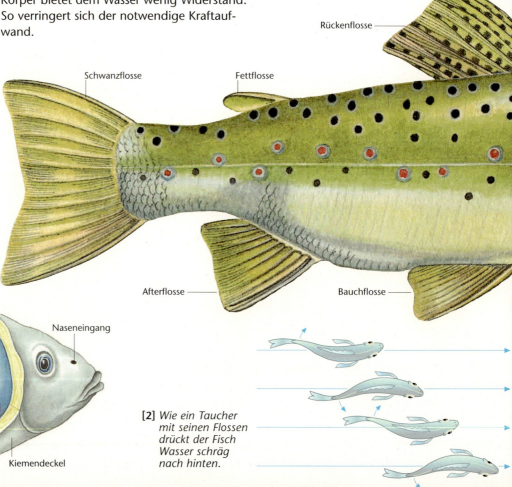

[1] *Fische nehmen mit den Kiemenblättchen gelösten Sauerstoff aus dem Wasser auf.*

Kiemenblättchen — Naseneingang

Kiemenbogen — Kiemendeckel

Schwanzflosse — Fettflosse — Rückenflosse

Afterflosse — Bauchflosse

[2] *Wie ein Taucher mit seinen Flossen drückt der Fisch Wasser schräg nach hinten.*

[3] *Forellen und Lachse überwinden Stromschnellen durch einen kühnen Sprung.*

Abständen öffnen sie ihr Maul, auch wenn es nichts zu fressen gibt. Wenn sie es schließen, öffnen sich an beiden Seiten hinter dem Kopf die beiden Kiemendeckel [1]. Gibt man vor dem Fischmaul einige Tropfen eines ungiftigen Farbstoffes in das Wasser, strömt nach kurzer Zeit gefärbtes Wasser hinter den Kiemendeckeln wieder hervor. Dahinter verbergen sich gut geschützt die Kiemen, auf jeder Seite vier Kiemenbögen mit vielen kleinen Kiemenblättchen. Ihre große Oberfläche nimmt genügend Sauerstoff auf. Vorne tragen die Kiemenbögen kammartige Knochenfortsätze, eine Art Reuse. Sie verhindert, dass Nahrung zusammen mit dem Atemwasser aus dem Maul einströmt.

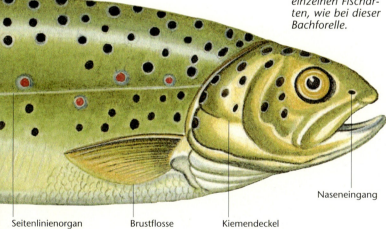

[4] *Außer Farbe und Körperform sind auch Größe und Gestalt der Flossen wichtige Unterscheidungsmerkmale der einzelnen Fischarten, wie bei dieser Bachforelle.*

Seitenlinienorgan   Brustflosse   Kiemendeckel   Naseneingang

Können Fische riechen?

Wenn wir Luft durch die Nase einsaugen, nehmen wir Gerüche wahr. Fische haben ebenfalls eine Nase [1], [4], die im Gegensatz zu unserer sogar vier Öffnungen hat, auf jeder Seite zwei. Hinter den beiden Öffnungen befindet sich ein Hohlraum, der mit Riechfalten ausgekleidet ist. Er hat keine Verbindung mit dem Rachenraum. Wenn durch die vordere Öffnung Wasser in den Hohlraum einströmt, nimmt der Fisch die darin enthaltenen Duftstoffe wahr. Durch die hintere Öffnung läuft das Wasser wieder ab. Manche Fischarten haben einen wesentlich besseren Geruchssinn als Menschen. Aale nehmen 1 Milliliter einer bestimmten Substanz noch wahr, wenn man sie mit der 58fachen Wassermenge des Bodensees vermischt.

Merkmal

▶ Der glatte, stromlinienförmige Fischkörper setzt dem Wasser wenig Strömungswiderstand entgegen.

▶ Die Flossen der Fische dienen der Ausrichtung des Fischkörpers. Die Kraft zur Fortbewegung, der Vortrieb, kommt fast ausschließlich aus dem Schwanz.

▶ Fische atmen mit Kiemen, die aus Kiemenbögen und Kiemenblättchen bestehen.

Denkmal

❶ Beschreibe die Atmung bei der Forelle.

❷ Vergleiche die Kiemenatmung mit der Lungenatmung. Halte die Unterschiede und die Gemeinsamkeiten in einer Tabelle fest.

❸ Vergleiche den Antrieb von Ruderboot, Segel- und Motorschiff. Erkläre, wodurch jeweils der Vortrieb entsteht.

❹ „Bei der Fortbewegung der Forelle treten teilweise die gleichen Kräfte wie bei den Schiffsantrieben auf." Erkläre diesen Satz.

Projekt-Tipp: Auf dem Fischmarkt

Auf dem Markt werden viele Fischarten angeboten. Auch wenn sie verschieden aussehen, der Aufbau des Körpers ist im Grunde bei allen gleich. Zeichne eine Seitenansicht des Fisches. Achte dabei besonders auf die Anzahl und Lage der verschiedenen Flossen.

Trenne mit einer Schere einen Kiemendeckel ab. Beschreibe die darunter liegenden Kiemen [1]. Um Einzelheiten zu erkennen, kannst du einzelne Kiemenbögen mit einer Pinzette abheben.

Schneide einen Kiemenbogen an beiden Enden ab und lege ihn in ein Schälchen mit Wasser. So kannst du dir die Kiemen genauer ansehen. Fertige eine Zeichnung davon an.

Tauchen

[2] *Mit wenigen Materialien lässt sich ein funktionierendes Fischmodell zusammenbauen, das schweben, sinken oder steigen kann.*

Wir Menschen können zwar schwimmen und dabei sogar kürzere Strecken unter Wasser zurücklegen, aber wir sind weder mit der Form unseres Körpers noch mit den inneren Organen an einen längeren Aufenthalt unter Wasser angepasst. Die Schwierigkeiten beginnen bereits mit dem Atmen und dem Druck, den das Wasser auf uns ausübt. Außerdem können wir uns nicht ohne Anstrengung mehrere Meter unter der Wasseroberfläche aufhalten, weil unser Körper ständig einen gewissen Auftrieb erfährt. Die Fische haben dieses Problem sehr elegant gelöst.

[1] *Die Luftmatratze bewahrt vor dem Untergang – solange sie aufgeblasen ist und Auftrieb erzeugt.*

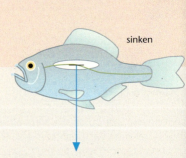

[3] *Die Größe der Schwimmblase ist veränderlich, und so bestimmt der Fisch, ob er steigt, schwebt oder sinkt.*

Die Schwimmweste im Bauch

Fische haben von Natur aus eine Art Schwimmweste, allerdings in ihrem Körper: Unter der Wirbelsäule liegt die Schwimmblase. Sie ist mit Luft gefüllt und erhöht so den Auftrieb der Fische. Wollen sie in tiefere Regionen abtauchen, ist sie allerdings hinderlich, da dort die Wasserteilchen durch den Wasserdruck dichter zusammenrücken. Den so entstehenden Auftrieb können manche Fischarten vermindern, indem sie Luft aus der Schwimmblase ablassen. Wollen sie später wieder in höhere Schichten aufsteigen, müssen sie zuerst einmal die Kraft ihrer Muskeln und Flossen einsetzen. Oben angelangt ergänzen sie ihren Luftvorrat an der Wasseroberfläche durch „Luftschlucken".

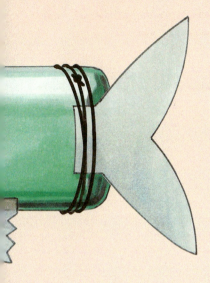

Schwimmen, schweben, sinken

Fische können ohne Hilfsmittel knapp unter der Wasseroberfläche schwimmen, nach Belieben wieder absinken oder in gleich bleibender Tiefe schweben. Man spricht von Schweben, wenn keine Kraft notwendig ist, um in einer bestimmten Tiefe zu bleiben.

Schwimmen ist für uns Menschen anstrengend, da wir ständig in Bewegung bleiben müssen, um nicht unterzugehen. Um uns diese Arbeit zu erleichtern, setzen wir Hilfsmittel ein: So verhindert beispielsweise eine Schwimmweste mit luftgefüllten Kammern das Absinken. Wir werden dadurch zwar nicht leichter, bekommen aber genügend Auftrieb. Ist dieser so klein, dass unser Gewicht nicht ausgeglichen wird, so sinken wir tiefer ab.

Versuch

Pipetten-Taucher

Fülle einen Standzylinder fast vollständig mit Wasser. Dann saugst du in eine Pipette mit einem Gummibällchen so viel Wasser, dass sie gerade noch schwimmt. Verschließe nun den Standzylinder dicht mit einem Luftballon. Es genügt, wenn du dessen Haut fest nach unten ziehst. Nun kannst du mit der Hand auf die straffe Ballonhaut drücken und wieder loslassen. Beobachte dabei die Pipette und auch den Flüssigkeitsstand in der Pipette.

Versuche, deine Beobachtungen zu erklären. Vergleiche dein Ergebnis mit dem, was du über die Schwimmblase der Fische gelernt hast.

Eine Flasche wird zum Fischmodell

1 Fülle eine Flasche, an die du flossenförmige Plastikstücke geklebt hast, mit Wasser. Dann steckst du das Rohr eines Trichters durch einen doppelt durchbohrten Stopfen [2]. Besonders eignen sich Saftflaschen mit einem weiten Flaschenhals. Über das Glasrohr ziehst du einen Luftballon, der dicht anliegen muss. Danach verschließt du mit diesem Stopfen die Flasche. Über das herausragende Ende des Glasrohres stülpst du einen Gummischlauch, der ebenfalls dicht am Rohr des Trichters anliegt. Danach wird die Flasche in ein mit Wasser gefülltes Aquarium gelegt. Puste nun vorsichtig Luft in den Schlauch und lasse sie langsam wieder heraus.

2 Beschreibe und erkläre deine Beobachtungen mit dem selbst gebastelten Flaschenfisch.

3 Fülle ein Glas mit kohlensäurehaltigem Mineralwasser und gib einige Rosinen hinein. Erkläre deine Beobachtungen.

4 Ein Taucher führt in einer Metallflasche auf dem Rücken den Atemluftvorrat mit sich, den er unter Wasser braucht. Die zusammengepresste Luft müsste ihn eigentlich ständig aufschwimmen lassen. Aber er kann dennoch in der Tiefe schweben. Erkläre.

[4] *Säugetiere unter Wasser*

[5] *Pipetten-Taucher*

Leben in zwei Welten

Grasfrösche und andere Lurche schlüpfen im Wasser als Kaulquappen aus den Eiern. Nach körperlichen Veränderungen verbringen sie einen großen Teil ihres Lebens an Land.

① Schleimschicht
② Oberhaut
③ Schleimdrüse
④ Giftdrüse
⑤ Unterhaut
⑥ Blutkapillare

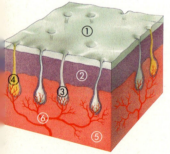

[2] *Ausschnitt aus der Haut eines Frosches*

[1] *Am liebsten hält sich der Grasfrosch an Tümpeln und Weihern auf. Beim Schwimmen sorgen die Schwimmhäute zwischen seinen Zehen für schnelles Vorwärtskommen. Augen und Nasenlöcher ragen dabei meist aus dem Wasser. So kann er Feinde oder Beute im Auge behalten und atmen.*

Ende Februar oder Anfang März beobachten wir im Schulteich zwischen den Pflanzenstängeln einen Klumpen mit vielen durchsichtigen und gallertigen Kugeln.

Nachwuchs im kühlen Nass

Die Kugeln, auch Laich genannt, sind die Eier des Grasfrosches. Nachdem sich das Männchen in der Achselgegend seiner Partnerin fest angeklammert hat [3], legt das Weibchen je nach Größe etwa 700 bis 4 500 Eier ins Wasser, und sofort gibt das Männchen seine Spermien dazu. Man nennt dies äußere Besamung. Die Eihülle quillt zu einer schützenden Gallertmasse auf, in der sich die Kaulquappen entwickeln. Man erkennt einen kugeligen Körper mit langem Ruderschwanz. Nach 10 bis 14 Tagen durchbricht die Kaulquappe die Hülle und schwimmt frei umher. Fast könnte man sie für einen jungen Fisch halten. Sie atmet mit Kiemen, die anfangs als äußere Anhänge am Vorderende zu sehen sind, aber bald von einer Hautfalte überdeckt werden.

Verwandlungskünstler

Kaulquappen und alle Tiere, die sich während ihrer Entwicklung zu erwachsenen Tieren in ihrem Aussehen deutlich verändern, nennt man Larven [4]. Nach etwa zwei Monaten entsteht an ihrem hinteren Ende ein Beinpaar, einige Wochen später erkennt man Vorderbeine. Die Kaulquappen schwimmen jetzt häufiger zur Wasseroberfläche und schlucken Luft, denn in ihrem Inneren entwickeln sich Lungen. Der Schwanz wird nun kürzer, und allmählich erkennt man die typische Froschgestalt [6]. Diese Veränderungen bezeichnet man als **vollständige Verwandlung**.

[3] *Zur Fortpflanzung suchen Frösche meist das Gewässer auf, in dem sie selbst geschlüpft sind.*

[4] *An der frisch geschlüpften Kaulquappe erkennt man zunächst nur Kopf und Ruderschwanz.*

[5] *Nach einigen Wochen entwickeln sich an der Kaulquappe Vorder- und Hinterbeine.*

[6] *Bald verschwindet auch der Rest vom Ruderschwanz, und der Frosch ist fertig.*

[7] Die Erdkröte ist wie viele Lurche in der Dämmerung und der Nacht aktiv. Den Tag verbringt sie überwiegend im feuchten und kühlen Versteck. Mit ihrer klebrigen Zunge erbeutet sie Insekten, Würmer und Nacktschnecken.

Vom Wasser zum Land

Die kleinen Frösche verlassen schließlich das Wasser und ernähren sich an Land von Insekten, Würmern und Schnecken. Schleimabsonderungen aus kleinen Hautdrüsen [2] sorgen dafür, dass sie stets feucht bleiben und nicht austrocknen. Über die Haut nehmen die Frösche etwa die Hälfte ihres Sauerstoffbedarfs auf, den Rest durch die Nasenlöcher und die Lunge. Die Lunge dient ihnen im Wasser auch als eine Art Schwimmblase. Zum Beutefang setzen sie ihre klebrige und einrollbare Zunge ein, die sie blitzartig herausschnellen lassen.

Wenn es kalt wird

Im Spätherbst ist von Fröschen im Weiher und seiner näheren Umgebung nichts mehr zu sehen. Grasfrösche sind wie ihre Verwandten wechselwarm: Ihre Körpertemperatur steigt und fällt abhängig von der Außentemperatur. Mit zunehmender Kälte bewegen sie sich immer weniger. Vor Wintereinbruch graben sie sich in feuchter Erde, in Mäuselöchern oder im Schlamm auf dem Grunde von Gewässern frostsicher ein. Reglos verharren sie in einer Kältestarre, bis es im Frühjahr wieder wärmer wird.

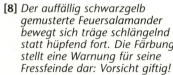

[8] Der auffällig schwarzgelb gemusterte Feuersalamander bewegt sich träge schlängelnd statt hüpfend fort. Die Färbung stellt eine Warnung für seine Fressfeinde dar: Vorsicht giftig!

Merk**mal**

▶ Aus dem Laich der Lurche schlüpfen Kaulquappen, die mit Kiemen atmen. Sie wandeln sich zum Landtier um, das mit Lungen atmet.

▶ Zu den Froschlurchen gehören Frösche, Kröten und Unken. Schwanzlurche sind dagegen Salamander und Molche.

▶ Die Veränderung der Körperform von der Kaulquappe zum Frosch bezeichnet man als vollständige Verwandlung.

Denk**mal**

❶ Nenne jeweils drei Beispiele für Frosch- und für Schwanzlurche.

❷ Beschreibe den Lebenslauf eines Frosches in deinem Arbeitsheft.

❸ Lege eine Tabelle in deinem Heft an und beschreibe darin die Unterschiede in der Lebensweise von Kaulquappen und ausgewachsenen Fröschen.

❹ Mehrere heimische Lurcharten sind vom Aussterben bedroht. Woran könnte das liegen?

❺ Schreibe Steckbriefe zu folgenden Lurcharten: Laubfrosch, Erdkröte, Teichmolch, Alpensalamander, Wasserfrosch, Wechselkröte.

❻ Finde mit einem Bestimmungsbuch heraus, wie man den Laich von Frosch und Kröte unterscheiden kann.

Zweierlei Lurche

Bei fast allen Lurchen entwickeln sich aus Eiern Larven, die im Wasser leben und sich dort mit einem kräftigen Ruderschwanz fortbewegen. Während bei den **Froschlurchen** [1] der Schwanz bei der Umwandlung verschwindet, bleibt er bei den **Schwanzlurchen** [8] erhalten. Außerdem kann man die Larven daran unterscheiden, dass sich bei den Froschlurchen zuerst die Hinterbeine entwickeln, während es bei den Schwanzlurchen die Vorderbeine sind. Zu den Froschlurchen gehören die Frösche, Kröten, Unken und Laubfrösche. Bei den Schwanzlurchen unterscheidet man die Salamander [8] von den Molchen [179.6].

Nicht unter die Räder kommen

Die einheimischen Lurche sind selten geworden.
Ihr Lebensraum ist vielerorts zerstört.
Schutzmaßnahmen können helfen.

[1] *Kleine Weiher in der Nähe eines Waldes – so soll es sein.*

[2] *Eine kleine feuchte Insel hätte man schon belassen können.*

[3] *Die Einschränkungen für den Straßenverkehr sind nur von kurzer Dauer.*

Im Scheinwerferkegel taucht plötzlich etwas Braunes auf, es bewegt sich ruckartig auf der nächtlichen Straße. Der achtsame Autofahrer kann gerade noch rechtzeitig anhalten. Nicht alle Kröten haben dieses Glück.

Nächtliche Wanderung

Es ist die Zeit der Krötenwanderung. Im zeitigen Frühjahr verlassen die Lurche ihre Winterquartiere. Die Männchen locken die doppelt so großen Weibchen an und klammern sich auf deren Rücken fest. Nun beginnt die gemeinsame nächtliche Wanderung zum Laichgewässer. Tümpel und Seen sind seltener geworden. Die Tiere müssen immer längere Strecken zurücklegen und dabei häufig Straßen überqueren. Wenn sie ein Auto bemerken, verhalten sie sich automatisch so, wie es bei natürlichen Feinden sinnvoll ist: Sie ducken sich und verharren reglos auf der Stelle. Doch vor Autoreifen bietet dieses Verhalten keinen Schutz. So kommen jährlich Abertausende von Kröten unter die Räder.

[6] *Das Erdkrötenmännchen passt auf dem Weg zum Laichgewässer ein Weibchen ab und lässt sich den Rest des Weges im „Huckepack" tragen.*

Vergiftete Nahrung – vertrocknete Tümpel

Nicht nur der Straßenverkehr bringt viele Lurche um. Was aus der Sicht der Landwirtschaft eine sinnvolle Flurbereinigung ist, bedeutet für die Lurche die Zerstörung ihres Lebensraumes. Feuchte Wiesen und Tümpel werden trocken gelegt, Gräben an Feldrändern zugeschüttet und durch Abflussrohre ersetzt. Der Einsatz von Dünger und Pflanzenschutzmitteln führt außerdem dazu, dass ihre Beutetiere immer seltener werden. Wenn sie Insekten fressen, die durch Gifte geschädigt sind, können die Kröten selbst daran sterben.

[7] *Sicherheit nicht nur für die Kröten, sondern auch für die Krötenschützer: Die Warnweste ist unbedingt erforderlich.*

Krötenschützer unterwegs

Straßen, die nicht dringend für den Verkehr gebraucht werden, können für die Zeit der Krötenwanderung nachts gesperrt werden. Stellenweise kann ein Tunnel unter der Straße [5] das Überqueren überflüssig machen. Damit die Kröten ihn auch benutzen, stellen Naturschützer Zäune entlang der Straße auf. Die einzig vorhandene Lücke darin ist der Eingang zum Tunnel.

Ist eine solche Unterführung nicht möglich, vergräbt man entlang des Zaunes Eimer [4]. Auf der Suche nach einem Ausweg fallen die Kröten hinein. Bei dieser Methode sind viele Helfer nötig. Die Eimer müssen zweimal täglich kontrolliert werden. Haben sich Kröten darin gefangen, so werden sie sicher über die Straße getragen und können ihren Weg fortsetzen.

Merkmal

▶ Kröten unternehmen weite Wanderungen zwischen Überwinterungsplatz und Laichgewässer.

Denkmal

❶ Was versteht man unter einer Roten Liste?

❷ Informiere dich über das Vorkommen gefährdeter Lurcharten in deiner Nähe. Naturschutzorganisationen, Behörden und die regionalen Roten Listen können hier Auskunft geben.

❸ Nenne Ursachen für die Gefährdung heimischer Lurcharten.

❹ Erkundige dich, welche Schutzmaßnahmen für Lurche in deiner Nähe getroffen werden.

❺ Informiere dich, warum man Kröten möglichst nicht mit bloßen Händen anfassen soll.

Projekt-Tipp

Sammle Informationsmaterial zum Thema Lurche und gestalte eine Ausstellung, die auch deine Mitschülerinnen und Mitschüler über dieses Thema informiert.

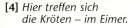

[4] *Hier treffen sich die Kröten – im Eimer.*

[5] *Geführte Wanderung – wer hier in die Röhre schaut, der sieht einen sicheren Überweg.*

Schutz tut Not

Natürlich ist es sinnvoll, die Tiere auf ihrer Wanderung zum Laichgewässer zu schützen. Doch das allein reicht nicht. Feuchtgebiete und Tümpel müssen erhalten bleiben. In ihrer Nähe dürfen die Landwirte weder Pflanzenschutzmittel noch Dünger einsetzen. Naturschutzbehörden legen die Gebiete fest, in denen solche Einschränkungen wichtig und sinnvoll sind. In eine Rote Liste werden seit vielen Jahren die Arten aufgenommen, die gefährdet oder vom Aussterben bedroht sind und geschützt werden müssen. Hier findet man inzwischen fast alle einheimischen Lurche.

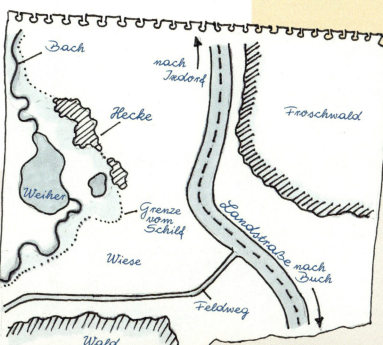

[8] *So könnte eine Karte zur Krötenrettung aussehen. Wo würdest du den Krötenfangzaun aufstellen?*

Bacherkundung

[1] Auch ein Bach hat viele Lebensräume – Bachbett, Uferzone und Steine mit Strömungsschatten.

[2] Die Larve dieser Köcherfliege beschwert ihren Köcher zusätzlich mit größeren Steinchen, um so der Wasserströmung trotzen zu können.

Wenn wir sagen, wir wollen einen Bach unter die Lupe nehmen, dann kann man das ruhig wörtlich nehmen. Denn mit einer Lupe kann man tatsächlich eine Menge über den Bach und das erstaunliche Leben in ihm erfahren. Wir brauchen allerdings noch ein paar andere einfache Hilfsmittel.

Ein Bach besteht aus verschiedenen Kleinlebensräumen, in denen unterschiedliche Tiere und Pflanzen leben. Es ist nicht gleich, ob wir unsere Untersuchungen in der Bachmitte, an seinem Rande oder in einer flachen Ausbuchtung des Bachbettes durchführen. Die Bedingungen unterscheiden sich oft erheblich.

Hausordnung am Bach

Bei allen Versuchen, die du am Bach anstellst, darfst du nie vergessen, dass viele Tiere und Pflanzen streng geschützt sind, also nicht gefangen, zertrampelt oder gar ausgerissen werden dürfen. Und es dürfte wohl selbstverständlich sein, dass man keinerlei Abfälle hinterlässt und sich streng an die Naturschutzgesetze hält. Informiere dich, bevor du die erste Untersuchung am Bach startest.

1 Mit Maßband und Stoppuhr

Markiere einen Punkt am Ufer und miss eine Strecke von 10 m ab. Wirf nun einen Korken in die Bachmitte und bestimme mit einer Stoppuhr die Zeit, die er für diese Strecke braucht. Daraus lässt sich die Fließgeschwindigkeit des Bachs errechnen. Sie wird in Meter pro Sekunde (m/s) angegeben.

Startet mehrere Korken sowohl in Ufernähe als auch in der Bachmitte, und berechnet die unterschiedlichen Fließgeschwindigkeiten.

2
Beschreibe anhand der Grafik [3] die verschiedenen Lebensraumbereiche an einem Bach und ihre jeweiligen Bedingungen.

3 Was so alles drin ist
Fülle einen Glasbecher mit Bachwasser. Um darin Einzelheiten erkennen zu können, halte ein weißes Blatt Papier dahinter. Notiere nun deine Beobachtungen.

[3] Jeder noch so kleine Bachabschnitt enthält viele unterschiedliche Lebensräume.

Projekt-Tipp
Mehr zur Untersuchung von Lebewesen in fließenden Gewässern findest du im Projekt „Lebewesen zeigen die Wasserqualität", S. 166.

[4] *Köcherfliegen heften ihre Eier oft als Gallert-Eiballen an Pflanzenstängel.*

[5] *Zur Verpuppung heften sich die Köcherfliegenlarven an Pflanzenstängel oder auch an Steine.*

[6] *Köcherfliegen sehen kleinen Schmetterlingen entfernt ähnlich.*

Heimliche Bachbewohner

Im fließenden Bach wirst du auf den ersten Blick kaum Tiere entdecken. Kein Wunder: Frei umher schwimmende Tiere würden sofort von der Strömung mitgerissen und verschwinden.

4 Nimm deshalb einen Kescher und ziehe ihn vorsichtig durch einen mit Pflanzen bewachsenen Bereich, über den Bachgrund und durch ruhige Buchten am Ufer. Auch unter Steinen im Bachbett kannst du so manchen Wasserbewohner finden. Streife die an Ober- und Unterseite haftenden Tiere mit einem Pinsel über einer wassergefüllten Schale ab. Unter der Becherlupe kannst du sie recht gut beobachten. Ein Bestimmungsbuch hilft dir, deren Namen zu erfahren.

Larve mit Haus

Köcherfliegen [6] – Verwandte der Schmetterlinge – legen ihre Eier unter Wasser ab. Trickreich schützen sich die Larven vor Fressfeinden. Mit Speichel verkleben sie Steinchen, Pflanzenreste oder Schneckenhäuschen zu einem Köcher [5], aus dem nur der Kopf und die drei Beinpaare herausragen. Manche Köcherfliegenlarven spinnen Netze, in denen sich Plankton, Algen, Pflanzenreste oder winzige Wassertiere fangen. Zur Verpuppung heftet sich die Larve an Wasserpflanzen oder Steine und verschließt die Röhre an beiden Enden. Nach 2 bis 4 Wochen beißt die Nymphe, das ist die bewegliche Larve, ein Loch hinein, schwimmt zur Oberfläche, streift ihre Nymphenhaut ab und fliegt davon. Die ausgewachsene Köcherfliege [6] hat eine **vollständige Verwandlung** hinter sich. Sie hat ihr Aussehen bei ihrer Entwicklung vollständig verändert: Nach dem Ei-Stadium folgt das Larven-Stadium, anschließend verpuppt sie sich (Puppen-Stadium), um sich in ein scheinbar neues Tier, die ausgewachsene Köcherfliege, zu verwandeln.

5 Untersuche unter der Lupe den Köcher einer Larve und bestimme, wie er zusammengesetzt ist.

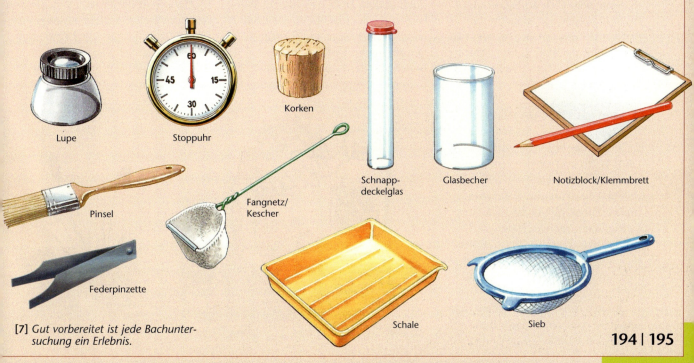
[7] *Gut vorbereitet ist jede Bachuntersuchung ein Erlebnis.*

Lebensraum Wasser

1 Trübe Brühe
Der Nachbar ist völlig verzweifelt: Das Wasser in seinem neuen Gartenteich, das noch im Frühjahr klar bis zum Grund war, hat sich in den ersten Sommerwochen stark getrübt. Außerdem erscheint es jetzt kräftig grün – fast so, als habe jemand einen Eimer Wasserfarbe in den Teich gekippt.

Man zieht dich als Experten zu Rate. Welche Untersuchungen nimmst du vor, um der grünen Wassertrübung genauer auf die Spur zu kommen? Schreibe außerdem einen Erfahrungsbericht.

2 Wie ein Fisch im Wasser
Kai spielt gerne an einem kleinen Weiher in der Nähe des Ortsrandes. Eines Tages im Frühjahr fallen ihm merkwürdige kleine Tiere auf – ungefähr 1 cm lang und tief dunkelbraun. Zuerst hält er sie für kleine Fische, aber dann kommen ihm doch einige Zweifel: Fische mit so dicken Köpfen hat er noch nie gesehen, und außerdem stimmen auch die Flossen nicht.

Kannst du Kai einen heißen Tipp geben? Begründe, warum diese seltsamen Tiere keine Fische sind.

3 Ganz schön glitschig
Kleine Steine aus einem Bach oder Stängel und Blätter von Wasserpflanzen sind nicht nur nass, wenn man sie aus dem Wasser hebt, sondern fühlen sich ziemlich glitschig an – fast so, als hätte sie jemand mit Schmierseife eingerieben.

Das macht dich natürlich neugierig – der seltsame Belag muss doch andere Ursachen haben. Wie kannst du herausfinden, warum sich die Oberflächen so seifig anfühlen? Verfasse einen Untersuchungsbericht, in dem du alle Einzelschritte deines Vorgehens beschreibst.

4 Mal mit, mal ohne
Heike hat im Garten ein ungefähr fingerlanges Tier gesehen – schlank, erdbraun, mit längerem Schwanz und vier kurzen Beinen. In einem Tierbestimmungsbuch findet sie den Hinweis, dass dieses Tier zu den Lurchen gehört, die man auch Amphibien nennt. Außerdem liest sie etwas von Frosch- und Schwanzlurchen. Heikes Mutter meint dagegen, es müsse sich wohl um eine Eidechse handeln.

Weißt du es genauer? Finde heraus, wie man Schwanzlurche und vierfüßige Reptilien nur durch Beobachten sicher unterscheiden kann und stelle eine Vergleichstabelle zusammen.

5 Alles am richtigen Platz

Auf eurem Schulgelände soll ein ungefähr 5 m · 10 m großes Kleingewässer angelegt werden – nicht als Swimmingpool oder Wasservorrat für den Rasensprenger, sondern als Lebensraum (Biotop) für Pflanzen und Tiere. Ihr könnt in die Planung aktiv eingreifen und mitgestalten.

Überlegt, wie tief der neue Teich an seiner tiefsten Stelle werden soll und für welche Seite man am besten eine Flachwasserzone einplant. Geht in ein Gartencenter und lasst euch beraten, welche heimischen Pflanzen auszuwählen sind und an welchen Stellen ihr sie am besten einpflanzt, so dass auch genügend Licht ins Wasser fällt. Überlegt mit eurer Lehrerin oder eurem Lehrer, ob man auch Tiere einsetzen darf.

6 Amphibien-Fahrzeug

Informiere dich über den Begriff „Amphibien-Fahrzeug". Was ist das, welche Aufgaben hat es, und wie kam man auf den Namen „Amphibien-Fahrzeug"?

Von sauer
8

Wer eine Tropfsteinhöhle betritt, dem enthüllt sich ein prächtiges Schauspiel: Zapfen und Vorhänge, die von der Decke und vom Boden wachsen. Durch die Einwirkung einer natürlichen Säure ist im Kalkgebirge eine Tropfsteinhöhle entstanden, in Tausenden von Jahren und ganz ohne menschliches Zutun.

In der belebten Natur gibt es eine Fülle von Säuren. Sie sind ein Bestandteil von sauer schmeckenden Früchten, und auch Tiere, wie etwa die Ameise, produzieren Säuren. Manche Säuren sind sehr wichtig für Industrie und Gewerbe. Ohne sie läuft nichts. Andere gelangen als Schadstoffe in die Umwelt und zerstören Wälder und Seen. Säuren sind eben echt ätzend.

Laugen finden als Reinigungsmittel Verwendung, etwa zum Fensterputzen oder zum Backofenreinigen. In Süddeutschland kennt man die Brezel, sie verdankt ihren würzigen Geschmack einer verdünnten Lauge, in die sie vor dem Backen eingetaucht wird. In konzentrierter Form sind auch die Laugen stark ätzend, in der industriellen Produktion und im Gewerbe aber unverzichtbar.

Bei Säuren und Laugen ist also Vorsicht angebracht! Nun sollte man meinen, dass beide zusammen doppelt gefährlich sind. Doch das Gegenteil ist der Fall: Bringt man sie zusammen, dann werden sie neutral. Dabei entstehen ganz neue Stoffe, Salze. Und die kann man wieder in der Natur finden, so wie etwa den Kalkstein der Tropfsteinhöhle.

bis salzig

Lauter scharfe Sachen

Wenn wir Speisen zubereiten, Nahrungsmittel haltbar machen oder das Waschbecken reinigen, immer wieder kommen im Haushalt Säuren und Laugen zum Einsatz.

[1]

[2] Gurken und auch andere Früchte werden mit Essig konserviert.

Säuren begegnen uns in Früchten, wenn wir in einen Apfel beißen oder eine Zitrone auspressen. Sprudel enthält Kohlensäure, und Milch kann sauer werden. Auch der Essig im Salat ist sauer.

Sauer macht Appetit und haltbar

Essig enthält eine Säure, die Essigsäure. Eingelegte Gurken [2] und andere Früchte werden mit Essigsäure haltbar gemacht. Sauerkraut enthält Milchsäure und verdirbt dadurch nicht. Der saure Geschmack von Früchten kommt von **Fruchtsäuren**, z. B. Vitamin C (Ascorbinsäure) und Citronensäure.

„Sauer" kann man schmecken; die Zunge erkennt, was eine Säure ist. Bei Lebensmitteln ist das unbedenklich, aber schon Essigessenz würde die Zunge verätzen. Man kann nicht immer mit der Zunge untersuchen, ob Säure vorhanden ist.

Versuche

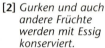

[3]

[4]

[5]

[6]

1 Brühe einen kräftigen Schwarztee auf und lasse ihn so lange ziehen, bis er eine tief dunkle Farbe hat.
a) Gib nun tropfenweise Zitronensaft hinzu. Welche Beobachtung machst du?
b) Wiederhole den Versuch, indem du etwas Speiseessig zum Schwarztee tropfst.
c) ⚠ Fülle etwas Schwarztee in ein Becherglas und gib mithilfe eines Spatels ein paar Körnchen Rohrreiniger dazu. Was kannst du nun beobachten? *(Achtung: Rohrreiniger ist ätzend!)*

2 Schneide einige Blätter eines Rotkohlkopfes in kleine Stückchen [4]. Gib Wasser dazu und erhitze das Gemisch bis zum Sieden [5]. Lasse den Sud erkalten und gieße den Saft durch ein Sieb in eine Glasflasche [6]. Mit einer Pipette kannst du den selbst gemachten Indikator leichter handhaben.

3 Prüfe im Reagenzglas Sprudel bzw. Speiseessig mit dem Rotkohlsaft. Welche Flüssigkeit wirkt stärker sauer? Begründe!

4 Ähnlich wie Rotkohlsaft lassen sich andere Pflanzenfarbstoffe gewinnen. Auch Früchtetees enthalten Pflanzenfarbstoffe. Prüfe mit Haushaltsessig ihre Eignung als Säureindikator.

5 ⚠ Prüfe kleine Proben verdünnter Haushaltsreiniger, Waschmittel und Haushaltsseifen mit Rotkohlsaft. *(Achtung: Warnhinweise beachten!)*

Kleinkind mit Verätzungen ins Krankenhaus gebracht

Nürnberg (dpa) Zu einem folgenschweren Haushaltsunfall kam es am vergangenen Wochenende bei Familie A. im Wohnpark an der alten Mühle. Die zwei Jahre alte Tochter Lisa hatte – für einige Minuten unbeaufsichtigt – in der Küche gespielt und dabei eine Flasche Abflussreiniger entdeckt. Durch das bunte Etikett angelockt trank sie einen Schluck des scharfen Reinigungsmittels. Der von den Eltern sofort informierte Notarzt

[7] *Wie hätte man diesen Unfall verhindern können? Könnte ein ähnlicher Unfall auch bei dir zu Hause passieren?*

Der Säuretest mit Rotkohlsaft

Hast du schon einmal beobachtet, was mit Schwarztee geschieht, wenn man Zitronensaft hinzugibt? Nicht nur der Geschmack verändert sich, sondern auch die Farbe. Noch besser geht das mit einem Saft aus Rotkohl [4]–[6]. Er enthält einen violetten Farbstoff. Tropft man zum Rotkohlsaft eine Säure, dann färbt er sich rot. Je stärker der Säuregrad, desto intensiver ist die Rotfärbung. Es macht also einen Unterschied, ob du Kohlensäure aus der Sprudelflasche, frisch gepressten Zitronensaft oder etwa Speiseessig prüfst. Farbstoffe, die bei Zugabe einer Säure oder auch einer Lauge ihre Farbe ändern, nennt man **Indikatoren**.

[8] *Rotkohl, Blaukraut oder Lilakohl?*

Vom Umgang mit scharfen Sachen

Im Badezimmerschrank, im Keller oder in der Vorratskammer stehen oft „Haushaltschemikalien". Wir verwenden sie täglich: Waschmittel, Körperpflegemittel, Kosmetikartikel. Gefährlich wird es bei den scharfen Reinigern [7], [11].

Alle gefährlichen Stoffe müssen mit einem Gefahrensymbol gekennzeichnet sein: Rohrreiniger bildet mit Wasser eine starke **Lauge**, sie färbt Rotkohlsaft grün. Hautkontakt kann zu schweren Verätzungen führen [10]. Andere Kraftreiniger sind gesundheitsschädlich oder reizend [9]. Sie können Haut und Schleimhäute reizen und in größeren Mengen sogar tödlich wirken. Behälter mit Resten gehören zum Sondermüll.

[9] *Viele Haushaltsreiniger sind gesundheitsschädlich oder reizend.*

[10] *Starke Laugen und Säuren wirken ätzend.*

Merkmal

▶ Viele Früchte enthalten Säuren. Sie heißen Fruchtsäuren.

▶ Verdünnte Säuren werden zum Haltbarmachen von Lebensmitteln eingesetzt.

▶ Ein Farbstoff, der bei Zugabe einer Säure oder Lauge seine Farbe verändert, heißt Indikator.

▶ Gefährliche Haushaltschemikalien sind mit einem Gefahrensymbol versehen.

▶ Behälter mit einem Gefahrensymbol müssen kindersicher aufbewahrt werden.

▶ Haushaltschemikalien dürfen nicht in Trinkflaschen aufbewahrt werden.

Denkmal

❶ Was ist ein Indikator?

❷ Stelle fest, welche gekauften Lebensmittel mit Säuren haltbar gemacht sind.

❸ Suche bei dir zu Hause nach Behältern mit Gefahrensymbolen. Lege eine Tabelle an und notiere die zugehörigen Warnhinweise in dein Heft.

❹ Warum gehören Haushaltschemikalien mit Gefahrensymbolen unter Verschluss?

❺ Welche Gefahren entstehen, wenn Haushaltschemikalien unerlaubterweise in Getränkeflaschen aufbewahrt werden?

❻ Warum dürfen die Reste von Haushaltschemikalien nicht über den Ausguss entsorgt werden?

❼ Rotkohl wird häufig zusammen mit Apfelstückchen gekocht. Das hat nicht nur Auswirkungen auf den Geschmack. Erkläre.

[11] *Bei gefährlichen Stoffen soll man auch das „Kleingedruckte" lesen. Hier stehen wichtige Hinweise, z. B. wie mit den Stoffen umzugehen ist, wie sie zu entsorgen sind und dass sie kindersicher aufbewahrt werden müssen.*

Alles gleich sauer?

Äpfel und Zitrusfrüchte schmecken unterschiedlich sauer. Doch wie misst man die saure bzw. alkalische Wirkung von Säuren und Laugen? Der pH-Wert ist die Einheit, bestimmt wird er mit einem Indikator.

[1]

Ein Geschmackstest mit der Zunge beweist es: Ein unreifer grüner, ein weicher gelber und ein knackiger rotbackiger Apfel – alle schmecken unterschiedlich sauer. Oder ein anderes Beispiel: Schon der Gedanke an einen Biss in die saure Zitrone zieht einem das Wasser im Mund zusammen.

Sauer ist nicht gleich sauer

Mit dem Geschmackssinn kann man gut unterscheiden, was sauer ist und was nicht. Was aber mehr und was weniger sauer ist, lässt sich nicht so einfach wahrnehmen: Ist Zitronensaft saurer als Essig? Bei Säuren im Labor wäre der Geschmackstest sowieso zu gefährlich.

Mit Indikatoren prüfen

Im Labor kann man bestimmen, ob eine Flüssigkeit sauer oder alkalisch ist. Es gibt dafür besondere Farbstoffe, **Indikatoren**. Sie ändern ihre Farbe, wenn sie zu einer Säure gegeben werden, z. B. wird Rotkohlsaft [200.6] rot. Auch **Lackmus** ist ein Indikator, der sich mit Säuren rot färbt.

Es gibt auch Flüssigkeiten, die Rotkohlsaft grün und Lackmus blau färben. Sie reagieren **alkalisch**, man nennt sie **Laugen**. Seifenlösung reagiert schwach alkalisch, Rohrreiniger stark alkalisch.

Säuren, Laugen, bunte Farben

Rotkohl und Lackmus zeigen nur an, ob eine Flüssigkeit sauer oder alkalisch ist. Wenn man genauer wissen will, wie sauer oder alkalisch sie ist, verwendet man einen **Universalindikator**. Mit ihm kann man die saure bzw. alkalische Wirkung von Säuren und Laugen messen.

Gibt man zu verdünnter Salzsäure einige Tropfen Universalindikator, dann färbt sich

[2] *Für genaue Messungen des pH-Wertes verwendet man ein pH-Meter, ein elektrisches Messgerät.*

← zunehmend sauer							neutral					zunehmend alkalisch →		
0	1	2	3	4	5	6	7	8	9	10	11	12	13	14
verdünnte Salzsäure	Magensaft	Zitronensaft Speiseessig	Wein	saurer Regen	„reiner" Regen	Milch Urin	Wasser Blut	Meerwasser	Seifenlösung	Kalkwasser	Salmiakgeist = Ammoniak-wasser	Sodalösung		verdünnte Natronlauge

[3]

Körperpflege mit pH 5,5

Die menschliche Haut baut auf ihrer Oberfläche aus Talg und Schweiß einen Schutzfilm auf. Dieser verhindert das Eindringen von Krankheitskeimen. Der pH-Wert des Schutzfilms liegt bei 5,5. Durch zu häufiges Waschen und Duschen oder durch intensive Verwendung von Seifen und Waschlotionen, die vom pH-Wert der Haut abweichen, kann der Schutzfilm zerstört werden. Die Haut entzündet sich. Eine medizinische Seife oder Waschlotion ist „hautneutral", sie hat den pH-Wert 5,5.

[4]

die Lösung rot. Sprudelwasser, also Mineralwasser mit Kohlensäure, färbt sich gelborange. Den Farben sind Zahlen zugeordnet, die **pH-Werte** [3], [6].

Reines Wasser hat den pH-Wert 7, es ist **neutral**. Säuren haben kleinere pH-Werte als 7. Auf der anderen Seite der Skala stehen die Laugen. Sie haben pH-Werte zwischen 7 und 14.

Konzentriert und verdünnt

Salzsäure und Schwefelsäure gehören zu den stärksten Säuren. Wenn man die Säuren verdünnt, d.h. man mischt sie mit Wasser, wird ihre saure Wirkung schwächer und der pH-Wert der Lösung steigt. Natronlauge und Kalilauge sind sehr starke Laugen. Bei ihnen fällt der pH-Wert, wenn man sie mit Wasser verdünnt.

Beim Verdünnen nimmt die ätzende Wirkung von Säuren und Laugen ab. Man bezeichnet mit Wasser gemischte Säuren und Laugen als **verdünnt**, die unverdünnten Säuren und Laugen nennt man **konzentriert**.

⚠ Für das Verdünnen von Säuren gilt: Immer die Säure langsam in das Wasser gießen, nie umgekehrt!

Merkmal

▶ Indikatoren sind Nachweismittel für Säuren und Laugen.

▶ Mithilfe eines Universalindikators kann man den pH-Wert bestimmen.

▶ Eine neutrale Lösung hat den pH-Wert 7.

▶ Je niedriger der pH-Wert, desto saurer ist die Lösung (pH < 7)

▶ Je höher der pH-Wert, desto alkalischer ist die Lösung (pH > 7)

Denkmal

❶ Eine Flüssigkeit hat den pH-Wert 8. Ist sie sauer oder alkalisch?

❷ Welche Färbungen zeigen Lackmus und Universalindikator mit Säuren bzw. Laugen?

❸ Welchen pH-Wert hat der Schutzfilm der menschlichen Haut?

❹ a) Zu häufiges Duschen ist ungesund. Wieso?
b) Welchen pH-Wert sollte eine hautfreundliche Waschlotion haben?

❺ Konzentrierte Säuren und Laugen sowie auch einige Haushaltsreiniger sind „echt ätzend". Wie würdest du dich verhalten, um
a) Verätzungen zu vermeiden?
b) auf eine versehentliche Verätzung schnell zu reagieren?

❻ Presse verschiedene Früchte aus und prüfe den pH-Wert der Säfte.

[5]

[6]

[5] *Durch Vergleichen mit der zugehörenden Farbskala zeigt der Universalindikator an, wie sauer bzw. alkalisch die Lösungen sind.*

[6] *Universalindikatorpapier gibt es in einem praktischen Spender. Mit einem Streifenstück wird getestet, und durch Vergleich mit der aufgedruckten Farbskala der pH-Wert bestimmt.*

Versuche

1 Du erhältst von deinem Lehrer verschiedene Flüssigkeiten, z.B. Regenwasser, Leitungswasser, Sprudelwasser, Schwimmbadwasser, Wasser aus dem Schul- oder Gartenteich. Bestimme den pH-Wert der Flüssigkeiten:
a) Gib mithilfe eines Glasstabs einen Tropfen der Flüssigkeit auf Universalindikatorpapier. Vergleiche die Farbe der benetzten Stelle des Papiers mit der Skala auf der Indikatorbox [6].
b) Du kannst auch flüssigen Universalindikator [5] verwenden, indem du wenige Tropfen davon in Reagenzgläser mit den Flüssigkeitsproben tropfst und mit der Farbskala vergleichst.

2 Stelle aus verschiedenen Haushaltsreinigern nach der Gebrauchsanleitung Lösungen her und bestimme ihren pH-Wert.

3 Stelle Lösungen von Shampoos, Waschlotionen und Seifen her und bestimme ihren pH-Wert.

Kohlensäure

Kohlensäure ist eine Säure, die man trinken kann.
In jeder Sprudelflasche befindet sich Kohlensäure.

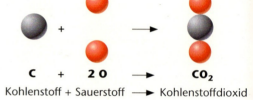

[2] *Kohlenstoff verbrennt mit Sauerstoff zu Kohlenstoffdioxid.*

[1] *Beim Erhitzen von Sprudel entweicht Kohlenstoffdioxid. Dabei nimmt die Säurewirkung ab.*

An einem heißen Sommertag ist der Griff zur Sprudelflasche eine Wohltat. Sprudel ist ein guter Durstlöscher, auch ohne Geschmackszusätze schmeckt er schön sauer.

[4] *Beim Einleiten von Kohlenstoffdioxid in Wasser entsteht Kohlensäure.*

Der Geist aus der Flasche

Beim Öffnen der Sprudelflasche zischt es, Gasbläschen steigen auf. Der „Sprudelgeist" entweicht. Prüft man Sprudelwasser mit Universalindikator, so zeigt die Orangefärbung an, dass eine schwache Säure vorliegt. Nach längerem Erhitzen entweicht das Gas vollständig, und die Indikatorfarbe verändert sich über Gelb nach Grün [1]. Das Wasser ist nun nicht mehr sauer, sondern neutral. Offensichtlich ist das Gas für die Säurereaktion von Sprudel verantwortlich.

Kohlensäuregas und Kohlensäure

Durch Einleiten von „Sprudelgas" in Kalkwasser lässt sich das Gas als Kohlenstoffdioxid identifizieren [7]. Es entsteht durch Oxidation von Kohlenstoff. Beim Verbrennen verbindet sich der Kohlenstoff mit Sauerstoff zu **Kohlenstoffdioxid** [2]. Beim

Kohlensäure aus den Wolken

Kohlenstoffdioxid bildet mit dem Wasserdampf der Atmosphäre Kohlensäure. Und die regnet dann vom Himmel. Sie bewirkt, dass sich Kupferdächer in wenigen Jahren mit einer blaugrünen Schicht überziehen, der Patina [96.1]. Kohlensäure beschleunigt aber auch das Rosten von Eisen, sodass man es vor ihr schützen muss.

Selbst Kalkstein wird von Kohlensäure angegriffen. Die Kohlensäure aus dem Regen fließt durch das Kalkgestein und löst ständig geringe Mengen davon auf. Dadurch entsteht „hartes" Wasser. Im Wasserkocher und in der Waschmaschine setzt sich dann wieder Kalk ab, es entsteht „Kesselstein" [152.7], [152.8]. Schöner ist die Entstehung von Tropfsteinhöhlen. Auch hier löst die Kohlensäure den Kalkstein auf und lässt ihn an anderer Stelle in Form von Tropfsteinen wieder wachsen [5]. Aber das dauert viele tausend Jahre.

[5] *Ohne Kohlensäure gäbe es keine Tropfsteine.*

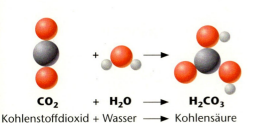

[3] *Kohlenstoffdioxid bildet mit Wasser Kohlensäure.*

Einleiten in Wasser reagiert das Kohlenstoffdioxid mit Wasser und bildet **Kohlensäure** [3], [4].

Millionen Tonnen Kohlenstoffdioxid

Beim Verbrennen von Kohle, Holz, Erdgas und Erdölprodukten, bei der Atmung, beim Abbau von pflanzlichem und tierischem Material entsteht Kohlenstoffdioxid. Das sind viele Millionen Tonnen täglich. Ein Teil davon wird beim Pflanzenwachstum durch die Fotosynthese chemisch gebunden [104.5].

Ein anderer Teil des Kohlenstoffdioxids bleibt in der Atmosphäre und bildet mit dem Wasserdampf der Luft Kohlensäure. Ein weiterer Teil des Kohlenstoffdioxids wird von den großen Gewässern der Erde aufgenommen. Während viele Seen bereits sauer reagieren, wird die in den Weltmeeren gelöste Kohlensäure durch schwache Laugen im Meerwasser neutralisiert.

[6] *Durch Lösen von Kohlenstoffdioxid in Leitungswasser entsteht Sprudelwasser.*

Merkmal

▶ Beim Verbrennen von kohlenstoffhaltigen Substanzen entsteht Kohlenstoffdioxid.

▶ Kohlenstoffdioxid bildet mit Wasser Kohlensäure.

▶ Kohlensäure ist eine schwache Säure.

▶ Kohlensäurehaltige Getränke enthalten Kohlenstoffdioxid.

Denkmal

❶ Die grauen Druckflaschen der Brauereien tragen die Aufschrift „Kohlensäure". Was stimmt hier nicht?

❷ Warum entsteht beim Verbrennen von Holz Kohlenstoffdioxid?

❸ Warum zeigt die Prüfung von Regenwasser mit Indikator eine Säure an? Prüfe nach.

❹ Was geschieht beim Erhitzen von Sprudel?

❺ Löst sich Kohlenstoffdioxid besser in kaltem oder warmem Wasser? Begründe.

❻ Warum kann man die Weltmeere als Speicher für Kohlenstoffdioxid ansehen?

❼ Informiere dich über die Funktionsweise von „Sprudlern" [6] für den Haushalt.

Versuche

1 Erhitze im Becherglas ca. 250 ml Sprudelwasser, das vorher mit Universalindikator angefärbt wurde. Lasse die Flüssigkeit einige Zeit kochen.

2 Verschließe eine halb gefüllte, aber noch frische Sprudelflasche mit einem durchbohrten Gummistopfen, in dem ein Glasröhrchen steckt. Verbinde das Glasröhrchen mit einem Gummischlauch und tauche das andere Ende des Schlauchs in ein Glas mit Kalkwasser [7], [35.7]. Durch vorsichtiges Schütteln der Sprudelflasche kann die Gasentwicklung beschleunigt werden. Achte auf die Veränderungen im Kalkwasser.

[7] *Kalkwasserprobe*

3 Halte mit der Tiegelzange ein Stückchen glühende Holzkohle in einen mit Sauerstoff gefüllten Standzylinder. Gieße nach der Reaktion etwas Kalkwasser in den Zylinder, verschließe ihn und schüttle um.

[8] *Einleiten der Verbrennungsgase einer Kerze in Indikatorlösung*

4 Führe Versuch 2 noch einmal durch. Verwende anstelle Kalkwasser nun mit Universalindikator angefärbtes Wasser.

5 Leite nach der Abbildung [8] die Verbrennungsgase einer Kerze durch eine Indikatorlösung. Welches Gas entsteht bei der Verbrennung der Kerze? Ändere den Versuchsaufbau so, dass du dieses Gas nachweisen kannst.

Salzsäure – eine Säure aus Salz

Salzsäure ist eine der am häufigsten in Industrie und Handwerk verwendeten Säuren. Schon die Alchemisten verstanden sich auf ihre Herstellung aus Steinsalz.

[1] *Manche Zementschleierentferner enthalten Salzsäure. Wegen des Salzsäuregases setzt man sie fast nur im Freien oder im Rohbau ein.*

Beim Öffnen einer Salzsäureflasche macht sich ein stechender Geruch bemerkbar. Auch beim professionellen Reiniger, mit dem man nach dem Fliesenlegen den Zementschleier entfernt [1], sagt die Nase, dass hier Salzsäure enthalten ist. Aber Vorsicht, Salzsäure ist ätzend [8] und ein Atemgift.

Stechend riechendes Salzsäuregas

Will man Salzsäure herstellen, so braucht man **Salzsäuregas**. Salzsäuregas ist eine chemische Verbindung aus Wasserstoff und Chlor, deshalb nennt man es auch **Chlorwasserstoff**. Man kann es durch Verbrennen von Wasserstoff in Chlorgas gewinnen [7].

Starke Salzsäure aus Chlorwasserstoff

Zur Herstellung von Salzsäure leitet man Salzsäuregas, also Chlorwasserstoff, in Wasser [6]. Bei einer konzentrierten Säure ist die Lösung **gesättigt**; sie kann kein Salzsäuregas mehr aufnehmen. Aus einer offenen Flasche tritt Chlorwasserstoff aus und bildet mit der Luftfeuchtigkeit Salzsäurenebel. Die Salzsäure „raucht" [4]. Salzsäurenebel schädigt die Lungen und lässt Eisen rosten. Laborflaschen mit „rauchender Salzsäure" haben daher häufig eine Kappe über dem Stopfen [2].

Ein Springbrunnen mit Salzsäuregas

Chlorwasserstoff ist ein Gas, das sich außergewöhnlich gut in Wasser löst. Dies kann man in einem einfachen Versuch zeigen [5]: Im Rundkolben und im Glasrohr befindet sich Chlorwasserstoff. Dort, wo der Chlorwasserstoff das Wasser berührt, löst er sich, sodass im Kolben ein Unterdruck entsteht. Das Wasser steigt im Glasrohr nach oben. Sobald die ersten Tropfen im Rundkolben sind, löst sich sehr viel Gas darin. Dadurch entsteht ein so großer Unterdruck, dass der äußere Luftdruck das Wasser wie in einem Springbrunnen in den Kolben treibt.

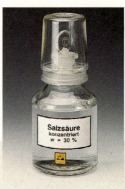
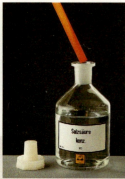

[2] *Konzentrierte Salzsäure wird oft in Kappenflaschen aufbewahrt.*

[3] *Angefeuchtetes Universalindikatorpapier färbt sich durch austretenden Chlorwasserstoff rot.*

[4] *Austretender Chlorwasserstoff bildet mit der Luftfeuchtigkeit Salzsäurenebel.*

Magensäure, richtig dosiert

Unser Magensaft enthält stark verdünnte Salzsäure. Diese **Magensäure** hilft beim Verdauen der Speisen und tötet Bakterien ab, die mit der Nahrung aufgenommen werden. Der Magen selbst schützt sich vor der Säure durch den Magenschleim.

Produziert der Magen zu viel Säure, kann es zu Reizungen der Magenschleimhaut und schließlich zu Entzündungen kommen. Sehr unangenehm ist auch das Sodbrennen. Es entsteht, wenn der Magensaft und damit auch die Magensäure in die Speiseröhre gelangt. Zu viel Magensäure kann man mit Medikamenten behandeln.

[5] *Im Salzsäuresprudelbrunnen bildet sich Salzsäure aus Chlorwasserstoff und Wasser. Enthält das Wasser Universalindikator, färbt es sich rot.*

Eine Säure für fast alle Fälle

Salzsäure findet vielseitige Verwendung in Industrie und Gewerbe. Salzsäure löst die Oxidschicht auf Metallen und dient daher zur Reinigung von Karosserieblech vor dem Galvanisieren [127.5]. Da auch viele Metalle von Salzsäure angegriffen werden, findet sie Verwendung bei der Metallätzung. Salzsäure reagiert heftig mit Kalkstein und wird zur Beseitigung von Kalkablagerungen und bei Bohrungen im kalkhaltigen Gelände eingesetzt. Auch zur Herstellung mancher Kunststoffe, z. B. PVC, benötigt man Salzsäure.

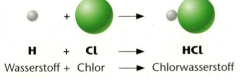

H + Cl ⟶ HCl
Wasserstoff + Chlor ⟶ Chlorwasserstoff

[7] *Bei der Reaktion von Wasserstoff mit Chlor entsteht Chlorwasserstoff.*

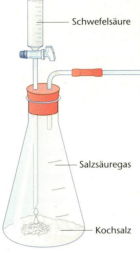

[6] *Salzsäuregas lässt sich im Labor gewinnen, indem man Schwefelsäure auf Kochsalz tropft. Es verbindet sich mit Wasser zu Salzsäure.*

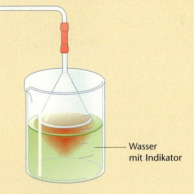

Merkmal

▶ Chlorwasserstoff ist eine gasförmige Verbindung der Elemente Wasserstoff und Chlor.

▶ Weil Chlorwasserstoff mit Wasser zu Salzsäure reagiert, heißt das Gas auch Salzsäuregas.

▶ Salzsäure ist eine Lösung von Salzsäuregas in Wasser.

▶ Salzsäure wirkt stark ätzend. Die ätzende Wirkung nimmt mit wachsender Konzentration der Säure zu.

Denkmal

❶ Nenne Beispiele für die Verwendung von Salzsäure.

❷ Wozu dient Salzsäure beim Hausbau?

❸ Woher hat die Salzsäure ihren Namen?

❹ Was ist der Unterschied zwischen Salzsäure und Chlorwasserstoff?

❺ Bei einem Unfall ist ein Tanklaster mit konzentrierter Salzsäure leck geschlagen. Die Feuerwehr versprüht große Mengen Wasser an der Unfallstelle. Warum wohl?

❻ Warum tragen die Flaschen für konzentrierte und rauchende Salzsäure oft Kappen?

Versuch

⚠ Dein Lehrer gibt dir 1 ml Salzsäure. (Achtung: Salzsäure ist ätzend!)
a) Fülle 10 ml Wasser in ein Reagenzglas und gib 5 Tropfen Universalindikator dazu. Gieße die Säure in das Wasser. (Achtung: Gieße beim Verdünnen immer die Säure in das Wasser, nie umgekehrt!) Welche Farbe nimmt der Indikator in der verdünnten Säure an?
b) Fülle ein weiteres Reagenzglas mit 10 ml Wasser und gib wieder 5 Tropfen Universalindikator dazu. Gib mit einer Pipette 1 ml verdünnte Säure aus Versuch a) hinzu. Welche Farbe zeigt der Indikator?
c) Setze die Verdünnungsreihe in gleicher Weise fort. Stelle die Reagenzgläser nebeneinander in einen Ständer. Vergleiche die Färbungen des Indikators und bestimme die pH-Werte.

[8] ⚠ *Achtung bei allen Versuchen: Salzsäure ist ätzend! Salzsäuregas ist ein gefährliches Atemgift, deshalb müssen Versuche mit Salzsäure unter dem Abzug durchgeführt werden!*

Schwefelsäure

Schwefelsäure ist die wichtigste Grundlage der chemischen Industrie. Je mehr Schwefelsäure in einem Land produziert bzw. verbraucht wird, desto höher ist auch sein industrieller Entwicklungsstand.

[1] Autobatterien enthalten Schwefelsäure.

[2] Konzentrierte Schwefelsäure frisst Löcher in den Baumwollkittel.

[3] Konzentrierte Schwefelsäure zerstört tierische und pflanzliche Stoffe, z. B. Zucker.

Ohne Schwefelsäure fährt kein Auto. Mithilfe der Schwefelsäure wird in der Autobatterie [1] elektrische Energie erzeugt, und die braucht man für den Anlasser. Auch zur Herstellung vieler anderer Produkte benötigt die Industrie Schwefelsäure, sie ist ein wichtiger Rohstoff [5].

Vorsicht, konzentrierte Schwefelsäure!

Beim Umgang mit konzentrierter Schwefelsäure muss man vorsichtig sein: Schon ein kleiner Tropfen auf der Kleidung frisst sofort ein Loch [2]. Nur durch sofortiges Auswaschen mit sehr viel Wasser lässt sich der Schaden begrenzen.

Schwefelsäure zerstört praktisch alle pflanzlichen und tierischen Stoffe: Zucker verkohlt [3], auch die menschliche Haut wird schwer geschädigt. Verätzungen mit Schwefelsäure müssen ausgespült und so schnell wie möglich ärztlich versorgt werden.

Schwefelsäure reagiert heftig mit Wasser

Schwefelsäure ist stark Wasser anziehend, sie reagiert mit Wasser. Eine offene Schale mit

[4] Schwefelsäure stellt man in drei Stufen aus Schwefel her.

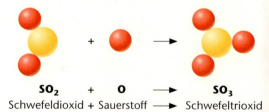

$S + 2O \longrightarrow SO_2$
Schwefel + Sauerstoff $\longrightarrow$ Schwefeldioxid

$SO_2 + O \longrightarrow SO_3$
Schwefeldioxid + Sauerstoff $\longrightarrow$ Schwefeltrioxid

Versuche

1 ⚠ **LV** a) In kleinen Bechergläsern werden einige Tropfen konzentrierte Schwefelsäure vorsichtig auf Papier, Holz, Stein, Kork, Glas, Textilreste (Schurwolle, Baumwolle, Leinen, Nylon, Perlon, Seide), Fleisch, Ei, Fisch, Haare oder Horn gegeben.

b) Die gleichen Stoffe werden mit Salzsäure behandelt. Vergleiche die Ergebnisse.

2 ⚠ Führe Versuch 1 nach Anweisung deines Lehrers mit verdünnter Schwefelsäure durch.

3 ⚠ a) Gib zu einem kleinen Stückchen Magnesium, Zink und Kupfer in Reagenzgläsern etwas verdünnte Schwefelsäure. Welches Metall wird am stärksten von der Säure angegriffen?
b) Führe denselben Versuch mit verdünnter Salzsäure durch und vergleiche die Reaktionen der beiden Säuren.

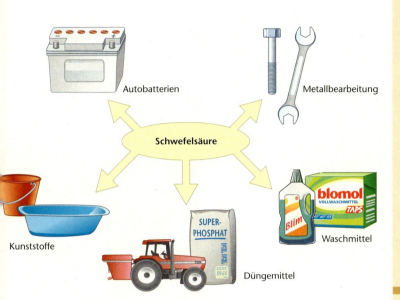

[5] *Schwefelsäure wird zur Herstellung vieler Produkte benötigt. Es gibt mehr als 10 000 Möglichkeiten für ihre Verwendung.*

konzentrierter Schwefelsäure auf der Waage wird allmählich schwerer. Die Schwefelsäure zieht Luftfeuchtigkeit an.

Beim Verdünnen von konzentrierter Schwefelsäure ist größte Vorsicht geboten. Die Reaktion von Schwefelsäure mit Wasser erzeugt sehr viel Wärme. Dabei kann es passieren, dass das verdampfende Wasser die Säure aus dem Gefäß herausschleudert. Dies kann schwere Verätzungen verursachen. Konzentrierte Schwefelsäure darf daher nur langsam und unter Umrühren in das Gefäß mit dem Verdünnungswasser gegossen werden, nie umgekehrt [13.6].

Beim Verdünnen von konzentrierter Schwefelsäure gilt: **Erst das Wasser, dann die Säure, sonst geschieht das Ungeheure!**

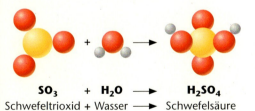

SO₃ + H₂O → H₂SO₄
Schwefeltrioxid + Wasser → Schwefelsäure

Merkmal

▶ Schwefelsäure ist in Autobatterien enthalten.

▶ Schwefelsäure ist ein wichtiger Rohstoff für die Industrie.

▶ Konzentrierte Schwefelsäure reagiert sehr heftig mit Wasser.

▶ Konzentrierte Schwefelsäure zerstört pflanzliche und tierische Stoffe.

▶ Verätzungen mit Schwefelsäure müssen gründlich ausgewaschen und so schnell wie möglich ärztlich behandelt werden.

Denkmal

❶ Nenne Beispiele für die Verwendung von Schwefelsäure.

❷ Welche Wirkung hat konzentrierte Schwefelsäure auf pflanzliche und tierische Stoffe?

❸ Welche Vorschrift gilt für das Verdünnen von konzentrierter Schwefelsäure?

❹ Warum wird ein offenes Schälchen mit konzentrierter Schwefelsäure nach einiger Zeit auf der Waage schwerer?

❺ Beschreibe die drei Stufen der Herstellung von Schwefelsäure aus Schwefel.

❻ Wie kann man verdünnte Schwefelsäure nachweisen?

[6] ⚠ *Achtung bei allen Versuchen: Schwefelsäure ist ätzend!*

4 ⚠ a) Gib zu einem Stück Marmor, einem Stück Kalk, einem kleinen Schneckenhaus und einem Stück Eierschale in Reagenzgläsern vorsichtig einige Tropfen verdünnte Schwefelsäure.
b) Führe denselben Versuch mit verdünnter Salzsäure durch und vergleiche die Reaktionen der beiden Säuren.

5 ⚠ LV Eine Petrischale mit wenigen Millilitern konzentrierter Schwefelsäure wird auf einer Balkenwaage ins Gleichgewicht gebracht. Beobachte die Waage in Zeitabständen von jeweils wenigen Minuten.

6 ⚠ Gib in ein Reagenzglas mit verdünnter Schwefelsäure einige Tropfen Calciumchloridlösung. Die Reaktion dient als Nachweis für verdünnte Schwefelsäure.

Von sauer bis salzig

Rohrreiniger und Brezel

Was haben Abflussreiniger und Laugenbrezeln gemeinsam?
Ihre Eigenschaften – hier die ätzende Wirkung,
dort der herzhafte Geschmack – verdanken sie dem gleichen Stoff.

[1]

Wer kennt das nicht? Zu viele Abfälle wurden durch den Abfluss entsorgt. Und dann ist er plötzlich verstopft. Wie bequem ist da der Einsatz eines Rohrreinigers. Etwas Pulver, Wasser dazu, ein bisschen warten – und schon kann die Brühe wieder ablaufen.

Lauge räumt den Abfluss frei

Oft reichen nur wenige Körnchen Rohrreiniger aus, um das Rohr wieder frei zu bekommen. Was in der Kunststoffdose drin ist, verrät ein Blick auf das Etikett [5]: Weit verbreitet sind Reiniger aus einem Gemisch von Natriumhydroxid und Aluminiumsplittern.

Gibt man etwas Rohrreiniger zusammen mit Wasser in das verstopfte Rohr, so entsteht aus dem Natriumhydroxid ätzende **Natronlauge**. Bei dieser Reaktion wird Wärme frei. Und die hilft beim Auflösen des Fetts im verstopften Rohr kräftig mit. Nebenbei reagieren die Aluminiumsplitter mit der Lauge. Dabei entstehen Gasbläschen, die den Schmutz auflockern [7].

Natürlich ist beim Arbeiten mit Rohrreiniger größte Vorsicht geboten, da schon kleine Spritzer schwere Verätzungen der Haut oder Augen verursachen können [4].

[2] *Natriumhydroxid löst sich unter Erwärmen in Wasser. Die Lösung ist alkalisch, sie färbt Phenolphthalein rotviolett.*

Lauge färbt Indikatoren

Laugen wirken also ätzend, wie auch Säuren. Einen wichtigen Unterschied zeigen Indikatoren: Universalindikator und Lackmus werden blau gefärbt, Laugen reagieren **alkalisch** [202.3]. Der pH-Wert einer Lauge ist immer größer als 7. Für Laugen gibt es auch einen speziellen Indikator: Phenolphthalein, das sonst farblos ist, färbt sich rotviolett [2].

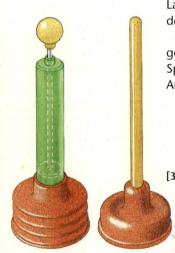

[3] *Vor dem Chemikalieneinsatz sollte man eine Saugglocke probieren.*

[4] *Rohrreiniger enthält ätzendes Natriumhydroxid.*

Ätzende Schmutzkiller

Auf den Verpackungen der meisten Rohrreiniger stehen Warnhinweise [4]. Eine Sicherung im Deckel sorgt dafür, dass Kinder nicht so leicht an den Inhalt der Dose herankommen. Beim Hantieren mit Abflussreinigern sollten jedoch auch Erwachsene stets vorsichtig sein. Die Gefahr besteht, dass ätzende Spritzer auf die Haut oder sogar in die Augen gelangen. Daher sind Gummihandschuhe und Schutzbrille ein unbedingtes „Muss".

Umweltfreundlich sind Rohrreiniger auch nicht, denn die Natronlauge fließt mit dem Abwasser in die Kläranlage. Dort muss sie in der chemischen Klärung aus dem Wasser entfernt werden. Allerdings haben nicht alle Kläranlagen eine solche Reinigungsstufe. Deshalb ist es besser, zuerst einmal die bewährte Gummi-Saugglocke [3] einzusetzen, bevor man mit der „chemischen Keule" kommt.

Merkmal

▶ Beim Lösen von Natriumhydroxid in Wasser entsteht Natronlauge.

▶ Natronlauge und andere Laugen sind stark ätzende Flüssigkeiten. Beim Arbeiten mit Laugen sind Schutzhandschuhe und Schutzbrille zu tragen.

▶ Natronlauge und andere Laugen färben Lackmus und Universalindikator blau und Phenolphthalein rotviolett.

▶ Rohrreiniger enthalten meistens Natriumhydroxid.

▶ Zur Herstellung von Laugengebäck wird verdünnte Natronlauge verwendet. Sie verliert beim Backen ihre ätzende Wirkung.

[6] Natronlauge gibt der Brezel ihre Farbe und den würzigen Geschmack.

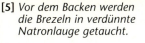

[5] Vor dem Backen werden die Brezeln in verdünnte Natronlauge getaucht.

Laugengebäck und frische Brezeln

Natronlauge kann auch Aroma und Geschmack geben – auf leckerem Laugengebäck [6]. Brezeln, Stangen und Brötchen werden direkt vor dem Backen in verdünnte Natronlauge getaucht [5]. Beim Backen reagiert die Natronlauge mit Kohlenstoffdioxid, dabei entsteht harmlose Soda [219.7]. Mit weiteren Inhaltsstoffen des Teigs bildet sich die glatte, tiefbraune Oberfläche und der herzhaft würzige Geschmack.

[7] Rohrreiniger reagiert sehr heftig bei der Zugabe von Wasser. Die Lösung erwärmt sich, und Gasbläschen bilden sich.

Denkmal

❶ Wie färben sich Lackmus und Universalindikator mit Natronlauge?

❷ Welche Vorsichtsmaßnahmen musst du treffen, wenn mit der chemischen Reinigung eures verstopften Abflusses beauftragt wirst?

❸ Welche Möglichkeiten gibt es anstelle des Rohrreinigers?

❹ Suche bei dir zu Hause nach Reinigern oder anderen Haushaltschemikalien, die Natriumhydroxid enthalten.

❺ Was bedeutet das Gefahrensymbol auf dem Etikett [4]? Lies auch die Warnhinweise durch und vergleiche sie mit den Aussagen in deinem Buch.

❻ Warum ist Laugengebäck nicht ätzend?

❼ Warum soll man Laugengebäck nicht auf einem Aluminiumblech backen?

Projekt-Tipp

Laugengebäck kann man auch zu Hause backen. Wie? Das findest du in Omas Rezeptsammlung oder im Internet.

Versuche

1 Teste Seifenlösungen mit Universalindikator. Achte darauf, dass auch Laugen von Kern- und Schmierseife mit dabei sind. Trage deine Beobachtung in eine Tabelle ein.

2 ⚠ Übergieße im Reagenzglas einige Körnchen Rohrreiniger mit wenigen Millilitern Wasser. Prüfe die entstandene Lösung mit Indikator. (Achtung: Rohrreiniger enthält ätzendes Natriumhydroxid!)

3 ⚠ LV In einer Versuchsreihe werden Haare, Wollfäden, Fett und Fleischstückchen in konzentrierte Abflussreiniger-Lösung und in konzentrierte Natronlauge gegeben. Beschreibe, wie diese Materialien nach einer halben Stunde aussehen. (Achtung: ätzende Lauge!)

4 ⚠ LV Beobachte, was geschieht, wenn deine Lehrerin oder dein Lehrer einige Aluminiumstückchen in konzentrierte Natronlauge gibt. (Achtung: ätzende Lauge!)

Wie Metalle zu Laugen werden

Einige Metalle reagieren mit Wasser zu Laugen.
Laugen sind gefährlich,
denn sie wirken ätzend wie Säuren.

[1] *Die Schnittfläche von Natrium glänzt metallisch, außerdem leitet Natrium den elektrischen Strom.*

[2] *Natrium reagiert heftig mit Wasser. Es hinterlässt in farblosem Phenolphthalein eine rotviolette Spur.*

Wer sich unter Metallen nur stahlharte Materialien vorstellt, wird sich wundern. Manche Metalle sind so weich, dass man sie mit einem Messer durchtrennen kann, **Natrium** zum Beispiel [1].

Tanzendes Metall

In der Reaktion mit Wasser unterscheidet Natrium sich auch von anderen Metallen. Während Eisen in Wasser langsam rostet und Gold überhaupt nicht angegriffen wird, reagiert Natrium mit Wasser sehr heftig. Ein Kügelchen aus geschmolzenem Natrium tanzt zischend über die Wasseroberfläche [2]. Unter Gasentwicklung bildet sich **Natronlauge**, eine seifige, ätzende Flüssigkeit, die Phenolphthalein, einen speziellen Laugenindikator, rotviolett färbt [2].

Das entstehende Gas lässt sich mit der Knallgasprobe [155.7] als Wasserstoff nachweisen. Natronlauge besteht aus den „Bausteinen" Natrium, Sauerstoff und Wasserstoff. Natrium hat mit Sauerstoff und Wasserstoff aus dem Wasser reagiert [4]. Der Wasserstoff, der dabei übrig bleibt, entweicht als Gas.

Reaktionsfreudige Alkalimetalle

Lithium und **Kalium** sind zwei Metalle, die dem Natrium sehr ähnlich sind. Sie gehören wie Natrium zur Elementfamilie der **Alkalimetalle**. Auch sie bilden mit Wasser Laugen. Die Laugen reagieren alkalisch. Beim Eindampfen einer Lauge entsteht ein salzartiger Rückstand, ein **Hydroxid**. Natriumhydroxid und Kaliumhydroxid sind stark ätzende Feststoffe.

[3] *Lithium, Natrium und Kalium werden unter Luftabschluss in Petroleum oder Paraffinöl aufbewahrt.*

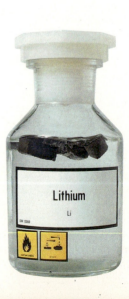

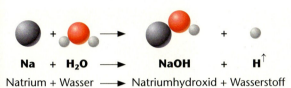

Na + H₂O ⟶ NaOH + H↑

Natrium + Wasser ⟶ Natriumhydroxid + Wasserstoff

[4] *Bei der Reaktion von Natrium mit Wasser ersetzt das Natriumatom ein Wasserstoffatom des Wassers. Das Wasserstoffatom reagiert mit einem zweiten Wasserstoffatom zu H₂ und entweicht als Gas.*

Alkalimetalle sind sehr reaktionsfreudig. Daher kommen sie in der Natur nur in Verbindungen vor. Die bekannteste Verbindung ist Natriumchlorid oder Kochsalz. Da die Alkalimetalle nicht nur mit Wasser, sondern auch mit dem Sauerstoff der Luft sofort reagieren, bewahrt man sie unter Luftabschluss auf [3].

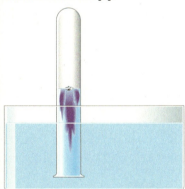

[5] *Die Reaktion von Lithium mit Wasser verläuft weniger heftig als die von Natrium. Der Wasserstoff kann aufgefangen werden.*

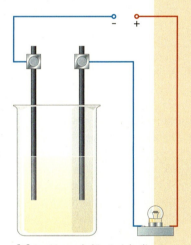

[6] *Im Versuch lässt sich die elektrische Leitfähigkeit von Laugen überprüfen.*

Merkmal

▶ Lithium, Natrium und Kalium sind sehr reaktionsfreudige Alkalimetalle. Sie werden unter Luftabschluss aufbewahrt.

▶ Die Alkalimetalle kommen in der Natur nur in chemischen Verbindungen vor.

▶ Bei der Reaktion von Alkalimetallen und Erdalkalimetallen mit Wasser entstehen Laugen, sie reagieren alkalisch.

▶ Beim Eindampfen von Laugen entstehen feste Hydroxide. Laugen sind wässrige Lösungen von Hydroxiden.

▶ Laugen und Hydroxide sind ätzend.

Denkmal

❶ Warum wird Natrium unter Petroleum oder Paraffinöl aufbewahrt?

❷ Erstelle einen Steckbrief von Natronlauge und finde heraus, wo sie überall verwendet wird. Verwende ein Lexikon.

❸ Rohrreiniger enthalten häufig Natriumhydroxid.
a) Welche Wirkung hat es auf die Verschmutzungen?
b) Warum könnte die mechanische Rohrreinigung mit der Gummiglocke besser sein als die chemische?

❹ Wie verhältst du dich bei einer versehentlichen Verätzung?

❺ Natrium findet in Natriumdampflampen Verwendung. Wie funktionieren die Lampen und wo werden sie aufgestellt? Nimm ein Lexikon zur Hilfe.

Versuche

1 ⚠ LV In ein wassergefülltes dickwandiges Reagenzglas, das in einer Glaswanne mit Wasser steht, wird von unten ein kleines Stückchen Lithium eingebracht. Bei der Reaktion des Lithiums mit Wasser entsteht ein Gas, das sich oben im Reagenzglas sammelt [5] und anschließend als Wasserstoff nachgewiesen werden kann. Zugesetzte Indikatorlösung zeigt die Entstehung einer Lauge an. *(Achtung: Explosionsgefahr durch Wasserstoff!)*

2 ⚠ Baue nach der Abbildung [6] einen Stromkreis mit einem Netzgerät als Stromquelle, zwei Kohleelektroden und einer Glühlampe auf. Lass dir von deinem Lehrer etwas verdünnte Natronlauge geben. *(Achtung: Laugen wirken ätzend!)* Tauche die beiden Elektroden in die Natronlauge. Beginne bei 0 Volt. Erhöhe die Spannung langsam, bis die Lampe leuchtet. Notiere deine Beobachtung.

3 ⚠ Gieße in zwei Petrischalen jeweils einige Milliliter Wasser, sodass der Boden bedeckt ist. Gib etwa 5 Tropfen Universalindikator oder Phenolphthalein hinzu. Nimm etwa gleich große Körnchen von Calcium und Magnesium. Dies sind so genannte Erdalkalimetalle. Beschreibe die Metalle und lege sie mithilfe einer Pinzette in je eine der Petrischalen. Was beobachtest du? Welche Erklärung gibt es? *(Achtung: Die entstandenen Lösungen sind leicht ätzend.)*

Säuren und Laugen

[1] *Eine Industrieanlage zur Herstellung von Schwefelsäure*

[3] *Die Ameise beißt und verspritzt Ameisensäure.*

[5] *Ohne Milchsäurebakterien gäbe es keinen Jogurt und keine saure Sahne.*

Säuren und Laugen sind aus unserem täglichen Leben nicht wegzudenken. Sie begegnen uns in der belebten Natur. In großem Umfang werden sie industriell gewonnen. Sie sind Ausgangsstoffe für die Herstellung von Lebensmitteln und Haushaltsprodukten, für die Erzeugung von Medikamenten, für die Produktion von Düngemitteln und für die Fertigung von Batterien und Akkus, Sprengstoffen, Farben und Lacken, Textilien und Kunststoffen.

Säuren – ganz natürlich

Wenn Ameisen sich bedroht fühlen [3], dann beißen sie zu und spritzen Ameisensäure in die winzige Bisswunde. Das brennt, genauso wie die Bekanntschaft mit der Brennnessel. Auch hier gelangt Ameisensäure in die winzigen Verletzungen, die durch die Widerhaken des Brennnesselblattes verursacht werden.

Aber es geht auch friedlicher zu: Pflanzliche Kleinstlebewesen, Essigsäurebakterien, machen den Wein zu Essig. Aus Alkohol wird Essigsäure [6]. Wenn die Milch sauer wird, dann sind Milchsäurebakterien dafür verantwortlich [5].

Äpfel [4] ohne Säure würden fad schmecken. Bei den unreifen Früchten ist der Säuregehalt hoch, die Fruchtsäure ist ein Fraßschutz. Wenn die Samen reif sind, nimmt der Säuregehalt ab und der Apfel schmeckt angenehm erfrischend.

Laugen und Säuren sorgen für Spannung

Säuren und Laugen haben eine gemeinsame Eigenschaft, sie leiten den elektrischen Strom. Die Autobatterie, eigentlich ein Akku, enthält Schwefelsäure. Ohne sie könnte der Strom nicht fließen. Die häufigsten Batterien sind Alkalibatterien [7], sie enthalten Kalilauge. Sie müssen auslaufsicher sein, damit ihr Inhalt keinen Schaden am Gerät verursacht.

[4] *Was wäre ein Apfel ohne Säure?*

[6] *Weinessig produziert man aus Wein mithilfe von Essigsäurebakterien.*

[7] *Alkalibatterien enthalten Kalilauge.*

Für jeden Zweck die richtige Säure

Schwefelsäure	Herstellung von Düngemitteln, Waschmitteln, Kunststoffen, Farbstoffen, Bestandteil von Autobatterien
Ameisensäure	Kalkentferner
Milchsäure	Lebensmittelherstellung (Jogurt, Sauermilch, Sauerkraut)
Essigsäure	Lebensmittelherstellung (Essig)
Kohlensäure	Lebensmittelherstellung (Sprudel)
Phosphorsäure	Lebensmittelherstellung (Cola)
Citronensäure	Konservierung von Lebensmitteln, Kalkentferner
Benzoesäure	Konservierung von Lebensmitteln
Sorbinsäure	Konservierung von Lebensmitteln

[2] *Für jeden Zweck die richtige Säure*

[8] Ammoniak löst sich in Wasser und verursacht einen Unterdruck.

[10] Ein Kalkanstrich schützt vor Schädlingen.

[12] Kernseife ist leicht alkalisch.

Eine Lauge, die man riechen kann

Im Pferdestall oder in schlecht gereinigten Toiletten kann es stechend riechen. Beim Abbau des Harnstoffs im Urin entsteht Ammoniak, und das geht in die Nase.

Dieses Gas löst sich so gut in Wasser, dass man damit einen Springbrunnen betreiben kann [8], [207.5]. Das Wasser im Glaskolben, das vorher mit einem Indikator versetzt wurde, färbt sich blau. Eine Lauge ist entstanden. Sie heißt Ammoniakwasser.

Bei einigen Haushalts- und Glasreinigern [9] riecht man, dass sie Ammoniak enthalten. Beim Öffnen der Flasche entweicht ein Teil des gelösten Ammoniaks: Vorsicht, Ammoniak greift die Atemwege an!

[9] Man riecht die Kraft: Manche Glasreiniger enthalten Ammoniak.

Kalkmilch im Kuhstall

Laugen wirken aufgrund ihrer ätzenden Eigenschaft als Desinfektionsmittel. Deshalb hat man früher die Wände von Viehställen mit Kalkmilch gestrichen. Kalkmilch ist mit Wasser aufgeschlämmtes Calciumhydroxid. Lässt man Kalkmilch durch einen Filter laufen, so erhält man klares Kalkwasser. Auch hier zeigt der Indikatortest, dass eine Lauge vorliegt. Mit Kalkwasser kann man Kohlenstoffdioxid nachweisen [34.7], [205.7].

Manchmal sieht man auf Obstwiesen weiß gekalkte Baumstämme [10]. Der Kalk wehrt Schädlinge ab. Außerdem verlangsamt die weiße Farbe die Erwärmung des Baumstammes, da sie die Sonnenstrahlung reflektiert. Dadurch steigen im Frühjahr die Säfte nicht zu schnell auf, wenn noch Nachtfrostgefahr besteht.

Seife ist nicht gleich Seife

Vieles was heute als „Seife" im Handel ist, hat mit der ursprünglichen Seife wenig zu tun. Echte Seife entsteht, wenn Fette oder Öle unter Zugabe von Lauge gekocht werden. Mit Kalilauge entsteht Schmierseife, die in Fußbodenreinigern verwendet wird. Mit Natronlauge wird Kernseife [11], [12] hergestellt, ein preiswertes Handwaschmittel. Beim Waschen mit diesen Seifen wird wieder etwas Lauge freigesetzt. Das kann man mit einem Indikator nachweisen [12].

[11] Edle Kernseifen werden aus Olivenöl hergestellt und mit duftenden Kräuterölen vermischt.

Doppelt ätzend wird neutral

Säuren und Laugen sind ätzende Flüssigkeiten.
Bringt man sie zusammen, so heben sie sich
in ihrer Wirkung gegenseitig auf.

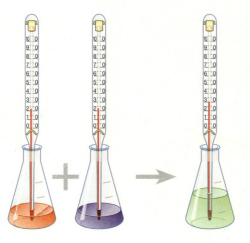

[1] Aus Salzsäure und Natronlauge entsteht eine neutrale Lösung. Wärme wird frei.

[2] Säure- und Laugenabfälle sammelt man zusammen in einem Behälter.

Säuren und Laugen sind ätzende Flüssigkeiten. Nach dem Experimentieren dürfen sie nicht einfach in den Ausguss geschüttet werden. Die Abfälle werden vielmehr in einem einzigen Behälter gesammelt [2] und können dann problemlos entsorgt werden. Eigentlich müsste der Kanisterinhalt doppelt ätzend sein, aber das Gegenteil ist der Fall.

Säure und Lauge heben sich auf

Was in dem Kanister geschieht, lässt sich mit einem einfachen Experiment herausfinden. Salzsäure zeigt mit Universalindikator eine rote Färbung, Natronlauge eine blaue. Gibt man vorsichtig Salzsäure zur Natronlauge, so nimmt die Blaufärbung langsam ab und verwandelt sich schließlich in Grün [1]. Gibt man weiter Salzsäure hinzu, so färbt sich die Lösung wieder rot. Man kann das Spiel auch umgekehrt betreiben, indem man Natronlauge zur Salzsäure gießt.

Wasser und Salz aus Säure und Lauge

Die Neutralfarbe des Universalindikators ist Grün. Will man diesen Punkt genau erreichen, so muss man die Salzsäure und die Natronlauge tropfenweise zueinander geben. Dabei erhöht sich auch die Temperatur der Lösung. Dies zeigt an, dass eine chemische Reaktion stattgefunden hat [1]. Der Vorgang heißt **Neutralisation**.

Erhitzt man die neutrale Lösung aus Salzsäure und Natronlauge, bis alles Wasser verdampft ist, so bleibt ein weißer Stoff zurück [4]. Es ist **Kochsalz**.

Säure und Lauge – etwas genauer

Natronlauge ist eine Lösung von Natriumhydroxid in Wasser. Bei der Neutralisation reagiert je ein Sauerstoff- und ein Wasserstoffatom des Natriumhydroxids mit einem Wasserstoffatom der Salzsäure [5]. Dabei entsteht Wasser. Die Natrium- und Chloratome verbinden sich zu **Natriumchlorid**, das ist dasselbe wie Kochsalz.

Nicht nur Natronlauge und Salzsäure neutralisieren sich gegenseitig. Egal, welche Säure mit welcher Lauge reagiert, immer

Versuche

1 ⚠ a) Gib etwas verdünnte Natronlauge in einen Erlenmeyerkolben und füge etwas Universalindikator hinzu. Gib nun mit einer Pipette tropfenweise verdünnte Salzsäure zu der Lösung. Schwenke den Kolben nach jeder Zugabe vorsichtig. Gib so viel Salzsäure hinzu, bis sich die Farbe des Universalindikators dauerhaft nach Grün verändert hat. *(Achtung: Säuren und Laugen sind ätzend!)*

b) Erhitze einen Teil der neutralen Lösung in einer Porzellanschale [4], bis das Wasser der Lösung vollständig verdampft ist. *(Achtung: Spritzgefahr!)*

2 ⚠ Führe Versuch 1 mit verdünnter Schwefelsäure und Kalkwasser durch.

3 ⚠ LV Salzsäuregas wird über festes Natriumhydroxid geleitet. Was beobachtest du an der Glaswand des Reaktionsrohres und am Natriumhydroxid? *(Achtung: Salzsäuregas ist ein Atemgift, Natriumhydroxid ist ätzend!)* [3]

Steckbrief Kochsalz

Aussehen:	weiß, würfelförmige Kristalle
Geruch:	geruchlos
Geschmack:	salzig
Verformbarkeit:	spröde, fest
Schmelztemperatur:	ca. 800 °C
Löslichkeit in Wasser:	gut löslich
elektrische Leitfähigkeit:	leitet in der Schmelze und als Lösung

[4] *Beim Eindampfen der Lösung, die durch Neutralisation gewonnen wurde, bleibt Salz zurück.*

entsteht Wasser und zurück bleibt ein **Salz**. Salze sind Stoffe, die ähnlich zusammengesetzt sind wie das Natriumchlorid [219.3], [219.7]. Ganz allgemein gilt:

Lauge + Säure ⟶ Wasser + Salz

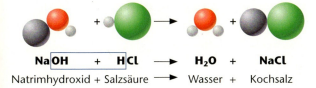

Na|**OH** + **H**|**Cl** ⟶ **H$_2$O** + **NaCl**

Natriumhydroxid + Salzsäure ⟶ Wasser + Kochsalz

[5] *Bei der Neutralisation von Natriumhydroxid mit Salzsäure bilden sich Wasser und Natriumchlorid. Das Wasserstoffatom der Salzsäure wird durch ein Natriumatom ersetzt.*

Mit Kalk gegen Säure

Bei vielen industriellen Prozessen, in Kraftwerken und Labors entstehen Säuren und Laugen als Nebenprodukte. Diese würden über die Abwässer große Umweltschäden anrichten. Deshalb müssen die Betriebe, bei denen solche Abfälle anfallen, mit Neutralisationsanlagen ausgestattet sein. Da auch die anfallenden Salze umweltbelastend sein können, müssen sie teilweise als Sondermüll deponiert werden.

Die Rauchgase der Kohlekraftwerke enthalten schädliches Schwefeldioxid [91.5], [91.7], das mit Wasser schweflige Säure bildet. Es wird durch Kalkwasser neutralisiert. In einem weiteren Prozess entsteht dann in großen Mengen das Salz Calciumsulfat, Gips [219.7]. Er findet in der Bauindustrie Verwendung oder muss abgelagert werden.

In einigen Gegenden versucht man, übersäuerte Waldböden und Seen mit Kalk zu neutralisieren [6]. Die Ursachen der Schädigung werden damit aber nicht beseitigt.

Merkmal

▶ Die Reaktion zwischen Säuren und Laugen heißt Neutralisation.

▶ Säuren und Laugen verlieren bei der Neutralisation ihre typischen Eigenschaften.

▶ Bei der Neutralisation entsteht aus einer Säure und einer Lauge ein Salz und Wasser.

▶ Bei der Neutralisation wird Wärme freigesetzt.

Denkmal

❶ Wie nennt man die Reaktion zwischen Säure und Lauge?

❷ Nenne praktische Beispiele der Neutralisation.

❸ Welche Indikatorfärbung verursachen Säuren bzw. Laugen und wie ist die Neutralfarbe von Universalindikator?

❹ Welchen pH-Wert hat die neutrale Mischung aus Säuren und Laugen?

❺ Warum dürfen Reste von Säuren und Laugen nicht in den Abguss gegossen werden?

❻ Warum ist es sinnvoll, Säure- und Laugenreste in einem gemeinsamen Abfallbehälter zu sammeln?

❼ Warum werden übersäuerte Waldböden und Seen manchmal mit Kalkstaub besprüht?

[6] *Übersäuerte Seen werden manchmal mit Kalk neutralisiert.*

Bunte Salze

Salze sehen sehr unterschiedlich aus und haben unterschiedliche Eigenschaften. Viele Salze sind unter einem Handelsnamen bekannt, der jedoch nichts über ihre Zusammensetzung aussagt. Nur der chemische Name ist eindeutig. Kochsalz hat z. B. die chemische Bezeichnung **Natriumchlorid**.

Salze aus Säuren und Laugen
Natriumchlorid entsteht bei der Neutralisation von Salzsäure mit Natronlauge. Auch bei der Neutralisation von anderen Säuren und Laugen entstehen Salze [7], [217.5].

Salze aus Säuren und Metallen
Natrium ist ein Metall und Chlorid ist ein Bestandteil der Salzsäure. Natriumchlorid kann man sich also aus Natrium und Salzsäure entstanden denken. Bei der Reaktion von Natrium mit Salzsäure wird das Wasserstoffatom der Salzsäure durch ein Natriumatom ersetzt [2]. Der Wasserstoff entweicht als Gas.

Auch bei der Reaktion von anderen Säuren mit anderen Metallen werden Salze gebildet [8]. Es gibt noch weitere **Chloride**, also Salze der Salzsäure, z. B. Calciumchlorid oder Eisenchlorid. Die Salze der Kohlensäure heißen **Carbonate**, die Salze der Schwefelsäure **Sulfate**.

Salze bilden Kristalle
Beim Eindampfen einer Salzlösung lagern sich die Atome in einer regelmäßigen Ordnung zusammen. Dadurch entstehen **Kristalle**. Durch die unterschiedliche Größe und Anordnung der Atome haben die Kristalle unterschiedliche Formen und Farben [4], [5].

Die meisten Salze werden uns von der Natur geliefert, man findet sie in riesigen Lagerstätten. Sie werden als Rohstoffe zur weiteren Verwendung abgebaut, wie etwa das Steinsalz, Natriumchlorid.

Carbonate in allen Variationen
Kalkstein ist Calciumcarbonat, ein Salz der Kohlensäure mit Calcium. Kalkstein benötigt man als Baustoff und zur Herstellung von Zement. Eine besonders edle Art des Kalksteins ist der Marmor [1]. Auch Tropfsteinhöhlen [204.5] bestehen aus Calciumcarbonat.

Ein sehr wichtiges Carbonat ist Natriumcarbonat, auch Soda genannt. Man benötigt es zur Herstellung von Glas, von Waschmitteln, bei der Papierherstellung und zur Textilveredlung.

[1] *Für die Bibliothek des Klosters Wiblingen wurde ein edler Baustoff verwendet: Marmor, ein Salz der Kohlensäure.*

[2] Na + HCl ⟶ NaCl + H↑
Natrium + Salzsäure ⟶ Natriumchlorid + Wasserstoff

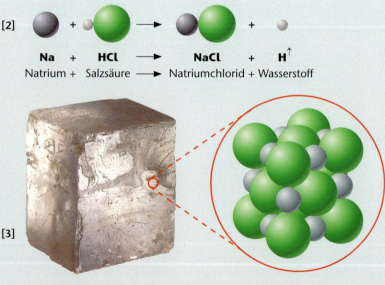

[2] *Bei der Reaktion von Natrium mit Salzsäure entsteht Natriumchlorid. Das Wasserstoffatom (H) reagiert sofort mit einem zweiten Wasserstoffatom zu einem Wasserstoffmolekül (H_2).*

[3] *Ein Natriumchlorid-Kristall ist aus Natriumatomen und Chloratomen zusammengesetzt.*

[4] *Kalkspat (Calciumcarbonat)*

[5] *Gips (Calciumsulfat)*

[6] *Aus einem Abdruck wird ein genaues Gipsmodell hergestellt.*

Gips nicht nur auf der Baustelle
Calciumsulfat oder Gips ist ein Salz der Schwefelsäure. Es entsteht bei der Entschwefelung der Rauchgase von Kohlekraftwerken. Ein Teil davon wandert in die Zementwerke und in die Bauindustrie. Aber die anfallenden Mengen sind so groß, dass das man das Salz auf riesigen Halden ablagern muss.

Auch die Medizintechnik braucht Gips, für die Gipsbandagen nach einem Unfall oder das Gipsmodell beim Zahnarzt [6]. Selbst die Polizei geht mit Gips auf Spurensuche.

„Versalzenes" Wasser
Natürliches Mineralwasser ist ein Quellwasser, das besonders große Mengen gelöster Feststoffe enthält. Diese Stoffe sind vor allem Salze. Sie geben dem Wasser einen bestimmten Geschmack. Solquellen enthalten Kochsalz, Bitterquellen das bitter schmeckende Magnesiumsulfat.

Die Etiketten der Mineralwasserflaschen geben nicht nur Auskunft über die Art der Quelle, sondern auch zu den vielen Inhaltsstoffen des Wassers. Diese Angaben werden regelmäßig überprüft.

Lauge	+	Säure	→	Wasser	+ Salz
Natronlauge	+	Salzsäure	→	Wasser	+ Natriumchlorid (Kochsalz)
Kalilauge	+	Salzsäure	→	Wasser	+ Kaliumchlorid
Natronlauge	+	Kohlensäure	→	Wasser	+ Natriumcarbonat (Soda)
Kalkwasser	+	Kohlensäure	→	Wasser	+ Calciumcarbonat (Kalk)
Kalkwasser	+	Schwefelsäure	→	Wasser	+ Calciumsulfat (Gips)

[7] *Salzbildung aus Laugen und Säuren*

Metall	+	Säure	→	Wasserstoff	+ Salz
Natrium	+	Salzsäure	→	Wasserstoff	+ Natriumchlorid (Kochsalz)
Zink	+	Salzsäure	→	Wasserstoff	+ Zinkchlorid
Magnesium	+	Schwefelsäure	→	Wasserstoff	+ Magnesiumsulfat (Bittersalz)
Calcium	+	Schwefelsäure	→	Wasserstoff	+ Calciumsulfat (Gips)
Calcium	+	Kohlensäure	→	Wasserstoff	+ Calciumcarbonat (Kalk)

[8] *Salzbildung aus Metallen und Säuren*

Versuche

1 Gieße in ein Reagenzglas mit wenigen Millilitern Kalkwasser etwas Kohlensäure aus der Sprudelflasche. Filtriere den entstandenen Niederschlag. Welche Reaktion in der Tabelle [7] hast du beobachtet?

2 a) Übergieße einige Zinkkörner im Reagenzglas mit wenigen Millilitern Salzsäure. Es setzt eine Reaktion ein. Gib evtl. noch einige Zinkkörner hinzu, bis die Reaktion aufhört. (Achtung: Salzsäure ist ätzend!)
b) Gieße die Flüssigkeit aus dem Reagenzglas in eine dunkle Porzellanschale und erhitze, bis die Flüssigkeit verdampft ist. (Achtung: Spritzgefahr!) Welche Reaktion in der Tabelle [8] hast du beobachtet?

3 Ein kleines Becherglas (50 ml) wird zur Hälfte mit konzentrierter Salzsäure gefüllt. Mit der Pinzette wird ein entrindetes Stück Natrium von der Größe eines Streichholzkopfes auf die Oberfläche der Flüssigkeit gelegt. Die Salzbildung lässt sich direkt beobachten. (Achtung: Spritzgefahr!)

Vielseitige Salze

Grundausstattung für alle Versuche

Natriumchlorid
Calciumchlorid
Kaliumchlorid
blaues Kupfersulfat
Alaun
Gipspulver
destilliertes Wasser
Speiseöl

Gasbrenner
Dreibein
Keramikdrahtnetz
Tiegelzange
Spatel
Glasstab
Thermometer
Magnesiastäbchen
Uhrglasschalen
Porzellanschalen
2 große Bechergläser (400 ml)
Trichter
Lupe
Binokular
Objektträger
Cobaltglas
Filterpapier
schwarzes Papier
Wollfaden
Dosendeckel

[1]

[2] *Die leuchtenden Farben der Silvesterraketen kommen von Salzen.*

Salze haben vielseitige Eigenschaften. Sie können Farbe bekennen, Wasser anzeigen und sogar glänzende Ketten bilden. Dazu gibt es eine Reihe interessanter Versuche. Sie erfordern eine gute Planung und etwas experimentelles Geschick.

1 Salze bekennen Farbe

Salze sind chemische Verbindungen, die Metalle enthalten. Salze kann man zum Glühen bringen. Manche Salze verursachen eine kräftige Flammenfärbung [3] – je nachdem, welches Metall sich darin „versteckt". Auch die Farben der Feuerwerkskörper [2] beruhen darauf.

Gib jeweils einige Kristalle der Salze Natriumchlorid, Calciumchlorid und Kaliumchlorid auf je ein Uhrglasschälchen. Glühe dann in der heißen Brennerflamme ein Magnesiastäbchen aus und nimm damit einige Natriumchloridkristalle aus dem ersten Schälchen auf. Halte das Magnesiastäbchen in die rauschende Brennerflamme und notiere deine Beobachtung. Wiederhole den Versuch mit den anderen Salzen. Für jedes Salz musst du ein neues Magnesiastäbchen verwenden.

Dein Lehrer gibt dir nun ein unbekanntes Salz. Finde heraus, welches Metall es enthält.

2 Farbwechsel als Wassernachweis

Mit entwässertem Kupfersulfat lässt sich Wasser nachweisen. Es zeigt sogar die Feuchtigkeit in der Raumluft an.

Erhitze auf dem Dreibein in einer Porzellanschale vorsichtig etwas blaues Kupfersulfat [4], bis sich seine Farbe verändert. Gib nach dem Abkühlen einige Tropfen Wasser in die Schale. Erhitze wieder. Wie erklärst du deine Beobachtungen?

3 Salze unter die Lupe genommen

Betrachtet man Salze unter der Lupe oder dem Mikroskop, so kann man den regelmäßigen Aufbau der Kristalle gut erkennen [8]. Besonders plastisch erscheint der Aufbau unter dem Binokular [18.2].

Dampfe in einer Porzellanschale Natriumchloridlösung, in einer anderen Kupfersulfatlösung ein. Gib dann etwas von den Rückständen auf schwarzes Papier und betrachte sie mit der Lupe. Beschreibe die Form der Kristalle. Größere Kristalle entstehen, wenn du die Salzlösungen in weiten Glasschalen eindunsten lässt. Das dauert ein paar Tage.

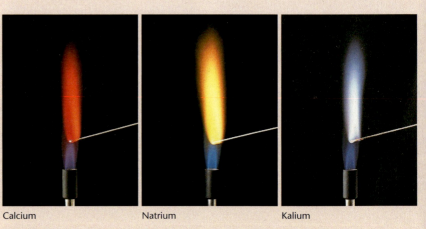

Calcium   Natrium   Kalium

[3] *Die Flammenfärbung weist darauf hin, welches Metall in einem Salz enthalten ist. Die Flammenfärbung von Kalium ist oft besser erkennbar, wenn man durch Cobaltglas in die Flamme schaut.*

[4] Entwässern von Kupfersulfat

[5] Salzkristalle haben unterschiedliche Farben und Formen.

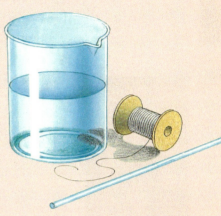

[6] In einer gesättigten Lösung kann man am Faden einen Kristall züchten.

4 Warum das Gipsbein passt

Gips erhält man im Geschäft als weißes Pulver. Beim Mischen mit Wasser entsteht zunächst eine breiige Masse, die schnell fest wird und sich dabei ausdehnt. Man sagt, der Gips bindet ab. Deshalb passt sich Gips sowohl den Mauerritzen als auch dem gebrochenen Arm oder Bein an.

Rühre in einem Dosendeckel etwas Gipsbrei an. Unter dem Mikroskop oder der Lupe kannst du beobachten, wie sich Gipspulver beim Anrühren mit Wasser verändert und Kristalle bildet.

Drücke ein leicht eingeöltes Geldstück in den Gipsbrei. Entferne es nach dem Abbinden und betrachte den Abdruck unter der Lupe.

5 Eine Kette aus Zuchtkristallen

Du musst kein Juwelier sein, um eine prachtvolle Kette zu „zaubern". So funktioniert es:

Gieße 100 ml destilliertes Wasser zu 40 g Kupfersulfat in einem großen Becherglas. Erhitze die Suspension unter ständigem Rühren auf höchstens 50 °C. Wenn sich kein Kupfersulfat mehr auflöst, filtriere die Lösung in das zweite Becherglas.

Binde einen Wollfaden an einen Glasstab und lege ihn auf das Becherglas, sodass der Faden in die Lösung taucht [6]. Decke das Glas mit einem Stück Papier ab. An einem kühlen Ort wird bald eine Kristallbildung einsetzen. Am Faden entsteht eine blaue „Kette". Sollte nach einigen Stunden noch nichts geschehen sein, kannst du die Lösung „impfen", d. h., einige Kupfersulfatkristalle in das Becherglas geben. Danach wird die Kristallisation sofort beginnen.

Wenn du einen größeren Kristall züchten willst, musst du von der Kette alle Kristalle bis auf den größten entfernen. Dann gießt du die Lösung wieder in ein anderes Becherglas um und hängst den Faden mit dem einzelnen Kristall vorsichtig hinein. Das Gefäß stellst du an einen Ort mit möglichst gleich bleibender Temperatur. Der Kristall wird langsam wachsen. Nun brauchst du nur noch Geduld.

Auf die gleiche Weise kannst du auch Kristalle aus Kochsalz, Alaun (Kaliumaluminiumsulfat) oder anderen Salzen züchten [7].

Natriumchlorid

Kupfersulfat

Alaun

[7] Unter dem Binokular oder Mikroskop erkennst du den regelmäßigen Aufbau der Kristalle.

Salze machen satt

Salze in Düngemitteln fördern das Pflanzenwachstum. Nur so können ausreichend Nahrungsmittel produziert werden.

Aus Erfahrung hat man gelernt, dass Pflanzen umso besser wachsen, je stärker der Boden mit Mist oder Gülle gedüngt wird. Aber diese Art der Düngung reicht bei weitem nicht aus, um die Mengen von Nutzpflanzen zu erzeugen, die zur Ernährung von Menschen und Tieren notwendig sind. Große Hungersnöte und schlechte Ernteerträge führten in der ersten Hälfte des 19. Jahrhunderts zur Erforschung des Pflanzenwachstums, vor allem durch JUSTUS VON LIEBIG [1].

[1] *JUSTUS VON LIEBIG (1803–1873)*

Pflanzen brauchen Mineralsalze

Neben Licht, Wasser und Kohlenstoffdioxid benötigt die Pflanze zum Gedeihen eine Vielzahl von **Mineralstoffen**. Diese liegen im Boden als **Nährsalze** vor. Die Wurzeln der Pflanzen nehmen Wasser auf, in dem diese Nährsalze gelöst sind. Zu diesen gehören vor allem Stickstoff- und Phosphorverbindungen sowie Kalium-, Calcium- und Magnesiumsalze [2].

Ein gestörter Kreislauf

In der Natur ist der Kreislauf der Mineralstoffe vollständig: Abgestorbene Pflanzen werden nicht entfernt und können verrotten. Die darin enthaltenen Nährsalze werden freigesetzt und gelangen in den Boden zurück.

Mit der Landwirtschaft greifen wir in diesen natürlichen Kreislauf ein. Die Pflanzen werden abgeerntet. Damit stehen sie dem Boden nicht mehr als natürlicher Dünger zur Verfügung. Die verlorenen Nährsalze müssen wir durch Gülle und Mist oder **Mineraldünger** ersetzen [3]. Ohne die Mineraldüngung könnten statt der über sechs Milliarden Menschen auf der Erde nur etwa eine Milliarde leben.

Düngen mit Augenmaß

Leider ist es schwierig, den Pflanzen die Nährsalze genau in der richtigen Menge zuzuführen. Durch eine Bodenanalyse lässt sich der Bedarf aber recht genau bestimmen. Überdüngung oder eine falsche Zusammensetzung des Mineraldüngers schmälert nicht nur die Ernte, sie schädigt auch die Umwelt und unsere Gesundheit. Überschüssige Stickstoffverbindungen beispielsweise werden in der Pflanze gespeichert oder ge-

N = Stickstoff
Cu = Kupfer
P = Phosphor
K = Kalium
Ca = Calcium
S = Schwefel
Fe = Eisen
Mg = Magnesium

[2] *Zum Wachsen braucht die Pflanze Licht, Wasser, Kohlenstoffdioxid und Mineralstoffe.*

JUSTUS VON LIEBIG – „Vater" der künstlichen Düngung

JUSTUS VON LIEBIG studierte nach einer Apothekerlehre Chemie und Physik in Bonn, Erlangen und Paris. Bereits im Alter von 21 Jahren wurde er Professor an der Universität Gießen, wo er seine grundlegenden Forschungen betrieb. 1852 ging er an die Bayerische Akademie der Wissenschaften, an der er bis zu seinem Tode beschäftigt war.

Liebig war ein äußerst vielseitiger, praktisch orientierter Wissenschaftler. Er gründete das erste Unterrichtslaboratorium in Deutschland und schrieb Anleitungen zur Herstellung von Backpulver, Fleischextrakt und auch Silberspiegeln. Die größte Leistung Liebigs war jedoch die Einführung der Mineraldüngung. Für seine Verdienste wurde er in den Adelsstand erhoben. Die Universität Gießen trägt heute seinen Namen.

[3] *Beim Düngen der Felder gelangen Mineralstoffe in den Ackerboden und werden von den Pflanzenwurzeln aufgenommen. Mit der Ernte entfernen wir die in den Pflanzen enthaltenen Mineralsalze wieder aus dem Kreislauf.*

Merkmal

▶ Pflanzen brauchen zum Wachstum Licht, Wasser, Kohlenstoffdioxid und Mineralstoffe.

▶ Pflanzen entziehen dem Boden Nährsalze. Bei der landwirtschaftlichen Nutzung müssen diese durch Düngung wieder in den Boden eingebracht werden.

▶ Die Grundlagen der Mineraldüngung wurden von JUSTUS VON LIEBIG entwickelt.

▶ Überdüngung belastet die Umwelt und kann zu gesundheitlichen Schäden führen.

langen ins Grundwasser. Wenn wir sie mit der Nahrung oder dem Trinkwasser aufnehmen, kann dies zu schweren Erkrankungen führen.

Das Gesetz vom Minimum

LIEBIG fand heraus, dass alle für die Pflanze notwendigen Nährsalze in einem bestimmten Verhältnis im Boden vorhanden sein müssen. Wenn es an einem Stoff mangelt, kann das nicht durch andere Nährsalze ausgeglichen werden. Das Wasser kann im Fass nur bis zum niedrigsten Rand steigen [4]. Genau so wird das Wachstum einer Pflanze vom Minimum, also dem Stoff, von dem zu wenig vorhanden ist, begrenzt.

[4] *LIEBIGS Gesetz vom Minimum*

Denkmal

❶ Finde mithilfe der Angaben auf der Verpackung heraus, welche Mineralstoffe in handelsüblichem Dünger enthalten sind.

❷ Warum sollte man Düngemittel so aufbewahren, dass sie für Kleinkinder unzugänglich sind?

❸ Von wem wurden die Zusammenhänge von Düngung und Pflanzenwachstum grundlegend erforscht?

❹ Welche Voraussetzungen müssen erfüllt sein, damit eine Pflanze wachsen kann?

❺ Welche Folgen hätte eine Landwirtschaft ohne Düngung?

❻ Was geschieht bei der Überdüngung des Bodens?

❽ Erkläre das Gesetz vom Minimum.

Projekt-Tipp: Pflanzenwachstum und Nährsalzbedarf

Die Zusammenhänge zwischen dem Nährsalzbedarf und dem Wachstum einer Pflanze lassen sich in Langzeitversuchen auf der sonnigen Fensterbank klären. Besonders gut geht das mit Brutblattpflanzen [5]. Welche Geräte ihr benötigt und wie die Nährsalzlösungen anzusetzen sind, besprecht ihr mit eurem Lehrer oder eurer Lehrerin.

[5] *Das Brutblatt bildet Tochterpflanzen, mit denen man besonders leicht experimentieren kann.*

Von sauer bis salzig

Ein salziges Problem

Salze sind in unserem Alltag unverzichtbar. Nur der bewusste Umgang mit ihnen verhindert, dass sie zum Problem für die Umwelt werden.

Wasch- und Reinigungsmittel, Düngemittel, aber auch menschliche und tierische Ausscheidungen sind „Salzträger". Die in ihnen enthaltenen Salze können über das Abwasser bzw. über Bachläufe in Teiche, Seen und Meere gelangen. Die Folgen sind starke Umweltschäden.

Düngemittel im Badesee

Phosphate sind Düngemittel. Richtig dosiert steigern sie auf den Feldern den Ernteertrag. Bei einer Überdüngung, das heißt, wenn mehr Nährsalze aufgebracht werten, als von den Pflanzen aufgenommen werden kann, gelangt ein Teil davon in die Gewässer. Auch ungeklärte Abwässer enthalten Phosphate. Sie stammen zu einem großen Teil aus den Spülmitteln der Haushaltsspülmaschinen [1]. Nitrate werden ebenfalls als Düngemittel verwendet. Sie kommen aber auch in Mist und Jauche vor. Genau so wie die Phosphate können sie unbeabsichtigt in die Gewässer gelangen. Auch dort gibt es Pflanzen, die auf das Überangebot an Nährsalzen mit vermehrtem Wachstum reagieren. Der Badesee wird grün.

Ein See „kippt um"

Es sind vor allem die Algen, die zunächst einmal von der zusätzlichen Düngung profitieren. Sie produzieren Sauerstoff, und auch die Zahl der Lebewesen, die sich von Pflan-

Inhaltsstoffe (gem. EU-Empfehlung)
unter 5%: nichtionische Tenside, Polycarboxylate, Phosphonate
5–15%: Bleichmittel auf Sauerstoffbasis
über 30%: Phosphate
enthält: Enzyme (Amylase, Protease)
Inhalt: 30 Tabs à 20 g
600 g ℮
Füllstand technisch bedingt.

[1] Die Tabs der Geschirrspülmittel enthalten Phosphate.

[2] Die Überdüngung eines Gewässers führt dazu, dass es „umkippt".

Projekt-Tipp: Waschmittel

Ein Waschmittel muss ganz unterschiedliche Aufgaben erfüllen:
- den Schmutz gründlich von den Stofffasern entfernen,
- die Wasserhärte verringern, um vor Kalkablagerungen zu schützen,
- den Weißeffekt bzw. die Leuchtkraft des Stoffes erhöhen, d.h. Vergrauen der Wäsche verhindern,
- hartnäckige Flecken (Obst, Blut, Soßen usw.) entfernen,
- frischen Duft geben,
- die Waschmaschine vor Korrosion und Überschäumen schützen,
- die Abstoßung zwischen Stoff und Schmutz verstärken, sodass sich der Schmutz nicht so leicht wieder anlagern kann.

Für jede dieser Aufgaben ist ein anderer Inhaltsstoff „zuständig". Informiert euch, welche Inhaltsstoffe in Waschmitteln enthalten sind, wozu sie gut sind und welche dieser Inhaltsstoffe Salze sind.

[3] *Ganz ohne Streusalz geht es nicht.*

zen ernähren und Sauerstoff verbrauchen, nimmt zunächst einmal zu. Aber durch das verstärkte Wachstum nehmen sich die Pflanzen gegenseitig den Lebensraum weg. Sie sterben dadurch ab und sinken zu Boden [2]. Dort werden sie durch Kleinstlebewesen zersetzt. Dabei wird der im Wasser gelöste Sauerstoff verbraucht, der für Fische und andere Wasserlebewesen notwendig ist. Es entsteht Schlamm. Das Leben im See stirbt. Pflanzen faulen, tote Fische treiben an der Oberfläche. Man sagt, der See „kippt um".

Streusalz – bitte sparsam!

Wenn die Bäume am Straßenrand im Frühjahr nicht mehr ausschlagen, kann der Grund eine Vergiftung durch zu viel Streusalz sein [3]. Salz zum Auftauen vereister Straßen und Wege lässt zwar den Verkehr wieder rollen, schädigt aber Pflanzen und Gebäude und fördert die Korrosion von Metallen. Das Streusalz gelangt über die Abflusskanäle in die Gewässer.

[4]

[5]

Merkmal

▶ Phosphate und Nitrate wirken als Düngesalze.

▶ Überdüngung und ungeklärte Abwässer führen zur Belastung von Gewässern.

▶ Starker Streusalzeinsatz bewirkt eine direkte Schädigung von Pflanzen.

Denkmal

❶ Auf den Verpackungen der Wasch- und Spülmittel sind die enthaltenen Inhaltsstoffe aufgelistet. Fertige eine Tabelle an und vergleiche einige Produkte.

❷ Hole Informationen über die Wasserhärte an deinem Wohnort ein und bestimme die richtige Dosierung für das verwendete Waschmittel.

❸ Warum soll Reinigungsabwasser über die häusliche Abwasserleitung und nicht in den Straßengully entsorgt werden?

❹ Erkläre das „Umkippen" eines Gewässers.

❺ a) Stelle die Vor- und Nachteile von Streusalz in einer Tabelle zusammen.
b) Sollte man überhaupt Streusalz verwenden und wenn ja, wo?
c) Durch welche umweltfreundlicheren Stoffe kann man Streusalz ersetzen?

Versuche

1 Gib zerstoßene Eiswürfel in ein Becherglas mit wenig Wasser und bestimme nach einigen Minuten die Temperatur. Gib dann reichlich Kochsalz dazu, rühre gut um und bestimme erneut die Temperatur. Versuche mit dem Ergebnis zu erklären, wie Streusalz wirkt.

2 Schneide einige längliche Stückchen aus einer Kartoffel („Pommes frites"), miss ihre Länge [4] und lege sie dann in eine konzentrierte Kochsalzlösung. Bestimme nach 15 Minuten erneut ihre Länge.
Wie lässt sich das Ergebnis erklären? Welchen Zusammenhang zwischen diesem Versuch und der Schädigung von Bäumen durch Streusalz könnte es geben?

3 Lege auf ein mit Leitungswasser angefeuchtetes Filterpapier in einer Petrischale ca. 20 Kressesamen und verschließe die Schale mit dem Deckel [5]. Feuchte das Papier jeden Tag etwas an. Verwende für eine zweite Schale Wasser mit etwas Kochsalz. Vergleiche die Anzahl der gekeimten Kressesamen und finde eine Erklärung.

Von sauer bis salzig

1 Säuren und Laugen gibt es überall

Suche in deiner häuslichen Umgebung nach Säuren, Laugen und Salzen.
a) Wozu werden diese Stoffe benötigt?
b) Werden diese Chemikalien in den richtigen Behältern aufbewahrt? Welche Gefahrensymbole findest du auf den Behältern und was bedeuten sie?
c) Was könnte geschehen, wenn leichtsinnigerweise eine Säure in eine Getränkeflasche abgefüllt wurde?
d) Welche zusätzlichen Schutzvorkehrungen sind nötig, wenn im Haushalt kleine Kinder leben?

⚠ Achtung:
Säuren und Laugen sind ätzend!

2 Säuren im Einsatz
a) Nach dem Verlegen von Fliesen muss der Zementschleier, der auf der Oberfläche haftet, mit einem Fliesenreiniger entfernt werden. Welche Stoffe enthält ein Fliesenreiniger und wie geht man damit um? Informiere dich im Fachhandel.
b) Die Kaffeemaschine ist mal wieder verkalkt. Auch am Wasserhahn sind hässliche Kalkflecken. Was kannst du dagegen tun? Teste in einer Versuchsreihe käuflichen Kalkentferner und verschiedene verdünnte Säuren auf ihre Verwendbarkeit. Welche Stoffe müssen sich darin auflösen, welche dürfen sich auf keinen Fall lösen?

3 Salze aus Säuren und Laugen
a) Du hast Salzsäure und willst daraus Kochsalz gewinnen. Wie geht das? Plane den Versuch und führe ihn durch.
(⚠ Achtung: Das fertige Kochsalz ist nicht rein genug zum Essen! Eine Geschmacksprobe ist verboten!)
b) Du willst saure oder alkalische Reste von Putz- und Reinigungsmitteln vorbehandelt bereitstellen, damit sie neutralisiert an das Umweltmobil übergeben werden können. Wie gehst du vor?

4 Dem Salz auf der Spur

Das bekannteste Salz ist Natriumchlorid. Als wertvolles Speisesalz wurde es früher auch als „weißes Gold" bezeichnet. Informiere dich über seine historische und aktuelle Bedeutung, seine Entstehung, seine Gewinnung oder seine Verwendung. Fertige einen Bericht an.

Die folgenden Hinweise und Stichwörter helfen dir bei der Suche im Lexikon, in Fachbüchern, im Erdkundebuch, im Atlas oder im Internet. Wähle dir ein oder mehrere Themen aus:

a) Es gibt Salzstraßen, die quer durch Deutschland und Europa führen.
b) An den Salzstraßen gibt es Städte mit der Namenssilbe „hall". Früher wurde hier Speisesalz gewonnen, bzw. wird hier heute hergestellt. Bekannte Namen sind Bad Friedrichshall, Schwäbisch Hall, Bad Reichenhall usw.
c) Es gibt Steinsalz, Kochsalz und Siedesalz. Diese Bezeichnungen geben Einblick in Vorkommen und Gewinnung.
d) Die Barrentheorie gibt Auskunft über die Entstehung von Salzlagerstätten.
e) Die Salzvorkommen bestehen nicht nur aus Natriumchlorid. Bei der Gewinnung von Speisesalz entstehen auch große Mengen von Abraumsalzen.
f) Neben dem bergmännischen Abbau von Steinsalz wird Salz auch in Salinen aus Sole gewonnen.
g) Auch Meersalz wird als Speisesalz verwendet.
h) In der Nähe von Solebädern findet man oftmals auch Gradierwerke.
i) Salz wird verschiedenen Verwendungszwecken zugeführt und ist entsprechend abgepackt.
j) Speisesalz war früher ein wichtiges Konservierungsmittel. Heute dient es vorwiegend als Würzmittel.
k) Natriumchlorid ist wichtig für die Regulierung von Körperfunktionen. Zu viel davon kann aber auch zu Erkrankungen führen.
l) Über die Zusammensetzung von Speisesalz gibt ein Aufdruck auf der Verpackung Auskunft. Oft enthält es noch Zusätze.
m) Ein tolles Erlebnis, das sehr viele Informationen bringt, ist auch die Erkundung eines Besucherbergwerks.

5 Indikatoren

a) Lackmus ist ein Nachweismittel für Säuren und Laugen. Stelle die Neutralfarbe fest und führe die Nachweisreaktionen für Säuren und Laugen durch.
b) Rotkohl eignet sich sehr gut zur Herstellung eines Indikators für Säuren und Laugen. Stelle aus Rotkohl einen Indikator her und prüfe damit Haushaltschemikalien. Du kannst Putz- und Reinigungsmittel, Pflegemittel, oder auch Lebensmittel untersuchen.
c) Miss die pH-Werte der Chemikalien, die du in den Aufgaben a) und b) untersucht hast. Welchen Indikator verwendest du?

Voll auf die Bahn konzentriert, legt sich der Anführer des Feldes in die Kurve. Jetzt nur nicht die Balance verlieren. Aber er beherrscht seine Bewegungen und sein Rad. Auf Tausenden von Kilometern ist ihm alles in Fleisch und Blut übergegangen. Er hört wohl, wie ihn die Menge in der Halle anfeuert, aber er sieht sie nicht wirklich. Der Schweiß rinnt ihm aus allen Poren, nur der Fahrtwind verschafft etwas Kühlung. Er muss weder an seine Atmung noch an seinen Herzschlag denken. Sein Gehirn regelt das für ihn.

Mit unserer Umwelt sind wir hundertfach verbunden. Manches nehmen wir unbewusst wahr und können uns später doch daran erinnern. Vieles löst in uns spontane Reaktionen aus: Ein leckeres Gericht lässt das Wasser im Mund zusammenlaufen, selbst wenn wir es nur riechen, eine sattgelbe Sonnenblume vor tiefblauem Himmel ist einfach schön.

Sollten wir je die Leistungsfähigkeit eines Sinnesorgans einbüßen, schärfen wir andere umso mehr, wie z. B. Blinde ihren Tastsinn. Reichen unsere Sinne nicht aus, haben wir technische Hilfsmittel entwickelt, die unsere Fähigkeiten erweitern.

9 und steuern

Mit allen Sinnen auf Empfang

Mit unseren Sinnesorganen stehen wir ständig
mit der Umwelt in Verbindung,
auch wenn uns nicht alles bewusst wird.

[1] *Ein Disco-Besuch ist nicht nur etwas für die Ohren.*

Mit den Sinnesorganen bekommen wir ununterbrochen mit, was um uns herum geschieht. Sie schaffen Verbindungen zwischen der Welt und uns selbst. Wir erschließen diese Welt, indem wir sehen, hören, riechen, schmecken, tasten und fühlen.

Sinnesorgane sind Übersetzer...

Informationen, die wir mit unseren Sinnesorganen aufnehmen, nennt man Reize, die Sinnesorgane selbst Reizempfänger oder Reizrezeptoren. Reize sind je nach Reizquelle Licht- oder Wärmestrahlen, Schallwellen, Geschmacks- und Geruchsstoffe oder Berührungen. Jedes Sinnesorgan besitzt spezialisierte Zellen, die Sinneszellen. Sie sind für jeweils nur eine ganz bestimmte Reizart empfänglich. Die gemeinsame Aufgabe aller Sinneszellen besteht schließlich darin, die eintreffenden ganz unterschiedlichen Reizarten aus unserer Umwelt in die Sprache unseres Nervensystems zu übersetzen. Schallwellen beispielsweise, die im Innenohr Hörsinneszellen erreichen, werden als elektrische Impulse

Von allen Sinnen

[2]

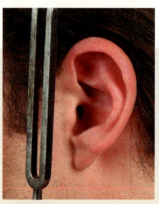

[3]

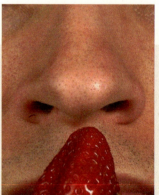

[4]

Lichtstrahlen gelangen über die äußerlich sichtbare Hornhaut sowie die Pupille und im Augeninnern durch Linse und Glaskörper auf die Netzhaut im hinteren Teil des Auges. Dort sitzen dicht gepackt lichtempfindliche Sehsinneszellen [244.1]. Sie wandeln die Lichtstrahlen in elektrische Impulse um und leiten diese über den Sehnerv zum Gehirn. Dort entsteht ein Bild des Gesehenen.

Schallwellen werden von der Ohrmuschel wie von einem Trichter aufgefangen und durch den Gehörgang zum Trommelfell geleitet. Die Gehörknöchelchen im Mittelohr [232.1] leiten sie verstärkt an das Innenohr weiter. Hier wandeln Hörsinneszellen den Reiz in elektrische Impulse um. Der Hörnerv leitet die Informationen weiter zum Gehirn: Wir hören.

Duftstoffe gelangen mit der eingeatmeten Luft in den oberen Teil der Nase. Mit den etwa zehn Millionen äußerst empfindlichen Riechsinneszellen unserer Riechschleimhaut können wir Tausende ganz verschiedener Düfte voneinander unterscheiden. Dabei fällt es uns allerdings ziemlich schwer, jeden dieser Sinneseindrücke auch mit den passenden Worten zu beschreiben.

über den Hörnerv zum Gehirn weitergeleitet [232.1]. Genauso verhält es sich mit Lichtstrahlen. Auch sie werden in den Sehsinneszellen der Netzhaut in elektrische Impulse umgewandelt und gelangen auf diese Weise über den Sehnerv ebenfalls zum Gehirn [244.1]. Dort treffen die Informationen aller Sinnesorgane zur Auswertung und Weiterverarbeitung zusammen.

... und Filter

Menschen können auf gleiche Reize sehr unterschiedlich reagieren, weil jedes Gehirn Eindrücke auf seine ganz persönliche Weise auswertet. Jeder Mensch erlebt demnach die Wirklichkeit anders. Rockmusik, bei der du dich wohl fühlst, kann anderen auf die Nerven gehen oder sogar eine Qual sein. Wir filtern aus der ständig auf uns einstürmenden Informationsflut ganz unbewusst nur das heraus, was sich mit unseren Erinnerungen, Wünschen und Gefühlen in Verbindung bringen lässt. Auch Angst oder Wohlbefinden beeinflussen die Auswertung im Gehirn.

[8] *Ständig auf Empfang*

Merkmal

▶ Die unterschiedlichen Reize aus der Umwelt werden von den Sinnesorganen aufgenommen.

▶ Sinneszellen wandeln die Reize in elektrische Impulse um.

▶ Nerven leiten die Informationen von den Sinnesorganen zum Gehirn.

Denkmal

❶ Man unterscheidet Fern- und Nahsinne. Überlege, welche Reizarten diesen Sinnen zugeordnet werden können und notiere sie in einer zweispaltigen Tabelle.

❷ Erkläre stichwortartig folgende Begriffe: Reizart, Reizrezeptor, Reizquelle.

❸ In unserer Umwelt gibt es ebenfalls Reizarten, für die unsere Sinnesorgane nicht empfänglich sind. Schreibe sie in dein Heft.

❹ Ein Rockkonzert ist nicht nur etwas für die Ohren. Schreibe auf, welche Sinne noch angeregt werden.

[6]

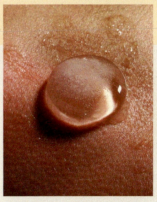

[7]

Beim **Schmecken** können wir verschiedene Geschmacksempfindungen unterscheiden: bitter, sauer, salzig und süß. Die Zungenoberfläche ist von warzenförmigen Geschmacksknospen überzogen. In ihnen befinden sich die Schmeckzellen. Wenn uns etwas ganz besonders gut schmeckt, steckt hinter einem solchen Urteil das Zusammenspiel von Geschmacks- und Geruchssinn.

Die **Haut**, in der wir stecken, grenzt uns zur Außenwelt ab und ist gleichzeitig eine recht vielseitige Antenne. Die Sinne für ganz leichte, zarte oder tastende Berührungen, für Druck, Wärme, Kälte und für Schmerz haben ihre Sinneszellen gemeinsam in unserer Körperhülle konzentriert. Die verschiedenen Reizrezeptoren liegen weit über den Körper verstreut in der Haut,

und zwar ganz unterschiedlich dicht. In den Fingerkuppen zum Beispiel liegen die Reizrezeptoren sehr dicht gepackt. Sie sind deshalb im Gegensatz zum Handrücken besonders tastempfindlich. Wird eine bestimmte Temperatur überschritten, versagen die Wärmerezeptoren ihren Dienst. Jetzt melden Schmerzrezeptoren dem Gehirn, dass es brenzlig wird.

230 | 231

Hört, hört

Die Ohrmuschel wirkt als Schallfänger. Die Umwandlung der Schallwellen in elektrische Impulse erfolgt in der Hörschnecke im Innenohr. Unser Hörvermögen ist begrenzt.

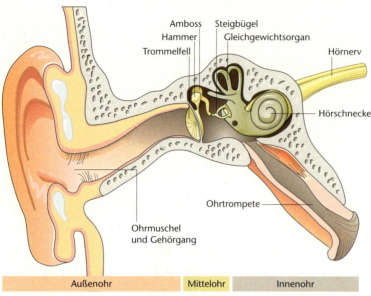

[1] Das Trommelfell und die Gehörknöchelchen im Mittelohr übertragen Schallwellen an das Innenohr. Die Hörschnecke im Innenohr wandelt die Schallwellen in (elektrische) Nervenimpulse um.

Infraschall: Töne unter 16 Hz.

Wir sind ständig von einer Fülle von Informationen umgeben und bekommen trotzdem nur ganz wenig mit. Unsere Sinnesorgane filtern das heraus, was für uns wichtig ist.

Unser Auge sieht nicht jedes Licht

Man reibt sich die Augen und sieht farbige Kringel. Die Augen reagieren auf Druck mit einer Lichtwahrnehmung. Die Licht-Sinneszellen des Auges sind so gebaut, dass sie bei Reizung, gleich welcher Art, dem Gehirn die Botschaft „Licht" vermitteln. Licht ist der passende Reiz für das Auge.

Allerdings erkennt unser Auge nicht jedes Licht. Viele Menschen setzen sich vor eine Infrarotlampe, wenn sie sich erkältetet haben. Sie spüren die Wärme, sehen aber kein Licht. Offensichtlich sind die Infrarotstrahlen nicht geeignet, eine Sehwahrnehmung hervorzurufen. Die Haut wandelt die Infrarotstrahlen in Wärme um. Die Wärmekörperchen, das sind die Sinneszellen für Wärme, sprechen auf diese Wärme an.

Ähnlich verhält es sich mit der UV-Strahlung, die z. B. Bienen sehen können, aber nicht wir Menschen. Bei uns reagieren dagegen die Pigmentzellen der Haut auf diese Art von Strahlung. Sie produzieren mehr braunen Farbstoff. Viele Menschen nutzen diesen Effekt in den Sonnenstudios aus.

Unser Ohr hört nicht jeden Ton

Der Hundehalter bläst durch eine kleine, schlanke Pfeife [3], doch kein Ton ist zu hören. Kurze Zeit später schießt ein Hund heran. Hat er etwas gehört, was unseren Ohren entgangen ist?

Laute erreichen unser Ohr als Schallwellen. Sie dringen in den Gehörgang ein und lassen das Trommelfell schwingen, wodurch die Gehörknöchelchen [1] (Hammer, Amboss und Steigbügel) bewegt werden. Der Steigbügel drückt auf eine Flüssigkeit im Innenohr und reizt dadurch Sinneszellen. Diese leiten ihre Informationen als elektrischen Impuls über den Hörnerv zum Gehirn weiter.

Versuche

1 Sinnesorgane reagieren auf Veränderungen

Gehst du nach einer anstrengenden Stunde aus dem Klassenzimmer, wirst du die frische Luft auf dem Gang wohltuend wahrnehmen. Ebenso unangenehm fällt dir die stickige Luft auf, wenn du in den Raum zurückkehrst. Unsere Riechzellen schalten nach einiger Zeit ab, wohl auch zum eigenen Schutz. Erst wenn in ihrer Umgebung wieder eine Veränderung eintritt, nehmen sie diese wahr.

Bereitet euch eine Mischung aus den Backaromen Zitrone und Bittermandel vor. Eine Gruppe riecht ungefähr zwei Minuten am Zitronenaroma, die andere an der Bittermandel. Anschließend riechen beide an der Mischung. Erklärt eure Feststellungen mit den oben genannten Informationen.

2 So weit die Sinne reichen

Sinnesorgane können nur so schnell reagieren, wie sie von der Reizquelle erreicht werden: Licht legt in 1 Sekunde rund 300 000 km zurück. Schall breitet sich mit einer Geschwindigkeit von 340 m in der Sekunde aus.

Bereite drei verschließbare Fläschchen mit einer stark riechenden Flüssigkeit, z. B. Duftöl, vor. Stelle eines der Fläschchen in den Gefrierschrank, eines bleibt bei Raumtemperatur stehen, das dritte kommt in ein warmes Wasserbad. Verteile sie nach etwa einer halben Stunde geöffnet im Raum. Erkläre deine Wahrnehmung.

Schallwellen können dünne Membranen, wie z. B. das Trommelfell, in Schwingungen versetzen. Schwingt eine Membran in einer Sekunde einmal hin und her, sagt man, sie schwingt mit der Frequenz 1 Hertz oder abgekürzt 1 Hz. Mit einem Tonfrequenzgenerator kann man unterschiedliche Geschwindigkeiten für Schwingungen, die man auch als Frequenzen bezeichnet, einstellen. Wir Menschen nehmen nur Frequenzen zwischen 16 Hz und 20 000 Hz wahr. Töne, die darüber liegen, nennt man **Ultraschall**, Frequenzen unterhalb von 16 Hz **Infraschall**.

Fledermäuse und Hunde hören im Ultraschallbereich, Delfine und Elefanten im Infraschallbereich. Sie nutzen diese Fähigkeit zur Ortung ihrer Beute und zur Verständigung mit den Artgenossen.

[3] *Eine Hundepfeife erzeugt Töne über 20 000 Hz, die unser Hörvermögen übersteigen.*

Zu Ehren des deutschen Physikers HEINRICH HERTZ (1857–1894) nennt man die Einheit der Frequenz „Hertz", abgekürzt Hz.

Merkmal

▶ Das Ohr wandelt Schallwellen in elektrische Impulse um.

▶ Der Hörbereich des Menschen liegt zwischen 16 und 20 000 Hz.

▶ Töne über 20 000 Hz bezeichnet man als Ultraschall. Manche Tiere wie Fledermäuse oder Delfine nutzen ihn zur Ortung der Beute.

Denkmal

❶ Nenne die drei Gehörknöchelchen.

❷ Schreibe den Weg von einer Schallquelle bis zum Wahrnehmen des Geräuschs auf.

❸ Erkläre die unterschiedlichen Hörbereiche von Mensch, Hund und Fledermaus [4].

❹ Beschreibe, wie eine Fledermaus ihre Beute jagt und fängt.

❺ Ordne deine Sinnesempfindungen nach deren Reichweite.

❻ Zwischen dem Zucken eines Blitzes und dem anschließenden Donnerschlag liegen oft Sekunden. Wie hängen Donner und Blitz zusammen?

[2] *Treffen die Ultraschallschreie einer Fledermaus auf ein Insekt, werden sie von diesem reflektiert. Die Fledermaus kann zielgerichtet darauf zufliegen.*

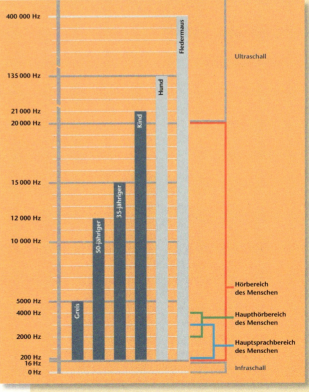

[4] *Hörbereiche von Mensch, Hund und Fledermaus*

Wahrnehmen und steuern

Lichtblicke

Die Sonne liefert uns das helle Tageslicht, sie ist unsere wichtigste natürliche Lichtquelle. Nach Sonnenuntergang stehen wir ohne zusätzliche Lichtquellen ganz schön im Dunkeln.

[1] *Auch wenn die Sonne nicht scheint, ist fast überall Licht vorhanden.*

[2] *Leuchtfeuer eines Leuchtturms – ein Signal zur Warnung und Orientierung.*

Wer nachts nicht gern gesehen wird, kleidet sich möglichst dunkel und schwärzt sogar Gesicht und Hände – für Schmuggler und anderes lichtscheues Gesindel eine perfekte Tarnung.

Licht macht Gegenstände sichtbar

Lichtquellen sehen wir nur, wenn wir genau in ihre Richtung blicken. Dann treffen die Lichtstrahlen direkt in unsere Augen.

Ein Autofahrer, der nachts unterwegs ist, sieht die Lichtstrahlen nicht, die von seinen Scheinwerfern ausgehen. Er nimmt deren Licht jedoch wahr, wenn es auf einen lichtundurchlässigen Gegenstand fällt. Ein heller Gegenstand ist dabei gut sichtbar, etwas Schwarzes dagegen kaum.

Lichtstrahlen, die auf einen hellen Körper [8], [9] fallen, werden von diesem zurückgeworfen – sie werden reflektiert. Trifft das Licht dagegen auf eine dunkle Fläche [10], wird es kaum oder gar nicht reflektiert, sondern vom betreffenden Körper „verschluckt" – man sagt auch absorbiert. Wir können einen Gegenstand nur sehen, wenn reflektiertes Licht von ihm in unser Auge fällt. Einen tiefschwarzen Körper kann unser Auge nur wahrnehmen, wenn der Hintergrund heller und ausgeleuchtet ist.

[3] *Liebevoll geformte Öllampe aus römischer Zeit*

Biologisches Licht zum Leuchten und Locken

Während der Mensch sich mit seiner Technik künstliche Lichtquellen herstellt, können manche Lebewesen mit einer chemischen Reaktion **biologisches Licht** erzeugen. Im Unterschied zur Glühlampe werden sie aber dabei nicht warm. Manche Bakterien und Algen leuchten grünlich, und auch einige Pilze glimmen im Dunkeln geheimnisvoll. Bekannt ist das Glühwürmchen, ein Leuchtkäfer, der seine Lichtquelle sogar ein- und ausschalten kann. Mithilfe der Lichtsignale finden die in warmen Sommernächten fliegenden Männchen zu den ungeflügelten Weibchen, die im Gras sitzen.

Bei manchen Leuchtkäfer-Arten ist das Licht so stark, dass vier von ihnen zum Zeitunglesen ausreichen. In Südostasien sammeln sich Leuchtkäfer zu Tausenden auf Bäumen und blinken mit der gleichen Frequenz. Dieses „Feuerbaum"-Signal ist kilometerweit sichtbar.

Viele Tiefseefische locken mit ihrem Leuchtorgan Beutetiere an. Der Anglerfisch [4] trägt vor dem Maul ein leuchtendes Anhängsel, das wie ein Wurm aussieht. Schaut sich ein kleiner Beutefisch die Leuchtangel neugierig an, verschwindet er blitzschnell im Maul des Räubers.

[4] *Der Anglerfisch lebt in der Tiefsee in ständiger Dunkelheit.*

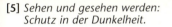

[5] *Sehen und gesehen werden: Schutz in der Dunkelheit.*

[6] *Fenster lassen das Licht bündelweise durchfallen.*

Unterwegs in allen Richtungen

Die Oberflächen der meisten Gegenstände sind rau und uneben. Die Rauigkeit ist oft nur mit einer Lupe erkennbar. Fällt Licht auf eine raue Fläche [9], wird es in alle möglichen Richtungen reflektiert. Man spricht dann von einer diffusen oder ungeordneten Reflexion. Nur deswegen können wir beleuchtete Gegenstände aus verschiedenen Richtungen sehen, denn einige der diffus reflektierten Lichtstrahlen treffen bestimmt unsere Augen.

Im hintersten Winkel eines Raumes ist das natürliche Licht viel schwächer als am Fenster. Wollen wir einen bestimmten Gegenstand ganz genau betrachten, müssen wir ihn „ans Licht" bringen.

[7] *Blick vom Mond zur Erde: Stets erreicht das Sonnenlicht nur einen Teil unseres Planeten.*

Merkmal

▶ Die Sonne ist unsere wichtigste natürliche Lichtquelle.

▶ Gegenstände können wir nur dann sehen, wenn sie selbst Licht aussenden oder es reflektieren.

▶ Manche Lebewesen können biologisches Licht erzeugen. Dazu gehören Bakterien, Pilze und Tiefseefische.

Denkmal

❶ Nenne natürliche und künstliche Lichtquellen.

❷ Was versteht man unter diffuser Reflexion?

❸ Warum ist das Lichtbündel eines Autoscheinwerfers im Nebel gut zu sehen?

❹ Erkläre warum Fußgänger und Radfahrer nachts möglichst helle Kleidung tragen sollen?

❺ Warum werden schwarze Körper, die die Sonne direkt anstrahlt, viel wärmer als weiße?

❻ Warum erscheint der Lichteinfall durch die Fenster einer Kathedrale [6] wie der Lichtkegel einer starken Taschenlampe?

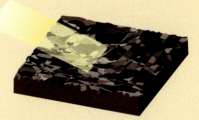

[8] *Eine glatte Fläche wirft das Licht nur in eine Richtung zurück, das kann den Betrachter sogar blenden.*

[9] *Raue, weiße Flächen reflektieren das Licht ungeordnet in alle Richtungen des Raumes.*

[10] *Schwarze, matte Flächen „verschlucken" das Licht.*

Bunte Mischung

Undurchsichtige Stoffe verschlucken Teile des weißen Lichtes. Der Rest, den sie reflektieren, erscheint uns als ihre Eigenfarbe.

[1]

[2]

[3]

[1]–[3] Beleuchtet man nur mit einer Farbe, wird auch nur eine reflektiert, und es erscheint alles Ton in Ton.

[4] Wer kennt die Regenbogenfarben in der richtigen Reihenfolge?

Daniel macht sich über Christinas neue Jacke lustig: „Mit deinen knallroten Punkten siehst du aus wie eine Warnblinkanlage". Uli hört diese Bemerkung und fragt etwas ungläubig nach. Schließlich stellt sich heraus, dass er die Punkte auf Christinas Jacke gar nicht erkennen kann. Er gehört nämlich zu den acht Prozent der männlichen Bevölkerung, deren Augennetzhaut für Rot und Grün unempfindlich ist. Menschen mit Rot-Grün-Sehschwäche können diese Farbtöne nicht unterscheiden.

Weißes wird wieder bunt

Der Regenbogen macht es uns vor: Im weißen Tageslicht sind alle Regenbogenfarben enthalten. Zerlegt man das weiße Licht einer hellen Lampe mit einem gläsernen Prisma [5], sieht man auf einem Projektionsschirm die verschiedenen Farben von dunkelviolett über blau, grün und gelb bis kräftig rot. Diese Reihenfolge bleibt immer gleich. Neben dem Regenbogen, den man auch mit dem Wasserstrahl des Gartenschlauchs erzeugen kann, erkennt man sie am geschliffenen Diamanten ebenso wie an den funkelnden Teilen eines Kronleuchters. Die einzelnen Farben nennt man **Spektralfarben** [5]. Zusammen bilden sie das **Farbspektrum** [9] des verwendeten Lichtes.

Geschluckt und reflektiert

Viele Gegenstände, die nicht selbst Licht erzeugen, erscheinen uns in bestimmten Farben. Dieser Eindruck entsteht dadurch, dass sie vom Farbspektrum des weißen Lichtes bestimmte Anteile verschlucken oder absorbieren. Nur die reflektierten Lichtstrahlen bestimmen die Farbe des Gegenstands.

Die Blätter der Kräuter und Gehölze verschlucken die blauen und roten Spektralfarben des Sonnenlichtes und reflektieren nur die grünen. Nur deshalb sehen wir die Gräser auf der Wiese oder die Blätter einer Baumkrone grün. Ähnlich ist es mit den roten Flecken auf Christinas Jacke. Sie verschlucken alle Anteile des Farbenspektrums bis auf Rot.

[5]

[6]

[5] Ein Glasprisma zerlegt das weiße Licht der Lampe in seine einzelnen Spektralfarben. Übereinander gelegt ergeben verschiedenfarbige Lichtbündel farbiges Mischlicht.

[6] Rotes, grünes und blaues Licht summieren sich wieder zu Weißlicht.

[7] Mit Farblichteffekten erzeugt man in der Disko besondere Stimmungen.

Merkmal

▶ Weißes Licht ist aus verschiedenen Spektralfarben zusammengesetzt.

▶ Weißes Licht zerlegt man mithilfe eines Prismas in seine Spektralfarben.

▶ Gegenstände erscheinen uns in der Farbe, die sie reflektieren.

Denkmal

❶ Wie wirken Farbfilter?

❷ Erkläre wie man einen Lichtstrahl in seine Spektralfarben zerlegen kann.

❸ Welche Farbe hat ein Stück Papier, das rote, grüne und blaue Lichtstrahlen reflektiert?

❹ Warum bezeichnet man Weiß und Schwarz nicht als Farben?

❺ Was geschieht, wenn du den Kreisel [8] schnell drehen lässt?

❻ Betrachte ein Vierfarbenbild dieser Buchseite mit einer Lupe. Was stellst du fest?

❼ Die Rot-Grün-Sehschwäche wird häufig lange Zeit nicht bemerkt. Obwohl die Behinderung nur gering ist, können die Betroffenen nicht jeden Beruf ergreifen. Nenne Beispiele.

❽ Warum erscheint das Meer an einem Sonnentag (nicht nur auf Postkarten) blau?

❾ Sind getönte, nicht UV-geschützte Sonnenbrillen gesünder oder schädlicher für unsere Augen?

Farbstoffe sind Lichtschlucker

Natürliche oder künstliche Farbstoffe erzeugen kein farbiges Licht. Sie verschlucken bestimmte Anteile des Lichtes, das die Lichtquelle ausstrahlt. Solche Farbstoffe nennt man auch **Pigmente**. Seit dem 18. Jahrhundert weiß man, dass sich Licht beliebiger Farbtöne aus rotem, grünem und blauem Licht zusammensetzen lässt. Alle drei Farbtöne zusammen ergeben Weiß [6]. Reflektieren die Farbstoffe nur rotes und grünes Licht, nehmen wir Gelb wahr. Aus Blau und Grün wird Hellblau, aus Rot und Blau Violett. Für jede der drei Farben besitzt unser Auge entsprechende Sinneszellen.

Die gleiche Wirkung wie gefärbte, aber undurchsichtige Körper haben farbige Folien [10] oder Gläser. Sie blenden bestimmte Spektralfarben aus und heißen deshalb **Farbfilter**.

[8] Teile die Oberfläche eines Kreisels in neun Sektoren und male sie mit den Regenbogenfarben aus.

[9] Aus dem gesamten Spektrum des Lichtes kann der Mensch nur einen Ausschnitt wahrnehmen.

UV (ultraviolett)-Bereich des Lichtes

Sehbereich des Menschen

IR (infrarot)-Bereich des Lichtes

Grünes Licht für die Farbe

So wie sich Rot, Grün und Blau zu weißem Licht zusammensetzen, kann man mit verschiedenen Farbfiltern auch wieder einzelne Lichtanteile wegnehmen. Legt man über eine gelbe Folie zusätzlich ein blaue, so sehen wir Grün. Während die gelbe Folie nämlich schon das blaue Licht verschluckt hat, verschluckt die blaue Folie nun ihrerseits die von der gelben durchgelassenen gelben und roten Anteile. Demnach kann nur noch das Licht einer Farbe durchdringen, das beide Filter passiert. Eine zusätzliche rote Farbfolie vor Gelb und Blau lässt keine Farbe mehr hindurch [10]. Durch Verschieben der einzelnen Farbfilter gegeneinander lassen sich verschiedene Farbkombinationen erzeugen. **Frage:** Was entsteht aus Blau mit Rot oder aus Gelb mit Rot?

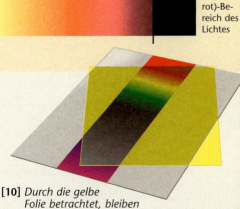

[10] Durch die gelbe Folie betrachtet, bleiben die Farben der Vorlage auf der Strecke.

Vom Knick in der Optik

Sammellinsen brechen Lichtstrahlen so, dass sie sich im Brennpunkt schneiden. Der Abstand Linse – Brennpunkt heißt Brennweite. Sie hängt von der Linsenkrümmung ab.

[1] *Weil die Lichtstrahlen beim Eintritt in die Flüssigkeit gebrochen werden, erscheint der Trinkhalm geknickt.*

[2] *Ein Hohlspiegel wirkt wie eine Sammellinse. Mit ihm lässt sich das Sonnenlicht bündeln und technisch nutzen.*

Manchmal machen Lichtstrahlen uns was vor. Gelangen sie von einem Stoff in einen anderen, beispielsweise von Luft in Wasser, verlaufen sie nicht mehr geradlinig, sondern werden an der Grenze zwischen beiden Stoffen geknickt [1]. Wasser ist nämlich optisch dichter als Luft. Das Abbknicken des Lichtstrahls nennt man **Brechung**.

Durch dicht und dünn

Das Abknicken eines Lichtstrahls hängt von seinem Einfallswinkel ab. Je schräger er auf Wasser fällt, umso größer ist seine Ablenkung oder Brechung [6]. Stell dir eine senkrechte Linie zum brechenden Körper vor – man bezeichnet sie als Lot. Trifft ein Lichtstrahl schräg am Aufsatzpunkt des Lotes auf, wird er im Wasser zum Lot hin gebrochen. Sein Brechungswinkel ist dabei kleiner als der Einfallswinkel.

Treffen im Brennpunkt

Auch Glas ist optisch dichter als Luft und bricht daher einen auftreffenden Lichtstrahl [6]. Linsen aus Glas sind an den Rändern dünn und in der Mitte dick. Gehen von einem Punkt eines Gegenstandes Lichtstrahlen aus, werden sie von einer solchen Glaslinse so gebrochen, dass sie sich dahinter wieder zum Bildpunkt vereinigen [3]. Linsen, die Lichtstrahlen zu Bildpunkten vereinigen, nennt man **Sammellinsen**. Den Abstand von der Linsenmitte bis zum Brennpunkt nennt man **Brennweite**. Je dicker eine Linse ist, um so kürzer ist ihre Brennweite.

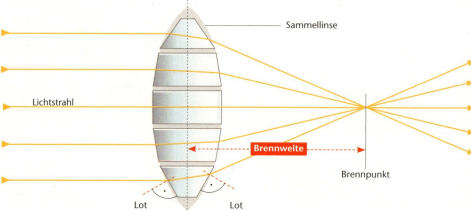

[3] *Man kann sich vorstellen, dass eine Sammellinse aus lauter kleinen, trapezförmigen Glaskörpern zusammengesetzt ist. Beim Ein- und Austritt von Lichtstrahlen gelten die Regeln der Lichtbrechung.*

Gebündelte Lichtstrahlen – eine heiße Sache

Dass Sonnenstrahlen auch als Wärmestrahlen wirken, weiß jeder. Wenn man alle Lichtstrahlen, die auf eine begrenzte Fläche fallen, mit einer Glaslinse in einem Punkt sammelt, lassen sich mit der so gebündelten Wärmeenergie sogar Löcher in Papier brennen [5]. Beim Experimentieren ist allerdings Vorsicht angeraten – ein Feuer ist schneller entfacht, als du denkst! Linsen, mit denen man die Wärme in ihrem Brennpunkt sammeln kann, nennt man auch Brenngläser. Auf ähnliche Weise funktionieren die so genannten Solarkollektoren, mit denen man Sonnenenergie nutzt. Anstelle einer Sammellinse verwenden sie einen Sammelspiegel.

Spiegelglatt

Nicht immer drigen die Lichtstrahlen durch eine Grenzfläche. Ab einem bestimmten Einfallswinkel gewähren nämlich an sich durchsichtige Stoffe den Lichtstrahlen keinen Durchtritt mehr. Sie verhindern deren Brechung, die Strahlen werden an der Grenzfläche vollständig reflektiert. Daher nennt man diese Erscheinung **Totalreflexion**. Unbewegte Wasseroberflächen wirken plötzlich wie Spiegel – in einer Wasserpfütze kannst du daher dein Spiegelbild sehen. Man spricht auch von spiegelglatten Oberflächen.

[4] *Stimmt der Blickwinkel, so wird die Wasserfläche zum Spiegel.*

[5] *Heiße Spur: Verwendet man eine Sammellinse als Brennglas, wird's brenzlig.*

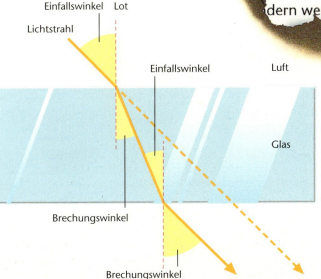

[6] *Auf Zickzackkurs: Glas bricht den aus der Luft kommenden Lichtstrahl zum Einfallslot. Beim weiteren Weg zurück in die Luft wird der Brechungswinkel wieder größer.*

Merkmal

▶ Lichtstrahlen werden beim Übergang in einen optisch dichteren Stoff aus ihrer ursprünglichen Richtung abgelenkt. Diese Ablenkung nennt man Brechung.

▶ Der Einfallswinkel ist beim Übergang in einen optisch dichteren Stoff immer größer als der Brechungswinkel.

▶ Sammellinsen vereinigen die Lichtstrahlen von einem Gegenstand in einem Brennpunkt. Dessen Abstand zur Linse nennt man Brennweite.

Denkmal

❶ Was versteht man unter Brechung?

❷ Wie wird ein Lichtstrahl abgelenkt, wenn er aus Luft in Wasser fällt?

❸ Wie verhält sich der Lichtstrahl, wenn er aus Wasser in Luft übergeht?

❹ Wie kam der Brennpunkt zu seinem Namen?

❺ Warum sind Flaschenscherben in Wald und Flur gefährlich?

❻ Schichte in einem Trinkglas etwas Salatöl auf Wasser und tauche ein Lineal ein. Betrachte es nun schräg von der Seite. Beschreibe und erkläre deine Beobachtung.

❼ Lege in ein undurchsichtiges, leeres Gefäß eine Münze und schau knapp über den Rand, so dass du sie gerade nicht mehr siehst. Fülle nun Wasser ein, ohne den Blickwinkel zu verändern. Beschreibe und erkläre deine Beobachtung.

❽ Früher hat man Fische mit dem Speer erbeutet. Was musste ein Fischer bedenken, wenn er mit dem Speer nach dem Fisch stieß?

❾ Die Gasperlen im Sprudelwasser sehen aus wie kleine Silberkügelchen. Erkläre.

Vom Lichtstrahl zum Bild

Wenn Lichtstrahlen durch Linsen oder Löcher fallen, entstehen seltsame Bilder: Gegenstände stehen Kopf, und zudem ist ihr Bild seitenverkehrt sowie verkleinert.

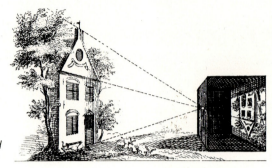

[1] *Eine Camera obscura in begehbarer Form erleichterte früher den Malern die Herstellung ihrer gefragten Landschafts- und Stadtansichten.*

Der berühmte italienische Techniker und Künstler LEONARDO DA VINCI erfand bereits vor fünfhundert Jahren einen Apparat, mit dem man Landschaften ziemlich einfach abmalen konnte, ohne dass man ein begabter Künstler sein musste. Man nannte ein solches Gerät Camera obscura [1], was so viel heißt wie dunkler Raum. Darunter versteht man einen innen geschwärzten Kasten mit einer lichtdurchlässigen Rückwand. Auf der gegenüberliegenden Seite befindet sich ein kleines Loch.

Der Schuhkarton als Lochkamera

Aus einem leeren Schuhkarton kannst du dir leicht eine Camera obscura nachbauen und herausfinden, wie sie eigentlich funktioniert. In die Mitte der Schmalseite bohrst du ein etwa 1 mm großes Loch. Auf der Gegenseite schneidest du fensterförmig eine Öffnung aus und klebst ein Butterbrotpapier als Scheibe auf. Damit ist die Lochkamera [3] im Prinzip schon fertig.

[2] *Diese Camera obscura kannst du mit einfachen Mitteln leicht nachbauen und damit Fotopapier belichten.*

Richtet man das Schukarton-Loch auf einen Gegenstand, etwa eine leuchtende Kerze, so sieht man auf dem Butterbrotpapier ein Abbild davon. Aber auch beleuchtete Körper lassen sich abbilden. Von jedem Punkt unserer Umgebung gehen reflektierte Lichtstrahlen aus. Ein kleiner Teil davon tritt durch das Loch des Schuhkartons und erzeugt kleine Bildpunkte auf dem Butterbrotpapier. Alle Bildpunkte zusammen ergeben das ganze Bild [4]. Eigenartigerweise steht es jedoch auf dem Kopf und ist außerdem seitenverkehrt.

Geradewegs auf die Mattscheibe

Lichtstrahlen breiten sich immer nur geradlinig aus. Ein Lichtstrahl, der von links oben durch die Lochblende fällt, erreicht das Butterbrotpapier rechts unten und erzeugt dort einen Bildpunkt. Der Lichtstrahl von rechts unten erzeugt den zugehörigen Bildpunkt links oben. Die Früchte des Apfelbaums wechseln daher auf der Mattscheibe der Lochkamera die Seiten. Vergleichbar laufen die Lichtstrahlen auch durch eine Glaslinse [6].

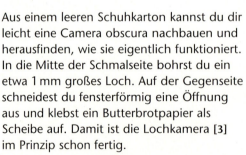

[3] *So kann deine eigene Schuhkarton-Lochkamera aussehen.*

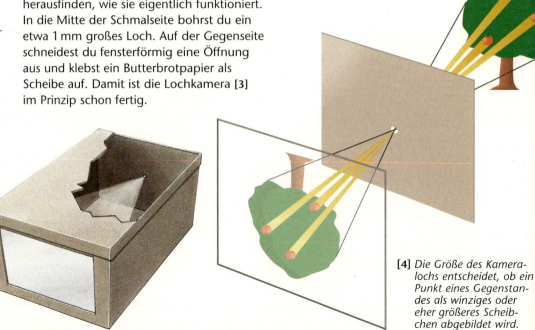

[4] *Die Größe des Kameralochs entscheidet, ob ein Punkt eines Gegenstandes als winziges oder eher größeres Scheibchen abgebildet wird.*

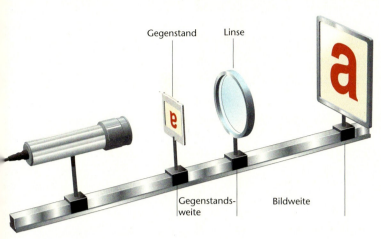

[5] Optische Bank

Merkmal

▶ Lochkamera und Sammellinsen bilden Objekte seitenverkehrt, auf dem Kopf stehend und verkleinert ab.

▶ Die Lochkamera ist der technische Vorläufer heutiger Fotoapparate.

▶ Die Linsen der Brille gleichen die Augenfehler aus. Sie legen die Bildpunkte auf die Netzhaut.

Kleines kommt groß raus

Auf einer optischen Bank [5] kannst du überprüfen, wie eine Glaslinse einen Gegenstand abbildet. Wenn die Linse die von einem Gegenstand ausgesendeten Lichtstrahlen so bricht, dass sie sich in einem Punkt treffen, entsteht ein Bildpunkt [6]. Die Größe der Abbildung hängt von zwei Abständen ab, nämlich von der Gegenstandsweite (Abstand Gegenstand – Linse) und von der Bildweite (Abstand Schirm/Film – Linse). Je kleiner die Gegenstandsweite ist, desto größer wird das Bild und umgekehrt.

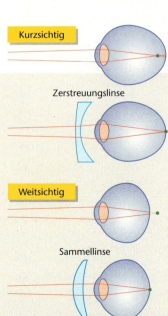

[6] Jeder Punkt eines Gegenstandes sendet Lichtpunkte aus. Ein Teil davon wird durch die Sammellinse gebrochen. Nur wenn sie sich wieder in einem Punkt treffen, entsteht ein Bildpunkt.

[7] Augenlinse und Netzhautbild: Auf den richtigen Abstand kommt es an.

Weit- oder kurzsichtig?

Kurzsichtige sehen entfernte Gegenstände unscharf, weil ihr Augapfel zu lang ist und das scharfe Bild vor der Netzhaut entsteht. Die Zerstreuungslinsen der Brille korrigieren dies [7]. Kurzsichtigkeit erwirbt man oft während der Pubertät, da hier der Körper nicht in allen Teilen gleichmäßig wächst.

Bei der Weitsichtigkeit ist der Augapfel zu kurz. Die Sammellinsen der Brille legen das Bild wieder auf die Netzhaut [7]. Bei Altersweitsichtigkeit kann sich die Linse nicht mehr richtig abkugeln und erzeugt ein unscharfes Bild auf der Netzhaut.

Denkmal

❶ Was versteht man unter einer Camera obscura?

❷ Zeichne den Strahlengang durch eine Lochblende von der Seite.

❸ Warum steht das Bild des Apfels auf der Mattscheibe auf dem Kopf?

❹ Warum wird das Bild deutlicher, wenn du es in einem abgedunkelten Raum betrachtest?

❺ Bei sonnigem, aber wolkigen Himmel bilden sich auf dem Waldboden kleine Lichtflecke. Wie bewegen sich darin die Wolkenbilder im Vergleich zur wirklichen Zugrichtung der Wolken?

❻ Erkläre die Funktion einer Lesebrille bei Altersweitsichtigkeit.

Schau-Fenster zur Welt

Die verschiedenen Teile des Auges bilden unsere Umwelt auf der Netzhaut ab. Dort entsteht ein verkleinertes, seitenverkehrtes und auf dem Kopf stehendes Bild.

Die Augen schaffen Blickkontakte zur Welt, indem sie Lichtstrahlen auffangen. Das Gehirn erst formt diese Lichtreize zu Bildern. Wir sehen und nehmen die Welt wahr.

Licht, das ins Auge geht

Von allem, was uns umgibt, werden Lichtstrahlen zurückgeworfen. Sie gelangen durch die Hornhaut und die Pupille ins Augeninnere [1], werden mehrfach gebrochen, bis sie schließlich auf der Netzhaut auftreffen. Die Regenbogenhaut oder Iris bestimmt unsere Augenfarbe. Sie umgibt die Pupille. Hinter der Iris befindet sich die elastische, glasklare Linse, die am Rand ringsum an dünnen Linsenbändern aufgehängt ist. Diese Bänder verlaufen wie die Speichen eines Fahrrades zum ringförmigen Ziliarmuskel, der die Linse umgibt.

In der vorderen und hinteren Augenkammer befindet sich das Kammerwasser. Es dient der Ernährung von Linse und Hornhaut. Der weitaus größte Teil des Auges, der Glaskörper, besteht aus einer gallertartigen Masse. Er gibt dem Auge die Form. Die Wand des Augapfels besteht aus drei übereinander liegenden Häuten. Die äußere Lederhaut ist weiß und fest. An ihr setzen Muskeln an, die es dem Auge ermöglichen, Bewegungen mühelos zu verfolgen. Im vorderen Bereich wird die Lederhaut zur durchsichtigen Hornhaut. Das unmerkliche, regelmäßige und blitzschnelle Schließen unserer Augenlider sorgt für einen beständigen Flüssigkeitsfilm auf der Hornhaut. Die Ader-

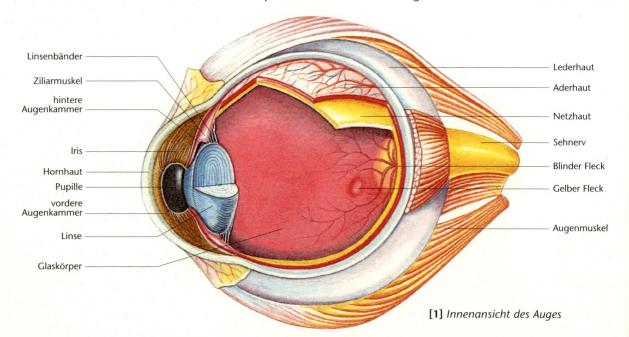

[1] *Innenansicht des Auges*

Zwei Augen – ein räumliches Bild

Ganz gleich, welchen Gegenstand auch immer wir uns vor die Nase halten, er hinterlässt einen wahrhaft doppelten Eindruck. Das merkt man ganz leicht, wenn man ihn zunächst nur mit dem einen und dann mit dem anderen Auge betrachtet. Er zeigt sich jedes Mal aus einem etwas anderen Blickwinkel. Wechselt man zudem diese Betrachtungsweise recht schnell, scheint der Gegenstand förmlich vor unserer Nase hin und her zu hüpfen. Auf jeder Netzhaut wird zwar ein und derselbe Gegenstand abgebildet, aber eben aus einem geringfügig anderen Blickwinkel. Im Grunde genommen sehen wir zwei geringfügig verschiedene Bilder. Von jedem Auge werden demnach unterschiedliche Bildinformationen an das Gehirn geleitet. Dieses verarbeitet diese Unterschiede so, dass wir ein räumliches Bild wahrnehmen.

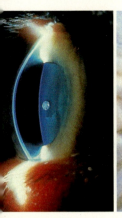  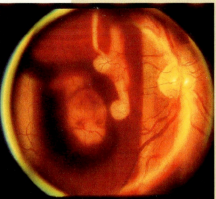 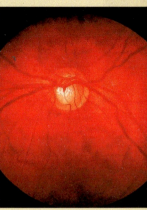

An der gekrümmten Hornhaut werden die Lichtstrahlen zum ersten Mal gebrochen, bevor sie auf die Augenlinse auftreffen.

[3] Durch Öffnen und Zusammenziehen sorgt die Iris für ausreichend Licht im Auge. Die Augen schaffen Blickkontakte zur Welt, indem sie Lichtstrahlen auffangen. Das Gehirn erst formt diese Lichtreize zu Bildern. Wir sehen und nehmen die Welt wahr.

[4] Bilder werden von der Hornhaut und der Linse seitenverkehrt, kopfstehend und verkleinert auf die Netzhaut gebracht.

[5] Wo Sehnerv und Blutgefäße das Auge verlassen, entsteht der blinde Fleck.

haut ist reich an Blutgefäßen und versorgt ihre Umgebung mit Nährstoffen und Sauerstoff. Sie enthält außerdem Pigmentzellen mit schwarzem Farbstoff, die keinerlei Lichtstrahlen zurückwerfen. Deshalb sehen wir die Pupille als tiefschwarzes Loch.

Lichtempfang

Die innerste Schicht, die den Augapfel auskleidet, ist die Netzhaut. Sie ist zugleich der Schirm, auf den das kopfstehende, verkleinerte und seitenverkehrte Abbild eines Gegenstandes fällt. Die Netzhaut enthält die Empfänger für die auftreffenden Lichtstrahlen. Das sind dicht gepackte und unterschiedlich spezialisierte Lichtsinneszellen: Die Stäbchen können besonders gut zwischen hell und dunkel unterscheiden, die Zapfen sind für das Farbensehen zuständig [244.1]. Gegenüber der Pupille, am so genannten gelben Fleck, drängen sich diese Zellen besonders dicht. Es ist die Stelle des schärfsten Sehens. Die Sinneszellen übersetzen die Lichtreize in elektrische Nervenimpulse. Diese werden über den Sehnerv zum Gehirn geleitet.

Versuch

Blinder Fleck
An der Stelle, an der der Sehnerv mitsamt den Blutgefäßen das Auge verlässt, befinden sich keinerlei Lichtsinneszellen. Die Netzhaut hat eine Lücke, das Auge ist an dieser Stelle blind. Deshalb können an diesem so genannten blinden Fleck keine Lichtreize empfangen werden. Doch das Gehirn gleicht diese Lücke bei der Wahrnehmung wieder aus. Mit folgendem Versuch kannst du das leicht nachprüfen: Halte das Buch mit ausgestreckten Armen vor dich. Schließe das rechte Auge und behalte mit dem linken Auge den großen schwarzen Punkt fest im Visier. Bewege nun das Buch langsam auf dein Auge zu. Achte dabei auf das schwarze Kreuz, ohne dabei das Auge vom Punkt abzuwenden. Beschreibe und erkläre, was bei diesem Vorgang passiert.

Merkmal

▶ Hornhaut, Pupille und Linse bilden Gegenstände auf der Netzhaut ab. Das Bild ist verkleinert, steht auf dem Kopf und ist seitenverkehrt.

▶ Die Sinneszellen der Netzhaut wandeln das Bild in elektrische Impulse um. Der Sehnerv leitet diese zum Gehirn.

Denkmal

❶ Ordne die Bilder [2] bis [5] dem räumlichen Bild des Auges [1] zu.

❷ Schreibe auf, welche Teile des Auges beweglich bzw. veränderbar sind und welche Folgen das hat.

❸ Wir können etwas scharf ins Auge fassen und Gegenstände räumlich wahrnehmen. Schreibe auf, warum dies möglich ist.

❹ Man kann „jemandem schöne Augen machen", oder es kann einem auch „wie Schuppen von den Augen fallen". Ergänze die Liste solcher Redensarten und erkläre ihre Bedeutung.

Wahrnehmen und steuern

Netzhaut – der Film des Auges

Die Sinneszellen der Netzhaut wandeln Licht in elektrische Signale um. Helligkeit und Farben werden getrennt aufgenommen.

Du sitzt da, starrst Löcher in die Luft und hast ein ganz anderes Bild vor Augen. Eine solche Situation hast du sicherlich schon oft erlebt. Sehen wir nicht das, was wir vor Augen haben? Durch Hornhaut und Linse wird wie mit einem Projektor ein Bild auf unsere Netzhaut projiziert – aber wir sehen und erkennen es erst, wenn die Signale unser Gehirn erreicht haben.

Vom Licht zum Strom

Lichtstrahlen durchdringen den gesamten Augapfel und treffen auf die Sinneszellen in der Netzhaut. Es gibt zwei Typen von Sinneszellen. Die schlanken Stäbchen, von denen wir über 120 Millionen besitzen, reagieren auf Veränderungen der Helligkeit. Von den gedrungenen Zapfen besitzen wir „nur" etwa 6 Millionen. Sie sind für das Farbensehen zuständig. Beide Sinneszelltypen arbeiten grundsätzlich gleich.

Fällt Licht auf ein Stäbchen, zersetzt sich der in ihm enthaltene Sehpurpur. Dadurch wird ein elektrisches Signal ausgelöst, das an die Schaltzellen der nächsten Schicht weiter gegeben wird und schließlich über den Sehnerv ins Gehirn gelangt.

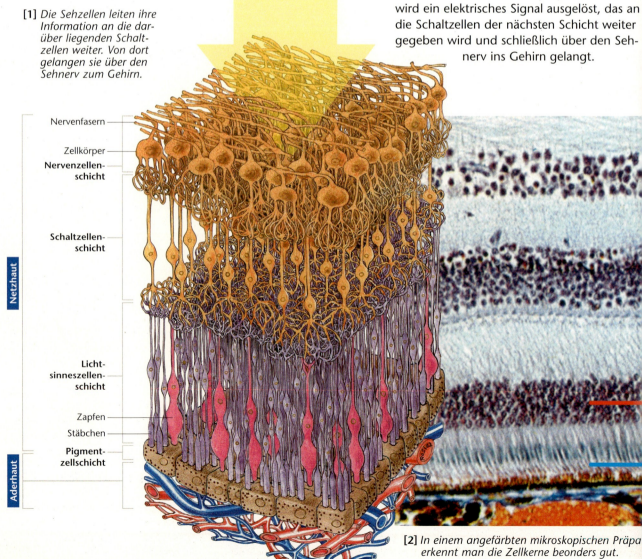

[1] *Die Sehzellen leiten ihre Information an die darüber liegenden Schaltzellen weiter. Von dort gelangen sie über den Sehnerv zum Gehirn.*

[2] *In einem angefärbten mikroskopischen Präpa erkennt man die Zellkerne beonders gut.*

Merkmal

▶ Die Netzhaut enthält Stäbchen für das Hell-Dunkel-Sehen und Zapfen für das Farbsehen.

▶ Am blinden Fleck befinden sich keine Sinneszellen. Hier verlässt der Sehnerv die Netzhaut und leitet die elektrischen Signale zum Gehirn.

▶ Der gelbe Fleck enthält nur Zapfen. Er ist die Stelle des schärfsten Sehens.

[4] *Durch die Brechung der Lichtstrahlen an dem engen Sehloch, der Pupille, entsteht auf der Netzhaut ein seitenverkehrtes, auf dem Kopf stehendes Bild.*

Farbe im Zentrum

Ziemlich genau in der Mitte der Netzhaut gibt es eine kleine Eindellung: die Zentralgrube oder – nach ihrer Färbung – auch gelber Fleck genannt. Sie enthält nur Zapfen [1], die auf farbiges Licht reagieren. Da jede dieser Zellen eine eigene Leitung zum Gehirn hat, sehen wir mit ihnen auch besonders scharf. Betrachten wir einen Gegenstand, dann richten wir unseren Kopf und unsere Augen unbewusst so aus, dass die Lichtstrahlen genau auf die Zentralgrube treffen. Von den Zapfen haben wir drei Typen. Jeder ist für eine andere Farbe empfindlich: einer für rot, ein anderer für grün und der dritte für blau. Im Gehirn werden die Farbinformationen gemischt, und es entsteht der Eindruck jeder erkennbaren Farbe. Am vorderen Rand enthält die Netzhaut nur Stäbchen. Deshalb erscheinen Gegenstände, die wir nur am Rand unseres Gesichtsfeldes wahrnehmen, grau.

[5] *Ein Bild ist umso schärfer, je weniger Sehsinneszellen auf der Netzhaut von einem Lichtstrahl getroffen werden. Dann ist das Auflösungsvermögen optimal.*

Denkmal

❶ Wenn man nachts einen schwach leuchtenden Stern fixiert, ist er plötzlich verschwunden. Fängt man an zu suchen, erscheint er wieder. Wie erklärst du das?

❷ Erkläre die Redensart: „Nachts sind alle Katzen grau".

❸ Wo hinkt der Vergleich zwischen Netzhaut und Film?

❹ Beschreibe mithilfe der Abbildungen [1] bis [3] wie die Information des Lichtstrahls zum Gehirn kommt.

❺ Was versteht man unter Auflösungsvermögen und wovon hängt es ab?

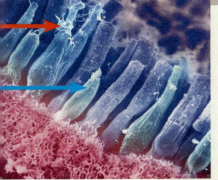

[3] *Die Sehsinneszellen sind schlank und stehen dicht gedrängt in der Netzhaut.*

Versuch

„Grau am Rand"

Blicken wir stur geradeaus und überholt uns langsam ein Gegenstand, können wir am Anfang nicht sagen, welche Farbe er hat. Wir werden nur eine Bewegung wahrnehmen. Ihr könnt das selbst ausprobieren, am besten in einem etwas abgedunkelten Raum.

Klebt eine farbige Pappscheibe von der Größe einer Untertasse auf einen Stab. Ein Mitschüler führt sie, von hinten kommend, langsam in 1 m Abstand am Kopf einer Testperson vorbei. Diese soll sagen, wann sie die Bewegung und ab welcher Position sie die Farbe erkennt.

1. Welche Farbe nimmt sie zuerst wahr?

2. Was kannst du aus dem Versuch bezüglich der Verteilung von Stäbchen und Zapfen auf der Netzhaut schließen?

Augen schützen

[1]

Sicherlich dürfte es nur ganz selten passieren, dass Glasgefäße platzen und winzige Glassplitter oder Spritzer irgendwelcher Flüssigkeiten ins Auge gelangen. Trotzdem muss bei der Durchführung sämtlicher Versuche eine spezielle Brille getragen werden. Sie schützt das Auge vor all den Dingen, die dem Auge gefährlich werden können.

Auch außerhalb des Unterrichts, wenn wir auf dem Fahrrad sitzen und uns den Wind um die Nase wehen lassen, steht das Auge ständig unter „Beschuss". Gelangt versehentlich Staub, ein Sandkorn oder gar ein winzig kleines Insekt ins Auge, fängt das Auge zu tränen an. Der Fremdkörper wird dadurch mit der Flüssigkeit zum Tränenkanal und von dort durch die Nase nach außen geschwemmt. Mit vorsichtigem Reiben im anderen Auge zum Nasenrücken hin, kann dieser Reinigungsvorgang noch unterstützt werden. Gelingt das nicht, nimmt man behutsam die Wimpern des Oberlides zwischen Daumen und Zeigefinger, zieht das Oberlid über das Unterlid und streift es daran ab. In der modernen Arbeitswelt ist für viele berufliche Tätigkeiten heute ein Augenschutz vorgeschrieben.

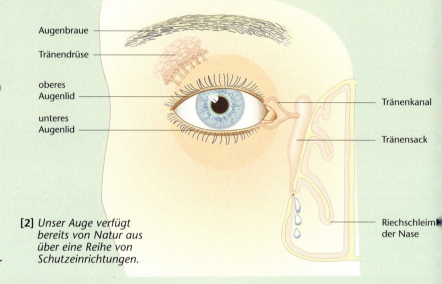

[2] Unser Auge verfügt bereits von Natur aus über eine Reihe von Schutzeinrichtungen.

Sollten dennoch einmal Metall-, Stein- oder gar Glassplitter ins Auge kommen, ist sofort ein Augenarzt aufzusuchen.

Reizbare Augen
Wer kennt das nicht? Seife oder nur ein wenig Haarshampoo ist ins Auge gelangt, es brennt und juckt, und selbst heftiges Reiben bringt nichts. Das Auge rötet sich. Was jetzt noch helfen kann, ist eine „Augendusche" mit klarem, lauwarmem Wasser, damit die Reizstoffe sorgfältig ausgespült werden.

Die verschiedensten Putzmittel sorgen zu Hause für Sauberkeit. Die Mittel, die dabei zum Einsatz kommen, sind allesamt Reizstoffe fürs Auge. Gechlortes Wasser im Schwimmbad schützt uns vor Krankheitserregern. Im Grunde genommen hat das Chlor ebenfalls reinigende Wirkung. Wer jedoch zu den „Unterwasserratten" zählt, gerne und ausgiebig taucht, der weiß spätestens dann, wenn die Augen zu brennen anfangen und ganz rot geworden sind, dass gechlortes Wasser ebenfalls ein Reizstoff für die Augen ist.

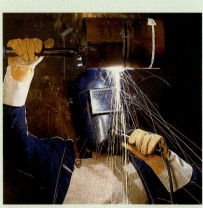

[3] Glühende Funken und gleißendes Licht gefährden das ungeschützte Auge.

[4] Kleinste Staubkörnchen werden bei hohen Geschwindigkeiten zu richtigen „Geschossen".

[5] Früh übt sich, wer ein Profi werden will und denen geht Sicherheit nun mal über alles.

[6] *Bei solchen grellen Lichtblitzen weiß der Pupillenreflex bald nicht mehr ein noch aus, genauer gesagt weder auf noch zu.*

Verletzende Lichtblicke

Manchmal scheint sie uns einfach zu hell. Wir blinzeln und kneifen dabei die Augen zu, um uns vor dem grellen, unangenehm wirkenden Licht der Sonne zu schützen. Der Schatten spendende Schild einer Mütze kann da schnell und vor allem wohltuend Abhilfe schaffen. Anders ist es im Hochgebirge, wenn die geschlossene Schneedecke das Licht reflektiert und dadurch besonders gleißend wird. Aufgrund des besonders hohen Anteils an UV-Strahlen kann es zu einer sonnenbrandähnlichen Entzündung der Hornhaut, der so genannten Schneeblindheit, kommen. Mit einer UV-geschützten Sonnenbrille [9] kann man die Augen vor dieser sehr schmerzhaften Entzündung schützen.

Auch bei vielen Berufstätigkeiten, wie zum Beispiel beim Schweißen [3], muss man das Auge vor allzu grellem Licht schützen. So wie man mit einem Brennglas Licht bündeln und Papier entzünden kann, löst grelles Licht beim ungeschützten Auge Verbrennungen auf der Netzhaut aus.

Lidschlussreflex

Die Augen liegen tief und somit gut geschützt in knöchernen Augenhöhlen. Ein Fettpolster dämpft Erschütterungen. Die Augenbrauen [2] leiten Schweiß und Regen seitlich ab. Die Augenlider verschließen die Augen ganz automatisch, sobald Staub oder andere Fremdkörper die Wimpern berühren, ohne dass wir das richtig bemerken. Eine solche automatische Reaktion bezeichnet man auch als Reflex, und weil es sich dabei um die Augenlider handelt, spricht man vom Lidschlussreflex. Tränendrüsen bilden ständig Tränenflüssigkeit. Sie hält die Hornhaut feucht und tötet gleichzeitig Krankheitserreger ab. Für die Verteilung der Tränenflüssigkeit sorgt der regelmäßige Lidschlag. Trocknet das Auge aus, trübt sich die Hornhaut sehr schnell, und man kann erblinden.

Pupillenreflex

Der Lichteintritt in das Auge erfolgt durch die Hornhaut und die Pupille [242.1]. Sie ist von der farbigen Regenbogenhaut, der Iris, umgeben. In die Regenbogenhaut eingelagerte Muskelfasern, die wie die Speichen eines Fahrrades verlaufen, können die Größe der Pupille ohne unser Zutun verändern und somit die einfallende Lichtmenge regulieren. Viel Licht führt zu einer Verengung der Pupille, wenig Licht bewirkt genau das Gegenteil. Weil dies ebenfalls ganz automatisch erfolgt, spricht man deshalb auch vom Pupillenreflex. Du kannst das selbst einmal nachprüfen. Eine Versuchsperson hält dazu etwa 30 Sekunden lang ein Stück Karton vor die geschlossenen Augen. Danach nimmt sie den Karton weg und die Versuchsperson blickt zum hellen Fenster. Beobachte sofort die Pupillen.

[7] *Bei solchen Gefahrensymbolen sind die Augen durch eine Brille zu schützen.*

Denkmal

❶ Nenne die natürlichen Schutzeinrichtungen des Auges.

❷ Unterscheide den Lidschluss- vom Pupillenreflex.

❸ Trage alle technischen Schutzeinrichtungen dieser Seite zusammen.

❹ Informiere dich, auf welchen Chemikalienflaschen die abgebildeten Gefahrensymbole [7] angebracht sind.

❺ Gestaltet in kleineren Gruppen ein Faltblatt, aus dem ersichtlich wird, wie man das Auge vor ganz unterschiedlichen Gefahren schützen kann. Verwendet dazu die farbigen Kärtchen.

Es gibt viele Spiele, bei denen es besonders gilt, Gefahren für das Auge richtig zu erkennen und einzuschätzen.

Trockene Luft im Raum schadet den Augen.

Beim Umgang mit besonders gekennzeichneten Stoffen darf nichts ins Auge gehen.

Doppelt angespitzte Bleistifte gehören nicht ins Mäppchen.

Gasgefüllte Glühlampen vorsichtig auswechseln!

[8]

[9] *UV-geschützte Sonnenbrillen gibt es für jeden Typ.*

"Blind sein"

Blinde haben gelernt, ihre übrigen Sinne zu schärfen. So können sie mit geeigneten Hilfsmitteln ihr Leben meistern.

Sandra ist 12 Jahre alt und für ihr Alter schon recht groß. Sie hört es gern, wenn andere zu ihr sagen: „Du bist ein hübsches Mädchen", oder: „Dein langes, blondes Haar steht dir gut." Sie selber weiß nicht, wie sie aussieht, sie ist von Geburt an blind. Sandra wohnt mit ihren Eltern und ihrem Bruder Martin in einem kleinen Ort. Seit sechs Jahren besucht sie die Blindenschule in Stuttgart. Dort wohnt sie die Woche über im Internat, da der tägliche Schulweg zu lang wäre. Das Wochenende und die Ferien verbringt sie natürlich zu Hause bei ihrer Familie.

[1] *Der weiße Stock hilft dem Blinden bei der Orientierung.*

Hilfsmittel für Blinde

In Sandras Klasse sind insgesamt nur acht Schüler, da für Blinde das Lernen in kleinen Gruppen besonders wichtig ist. Viele Dinge müssen sie nämlich regelrecht „begreifen". Die Schüler benutzen die gleichen Schulbücher wie sehende Kinder auch, allerdings sind ihre Bücher in Blindenschrift gedruckt. Sandra hat die Blindenschrift gut gelernt, mit ihren Fingern ertastet sie die Buchstabenzeichen fast genauso schnell wie jemand, der mit den Augen liest. Neben dem normalen Unterricht gibt es an der Blindenschule z. B. ein besonderes Bewegungstraining. Hier lernt Sandra, wie sie sich mit ihrem weißen Stock im Freien orientieren und Hindernissen ausweichen kann. Gelegentlich geht der Lehrer auch mit den Kindern in die Stadt. Hier versuchen sie, sich in Geschäften zurechtzufinden, oder sie überqueren eine Straße mit Hilfe der Summ-Ampel. Wie alle Kinder freut sich Sandra riesig auf die Ferien. Ihre Mutter bestellt ihr dann immer einen großen Stoß Bücher bei einer Leihbücherei für Blinde. Sandra ist eine richtige Leseratte. Sie hört auch gerne Musik oder Hörspiele, entweder im Radio oder von einer Kassette. Für Sandra ist es besonders wichtig, dass in ihrem Zimmer immer alles an seinem Platz liegt. Ab und zu geht sie mit ihrem Vater ins Kino, der ihr die Handlung leise und in kurzen Sätzen erklärt.

Sechs Punkte für ein Alphabet

1809 wurde LOUIS BRAILLE in einem kleinen Dorf in Frankreich geboren, er starb 1852 in Paris. Mit drei Jahren spielte er in der Werkstatt seines Vaters, dabei verletzte er sich mit einem spitzen Messer an den Augen und erblindete. Seine Eltern versuchten ihm zu helfen, so gut es ging. Als sie hörten, dass in Paris eine Blindenschule eingerichtet worden war, brachten sie ihn dorthin. Er lernte fleißig und wurde ein sehr guter Schüler. Nachdem er seine Ausbildung beendet hatte, unterrichtete er selbst an der Blindenschule. Ein besonderes Problem war zu seiner Zeit, dass Blinde zwar schreiben, aber nicht lesen konnten.

Nach langem Ausprobieren entwickelte LOUIS BRAILLE eine Schrift, deren Buchstaben aus sechs Erhebungen gebildet werden. Diese „Punkt"schrift lesen und schreiben heute Blinde auf der ganzen Welt.

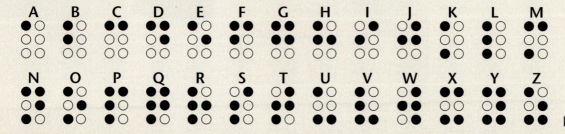

[6] Braille-Schrift

[2] Auch für Nicht-Sehende ist die Welt des Computers offen.

[3] Blinde Menschen trainieren ihren Tastsinn besonders gut.

[4] Blindenführhunde helfen dem Blinden sich außerhalb der Wohnung besser zurechtzufinden.

[5] An der Drehscheibe kann man erfühlen, wann die Straße überquert werden kann.

Zum Einkaufen von Kleidung braucht sie ihre Mutter und ihren Bruder Martin. Er weiß doch etwas besser, was Jugendliche heutzutage anziehen. Wenn das Wetter es erlaubt, unternimmt die gesamte Familie eine Radtour. Sandra fährt dabei zusammen mit ihrem Vater oder ihrer Mutter auf einem Tandem.

„Sprechende" Uhren geben die Zeit mit einer Roboterstimme an, Armbanduhren mit einem aufklappbaren Deckel haben ein abtastbares Ziffernblatt. Computer mit zusätzlicher Braille-Zeile helfen, geschriebene Texte zu überprüfen. Auch Brettspiele besitzen die für Blinde „lesbaren" Markierungen.

Die folgenden Übungen können dir ein kleines bisschen ein Gefühl und das Verständnis dafür vermitteln, wie es ist, blind zu sein. Bei allen Versuchen musst du dir die Augen verbinden.

Merkmal

▶ Blinde Menschen schärfen ihre übrigen Sinnesorgane und können damit teilweise den fehlenden Sehsinn ausgleichen. Den Tastsinn schulen Blinde besonders gut.

Denkmal

❶ Suche aus dem Text die Hilfen für Blinde heraus.

❷ Bereite ein kleines Referat über LOUIS BRAILLE vor; auf deinem Spickzettel dürfen nur fünf Stichworte stehen.

❸ Informiere dich über die erstaunlichen Leistungen, die Blindenhunde vollbringen.

❹ Welche Berufe konnten Blinde früher erlernen und welche Möglichkeiten stehen ihnen heute offen.

Versuche

❶ Bleibe an deiner Bank sitzen und räume deine Büchertasche aus. Bestimme durch Ertasten, was du gerade in den Händen hältst. Deine Klassenkameraden reichen dir weitere Gegenstände zu, die du bestimmen sollst.

❷ Versuche auf dem Pausenhof einem Mitschüler zu folgen, der dich mit Geräuschen leitet.

❸ Der Blindenbund schickt euch auf Anfrage sicherlich das Blindenschrift-Alphabet zum Ertasten. Ein Helfer soll deinen Zeigefinger zu einem Buchstaben führen. Zeichne anschließend, wenn du wieder sehen kannst, die Punktanordnung auf.

❹ Höre dir von einem Filmausschnitt nur den Ton an. Beschreibe anschließend, was in dem Film passiert ist.

❺ Versuche die Stimmen deiner Klassenkameraden zu erkennen.

❻ Lege eine dünne Pappe (steifes Papier) auf eine Unterlage aus Styropor und steche mit einem dünnen Nagel Buchstaben oder Muster hinein. Gib die Pappe anschließend einem Mitschüler, der mit geschlossenen Augen ertasten soll, was du geschrieben hast. Worauf musst du bei den Buchstaben achten?

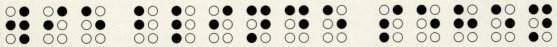

[7] Erhebung oder keine Erhebung – das Geheimnis der Blindenschrift

Streetball im Kopf

**Ein weit verzweigtes Netz von Nerven leitet über das Rückenmark fortwährend Informationen zum Gehirn.
Hier werden sie zumeist in Bewegungsimpulse umgesetzt.**

Der Spieler sieht den nahenden Ball, läuft auf ihn zu, streckt die Arme aus und bekommt ihn schließlich zu fassen. Schon rennt er geschickt an den Spielern der gegnerischen Mannschaft vorbei, setzt kraftvoll zum Sprung an, versenkt den Ball elegant im Korb und sichert seiner Mannschaft so einen begehrten Punkt.

Solche schnellen zielgerichteten Bewegungen sind eine kombinierte Leistung der Sinnesorgane, eines weit verzweigten Netzes von Nervenbahnen und der Kommandozentrale unseres Körpers, dem Gehirn.

[2] *Das passt: Arme, Beine und Gehirn des Spielers haben im Team Präzisionsarbeit geleistet.*

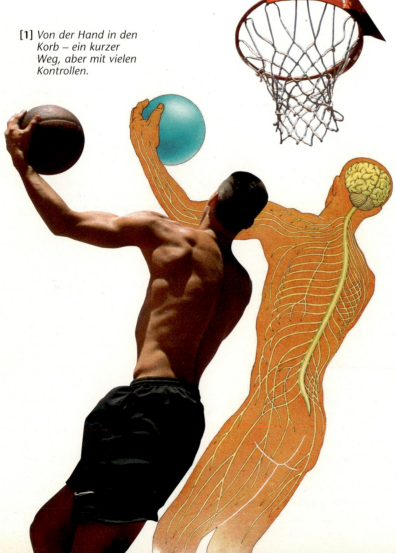

[1] *Von der Hand in den Korb – ein kurzer Weg, aber mit vielen Kontrollen.*

Zentralnervensystem

Im Gehirn und im Rückenmark liegen besonders viele Nervenbahnen dicht gepackt beieinander. Beide zusammen bilden das **Zentralnervensystem**. Die einzelnen Nervenbahnen bzw. Nervenstränge sind mit Kabelbündeln vergleichbar, die aus vielen Einzelkabeln bestehen. Die Nervenstränge sind stark verzweigt, so dass diese alle Körperregionen erreichen. Ihr Durchmesser wird nach jeder Verzweigung kleiner. Der kleinste Baustein unseres Nervensystems ist die Nervenzelle.

Vom Reiz zur Reaktion

Jeden Augenblick treffen Unmengen an Informationen in Form elektrischer Impulse im Zentralnervensystem zusammen. Sie entstehen in den einzelnen Sinnesorganen und gelangen über Empfindungsnerven zum Gehirn. So erkennt der Spieler zum Beispiel den Ball, dessen Flugbahn und seine Geschwindigkeit. Schließlich meldet der Tastsinn der Hände den sicher gehaltenen Ball. Das Gehirn verarbeitet diese Sinneseindrücke blitzschnell zu Bewegungsimpulsen, die ihrerseits über Bewegungsnerven bestimmte Muskelgruppen aktivieren und so die richtige Bewegung ins Spiel bringen. Die Muskeln und alle anderen Organe, die durch Bewegungsnerven aktiviert werden, nennt man **Erfolgsorgane**. Die rasche Umsetzung von Sinneseindrücken in Bewegungsabläufe ist nichts anderes als ein vom Gehirn gesteuerter **Reiz-Reaktions-Mechanismus**. Empfindungs- und Bewegungsnerven erreichen dabei gleichermaßen die Außenbezirke bzw. die Peripherie des Körpers. Beide Anteile fasst man deshalb zum **peripheren Nervensystem** zusammen.

Wahrnehmung des Umfeldes

Darüber hinaus dienen die Informationen vom Spielfeld ganz nebenbei auch als Grundlage für strategische Überlegungen. Schließlich will man ja den Ball taktisch geschickt in den Korb werfen. Die Erinnerung an „gefährliche" Gegner, die einen schon einmal am erfolgreichen Absprung vor dem Korb gehindert haben, ist jetzt hellwach geworden. Ist es uns schließlich gelungen, mit unserem Wurf zu punkten, freuen wir uns und werden uns gleichzeitig unseres Erfolges bewusst.

Empfindungsnerven

Erfolgsorgane

Zentralnervensystem (Auswertung der eintreffenden Informationen)

Bewegungsnerven

Fangen des Balles – Bewegungen zum Korb der gegnerischen Mannschaft

Reiz   Reaktion

Aktivitäten der Bein- und Armmuskulatur

Sinnesorgan

Die Vorgänge auf dem Spielfeld werden auf der Netzhaut abgebildet

[3]

Merkmal

▶ Gehirn und Rückenmark bilden das Zentralnervensystem.

▶ Sensible Nervenbahnen leiten Informationen von den Sinnesorganen an das Gehirn. Bewegungsnerven aktivieren einzelne Muskelgruppen.

▶ Empfindungs- und Bewegungsnerven bilden das periphere Nervensystem.

▶ Das Gehirn besteht aus Großhirn, Zwischenhirn, Mittelhirn und Kleinhirn.

Denkmal

❶ Aus welchen Teilen besteht das Zentralnervensystem?

❷ Was versteht man unter dem peripheren Nervensystem?

❸ Welche Aufgaben erfüllen die Empfindungsnerven?

❹ Mit welchem Teil überwacht das Gehirn das Körpergleichgewicht?

❺ Nenne wichtige Körperfunktionen, die das Gehirn steuert.

❻ Ein Gehirn sieht fast so aus wie eine Walnuss. Erkläre an diesem Bild seine wesentlichen Bauteile.

❼ Erstelle ein Reiz-Reaktions-Schema zu „Das Handy klingelt".

❽ Ordne die einzelnen Farbkärtchen [3] so, dass sie einen sinnvollen Reiz-Reaktions-Mechanismus beschreiben.

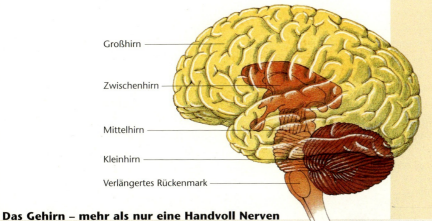

[4] *Das Gehirn besteht aus fünf hintereinander liegenden Hirnteilen. Das Großhirn überwölbt die kleineren vier. Das verlängerte Rückenmark gehört nicht mehr zum Großhirn.*

Großhirn — Zwischenhirn — Mittelhirn — Kleinhirn — Verlängertes Rückenmark

Das Gehirn – mehr als nur eine Handvoll Nerven

Bei der oberflächlichen Betrachtung des Gehirns [4] sieht man zunächst nur die beiden Großhirnhälften, das Kleinhirn und das verlängerte Rückenmark. Die Oberfläche des Großhirns ist von vielen Windungen und Furchen durchzogen. Die übrigen Teile des Gehirns, Zwischenhirn und Mittelhirn, werden erst im Längsschnitt sichtbar.

Die gefaltete Großhirnrinde macht nahezu die Hälfte des gesamten Gehirngewichtes aus. Sie ist die Zentrale unserer Sinneswahrnehmungen, unseres Denkens, Fühlens, unserer Erinnerungen, des Willens, des Handelns und der Sprache. Mittel- und Zwischenhirn sowie das verlängerte Rückenmark bezeichnet man als **Stammhirn**. Diese Gehirnteile steuern sämtliche Grundfunktionen, wie Herzschlag, Atmung und Blutdruck. Ebenso entstehen dort die Signale für Hunger und Durst. Das Kleinhirn überwacht das Gleichgewicht des Körpers und sorgt für den reibungslosen Ablauf unserer Bewegungen.

Wahrnehmen und steuern

Durch und durch nervig

Nervenzellen sind die Bausteine unseres Nervensystems. Als reich verzweigtes und vielfach verschaltetes Netzwerk schaffen sie weit reichende Verbindungen und steuern alle Lebensvorgänge.

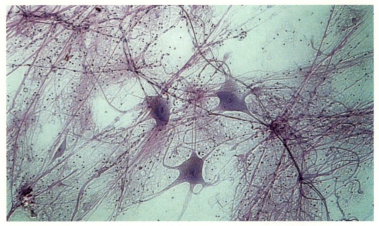

[1] *Im Gehirn liegen etwa 100 Milliarden Nervenzellen dicht gepackt beieinander. Sie sind über ungefähr 500 Billionen Synapsen miteinander verschaltet.*

Unaufhörlich jagen schwache elektrische Impulse durch das weit verzweigte Netz unseres Nervensystems. Dabei spielt es keine Rolle, ob wir hell wach sind oder tief schlafen – wir sind ständig „online". Wie alle anderen Körpergewebe besteht auch das Nervensystem aus einzelnen Zellen.

Nervenzellen – für lange Leitungen

Nervenzellen [2], die man auch als Neuronen bezeichnet, schaffen Verbindungen vom Gehirn über das Rückenmark bis hinunter zur Zehenspitze, zum Herz und überhaupt zu allen Körperbereichen. Umgekehrt gelangen von dort milliardenfach Signale zum Rückenmark und zum Gehirn, den Kommunikations- und Steuerungszentren unseres Körpers. Nervenzellen gehören zu den längsten Zellen des Körpers, manche sind sogar einen Meter lang. Sie sind in drei Abschnitte gegliedert. Am Zellkörper, in dem sich der Zellkern befindet, entspringen viele buschartig verzweigte Fortsätze, die Dendriten. Diese stehen mit anderen Nervenzellen in Verbindung. Daneben gibt es einen einzelnen, sehr langen Fortsatz. Man bezeichnet ihn als Nervenfaser. Im Querschnitt besteht eine Nervenfaser aus einem nur 0,01 bis 0,02 mm dicken Achsenfaden, der von einzelnen Hüllzellen umwickelt ist. In regelmäßigen Abständen ist diese Umhüllung durch ringartige Einschnürungen unterbrochen.

Das dicke Ende kommt zuletzt

An ihrem Ende ist die Nervenfaser wiederum stark verzweigt und mündet in eine Vielzahl kleiner Verdickungen, den Synapsen. Sie bestehen aus dem Endknöpfchen, einem kleinen Bereich an der Membran der nachfolgenden Zelle und dem winzig schmalen

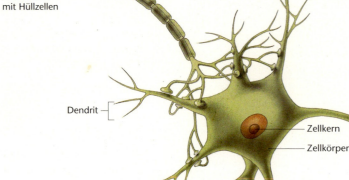

[2] *Viele hintereinander geschaltete Nervenzellen bilden lange Nervenbahnen.*

Nervenfaser mit Hüllzellen
Dendrit
Zellkern
Zellkörper
Synapse mit Endknöpfchen
synaptischem Spalt
und nachfolgender Nervenzelle

synaptischen Spalt dazwischen. Das Rückenmark besteht aus einem 1,5 cm dicken Nervenstrang, der Gehirn und Körper verbindet. Zu Bündeln zusammengefasste und in Bindegewebe gehüllte Nervenfasern durchziehen als Nerven alle Bereiche des Körpers.

Dendriten – Eingangstore für Signale

Die Dendriten nehmen Signale auf und leiten sie zum Zellkörper weiter. Wird eine Nervenzelle ausreichend stark gereizt, so entstehen am Ursprung des Achsenfadens elektrische Impulse, die über den Achsenfaden, von Einschnürung zu Einschnürung „springend", weiter geleitet werden.

Im Nervensystem beträgt die höchste Übertragungsgeschwindigkeit etwa 120 m/s. Blitzschnell reagieren können wir also eigentlich gar nicht.

Brückenschlag an den Synapsen

Sobald ein elektrisches Nervensignal die Endknöpfchen [2] erreicht hat, setzen diese aus kleinen Bläschen Überträgerstoffe frei. Diese verteilen sich im synaptischen Spalt und verbinden sich mit ganz bestimmten Stellen der Membran der nachfolgenden Zelle. Je nach „Schaltung" und Überträgerstoff kann die nachfolgende Nervenzelle erregt oder gehemmt werden. So steuern die Nervenzellen die Tätigkeit innerer Organe und veranlassen die Muskelfasern, sich zusammenzuziehen.

Bremsen für die Synapsen

Curare ist ein starkes Gift, das die Indianer Südamerikas aus der Rinde bestimmter Sträucher gewinnen und zur Jagd verwenden [3]. Mit Giftpfeilen in den Körper gebracht, lähmt es die Muskeln, weil es an den Synapsen die Aufnahme der normalen Überträgerstoffe blockiert. Die Muskeln können dann keine Signale mehr empfangen, die sie zum Zusammenziehen veranlassen. Nacheinander werden dann die Muskelgruppen an Armen und Beinen, an Kopf und Rumpf sowie im Brustkorb bewegungsunfähig. Durch die Lähmung der Atemmuskulatur tritt schließlich der Tod ein. Der Herzmuskel ist von der Giftwirkung allerdings nicht betroffen. Äußerst schnell und schon in sehr kleinen Mengen wirkt Curare, wenn es, wie bei der Jagd, über kleine Wunden direkt in die Blutbahn gelangt. In genauester Dosierung verwendet man Curare in der Medizin zur Entspannung der Muskulatur bei Operationen. Man verabreicht es vor der Narkose und kann das eigentliche Narkosemittel dann geringer dosieren.

Merkmal

▶ Das Nervensystem besteht aus einzelnen Nervenzellen.

▶ Eine Nervenzelle besteht aus den Dendriten, dem Zellkörper und der Nervenfaser mit den Synapsen.

▶ Die Erregungsleitung verläuft immer vom Dendriten zur Nervenfaser und zu den Synapsen.

▶ Die Synapsen geben ihr Signal auf chemischem Wege an die nächste Nervenzelle oder das Erfolgsorgan, z.B. den Muskel, weiter.

Denkmal

❶ Aus welchen Teilen besteht eine Nervenzelle?

❷ Erkläre den Unterschied zwischen Nervenzelle und Nerv.

❸ Was ist eine Synapse?

❹ Wie wird die Erregung von Nervenzelle zu Nervenzelle fortgeleitet?

❺ Erkläre, warum man Nervenbahnen als Einbahnstraßen auffassen kann.

❻ Synapsen arbeiten wie Ventile. Erkläre.

❼ Vergleiche die Übertragungsgeschwindigkeit in einem Nerv mit der Geschwindigkeit von Fahrrad, Mofa und Auto.

❽ Die längsten Nerven sind etwa 1 m lang und 0,01 mm dick. Stelle aus einem Faden, der etwa 0,2 mm dick sein soll, das Modell einer Nervenfaser her. Drei übereinander geknüpfte Knoten an einem Ende entsprechen dem Zellkörper. Wie lang muss der Faden sein?

[3] Die Ureinwohner Amazoniens setzen bei der Jagd Nervengifte ein.

Blitzschnell schalten

Die verschiedenen Leistungen des Großhirns finden nicht an beliebigen Stellen statt, sondern in festgelegten Feldern. Diese sind vielfach miteinander verknüpft.

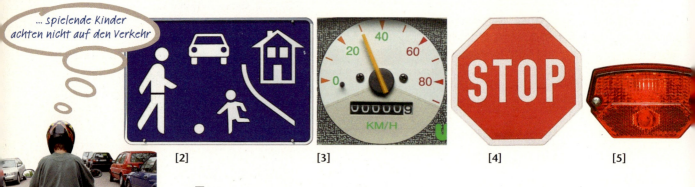

... spielende Kinder achten nicht auf den Verkehr

[2]   [3]   [4]   [5]

[1]–[5] *Augen auf, im Straßenverkehr: Richtiges Handeln ist das Ergebnis einer aufwändigen Datenverarbeitung im Gehirn.*

Ein roter Ball rollt unvorhergesehen zwischen den am Straßenrand parkenden Autos hervor. Für den Fahrer der „Achtziger" ist dies ein klarer Fall. Er reagiert blitzschnell und bremst. Seine Vermutung, dass in jedem Augenblick spielende Kinder zwischen den Autos hervorpreschen und ohne sich lange umzuschauen ihrem Ball hinterherlaufen werden, stellt sich als völlig richtig heraus.

Das Großhirn – gut gegliedert

Sicherlich handelt es sich bei diesem Ereignis um etwas ganz Alltägliches, dem wir gar keine große Beachtung schenken. Das Gehirn treibt dagegen einen gigantischen Aufwand, um diese Situation angemessen zu bewältigen.

Das Großhirn ist das Zentrum unserer Wahrnehmungen. Alles, was wir denken und planen, woran wir uns erinnern und was wir fühlen, wird von hier gesteuert. Man kann die Oberfläche des Großhirns in **Rindenfeldern** [6] mit unterschiedlichen Aufgaben gliedern. Sie verteilen sich auf die zahlreichen Windungen und Furchen, die das Aussehen der beiden Großhirnhälften bestimmen.

Vom Sehen ...

Die Augen des Motorradfahrers sind zunächst einmal das „Fenster" zur Wahrnehmung dessen, was auf der Straße passiert. Das Entdecken des rollenden Balles ist für ihn eine Fähigkeit, die er mühelos beherrscht. Man macht eben die Augen auf und sieht die Welt, mit all dem, was gerade vor sich geht. Welche erstaunlichen Leistungen Auge und Gehirn in den entscheidenden Sekundenbruchteilen einer solchen Situation vollbringen, bleibt einem dabei allerdings verborgen.

Die Sehzellen der Netzhaut fangen die Bewegung des roten Balles auf. Sie wandeln das Gesehene in elektrische Impulse um. Über den Sehnerv [244.1] gelangen die elektrischen Impulse ins Gehirn, wo sie über verschiedene Umschaltstationen schließlich das Sehzentrum [7] am hintersten Ende des Gehirns erreichen. Damit hat die Botschaft aus dem Auge ihr Wahrnehmungsfeld erreicht.

Die Nervenzellen des Sehzentrums nehmen mit anderen Teilen des Gehirns, z. B. dem Gedächtniszentrum [7], Kontakt auf

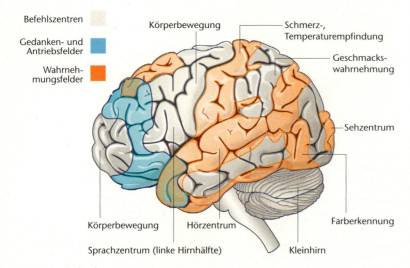

[6] *Rindenfelder des Gehirns: Die scheinbar gleichmäßige Oberfläche des Großhirns ist in Wirklichkeit in viele Felder gegliedert.*

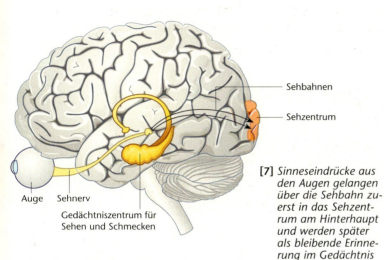

[7] Sinneseindrücke aus den Augen gelangen über die Sehbahn zuerst in das Sehzentrum am Hinterhaupt und werden später als bleibende Erinnerung im Gedächtnis gespeichert.

und prüfen, ob es dort Erinnerungen an den gesehenen Gegenstand gibt. Im Gehirn des Motorradfahrer wird der rote, runde sich schnell bewegende Gegenstand als „Ball" erkannt. Dies geschieht in einem so genannten Verknüpfungsfeld. Hier hat der Fahrer die Erinnerung abgespeichert, dass Bälle rund und rot sein können und sich schnell bewegen.

… zum Handeln

In seinem Gehirn hat der Motorradfahrer ebenfalls den Gedanken abgespeichert, dass bei unverhofft auf die Straße rollenden Bällen mit hinterherlaufenden Kindern zu rechnen ist. Vermutlich hat der junge Mann dies als Kind auch getan. Deshalb weiß er: Ich muss auf der Hut sein und sofort bremsen. In einem **Gedankenfeld** schmiedet sein Gehirn selbstständig Pläne, was getan werden muss: Das **Befehlszentrum** für Körperbewegungen weist die Muskeln in Bein und Hand an, sich sofort zusammenzuziehen, um die Bremsen am Motorrad zu betätigen.

Die Landkarte unseres Gehirns

Für jedes Sinnesorgan und jeden Muskel gibt es eigene Felder auf der Großhirnrinde. Könnte man sie unterschiedlich anfärben, würde die Oberfläche unseres Gehirns wie ein Patchwork-Teppich aussehen. Die Kenntnis von der „Gehirn-Landkarte" haben die Forscher durch Untersuchungen des Gehirns nach Verletzungen erhalten. So fand der Arzt PAUL BROCA schon vor 140 Jahren heraus, dass Patienten, bei denen das Gehirn auf der linken Seite im Bereich der Schläfe verletzt war, nicht mehr sprechen konnten. Von hier erhalten die Muskeln, die für das Aussprechen von Wörtern notwendig sind, ihre Anweisungen. Die Größe der Rindenfelder entspricht jedoch nicht der Größe der Körperteile, die sie verwalten [8].

Merkmal

▶ Die Meldungen von den Sinnesorganen treffen in den Wahrnehmungsfeldern des Gehirns ein.

▶ In Verknüpfungsfeldern werden Informationen in den Sinnesorganen kombiniert und mit gespeicherten Erfahrungen verglichen.

▶ In Gedankenfeldern werden Pläne geschmiedet und andere Überlegungen angestellt. Befehlszentren stehen mit den Erfolgsorganen in Verbindung.

Denkmal

❶ Lege eine Tabelle an, in die du auf der einen Seite ein Rindenfeld und auf der anderen seine Bedeutung schreibst.

❷ Warum hat der Homunculus, wie man die Figur in Abb. [8] nennt, so ungleichgroße Gliedmaßen?

❸ Welche Felder der Großhirnrinde sind bei folgenden Tätigkeiten in besonderer Weise aktiv: Essen einer leckeren Speise, Hören einer CD, Schreiben eines Briefes, Erkennen einer Person, Herstellen eines Papiermodells, Stehenbleiben bei „Rot" an der Fußgängerampel?

❹ Welche Organe und Muskeln betätigst du beim Aussprechen von Wörtern?

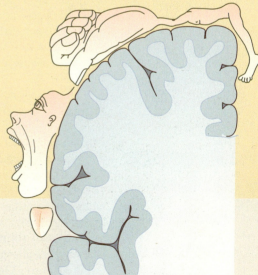

[8] Würde man einen Menschen konstruieren, bei dem die einzelnen Körperglieder der beanspruchten Größe der Rindenfelder entsprechen, könnte ein solcher Körper entstehen.

Wahrnehmen und steuern

Empfindliche Denkfabrik

Das Großhirn liegt wie eine Haube über den übrigen vier Abschnitten unseres Gehirns. Es steuert bewusst und unbewusst die Abläufe unseres Körpers.

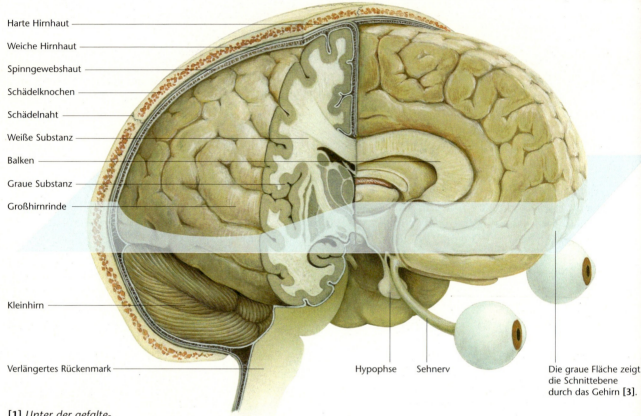

- Harte Hirnhaut
- Weiche Hirnhaut
- Spinngewebshaut
- Schädelknochen
- Schädelnaht
- Weiße Substanz
- Balken
- Graue Substanz
- Großhirnrinde
- Kleinhirn
- Verlängertes Rückenmark
- Hypophse
- Sehnerv

Die graue Fläche zeigt die Schnittebene durch das Gehirn [3].

[1] Unter der gefalteten Oberfläche des Großhirns verbirgt sich ein kompliziertes Innenleben.

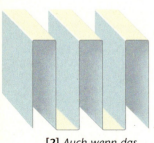

[2] Auch wenn das Gehirn nur so groß wie zwei zusammengelegte Fäuste ist, vergrößert es durch seine Faltungen seine Oberfläche um ein Vielfaches.

Mit unserem Gehirn werten wir alle Informationen von den Sinnesorganen aus und beantworten sie. In ihm entstehen aber auch alle unsere Empfindungen und Gefühle.

Komplizierter als ein Chip

Winzige Computer-Chips können Millionen Informationen speichern und verarbeiten. Dennoch sind sie im Vergleich zu unserem Gehirn einfache Teile. Ein Schnitt durch die Rinde des Großhirns [1] zeigt außen eine graue, innen eine weißlich gefärbte Schicht. In der grauen Substanz liegen rund 14 Milliarden spezialisierte Nervenzellen; das sind fast dreimal so viele wie Menschen auf der Erde leben. In der weißen Substanz verlaufen die vielen Nervenverbindungen, die die Hirnzellen miteinander zu einem komplizierten Netzwerk verknüpfen.

Der Kopf raucht

Beim intensiven Nachdenken kann man ganz schön ins Schwitzen kommen. Elektrische Impulse laufen durch viele Millionen Hirnzellen. Dabei wird Energie umgewandelt und Wärme frei. Die Gehirnzellen ernähren sich fast ausschließlich von dem „Superkraftstoff" Traubenzucker. Um ihn verarbeiten zu können, ist das Gehirn ständig auf eine genügend große Sauerstoffversorgung angewiesen. Um diese Versorgung sicher zu stellen, werden 20 % der Blutmenge eines Menschen ständig dem Gehirn zugeleitet. Bereits zehn Sekunden ohne Sauerstoff im Gehirn führt zur Bewusstlosigkei

Dickschädel

Zweifellos ist das Gehirn eines unserer wichtigsten Organe. Entsprechend sorgfältig ist es von Natur aus verpackt. Die Kopfhaut mit

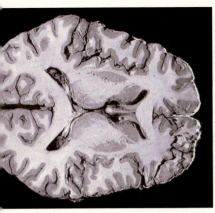 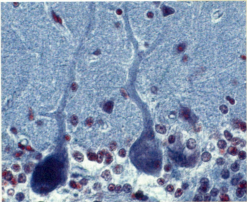 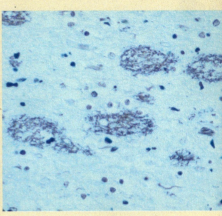

[3] Im Gehirn lässt sich die graue und weiße Substanz unterscheiden.

[4] Vom Zellkörper jeder Gehirnzelle gehen viele Verbindungen zu anderen Nervenzellen – ein dicht geknüpftes Netzwerk lässt die Gedanken „fließen".

[5] Ablagerungen um Gehirnzellen behindern deren Tätigkeit und führen zu Gedächtnisverlust wie z. B. bei der Alzheimerkrankheit.

den Haaren und die Schädelknochen bilden die erste Barriere. Die harte Hirnhaut stellt die Verbindung zur weichen Hirnhaut her. Von dieser verlaufen viele Gewebefäden zur Spinngewebshaut. Die Flüssigkeit im Zwischenraum polstert das Gehirn ebenfalls ab. Trotz dieser vielfachen Schutzhüllen müssen wir bei gefährlichen Unternehmungen das Gehirn durch einen Helm zusätzlich schützen. Prallen wir mit dem Kopf auf eine harte Unterlage auf, schwappt das Gehirn in seiner Flüssigkeitshülle hin und her. Dabei kann es am Knochen derart anschlagen, dass wir eine Gehirnerschütterung davon tragen. Sie äußert sich in Form von Kopfschmerzen und späterem Erbrechen. Deshalb sollte man sich nach schweren Kopfstößen erst einmal hinlegen.

Das Gehirn in Zahlen

Masse des Gehirns	
bei einem Neugeborenen	400 g
neun Monate nach der Geburt	800 g
mit 5–7 Jahren	1 310 g
im Alter von 10 Jahren	endgültige Masse

Durchschnittliche Hirnmasse	1 310 g
Frau	1 245 g
Mann	1 375 g

Die schwerere Hirnmasse des Mannes erklärt sich aus dem größeren Muskelanteil.

Verhältnis Hirnmasse zur Körpermasse:	
Frau	22 g Hirnmasse / kg Körpermasse
Mann	20 g Hirnmasse / kg Körpermasse

Die Oberfläche der Großhirnrinde des Menschen beträgt 2 200 cm². Die graue Substanz ist zwischen 2 und 5 mm dick; damit befinden sich in 1 mm³ zwischen 10 000 und 30 000 Nervenzellen. Die Gesamtlänge aller Nervenfasern wird auf 300 000 bis 400 000 km geschätzt.

[6]

Merkmal

▶ Im Großhirn laufen alle Informationen von den Sinnesorganen ein, die wir bewusst oder unbewusst wahrnehmen.

▶ Die meisten Nervenzellen befinden sich in der grauen Substanz der Großhirnrinde. Sie sind zu einem dichten Netz miteinander verknüpft.

▶ Für seine Tätigkeit benötigt das Gehirn Energie in Form von Traubenzucker und viel Sauerstoff.

▶ Das Gehirn ist durch mehrere Hautschichten und durch die knöcherne Schädelkapsel vor Verletzungen geschützt.

Denkmal

❶ Wie oft könnten die Nervenfasern deines Gehirns um die Erde gewickelt werden?

❷ Wie viele Schichten schützen unser Gehirn; wie heißen sie (von außen nach innen)?

❸ Was unterscheidet die weiße von der grauen Substanz?

❹ Falte aus einem Streifen Tonpapier von 30 cm · 5 cm ein Modell wie es die Abb. [2] zeigt. Berechne die Fläche des gesamten Papiers und die der Streifen, die an der Oberfläche zu sehen sind.

❺ Ist es aufgrund der Entwicklung des Gehirns sinnvoll, Kinder im Alter von sechs Jahren einzuschulen?

Dem Denken auf der Spur

Mit besonderen Methoden kann man die Tätigkeit der Gehirnzellen sichtbar machen. Das heißt aber noch nicht, dass man Gedanken lesen kann.

Was der jetzt wohl von mir denken mag? Ob er mich komisch findet, ob ich ihm gefalle? Solche Fragen stellen wir uns oft, wenn wir mit jemandem zusammentreffen. Und kommt es nicht auch vor, dass sich der Vordermann umdreht, bloß weil man ihn von hinten anstarrt?

Gedankenlesen

Die Gedanken sind frei, und niemand kann sehen, was in unserem Kopf vorgeht. Wenn man uns trotzdem an der Nasenspitze ansieht, was wir gerade denken, dann hängt das damit zusammen, dass wir bei einem Stichwort u. U. verräterisch reagieren. Allerdings kann man mit speziellen Untersuchungen herausfinden, an welchen Stellen unser Gehirn bei einer Tätigkeit, z. B. beim Lesen, aktiv ist. Der Arzt erkennt auf Bildern, die farbigen Röntgenaufnahmen ähneln [5], welche Gehirnregion gerade aktiv ist. Bis zum Erkennen der Gedanken ist es jedoch noch ein weiter Weg.

Gedankenblitze

Nervenzellen senden bei Erregung schwache Stromstöße aus. Darauf beruhen die verschiedenen Untersuchungsverfahren. An der Kopfhaut anliegende Elektroden können diese Hirnströme ableiten [1]. Aufzeichnungsgeräte wandeln sie in Diagramme [2] um. Dieses Verfahren nennt man Elektroencephalogramm, kurz EEG.

Richtige Bilder erhält man mit der Computertomografie, kurz CT [3]. Dabei wird das Gehirn in vielen übereinander liegenden Ebenen aufgenommen. Mit anderen Verfahren kann man die Gedankenströme im Gehirn sichtbar machen. Solche Bilder können über krankhafte Veränderungen im Gehirn Auskunft geben. Dennoch: Was man gerade genau denkt, können die Wissenschaftler auch damit nicht herausfinden.

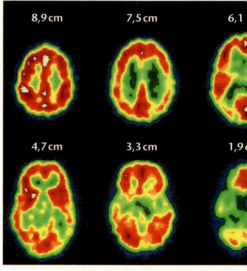

[3] *Die Zahlen geben die Lage der Aufnahmeebene*

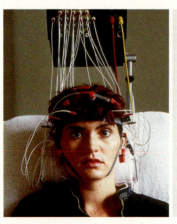

[1] *Die schwachen elektrischen Impulse, die das Gehirn ständig aussendet, …*

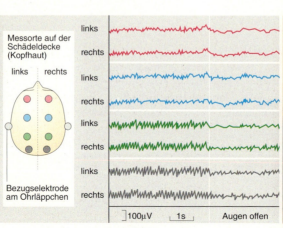

[2] *… können in eine Grafik umgewandelt werden.*

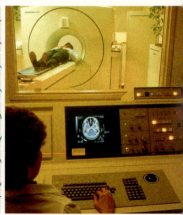

[4] *Moderne Untersuchungsgeräte erlauben einen Blick ins Gehirn ohne Operation.*

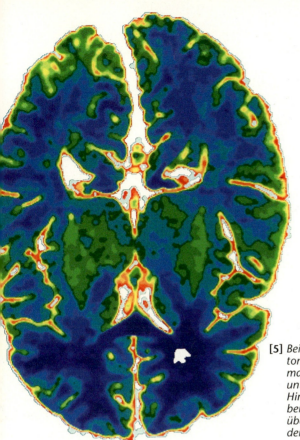

[5] *Bei einer Computertomographie macht man Aufnahmen unterschiedlicher Hirnebenen. Die Farben geben Auskunft über die Aktivität der Hirnregionen.*

Vernetzte Gedanken

Benutzt man auf einem Rasenstück immer wieder den gleichen Weg, bildet sich ein Trampelpfad. Ähnlich verhält es sich in unserem Gehirn. Die meisten Nervenzellen sind bereits bei der Geburt vorhanden. Die vielen Eindrücke, die auf uns nach der Geburt einströmen, stellen Verbindungen zwischen den einzelnen Zellen her. Viele lösen sich wieder, andere, die besonders häufig gebraucht werden, bleiben bestehen und werden zusehends stabiler. Sie halten dann oft ein Leben lang.

Typisch Mann – typisch Frau

Frauen und Männer denken unterschiedlich. Während die meisten Männer sich Wege, die sie einmal gefahren sind, besser merken können, haben Frauen Vorteile beim Rechnen, Lesen und in der Ausdrucksfähigkeit. Diese und einige andere Unterschiede hat man durch viele Tests herausgefunden. Aber es gibt genügend Beispiele, dass es auch andersherum sein kann.

Untersucht man das Gehirn, kann man keine grundsätzlichen Unterschiede zwischen dem einer Frau und dem eines Mannes erkennen.

Bei Frauen ist die Verbindung der beiden Großhirnhälften stärker ausgeprägt als beim Mann. Rechte und linke Hirnhälfte sind bei ihnen besser vernetzt. Bei Männern ist das Gehirn im Verhältnis zur Körpermasse etwas größer. Das liegt daran, dass die Muskelmasse des Mannes größer ist als bei der Frau – und mehr Muskelmasse braucht mehr steuernde Nervenzellen im Gehirn.

Bei der Lösung fogender Probleme sollten bei den Abbildungen [6] und [7] Männer und bei den Abbildungen [8] und [9] Frauen im Vorteil sein.

Merk**mal**

▶ Mit besonderen Untersuchungsverfahren, z. B. der Computertomografie, kann man Einblicke in die Arbeitsweise des Gehirns nehmen.

▶ Die schwachen elektrischen Ströme, die im Gehirn fließen, lassen sich in einem EEG sichtbar machen.

Denk**mal**

❶ Warum kann man von außen etwas von der Tätigkeit des Gehirns erfahren?

❷ Erkläre einem Mitschüler, worauf die Anfertigung eines EEG beruht und wie ein CT zustande kommt.

❸ Warum ist das Gehirn von Männern durchschnittlich schwerer als das von Frauen?

❹ Welche Unterschiede gibt es im Durchschnitt bei den gedanklichen Leistungen von Frauen und Männern?

[6] *Räumliches Vorstellungsvermögen: dreidimensionale Objekte in der Vorstellung drehen können.*

[7] *Ergebnisse voraussehen können: In welchen Positionen befinden sich die Löcher im aufgeklappten Zustand?*

[8] *Unterschiede herausfinden können.*

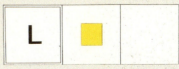

[9] *Ausdrucksvermögen und Wortschatz: Gegenstände mit derselben Farbe oder mit demselben Anfangsbuchstaben nennen können.*

Werkstatt

Lernen mit Kopf, Herz und Hand

[1] *Der Denker – eine Plastik von AUGUSTE RODIN (1840–1917)*

Menschen unterscheiden sich in der Art, wie sie lernen. Danach kann man drei große Gruppen von Lerntypen unterscheiden. Zu welchem Lerntyp gehörst du?

Lerntyp Sehen
- Beschreibst du einen Text, z. B. wie ein Zimmer eingerichtet ist, so lass sofort ein Bild vor deinem inneren Auge entstehen.
- Erstelle in Gedanken zu einem Text ein Film-Drehbuch.
- Schreibe im Unterricht Stichworte mit. Fertige einfache Skizzen über Unterrichtsinhalte an und verankere sie so in deinem Gedächtnis.

Lerntyp Hören
- Lerne einen kurzen Text auswendig und trage ihn laut vor.
- Stelle im Unterricht Fragen.
- Lass dir Bilder und Grafiken von anderen erklären.
- Versuche, Lärm als Ablenkung zu vermeiden.

Lerntyp Handeln
- Schreibe aus einem Text die Schlüsselbegriffe auf ein Blatt heraus.
- Notiere auf Karteikarten wichtige Fachbegriffe und auf der Rückseite die Erklärungen dazu.
- Fertige einen Spickzettel an.
- Baue ein Modell einer Nervenzelle.

Mind-Map: Gedankenlandkarte
Zeichne auf ein Blatt die Lage der Stadt Leipzig in Deutschland ein. Setze andere große Städte, die du kennst, dazu. Es entsteht eine Landkarte, die sicherlich nicht in den Einzelheiten stimmt, die aber die Lage von Leipzig zu den übrigen Städten im Wesentlichen richtig wiedergibt.

Genau so kannst du es mit Lerninhalten machen: Zeichne eine Gedankenlandkarte (Mind-Map) [2], die von einem wichtigen Inhalt ausgeht und alles, was dazu gehört, geordnet darum herum gruppiert. So entsteht ein „Beziehungsbild", das du dir leicht(er) einprägen kannst.

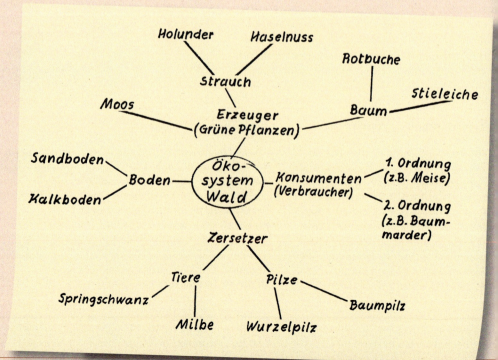

[2] *Eine Gedankenlandkarte oder Mind-Map hilft, ein scheinbar unübersichtliches Thema zu gliedern und damit überschaubarer zu machen.*

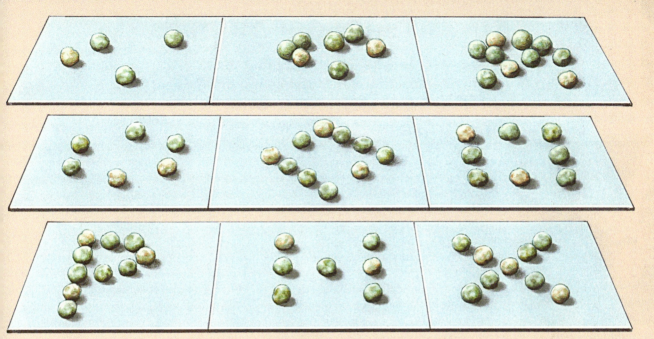

[3] *Erbsenzählerei: Wie unser Langzeitgedächtnis beim Lernen hilft.*

Erbsenzähler

Bildet eine Gruppe von ca. 4 bis 6 Schülern. Einer ist der Versuchsleiter. Jeder Versuch umfasst zehn Durchgänge. Nach jedem Durchgang notiert ihr euer Ergebnis. Der Versuchsleiter bekommt zehn Erbsen und eine Pappe als Abdeckung. Er setzt sich und arbeit so, dass die übrigen Gruppenmitglieder nicht sehen können, was er vorbereitet.

1 Der Versuchsleiter legt verdeckt jeweils bis zu zehn Erbsen unregelmäßig verteilt auf den Tisch. Anschließend deckt er nur kurz – höchstens eine Sekunde – die Erbsen auf. Die Mitspieler notieren sich die Anzahl der Erbsen.

2 Der Versuchsleiter legt aus bis zu zehn Erbsen regelmäßige Figuren, beispielsweise Dreiecke, Kreuze usw. Wiederum notieren sich die Mitspieler die Anzahl der jeweils erkannten Erbsen.

3 Der Versuchsleiter legt aus jeweils bis zu zehn Erbsen Buchstaben und lässt diese kurz sehen. Die Mitspieler sollen wieder die Anzahl der Erbsen aufschreiben.

Ihr werdet bei jedem der drei Versuche eine unterschiedliche Anzahl von Treffern haben. Warum?

Ein Gedächtnis wie ein Sieb

Das Gedächtnis ist die Fähigkeit unseres Gehirns, Informationen zu speichern und auf Abruf wieder bereit zu haben. Diese Fähigkeit ist besonders wichtig, denn ohne sie wären Erinnerungen und das Lernen einfach nicht möglich.

Auf uns stürzen in jeder Sekunde Tausende von Informationen ein, die unsere Sinnesorgane zwar registrieren und dem Gehirn zuleiten, die wir aber nicht bewusst wahrnehmen. Das Gehirn sortiert sofort alles Unwichtige aus. In den ersten Minuten können wir eine unbekannte Telefonnummer noch speichern, aber nach wenigen Minuten verblasst sie, wenn wir uns nicht darauf konzentriert haben. Nach einigen Tagen haben wir sie dann auch vergessen, weil wir sie nicht ständig brauchen. Das Gehirn entlastet sich durch das Vergessen.

Vorgänge, die uns wirklich wichtig sind, führt unser Gehirn aus dem **Kurzzeitgedächtnis** [4] in das **Langzeitgedächtnis** über. Hier bleibt das Gelernte über mehrere Wochen und Monate im Gedächtnis haften, ehe wir auch hier den Speicher räumen. Nur was uns wirklich betrifft und mit dem wir täglich umgehen, geht in den langfristigen Speicher über.

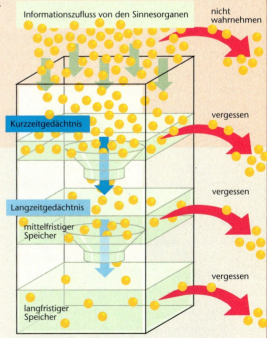

[4] *Nur ein Bruchteil der Informationen, die unsere Sinnesorgane liefern, können wir langfristig im Gedächtnis speichern.*

Kurzschluss der Signale

Reflexe schützen: Ein plötzlicher Reiz löst sofort eine Reaktion der Muskeln aus, ohne dass vorher das Gehirn eingeschaltet wurde.

Das scheppernde Geräusch des fallenden Deckels und ein erschrockenes „Autsch!" setzt der Neugierde so manchen Topfguckers ein schmerzliches Ende. Die appetitliche Versuchung lässt eben manchmal vergessen, dass Kochtöpfe sehr heiß sein können. Dabei geht alles so schnell. Blitzartig zuckt die Hand zurück, sobald sie einen heißen Gegenstand berührt.

Würden wir erst umständlich überlegen „Es ist heiß und deshalb wäre es vielleicht besser, die Finger davon zu lassen", hätten wir uns längst kräftig verbrannt. Die rasche Reaktion muss demnach von einem Nervenzentrum ausgehen, das nicht lange überlegt, sondern auf die Alarmmeldung „heiß" sofort und sicher reagiert – bevor wir uns der Verbrennungsgefahr überhaupt bewusst wurden.

Rückenmark – Schaltstelle der Informationen

Das Rückenmark [2] ist das Zentrum, das solche schnellen Reaktionen ermöglicht. Es durchzieht als fingerdicker Strang gebündelter Nerven den schützenden Wirbelkanal der Wirbelsäule und ist somit die Hauptverbindung zwischen dem Gehirn und dem übrigen Körper. Paarweise zweigen zwischen den einzelnen Wirbelkörpern 31 Rückenmarksnerven ab. Jeder von ihnen hat eine vordere und eine hintere Wurzel. Die vordere Wurzel, auch **Vorderhorn** genannt, enthält Nervenzellen (Bewegungsnerven), die Erregungen zur Muskulatur und zu anderen Organen leiten. Die Nervenzellen (Empfindungsnerven) der hinteren Wurzel, die auch **Hinterhorn** heißt, leiten die vom Körper kommenden Erregungen in umgekehrter Richtung in das Rückenmark.

[1] Nicht nur beim Breakdancing erfolgt die Steuerung der raschen und komplizierten Bewegungsfolgen durch Reflexe.

[2] Das Rückenmark ist eine zentrale Schaltstelle des Informationsflusses. Signale aus allen Körperbereichen gelangen von hier ins Gehirn und werden in umgekehrter Richtung wieder „in die Breite" geschickt.

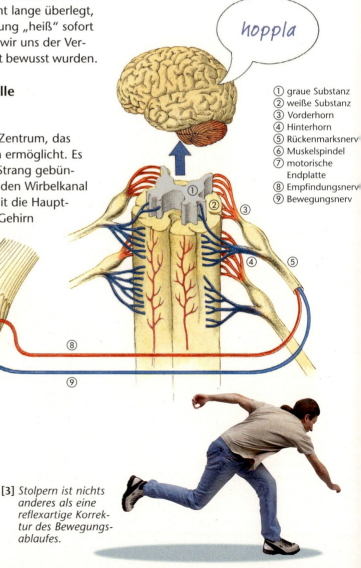

① graue Substanz
② weiße Substanz
③ Vorderhorn
④ Hinterhorn
⑤ Rückenmarksnerv
⑥ Muskelspindel
⑦ motorische Endplatte
⑧ Empfindungsnerv
⑨ Bewegungsnerv

[3] Stolpern ist nichts anderes als eine reflexartige Korrektur des Bewegungsablaufes.

[4] *Ein Blick in den Wirbelsäulenkanal mit Rückenmark und abgehenden Rückenmarksnerven*

[5] *Querschnitt durch das Rückenmark – gut erkennbar die graue Substanz (hier braun eingefärbt).*

Merkmal

▶ Im Rückenmark liegt die weiße Substanz außen und die graue innen.

▶ In der grauen Substanz werden die vom Körper kommenden mit den in den Körper ziehenden Nervenbahnen verschaltet.

▶ Ein Reflex ist ein kurzer Reaktionsweg, bei dem ein Signal aus dem Körper schon direkt im Rückenmark beantwortet wird.

Denkmal

❶ Wie ist das Rückenmark aufgebaut?

❷ Was versteht man unter Rückenmarksnerven?

❸ Beschreibe den Weg eines Signals, nachdem dein Fuß an einen Stein gestoßen ist.

❹ Welche Aufgaben hat die graue Substanz im Rückenmark?

❺ Warum führen Verletzungen der Wirbelsäule oft zu Lähmungen?

❻ Informiere dich über die Querschnittlähmung. Wie kann man sie erklären?

❼ Warum bezeichnet man den Kniesehnenreflex auch als unwillkürlichen Reflex?

❽ Lege dich entspannt auf den Rücken und lass einen Mitschüler oder eine Mitschülerin den gestreckten Daumen mit der Nagelseite und einigermaßen kräftig quer über die Bauchdecke ziehen. Erkläre deine Beobachtung und die Bedeutung der Reaktion.

❾ Nenne Beispiele für angeborene Reflexe.

Das Rückenmark verknüpft und verknotet

Im Querschnitt des Rückenmarks erkennt man eine graue, schmetterlingsförmige Figur und einen umgebenden weißen Bereich. In dieser **weißen Substanz** [5] knüpfen Nervenzellen die Verbindungen von den einzelnen Abschnitten des Rückenmarks zum Gehirn. In der **grauen Substanz** werden die vom Körper eintreffenden und die in den Körper abgehenden Nervenbahnen untereinander verschaltet. Zugleich sind sie mit denjenigen Nervenbahnen verknüpft, die zum Gehirn ziehen.

[6] *Kniesehnenreflex*

Kniesehnenreflex

Eine Versuchsperson hat die Beine locker übereinander gelegt. Ein leichter Schlag auf die Kniesehne unterhalb der Kniescheibe lässt den Unterschenkel etwas nach vorne schnellen. Diese unbewusste Reaktion nennt man **Kniesehnenreflex** [6]. Der Schlag verursacht eine kurze Dehnung des Streckmuskels im Oberschenkel. Diesen Reiz registrieren dann besondere Sinneszellen im Muskel (Muskelspindel [6]). Sie leiten die Erregung über Nervenbahnen zum Rückenmark. Noch in der grauen Substanz erfolgt die Übertragung auf Nervenbahnen, die direkt zum Streckmuskel führen. Er zieht sich auf diesen Befehl hin kurz zusammen.

Der Kniesehnenreflex ist ein Modell für ähnliche Abläufe, wie sie auch bei vielen anderen Bewegungen funktionieren – beispielsweise beim Inline-Skating. Die Bewegungsabläufe muss man zunächst einmal bewusst erlernen und einüben. Sobald das Programm für diese so genannten erlernten Reflexe im Gehirn gespeichert ist, werden die Bewegungen zwar immer noch vom Gehirn gesteuert, nur eben weniger bewusst.

Vom Wechselspiel der Nerven

Das vegetative Nervensystem besteht aus zwei verschiedenen Anteilen: Sympathikus und Parasympathikus. Diese steigern oder drosseln ganz automatisch die Leistung einzelner Organe.

[1] *Damit solche Leistungen möglich sind, muss der Sympathikus alles in Gang bringen, was der Bereitstellung von Energie dient.*

Ein plötzlich laut hupendes Auto, das man nun wirklich beinahe übersehen hätte und dem man nur knapp ausweichen konnte, kann einen ganz schön in Schrecken versetzen. Ebenso erschreckt uns der unerwartete Knall einer Tür, die ein Windstoß heftig zuschlagen lässt. Beim Abschreiben in der Schule erwischt zu werden, jagt einem ebenfalls einen ordentlichen Schrecken ein, vor allem in der unsicheren Erwartung dessen, was an Ärger und Peinlichkeiten auf einen zukommen mag – einfach schrecklich.

Vor Schreck erblassen

So unterschiedlich die Anlässe des Erschreckens auch sein mögen, wir reagieren jedesmal zwar unterschiedlich heftig, aber in immer gleicher Weise. Vor Schreck wird einem abwechselnd heiß und kalt, das Herz pocht spürbar, die Hände werden feucht, die Haut wird blass, die Kehle ist wie zugeschnürt, die Atmung stockt und wir haben auf einmal ein ganz komisches Gefühl im Bauch.

Ähnlich ablaufende Reaktionen können wir auch bei sportlichen Betätigungen feststellen. Schon nach kurzer Zeit machen sich Veränderungen bemerkbar. Unser Herzschlag beschleunigt sich, wir atmen tiefer und schneller, schließlich beginnen wir zu schwitzen. Die Anpassung unseres Körpers an die stärkere Belastung und den erhöhten Energiebedarf erfolgt dabei genauso automatisch wie in der Schrecksituation, ohne dass wir diese Vorgänge willentlich beeinflussen könnten.

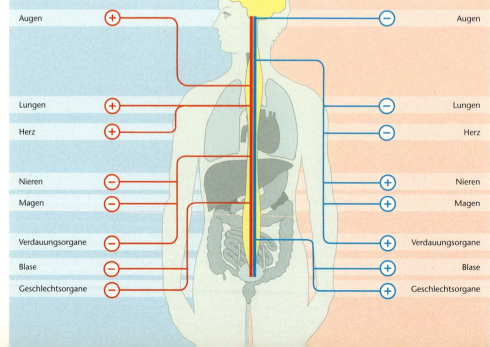

[2] *Das vegetative Nervensystem arbeitet nach dem Gegenspieler-Prinzip.*

⊕ aktiviert/regt an
⊖ beruhigt/verlangsamt

[3] *Entspannung bringt uns wieder ins Gleichgewicht. Sei es bei einer meditativen Übung [4] oder beim „Abhängen" in einer Hängematte – der Parasympathikus hat jetzt die Oberhand.*

■ **Merk**mal

▶ Das Nervensystem, das die Organe versorgt und nicht durch den Willen zu beeinflussen ist, nennt man vegetativ.

▶ Das vegetative Nervensystem besteht aus zwei Anteilen: Sympathikus und Parasympathikus.

▶ Der Sympathikus, auch Leistungsnerv genannt, regt die Tätigkeit der Organe an.

▶ Der Parasympathikus, auch Erholungsnerv genannt, verlangsamt die Tätigkeit der Organe.

■ **Denk**mal

❶ Was versteht man unter dem vegetativen Nervensystem?

❷ Nenne Körperfunktionen, die du nicht durch deinen Willen beeinflussen kannst.

❸ Warum bezeichnet man den Sympathikus auch als Leistungsnerv?

❹ Beschreibe ein Beispiel für die Tätigkeit des Sympathikus und des Parasympathikus.

❺ Ständige körperliche und seelische Belastungen können zu Verdauungsstörungen führen. Nenne Gründe dafür.

❻ Das vegetative Nervensystem leitet Informationen nicht so schnell wie die motorischen Nervenbahnen. Warum genügt beim Stoffwechsel eine langsamere Erregungsleitung?

❼ „Mir steht das Herz still", „Das Herz schlug mir bis zum Hals" – finde weitere solcher „vegetativer" Redensarten und schreibe sie auf.

❽ Das vegetative Nervensystem steuert automatisch. Reflexe leisten das auch. Notiere stichwortartig Gemeinsamkeiten und Unterschiede beider Automatismen.

Das vegetative Nervensystem steuert die inneren Organe

Zum Glück müssen wir nicht ständig ans Atmen denken oder unserem Magen den Befehl erteilen, tätig zu werden, sobald wir unser Pausenbrot aufgegessen haben. Für die automatische und durch unseren Willen nicht beeinflussbare Steuerung der inneren Organe ist das **vegetative Nervensystem** [2] zuständig. Dieses wiederum lässt sich in zwei Anteile gliedern – das sympathische und das parasympathische Nervensystem. Man spricht auch nur vom **Sympathikus** und vom **Parasympathikus**. Die Zentren des vegetativen Nervensystems liegen im Mittel- und im Zwischenhirn. Die Nervenfasern dieser beiden Anteile haben ganz gegensätzliche Aufgaben [2].

[4]

Sympathikus und Parasympathikus

Der **Sympathikus** [2] aktiviert alle Organe, die die körperliche Leistungsfähigkeit und die Bereitstellung von Energie steigern. Vorgänge wie beispielsweise die Verdauung, die bei körperlicher Anstrengung unnötig sind, werden dagegen gehemmt. Man bezeichnet den Sympathikus daher auch als **Leistungsnerv**.

Während der Sympathikus beispielsweise den Herzschlag beschleunigt, verlangsamt der **Parasympathikus** [2] diesen wieder, sobald die Anstrengung aufhört. Deswegen nennt man ihn auch **Erholungsnerv**. Jedes Organ wird zugleich vom Sympathikus und vom Parasympathikus erreicht.

Beide Nerven kontrollieren sich gegenseitig. Sie arbeiten somit als Gegenspieler. Damit sorgen sie für ein fein abgestimmtes Zusammenspiel zwischen erhöhter ⊕ und verminderter ⊖ Tätigkeit der Organe. Im Unterschied zum Zentralnervensystem, das auf die Auseinandersetzung mit der Umwelt spezialisiert ist, passt das vegetative Nervensystem die Tätigkeit aller Organe an die augenblickliche Belastung des Körpers an.

Reine Nervensache

[1] Schlafen dient der Erholung und manchmal der Forschung.

Menschen, das sich nach einer inneren Uhr einstellt und das Nervensystem vor Überlastung schützt. Nach längerem Wachsein lässt unsere Aufmerksamkeit rasch nach – Denken und auch körperliche Tätigkeiten erfordern immer größere Anstrengungen, bis das Bedürfnis nach Schlaf schließlich so groß ist, dass man einschläft. Während wir im Schlaf wie weggetreten sind, überwiegt der parasympathische Teil des Nervensystems.

Alter		täglicher Schlafbedarf in Stunden
Neugeborenes	1–15 Tage	16
Kleinkind	3–5 Monate	14
	6–23 Monate	13
Kind	2–3 Jahre	12
	3–5 Jahre	11
	5–9 Jahre	10,5
	10–13 Jahre	10
Jugendlicher	14–18 Jahre	8,5
Erwachsener	19–30 Jahre	7,75
	33–45 Jahre	7
	50 Jahre	6
hohes Alter	90 Jahre	5,75

[2] Das Schlafbedürfnis eines Menschen

Schlafen ist schnarchlangweilig, zumindest abends und vor allem am Wochenende. Gerade dann haben wir das Gefühl, ja nichts versäumen zu dürfen und überall dabei sein zu müssen. Schließlich ist man ja kein kleines Kind mehr. Ganz anders sieht es dann am anderen Morgen aus, wenn der unerbittlich schrillende Wecker, der unausweichliche Stundenplan oder wiederholt zum Aufstehen mahnende Eltern dem jetzt vorhandenen Schlafbedürfnis heftig in die Quere kommen.

Wer schläft, verschwendet keine Zeit

Da unser Nervensystem ständig „online" ist, gehört es zu den am meisten beanspruchten Organsystemen des menschlichen Körpers. Dauerstress, seelische Belastungen, das Gefühl, manchmal auch ein bisschen überfordert zu sein, setzen dem Nervensystem ganz schön zu – ebenso wie die ständige Überflutung von Reizen, die wir uns oft selbst zumuten. Unser Nervensystem braucht jedoch regelmäßig Erholung. Schlaf ist ein grundlegendes und unausweichliches Bedürfnis des

Traumhaft gut

Schlaf ist keineswegs ein gleichförmiger Zustand. Einzelne Gehirnbereiche vermindern ihre Aktivität, andere steigern sie dagegen. Die Gehirnaktivität lässt sich durch außen am Kopf angebrachte Elektroden messen [1], weil aktive Nervenzellen elektrische Signale produzieren. Die Aufzeichnung dieser Signale zeigt das wellenartige Auf und Ab der Gehirnströme [258.2]. Im Verlauf einer Nacht treten verschiedene Schlaftiefen mehrmals hintereinander auf.

Etwa alle eineinhalb Stunden ist die Schlaftiefe gering. In solchen Schlafphasen ist die Skelettmuskulatur völlig entspannt, die Hirnströme sind unregelmäßig, das Gehirn „arbeitet" mit höchster Aktivität, man träumt lebhaft. Gleichzeitig bewegen sich die Augen unter den Augenlidern schnell hin und her. Daher nennt man solche Schlafphasen den REM-Schlaf (REM = Rapid Eye Movements). Man weiß heute, dass Träumen für die „Wartungsarbeit" des Gehirns von großer Bedeutung ist.

Stress im Doppelpack

Manchmal ist einfach alles zu viel – Klassenarbeit verpatzt, morgen steht schon die nächste an, Berge von Hausaufgaben, die längst schon hätten erledigt werden müssen. Das alles stresst und nervt. Wie gut, dass man sich am Samstagabend mit ein

[3] Grelle Lichtblitze und fetzige Musik schädigen auf Dauer das Nervensystem.

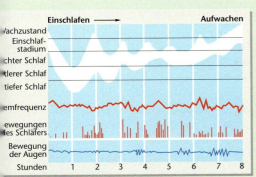

[4] Schlafprotokoll einer Nacht

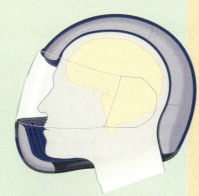

[5] Gut behütet: Ein Fahrrad- oder Mofa-Helm bietet den nötigen Schutz.

Denkmal

❶ Warum ist Schlaf lebenswichtig?

❷ Wie schützt sich das Nervensystem vor Überlastung?

❸ Was versteht man unter einer Gehirnerschütterung?

❹ Welche Schlafphasen kann man unterscheiden?

❺ Was geschieht im Gehirn beim Träumen?

❻ „Reizvoll behämmert": Was ist für dein Nervensystem gesund, was eher schädlich?

❼ „Sie ist eine Nervensäge". „Er ist ein Nervenbündel", „Das nervt mich total" – finde weitere Redensarten und erkläre sie.

❽ Wo wirken im Nervensystem die Aufputschmittel?

❾ Warum ist ein Fahrrad- oder Mofa-Helm sinnvoll?

paar netten Leuten in der Disco treffen kann. Endlich mal abschalten, laute Musik hören, das Dröhnen der Bässe spüren und den Stress der Woche von der Seele tanzen.

So manches Wochenendvergnügen, das uns zur Herstellung unseres inneren Gleichgewichts gerade richtig erscheint, bedeutet für unser Nervensystem nur Stress. Im Gegensatz zum natürlichen Schlafbedürfnis müssen wir auf den vernünftigen Wechsel von Anspannung und Entspannung, Aktivität und Ruhe oder Schlaf selber achten. Längerer Stress, Angstzustände, körperliche Überbeanspruchung, aber auch falsche Ernährung, Rauchen und Alkoholgenuss lassen das Nervensystem völlig aus dem Gleichgewicht geraten. Die Folgen sind dann nervöse Störungen – deutliche Zeichen dafür, das innere Gleichgewicht wieder herzustellen.

Wer Köpfchen hat, der schützt es

Das Nervensystem ist gegen Verletzungen recht gut geschützt. Massive Knochen umgeben das Gehirn ebenso wie das Rückenmark. Durch Krafteinwirkungen auf den Schädel, wie bei vielen sportlichen Betätigungen oder durch einen Sturz, kann es zu einer Gehirnerschütterung kommen. Sichere Anzeichen dafür sind neben Kopfschmerzen, Bewusstlosigkeit auch Erbrechen, die in schweren Fällen sogar mehrere Tage dauern können. Den Bruch des Schädels, den so genannten Schädelbasisbruch, erkennt man an Blutungen im Augen-, Ohren-, Nasen- und Mundbereich. Gefährlich sind dabei entstehende Knochensplitter, die ins Gehirn eindringen können. Besteht Verdacht auf einen Schädelbruch, muss man unbedingt sofort einen Arzt rufen.

Chaos an den Synapsen

Die Aktivität des Gehirns beruht auf dem reibungslosen Zusammenspiel der elektrischen Impulse und der Ausschüttung kleinster Mengen von Übertragungsstoffen ④ an den Synapsen [6]. An diesen Schaltstellen spielen sich in jedem Augenblick milliardenfach Kommunikationsprozesse ab. Gifte, Medikamente, Genuss- und Aufputschmittel oder Rauschdrogen können im synaptischen Spalt ③ den fein aufeinander abgestimmten Informationsfluss verstärken oder hemmen und so dem Nervensystem Schaden zufügen. Außerdem ist die Verarbeitung von Informationen gestört, blockiert oder sie gerät völlig außer Kontrolle.

① Nervenzelle
② Endknöpfchen
③ synaptischer Spalt
④ Übertragungsstoff
⑤ Zelle eines Zielorgans

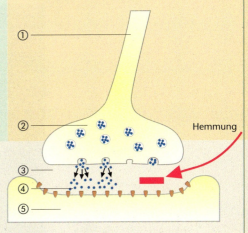

[6] Übertragungsstoffe sorgen für die Übermittlung von Informationen an den Synapsen.

Hormone – heimliche Boten

Hormone werden in besonderen Drüsen erzeugt und mit dem Blutkreislauf im Körper verteilt. Sie wirken in kleinsten Mengen, aber langsamer als das Nervensystem.

Treten wir aus der Dunkelheit in grelles Licht, verengt sich unsere Pupille schlagartig. Nicht immer reagiert unser Körper so blitzschnell auf Veränderungen. Auf dem Weg vom Kind zum Erwachsenen wandeln sich Körper und Wesensart allmählich. Dies bewirken **Hormone**, die der Körper selbst produziert. Diese Botenstoffe werden in winzigen Mengen in eigenen Drüsen erzeugt und mit dem Blutstrom im Körper verteilt.

Hormondrüsen hängen am Tropf

Die Hormondrüsen gehören zu den kleineren Organen unseres Körpers. Mit rund 30 g ist die Schilddrüse am Hals die größte von ihnen. Manchmal sind es nur wenige Zellen, die für die lebenswichtige Hormonproduktion zuständig sind. Anders als das Nervensystem verfügen die Hormondrüsen über kein eigenes Verteilernetz. Sie benutzen das Blutgefäßsystem zur Verteilung ihrer Botschaften. Mit dem Blut, das immerhin in nur einer Minute den ganzen Körper einmal durchströmt, gelangt die Botschaft zu allen Zellen. Aber nur die Zellen des Organs, das seine Hormonproduktion ändern soll, fühlen sich angesprochen. Sie erkennen das Hormon an seiner Form.

Winzige Mengen an Hormonen reichen aus, um eine Wirkung zu erzielen. So entscheiden nur geringe Mengen des Wachstumshormons, wie groß wir einmal werden. Dazu muss dieses Hormon allerdings über mehrere Jahre gebildet werden. Fehlen diese geringen Mengen an Hormonen, kommt es zu Krankheiten und manchmal auch schwerwiegenden Veränderungen des Körpers.

Hypophyse – klein, aber oho!

Die Hypophyse [1], auch Hirnanhangdrüse genannt, ist zwar nur so groß wie eine Erbse, bei der Steuerung unseres Körpers nimmt sie aber eine zentrale Stelle ein. Über Blutgefäße und Nervenbahnen ist sie mit dem Gehirn verbunden. Von vielen Hormonen der Hypophyse hängt die Arbeitsweise anderer Hormondrü-

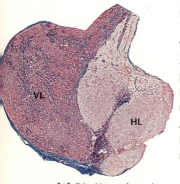

[1] *Die Hypophyse ist in einen Vorderlappen (VL) und einen Hinterlappen (HL) unterteilt.*

[2] *An der Breite der Epiphysenfuge kann ein erfahrener Arzt feststellen, ob das Längenwachstum normal verläuft oder ob es Abweichungen gibt.*

Epiphysenfuge

[3] *Die Menge des Wachstumshormons bestimmt die Größe eines Menschen.*

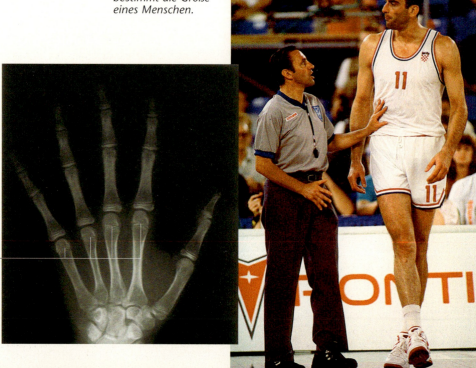

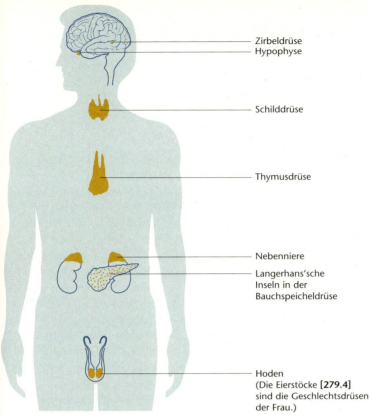

[4] *Hormondrüsen liegen im Kopf und im Rumpf. Mit 30 g ist die Schilddrüse die größte Drüse. Alle sind an das Blutgefäßsystem angeschlossen, das ihre Botschaften im Körper verbreitet.*

Merkmal

▶ Hormone sind Botenstoffe, die in besonderen Drüsen, den Hormondrüsen, erzeugt werden. Der Blutstrom verteilt sie im ganzen Körper.

▶ Hormone steuern den Stoffwechsel und Entwicklungsvorgänge.

▶ Hormone der Hypophyse steuern andere Hormondrüsen.

Denkmal

❶ Man sagt, das Nervensystem wirkt wie eine Telefonanlage, das Hormonsystem wie Rundfunk. Erkläre diesen Vergleich.

❷ Vergleiche Nervensystem und Hormonsystem in ihren Wirkungen.

❸ Informiere dich über die Hormone der in Abb. [4] eingetragenen Drüsen und über deren Leistungen. Lege im Heft eine Tabelle an, in der du die Funktionen den Drüsen zuordnest.

❹ Suche in der Abb. [256.1] die Hypophyse und beschreibe ihre Lage genau.

❺ Erkläre mit eigenen Worten, was man unter einem Regelkreis versteht. Vergleiche ihn mit einer Zentralheizung.

sen ab. So steuert eines ihrer Hormone die Schilddrüse [5], die wiederum für die Energieversorgung unseres Körpers wichtig ist. Von der Hirnanhangdrüse hängt die Produktion der Hormone in den Geschlechtsdrüsen [4], den Eierstöcken und Hoden ab. Damit trägt sie wesentlich zu unserer Entwicklung bei. Schließlich steuern Hormone der Hypophyse die Nebenniere, eine weitere Hormondrüse. Sie reguliert unter anderem den Wasser- und Mineralstoffhaushalt unseres Körpers.

Noch kleiner als die Hypophyse ist die Zirbeldrüse [4], die in der Furche zwischen den beiden Großhirnhälften verborgen liegt. Von ihr hängt unser Biorhythmus ab. Ihr Hormon wird abends in größerer Menge erzeugt als tagsüber: Wir werden müde.

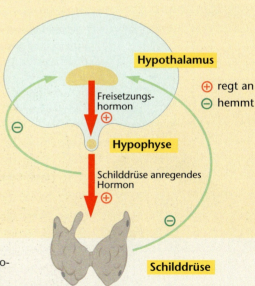

[5] *Regelkreis: Die Menge der im Blut kreisenden Hormone unterliegt einer fein abgestimmten, komplizierten Regelung.*

Hypothalamus und Hypophyse regeln den Hormonhaushalt

Die Hypophyse ist über Blutgefäße und Nervenfortsätze eng mit dem Hypothalamus, einer kleinen Region im Zwischenhirn, verbunden. Das Gespann Hypothalamus – Hypophyse reagiert auf Botschaften, die im Blut kreisen [5]. Ist von einem Hormon, z. B. dem Thyroxin aus der Schilddrüse, zu wenig im Umlauf, erkennen dies Zellen im Hypothalamus. Dieser sendet als Botschaft ein Freisetzungshormon an die Hypophyse, die daraufhin das Schilddrüsen anregende Hormon abgibt. Erreicht dies mit dem Blutstrom die Schilddrüse, erhöht sie ihre Produktion. Wenn sich zu viel von einem Hormon im Umlauf befindet, wird auf einem ähnlichen Weg seine weitere Erzeugung gehemmt. Solche Vorgänge bezeichnet man als **Regelkreis** [5].

Wahrnehmen und steuern

Hormone regeln den Stoffwechsel

Hormone regeln den Energiehaushalt. So steuert das Insulin den Blutzuckerspiegel und das Thyroxin ist für den Energiehaushalt zuständig.

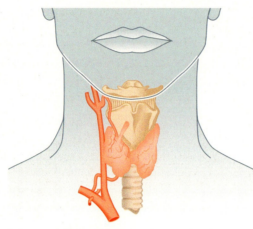

[1] *Die Schilddrüse liegt vor dem Kehlkopf. Sie wird gut durchblutet.*

Mit der Nahrung führen wir unserem Körper auch Energie zu. Das Blut verteilt die Nährstoffe im ganzen Körper an die Zellen, wo sie abgebaut werden. Die dabei frei gesetzte Energie steht für andere Leistungen, z. B. Muskelarbeit, zur Verfügung.

Die Schilddrüse kontrolliert den Stoffwechsel

An diesen Umwandlungen ist das Hormon Thyroxin maßgeblich beteiligt. Es wird in der Schilddrüse gebildet. Voraussetzung dazu ist, dass wir mit der Nahrung Iodsalze, so genannte Iodide, aufnehmen. Die Zellen der Schilddrüse bilden daraus Thyroxin.

Täglich werden nur 0,1 bis 0,3 mg des Schilddrüsen-Hormons in das Blut abgegeben. Dazu ist es erforderlich, dass wir täglich durchschnittlich 0,2 mg Iodide aufnehmen. Diese winzigen Mengen reichen aus, um unseren Stoffwechsel im Gleichgewicht zu halten. Produziert die Schilddrüse etwas mehr, reagiert der Körper mit einer Steigerung des Stoffwechsels, Puls- und Herzschlag sind erhöht. Die Folgen: Es kommt zu leichter Erregbarkeit und Gewichtsabnahme.

Erzeugt die Schilddrüse zu wenig Thyroxin, kann es zu einer Verminderung der körperlichen und manchmal auch der geistigen Leistungsfähigkeit kommen.

Nehmen wir zu wenig Iodsalze auf, versucht die Schilddrüse trotzdem ihr Hormon zu produzieren. Sie vermehrt deshalb das Gewebe der Schilddrüse und vergrößert sich dermaßen, dass sie äußerlich als Kropf erkennbar ist. Erkrankungen der Schilddrüse, die auf Iodmangel zurückzuführen sind, sollte es heute nicht mehr geben, weil wir so gut über die Wichtigkeit einer ausreichenden Iodsalz-Zufuhr Bescheid wissen.

Zuckerkrank kann bitter sein

Schlapp und schlaff kommt man oftmals nach einer anstrengenden Sportstunde daher. Ein Energy-Drink, der sehr viel Zucker enthält, oder ein süßer Riegel bringen einem schnell wieder die Energie zurück – allerdings nicht jedem Menschen. Fast jeder zwanzigste Deutsche leidet an der Zuckerkrankheit, auch **Diabetes** genannt. Darunter sind rund 500 000 Kinder und Jugendliche.

[2] *Zur Untersuchung der Schilddrüse erstellt man ein Szintigramm. Es zeigt hier eine vergrößerte Schilddrüse auf der linken Seite.*

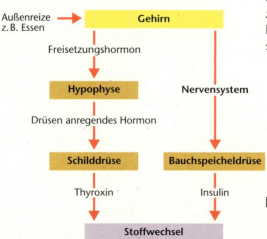

[3] *Während die Hypophyse die Schilddrüse steuert, erhält die Bauchspeicheldrüse ihre Informationen über das Nervensystem und über Außenreize.*

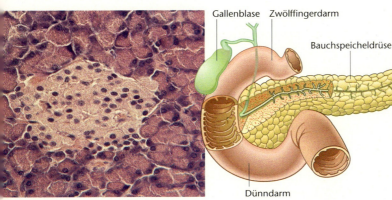

[4] In der Bauchspeicheldrüse liegen die Insulin produzierenden Zellen wie Inseln in dem übrigen Gewebe, das Verdauungsenzyme produziert. Nach ihrem Entdecker werden sie Langerhans'sche Inseln genannt.

[5] Die Bauchspeicheldrüse hat eine Doppelfunktion: Verdauungsdrüse und Hormondrüse. Rote Punkte = Langerhans'sche Inseln

Kohlenhydrate werden im Darm zu Einfachzuckern abgebaut und in die Blutgefäße aufgenommen. Dort werden sie als Traubenzucker (Glukose) im Blutstrom mitgeführt [51.4]; man spricht vom **Blutzucker**. Je nachdem, was man isst und wie viel Zeit seit der letzten Mahlzeit vergangen ist, kann der Blutzuckerspiegel schwanken. Bei einem Gesunden enthalten 100 ml Blut zwischen 80 und 110 mg Glukose (Traubenzucker). Das Hormon Insulin, das in den Langerhans'schen Inseln der Bauchspeicheldrüse [4], [5] produziert wird, sorgt dafür, dass Traubenzucker aus dem Blut in die Zellen gelangt und nicht zu stark ansteigt.

Bei Zuckerkranken, auch Diabetiker genannt, können die Zellen den lebenswichtigen Traubenzucker nicht verwerten. Im Blut steigt deshalb die Zuckerkonzentration. Mattigkeit, schnelle Ermüdung bei Anstrengung und großer Durst sind häufig Anzeichen bei Diabetes. Der nicht verwertete Zucker wird mit dem Urin ausgeschieden, wo man ihn mit einem Teststäbchen nachweisen kann.

[6] Mit einem Pen ist das lästige Spritzen einfacher geworden.

Zwei Diabetes-Typen

Man unterscheidet zwei Formen der Zuckerkrankheit: Diabetes Typ I und Typ II. Vom **Diabetes Typ I** sind meist Kinder und Jugendliche betroffen. Sie können kein Insulin mehr produzieren, weil die Zellen der Langerhans'schen Inseln [4] zerstört sind. Deshalb müssen sich jugendliche Diabetiker mehrmals täglich Insulin spritzen, damit der Zuckergehalt im Blut gleichbleibend hoch ist.

Vom **Diabetes Typ II** sind meist ältere Menschen betroffen. Sie produzieren Insulin nicht mehr in ausreichender Menge. Ihnen ist oft schon damit geholfen, dass sie ihr Gewicht reduzieren, sich genügend bewegen und auf eine kohlenhydratarme Diät achten. In vielen Fällen kommen sie dann ohne die lästigen Insulinspritzen aus, weil ihr Körper die zugeführte Energie vollständig verbrauchen kann.

Merkmal

▶ Die Langerhans'schen Inseln der Bauchspeicheldrüse erzeugen Insulin. Fehlt dieses Hormon, kommt es zur Zuckerkrankheit, dem Diabetes.

▶ Diabetiker des Typ I müssen regelmäßig Insulin spritzen.

▶ Das Schilddrüsenhormon Thyroxin regelt den Stoffwechsel.

Thyroxin kann nur erzeugt werden, wenn wir ausreichend Iodsalze zu uns nehmen.

[7] Wir können das benötigte Iodid über Salz oder Seefisch aufnehmen.

Denkmal

❶ Beschreibe die Lage der Bauchspeicheldrüse in der Abb. [6].

❷ Erkläre den Unterschied zwischen den beiden Diabetes-Typen.

❸ Beschreibe wesentliche Merkmale der Zuckerkrankheit.

❹ Woher kommt der Name Zuckerkrankheit?

❺ Stelle eine Liste von Lebensmitteln zusammen, die Iod-Verbindungen enthalten.

❻ Wie kommt wohl das Iod in das Steinsalz?

❼ Warum kann sich ein Kropf sowohl bei Iodmangel, aber auch bei Iodüberschuss bilden?

Wahrnehmen und steuern

1 Blutsauger
Martin ist etwas weitsichtig und muss zum Lesen eine Brille tragen. An einem schönen Sommertag geht er in den Garten, um in einer schattigen Ecke in einer Abenteuergeschichte zu schmökern. Kaum hat er sich in die spannende Handlung vertieft, hört er auch schon das aufdringliche Summen einer Stechmücke, die ihn einkreist. Dann fühlt er etwas auf dem rechten Unterarm, hebt vorsichtig die andere Hand und – patsch! – er hat sie nicht getroffen, weil ihm gleichzeitig die Brille von der Nase rutschte. Die Stechmücke schwirrt ab und sucht sich eine andere Blutmahlzeit.

a) Beschreibe möglichst genau alle Stationen der Signale von der ersten Wahrnehmung der Stechmücke bis zum vergeblichen Versuch, sie am Tatort zu erwischen.
b) Schildere den gleichen Ablauf aus der Sicht der Stechmücke.

2 Seltsame Gefühle
Wenn wir unsere Augen nicht zu Hilfe nehmen können, ist es schwer, einen Gegenstand zum Beispiel nur durch Betasten zu erkennen. Daraus kann man lustige Spiele für die nächste Geburtstagsparty entwickeln.

Schneidet eine ungefähr faustgroße Öffnung in die Schmalseite einer Pappschachtel. Bringt innen durch Antackern einen Stofffetzen so an, dass er die Öffnung wie ein Vorhang verdeckt. Jetzt kann man bequem in die Schachtel langen, aber nicht hineinsehen. In die Schachtel legt ihr nun einen oder mehrere (ungefährliche!) Alltagsgegenstände, zum Beispiel Zahnbürste, Schraubenschlüssel, Gürtelschnalle, Reißverschluss, Garnrolle oder anderes. Wer findet die meisten durch bloßes Ertasten heraus?

3 Unheimliche Begegnung
Neulich kam Bianca mit ihrem Fahrrad erst nach Einbruch der Dunkelheit nach Hause. Fast war sie schon an ihrer Haustür, als plötzlich im Schein ihrer Fahrradlampe ein grünlich funkelndes Augenpaar auftauchte. Bianca blieb fast das Herz stehen, doch dann wurde ihr sofort klar: Nachbars Katze war eben auch noch unterwegs.

Überlege, wie die Katze eigentlich mit ihren Augen funkelt und welchen Weg die Lichtstrahlen zurückgelegt haben, die Bianca so erschreckt haben.

4 Ultraschall
Ultraschall wird in vielen Bereichen eingesetzt, nicht nur in der Tierwelt – auch in der Medizin.
a) Suche im Schulbuch, in Tierbüchern oder auch im Internet nach Beispielen, wo Ultraschall im Tierreich und bei medizinischen Untersuchungen zum Einsatz kommt und versuche im jeweiligen Fall, die Wirkungsweise zu erklären.
b) Wenn ein Düsenjäger schneller als die Schallgeschwindigkeit fliegt, kann man dann auch von „Ultraschall" sprechen? Begründe deine Antwort.

5 Regenbogen
Regenbogen sind kurzlebige Erscheinungen, die nur in bestimmten Situationen auftreten. Wie kommen sie zustande? Ist da irgendwo ein Prisma versteckt?

6 Beim Optiker
Wie muss der Optiker die Gläser für eine Brille anfertigen, wenn die Person
a) auf dem linken Auge stärker kurzsichtig ist als auf dem rechten;
b) nur zum Lesen eine Brille benötigt;
c) in der Ferne mit dem rechten Auge alles scharf sieht, links alles verschwommen wahrnimmt;
d) beim Lesen „zu kurze Arme" hat;
e) kurzsichtig und weitsichtig ist und eine Gleitsichtbrille möchte?

7 Nervensalat
Bringe in das Begriffswirrwarr von „Nerven" eine Ordnung: Erregungsleitung zum Muskel, Zentralnervensystem, Sinneszellen, Sympathikus, Erregungsleitung zum Rückenmark, peripheres Nervensystem, Synapse, Parasympathikus, Gehirn, Rückenmark, Sinnesorgan, Erfolgsorgan.
    Am besten, du versuchst alles mit einer Zeichnung richtig zu verknüpfen.

8 Schutzbedürftig
Das Nervensystem gehört einschließlich des empfindlichen Gehirns und den Sinnesorganen zu unseren wichtigsten Organsystemen. Deshalb sorgt der Körper durch einige Einrichtungen für deren Schutz. Wir können durch eine vernünftige Lebensführung diese Schutzmaßnahmen unterstützen.
    Liste in einer zweispaltigen Tabelle die natürlichen Schutzeinrichtungen für Nervensystem und Sinnesorgane auf. Schreibe weitere Maßnahmen dazu, mit denen wir unsere Sinnesorgane und Nerven leistungsfähig erhalten können.

9 Zuckerkrank
Zuckerkranke stimmen ihre Nahrungsaufnahme und die Insulinmenge, die sie spritzen, passend aufeinander ab. An manchen Tagen müssen sie die sorgfältig ausgeklügelte Insulinmenge, die sie spritzen, verändern. Wie verhält sich ein Diabetiker bei folgenden Situationen?
a) Auf einem Fest isst er zwei Stücke Schwarzwälder Kirschtorte.
b) Eine anstrengende Radtour steht auf dem Programm.
c) Am Wochenende spannt er aus, schläft lange, sitzt viel vor dem Fernseher und liegt auf der Couch.
d) Am Abend trinkt er in geselliger Runde drei Glas Wein.
e) Er steht vor einem langen Prüfungstag, ist aufgeregt, denn er muss einen vierstündigen Aufsatz schreiben und eine mündliche Prüfung überstehen.
f) Er macht einen längeren Spaziergang, ernährt sich nur von Salat, Gemüse, einigen Kartoffeln und trinkt Mineralwasser.

Sich ent
10

Wenn um uns die Welt versinkt, die Sinne schwinden und das Gefühl der Zuneigung und Geborgenheit so richtig unter die Haut geht, empfinden wir unsagbares Glück und Erfüllung. Geht es dann nach einer etwa zwei Jahrzehnte dauernden Entwicklung schließlich so hautnah zur „Sache", erscheinen viele längst bekannte Dinge in einem völlig neuen Licht – Partnerschaft und Sexualität. Vertrauen, innige Zuneigung und viele andere Vorstellungen sollen ganz selbstverständlich dazugehören und doch ist es schwierig, diese Werte zu leben und zu erhalten. Wir sind fraglos kompliziert und wunderbar zugleich. Obwohl wir alle aus dem selbem Stoff und nach dem selben Bauplan konstruiert sind, entfaltet jeder Mensch im Laufe seiner Lebensgeschichte eine ihm eigene und unverwechselbare Persönlichkeit. Mit der Vereinigung des Erbgutes einer Ei- und einer Spermienzelle beginnt eine Entwicklung, die es so schon viele Male vorher gegeben hat und die es noch viele Male nach uns geben wird. Die Entwicklung ist die Voraussetzung zur Veränderung und Sexualität die treibende Kraft.

wickeln

Schmetterlinge im Bauch

Sich verlieben ist nichts anderes als eine Äußerung menschlicher Sexualität. Sie ist ein fester Bestandteil unserer Persönlichkeit und jedem Menschen angeboren.

[1] *Verliebt sein – Gefühle unbeschreiblichen Glücks*

[2] *Sie liebt mich – sie liebt mich nicht – sie ...*

Wenn die Welt um dich herum ganz plötzlich zusammenschrumpft und nichts von ihr übrig zu bleiben scheint als nur noch der heiß umschwärmte Märchenprinz oder das traumhafteste aller Mädchen, dann hat es gewaltig gefunkt und du bist ganz ungeheuerlich verknallt. Das Kribbeln im Bauch und das Herzklopfen sind deutliche Anzeichen dafür, dass in dir einiges ganz schön durcheinander geraten ist.

Wie im siebten Himmel

Verliebtsein ist ein Gefühl, das jeder ganz unterschiedlich empfindet und auch ganz anders beschreibt. Obwohl wir über Sex bislang doch schon so viel im Kopf hatten, uns in der Clique mit coolen Sprüchen hervortaten oder uns irgendwelche Geschichten erträumten, erleben wir Sexualität auf einmal ganz neu und hautnah. Verliebte Schwärmereien, die einen von den Haarspitzen bis zu den Fußsohlen mit all unseren Sinnen beanspruchen, machen klar, dass wir einen anderen Menschen lieben, und zwar ganz anders als bislang die Eltern oder die Geschwister. Neu ist die Sehnsucht nach Nähe zu einem anderen Menschen, das Verlangen, mit ihm Zärtlichkeiten auszutauschen und schließlich vielleicht eine sexuelle Partnerschaft einzugehen. Sexualität entfaltet jetzt eine ganz besondere, von innen her kommende Lebensenergie, die einen von nun an bis ins Alter begleiten wird. Alle Menschen sind besonders – auch ihre Sexualität. Jeder von uns macht andere Erfahrungen mit ihr, zu verschiedenen Zeitpunkten und in ganz unterschiedlichen Begegnungen. Intime Zärtlichkeiten sowie der Drang zur Nähe gewinnen an Bedeutung schaffen innige Gefühle der Geborgenheit, des Vertrauens, des Glücks – eben der Liebe.

Ansehen und Aufsehen

Mit dem Erwachen dieser neuen Sexualität fragen wir uns, was uns attraktiv und liebenswert macht und welche Eigenschaften für uns wichtig sind. Schließlich verbinden wir mit einer Antwort darauf den Erfolg oder Misserfolg bei der Partnersuche. Veränderungen unseres Körpers beobachten wir mit großer Aufmerksamkeit. Gleichzeitig machen wir uns manchmal auch Sorgen um irgendwelche Unzulänglichkeiten, die unserem Idealbild von uns selbst nicht entsprechen. Unreine Haut, Pickel, schnell fettendes Haar, unvorteilhafte Körperformen oder die vermeintlich zu langsame oder zu schnelle Ausbildung der sekundären Geschlechtsmerkmale tragen häufig dazu bei, dass wir uns unwohl und unsicher fühlen. Es ist eine harte Herausforderung, sich mit der idealen Geschlechterrolle auseinander zu setzen und sich schließlich so zu akzeptieren, wie man eben ist.

[3] *In der Werbung setzen Leitbilder Maßstäbe für das, was als attraktiv gilt.*

[4] *Ob Kutsche oder Motorrad – das Prinzip bleibt.*

[5] *Liebe ist immer auch der Wunsch nach Nähe.*

Attraktive Merkmale

Das, was wir an einer Frau oder einem Mann attraktiv finden, ist im Wesentlichen gleichzusetzen mit den angeborenen Geschlechtsunterschieden, insbesondere mit den sekundären Geschlechtsmerkmalen. Sehr wahrscheinlich ist es dem Menschen angeboren, auf solche sexuellen Signale zu reagieren. Ausstrahlung und Anziehungskraft eines Menschen hängen ebenso von vielen anderen Dingen ab. Oftmals ist es die Art und Weise, wie jemand mit anderen Menschen umgeht, sie ernst nimmt oder in schwierigen Situationen „cool" bleibt. Eigenschaften wie Intelligenz, Hilfsbereitschaft, Geduld, Einfallsreichtum oder unauffällige Kleinigkeiten, wie ein verschmitztes Lächeln oder das Strahlen der Augen, spielen dabei eine wichtige Rolle. Auch diese Merkmale machen einen Mann oder eine Frau liebenswert und somit attraktiv.

Manchmal ist das eben anders

Wenn ein Mädchen über die Pubertät hinaus Herzklopfen bekommt, wenn es ein anderes Mädchen sieht und sich wünscht, mit ihm zärtlich zu sein, wenn ein Junge weiche Knie bekommt, weil er einem tollen Typ begegnet ist, steht die Gefühlswelt im Gegensatz zu dem, was die anderen von einem erwarten. Lesbisch oder schwul sein ist keine Krankheit, aber mit vielen Problemen verbunden, wenn es darum geht, sich selbst mit seiner sexuellen Orientierung anzunehmen und von anderen akzeptiert zu werden. Homosexuelle Beziehungen sind von den gleichen Gefühlen getragen wie heterosexuelle Beziehungen auch.

[6] *Man(n) liebt sich.*

Denkmal

❶ Wie soll euer Traumpartner sein? Erstellt in einer Jungen- und einer Mädchengruppe ein Plakat, das diese Eigenschaften anhand von Bildern und Texten näher beschreibt.

❷ Bist du verliebt, lernst du Gefühle kennen, die angenehm sind und gut tun. Manchmal sind sie aber auch belastend, sie bedrücken oder verwirren dich. Finde Beispiele für solche Gefühle und beschreibe sie näher.

❸ Was versteht man unter dem Begriff „coming out"?

❹ Kläre die Bedeutung der Worte Homosexualität und Heterosexualität.

❺ Sucht gemeinsam nach Möglichkeiten, Freunde zu unterstützen, die sich ihrer sexuellen Orientierung nicht sicher sind.

❻ Erkläre den Begriff Bisexualität.

Sexualität entsteht im Kopf

Botenstoffe der Sexualität strömen in winzigen Mengen durch unseren Körper. Sie verändern unser Aussehen, unser Verhalten und unsere Gefühlswelt.

[1] *Und alles dreht sich!*

Wenn es um unsere körperlichen Veränderungen geht, um geistige Reifungsvorgänge und um unser etwas stürmischer gewordenes Gefühlsleben, hat diese Entwicklung mit Hormonen zu tun, genauer gesagt mit Sexualhormonen. Sie sind in winzigsten Mengen mit dem Blutstrom durch den Körper in Umlauf. Hormone sind chemische Botenstoffe, die Informationen übermitteln und so Reifungsprozesse in Gang setzen und steuern.

Drahtzieher der Sexualität

Die rasante Entwicklung während der Pubertät beginnt im Kopf. Ein kleiner Bereich des Zwischenhirns, der **Hypothalamus** [3], beeinflusst die etwa erbsengroße Hirnanhangdrüse oder **Hypophyse** und veranlasst diese, Hormone auszuschütten. Dabei handelt es sich um das Follikel stimulierende Hormon FSH und das Luteinisierende Hormon LH, die bei beiden Geschlechtern gleichermaßen gebildet werden. Beide Hormone steuern von nun an die Tätigkeit der Hoden und der Eierstöcke und regen diese zur Bildung von Sexualhormonen an. Bei Jungen sind dies die so genannten Androgene, von denen das Testosteron die bedeutendste Rolle spielt. Es ist für die Entwicklung des männlichen Erscheinungsbildes verantwortlich, bei Mädchen sind es die Östrogene und das Progesteron. Hat die Menge der Sexualhormone im Blut eine bestimmte Konzentration erreicht, hemmen sie ihrerseits eine weitere Ausschüttung der entsprechenden Hypophysenhormone. Diese Art der Regelung bezeichnet man als **Regelkreis** [2], [269.5], die Form der Rückmeldung als **negative Rückkopplung**.

Zusammenspiel der Sexualhormone

Die Reifung des Follikels (Eibläschens) [4] steht unter dem Einfluss der beiden Hypophysenhormone FSH und LH. Der Follikel, in dem die Eizelle heranreift, bildet Östrogene, und zwar mit zunehmender Größe immer mehr. Diese bewirken ihrerseits, dass die Gebärmutterschleimhaut auf etwa die vierfache Dicke heranwächst. Gleichzeitig beeinflussen sie die FSH- und LH-Produktion in der Hypophyse. Bei einem ganz bestimmten Mengenverhältnis dieser beiden Hypophysenhormone kommt es zum Eisprung. Das Heranreifen der Eizelle und das Anwachsen der Gebärmutterschleimhaut dauern etwa 14 Tage – die Hälfte des monatlichen Zyklus. Nach dem Eisprung wandelt sich der aufgeplatzte Follikel zum Gelbkörper um. Dieser bildet nun das Gelbkörperhormon

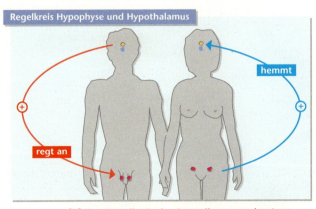

[2] *Der Regelkreis der Sexualhormone beginnt im Hypothalamus. Über die Hypophyse regt der Hypothalamus die Keimdrüsen an. Die Hormone der Keimdrüsen wirken wieder auf das Gehirn zurück.*

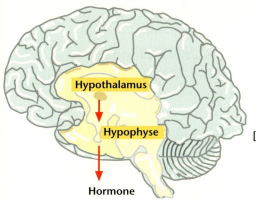

[3] Der Hypothalamus gibt den Anstoß zur Sexualität und sorgt dafür, dass die „Chemie" stimmt.

Merkmal

▶ Hormone sind körpereigene Wirkstoffe. Sie regulieren den Stoffwechsel und das Wachstum, die Entwicklung und die Gefühle.

▶ Sexualhormone werden im Eierstock und in den Hoden gebildet. Sie sind für das Wachstum, die geschlechtliche Entwicklung und die Fortpflanzung notwendig.

▶ Der Regelkreis der Sexualhormone beginnt und endet im Hypothalamus.

Denkmal

❶ Wie heißen die männlichen und wie die weiblichen Sexualhormone und wo werden sie gebildet?

❷ Welche Drüsen im Körper bilden außer den Eierstöcken und den Hoden ebenfalls Hormone, wie heißen sie und welche Aufgaben haben sie?

❸ Beschreibe mithilfe der Abbildung [4] wie Hormone den Auf- und Abbau der Gebärmutterschleimhaut ohne Schwangerschaft regeln.

Progesteron. Es bewirkt, dass die Gebärmutterschleimhaut weiter wächst und so auf die Einnistung eines Keims vorbereitet ist – falls es zur Befruchtung einer Eizelle gekommen sein sollte. Ist dies nicht der Fall, verkümmert der Gelbkörper. Die Progesteronproduktion versiegt allmählich, so dass schließlich die Gebärmutterschleimhaut abgestoßen und ausgeschieden wird. Man nennt diesen regelmäßig ablaufenden Vorgang **Menstruation**, **Monats-** oder **Regelblutung**.

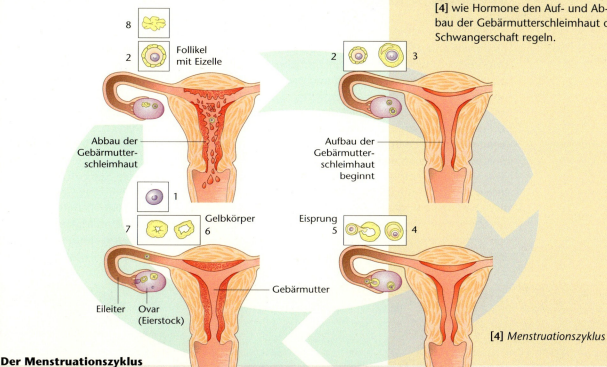

[4] Menstruationszyklus

Der Menstruationszyklus

Eine unbefruchtete Eizelle wird mit der abgestoßenen Gebärmutterschleimhaut ausgeschieden. Im Eierstock hat sich der Gelbkörper zurückgebildet. Ein Follikel entsteht, ein neuer Zyklus beginnt.

Der Follikel (Eibläschen) reift heran. Er wird größer, es bildet sich ein mit Flüssigkeit gefüllter Hohlraum. Die Gebärmutterschleimhaut ist nach der letzten Menstruation noch dünn.

Der Follikel nimmt weiter an Größe zu, wandert in Richtung Eileiter, platzt auf und entlässt die Eizelle in den Eileiter. Gleichzeitig wird die Gebärmutterschleimhaut wieder aufgebaut.

Das befruchtungsfähige Ei wandert durch den Eileiter in Richtung Gebärmutter. Der im Eierstock verbliebene Follikel bildet sich zum Gelbkörper um. Die Gebärmutterschleimhaut ist auf ihre maximale Dicke herangewachsen und so auf eine mögliche Schwangerschaft vorbereitet.

Geburt des Lebens

Trotz der Alltäglichkeit bleibt es immer noch ein Wunder, wie sich aus einer einzigen Zelle das komplizierte Wesen Mensch entwickelt.

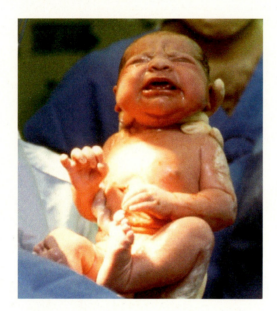

[1] *Entwicklung erfolgt immer nach den gleichen Regeln, jedoch mit einem einzigartigen Ergebnis.*

Das Thema liegt nun schon viele Jahre hinter uns und zugleich noch einige Zeit vor uns: unsere Entwicklung. Aus einer unscheinbaren, aber befruchteten Eizelle und nach unzähligen vielen Entwicklungsschritten sind wir zu dem geworden, was wir heute sind. Wir machen allmählich die ersten Erfahrungen mit Freundschaften, in denen auch sexuelle Gefühle an Bedeutung gewinnen. Sexualität, Vertrautheit und Geborgenheit zielen zunehmend auf eine gefestigtere Partnerschaft, die von gegenseitiger Achtung und Verantwortung getragen wird. In einer solchen Partnerschaft entsteht auch häufig der Wunsch, ein Kind zu haben.

Ein bestimmter Moment

Besonders günstig sind die Voraussetzungen für eine Zeugung, wenn zum Zeitpunkt des intimen Zusammenseins eine herangereifte Eizelle in den Eileiter gelangt. Die Spermienzellen erreichen mithilfe der schlängelnden Bewegungen ihres Schwanzfadens [3] das Ziel. Nur einer von mehreren Millionen Spermienzellen gelingt es, in die Eizelle einzudringen [4]. Diese bildet danach eine für alle anderen Spermien undurchdringbare Grenzschicht. Die Zellkerne der Eizelle und der Spermienzelle wandern aufeinander zu, verschmelzen und kombinieren so ihr Erbmaterial zu einem Programm, das von nun an die Entwicklung eines einzigartigen und unverwechselbaren Menschen in Gang setzt. Während der Wanderung durch den Eileiter teilt sich die befruchtete Eizelle [5] mehrfach und gelangt als mehrzelliges Klümpchen in die Gebärmutter. Die Zellen teilen sich weiter und bilden schließlich eine nahezu hohle Kugel, den Bläschenkeim [6],[9]. Nach etwa sechs Tagen nistet sich dieser in der Gebärmutterschleimhaut ein [7]. Am inneren Rand des Bläschenkeims bildet sich ein winziger Zellhaufen [10], aus dem später der Embryo selbst, die Nabelschnur, die Fruchtblase und der Dottersack entstehen. Die Gebärmutterschleimhaut und die Hüllzellen des Bläschenkeims entwickeln sich zum Mutterkuchen. Über ihn erfolgt die Versorgung des heranwachsenden Embryos.

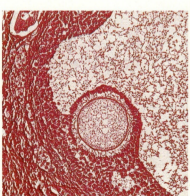

[2] *Noch reift die Eizelle im flüssigkeitsgefüllten Follikel heran.*

[3] *Im Eileiter leisten die Spermien heftige Arbeit gegen den Strom.*

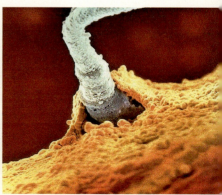

[4] *Nur eine von unzählige Spermien dringt in die Eizelle ein.*

Schwangerschaftschemie

Schon beim Einnisten beginnt der Bläschenkeim selbst, ein für die Schwangerschaft entscheidendes Hormon zu bilden. Dieses bewirkt, dass der Gelbkörper erhalten bleibt, um nun beständig Progesteron (Gelbkörperhormon) zu bilden. Das bewirkt den weiteren Aufbau der Gebärmutterschleimhaut. Die Regelblutung bleibt aus, das Heranreifen einer Eizelle wird verhindert und die „Versorgungseinheit" für den heranwachsenden Embryo ist gesichert [7].

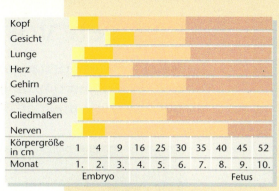

[8] Die Entwicklung der Organe

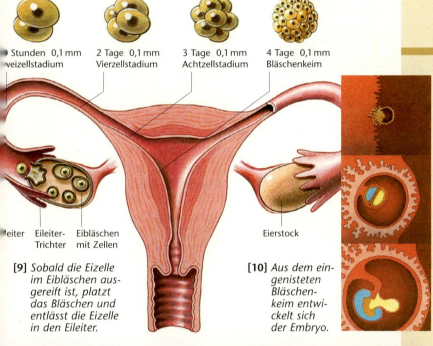

Stunden 0,1 mm
Zweizellstadium

2 Tage 0,1 mm
Vierzellstadium

3 Tage 0,1 mm
Achtzellstadium

4 Tage 0,1 mm
Bläschenkeim

Eileiter – Eileiter-Trichter – Eibläschen mit Zellen

Eierstock

[9] Sobald die Eizelle im Eibläschen ausgereift ist, platzt das Bläschen und entlässt die Eizelle in den Eileiter.

[10] Aus dem eingenisteten Bläschenkeim entwickelt sich der Embryo.

Merkmal

▶ Bis zur Ausbildung aller Organe des Ungeborenen spricht man vom Embryo (1.–8. Woche).

▶ Sobald alle Organe des Kindes entwickelt sind, spricht man vom Fetus (9.–40. Woche).

Denkmal

❶ Erkläre, warum der Bläschenkeim erst nach der Einnistung zu wachsen beginnt?

❷ Notiere die für eine Schwangerschaft wichtigen Hormone und beschreibe ihre Aufgabe.

❸ In Tierversuchen gelang es, die beiden Zellen des Zweizellstadiums künstlich voneinander zu trennen. Erkläre wie die beiden Zellen sich weiter entwickelt haben und begründe deine Meinung.

❹ Welche Aufgabe erfüllt der Gelbkörper vor und während der Schwangerschaft?

❺ Erkläre, warum immer nur ein Spermium eine Eizelle befruchten kann.

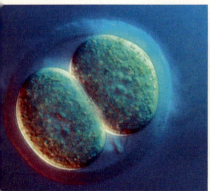

[5] Zweizellstadium – die Entwicklung ist in Gang gekommen.

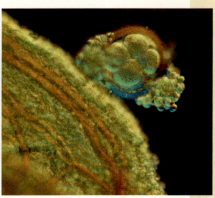

[6] Einnistung des Bläschenkeims in die Gebärmutter.

[7] Mit der Einnistung ist die Versorgung des Embryos gesichert.

Die Zeit vor dem Geburtstag

Neun Monate Schwangerschaft – eine Zeit der besonderen Umstände, der Sorge und Vorsorge, der Vorfreude und der Verantwortung.

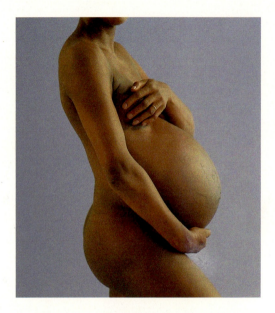

[1] *Rundherum glücklich*

Sobald sich der winzige Bläschenkeim in die Gebärmutterschleimhaut erfolgreich eingenistet hat, beginnt die Schwangerschaft. Der Körper der werdenden Mutter stellt sich nun auf das bevorstehende Ereignis ein. Spannungsgefühle in der Brust und das Ausbleiben der Menstruation sind erste Anzeichen dafür, dass die Entwicklung eines neuen Menschen begonnen hat. Das mit dem Urin ausgeschiedene Schwangerschaftshormon kann man mithilfe von Teststäbchen aus der Apotheke nachweisen. Endgültige Gewissheit bringt allerdings erst die Untersuchung beim Arzt.

Die Zeit einer ganz neuen Verbindung

Bevor ein Kind seinen Geburtstag hat, muss durchschnittlich 270 Tage lang jede Menge Entwicklungsarbeit geleistet werden. Der Gedanke schwanger zu sein, ist jedes mal etwas ganz Besonderes und so einzigartig wie der entstehende Mensch selbst. Eine Schwangerschaft ist auch immer mit einer großen Verantwortung verbunden, wenn es um einen guten Start für das neue Leben geht. Vorsorgeuntersuchungen, die von Anfang an regelmäßig durchgeführt werden, sind ein wichtiges Sicherheitsprogramm für Mutter und Kind. Ultraschallgeräte zählen heute zum wichtigsten Werkzeug, mit dem der Arzt das ungeborene Kind ohne Gefährdung „abtastet". Anhand der Bilder auf dem Monitor kann der Arzt das Kind bereits im Mutterleib auf „Herz und Nieren" untersuchen und feststellen, ob die Entwicklung des Kindes normal verläuft.

Eine Schranke, die trennt und verbindet

Der lebenswichtige Stoffaustausch von Kohlenstoffdioxid, Sauerstoff, Nähr- und Abfallstoffen zwischen Mutter und Kind erfolgt über die Plazenta (Mutterkuchen) [7], ohne dass es zu einer Vermischung des Blutes von Mutter und Kind kommt. Blutgefäße der Nabelschnur ragen in die Hohlräume, die

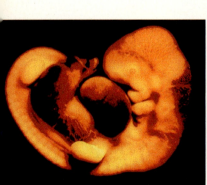

[2] 4. Woche: Die Anlagen für Gehirn und Rückgrat werden sichtbar. Der Embryo ist so groß wie ein Reiskorn.

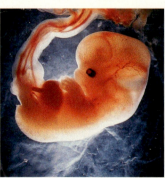

[3] 6. Woche: Die paddelförmigen Arm- und Beinknospen des Embryos werden sichtbar.

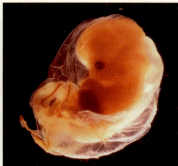

[4] 8. Woche: Augen, Hand und Finger sind deutlich zu erkennen.

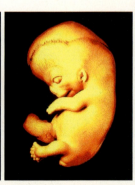

[5] 9. Woche: Der Fetus beginnt rasch zu wachsen. Jetzt hat er die Größe einer Kastanie.

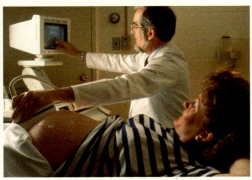

[6] *Mit Ultraschall macht man sich ein erstes Bild von seinem Kind.*

Merkmal

▶ Die Schwangerschaft beginnt mit dem Einnisten des Bläschenkeims in die Gebärmutterschleimhaut.

▶ Während der gesamten Schwangerschaft wird das Ungeborene über die Plazenta und die Nabelschnur mit allen lebenswichtigen Stoffen versorgt und von allen Abfallstoffen entsorgt.

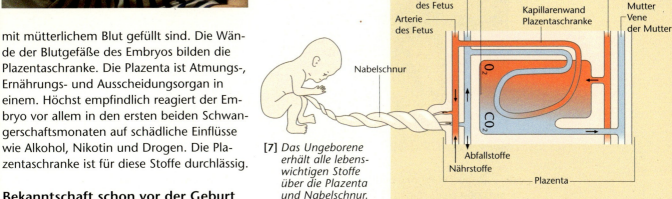

[7] *Das Ungeborene erhält alle lebenswichtigen Stoffe über die Plazenta und Nabelschnur.*

mit mütterlichem Blut gefüllt sind. Die Wände der Blutgefäße des Embryos bilden die Plazentaschranke. Die Plazenta ist Atmungs-, Ernährungs- und Ausscheidungsorgan in einem. Höchst empfindlich reagiert der Embryo vor allem in den ersten beiden Schwangerschaftsmonaten auf schädliche Einflüsse wie Alkohol, Nikotin und Drogen. Die Plazentaschranke ist für diese Stoffe durchlässig.

Bekanntschaft schon vor der Geburt

Behütet im nun dicker werdenden Mutterleib, bereitet sich das Kind auf seine Geburt vor. Obwohl nach knapp drei Monaten alle Organe entwickelt sind, tritt der Fetus nun in eine Phase dramatischen Wachstums ein. Im fünften Monat merkt die Mutter dann, wie aktiv ihr Kind geworden ist. Es macht sich durch spontane Bewegungen bemerkbar. Man weiß heute, dass es jetzt auch in der Lage ist, auf Signale aus der Außenwelt, wie laute Musik, Schreien, Stöße, Wärme, Kälte und Stress der Mutter zu reagieren und sich mit der Stimme seiner Mutter vertraut machen kann.

[8] *So wie dieser Wasserbeutel das Ei schützt, so schützt die mit Flüssigkeit gefüllte Plazenta den Fetus vor Druck und Stoß.*

Denkmal

❶ Nenne die ersten Anzeichen einer Schwangerschaft.

❷ Welche Möglichkeiten hat eine Frau, um festzustellen, dass sie schwanger ist?

❸ Worauf sollte eine Schwangere bei ihrer Lebensführung achten? Begründe deine Entscheidungen.

❹ Wertet Beipackzettel von Medikamenten auf Hinweise für Schwangere aus.

❺ Beschreibe die Funktionsweise der Plazentaschranke. Welche Bedeutung hat sie?

Ungeboren und schon süchtig!

Ernüchternd, ...

Nie wieder sind Mutter und Kind so eng miteinander verbunden wie während der Schwangerschaft und nie wieder ist das Kind so abhängig und betroffen von dem, was seine Mutter macht. Alkohol kennt keine Schranken und tritt ungehemmt in das Blut des ungeborenen Kindes über. Selbst geringe und regelmäßig getrunkene Mengen, die für Erwachsene völlig unschädlich sind, reichen aus, um die normale Entwicklung des Kindes schwerwiegend zu beeinträchtigen. Solche Kinder sind bei der Geburt meist kleiner und viel anfälliger für Krankheiten. In ihrer geistigen Entwicklung bleiben sie im Vergleich zu anderen Kindern deutlich zurück – ein Erbe, das aus der Flasche kommt und nichts mit Genen zu tun hat.

schmerzlich ...

Auch Arzneimittel und Drogen können den Fetus gefährden. Anfang der 60er Jahre unterbrach das „harmlose" Schlafmittel Contergan das Wachstum der Gliedmaßen, so dass diese Kinder mit verstümmelten Armen und Beinen geboren wurden.

... und atemberaubend

Mit jeder Zigarette gelangt Nikotin auch in den Körper des Kindes – es raucht unfreiwillig mit. Die zarten Blutgefäße verengen sich, und Zug um Zug wird ihm die Zufuhr von Sauerstoff und Nahrung erschwert.

Ein Kind macht Familie

Aus Partnern werden Eltern. Alles beginnt ein bisschen anders zu werden. Die Lebensumstände verändern sich, und eine neue Familie entsteht.

[2] *Bindungen wachsen durch Nähe und Zuverlässigkeit. Auch Väter stehen heutzutage ihren Mann.*

Schon während der Schwangerschaft wird den zukünftigen Eltern klar, dass einschneidende Veränderungen auf sie zukommen. Sie werden ein eigenes Kind haben. Nichts wird mehr sein, wie es einmal war. Vieles wird mit der Ankunft des Kindes das Leben neu gestalten und bereichern. Dennoch führt der Gedanke, Vater oder Mutter zu werden, bei beiden Partnern immer wieder zu Stimmungsschwankungen. Zweifelnde Fragen, ob es richtig war, gerade jetzt ein Kind zu bekommen, bestimmen diese Zeit ebenso wie Unsicherheiten im Hinblick auf die Verantwortung in der neuen Rolle als Mutter oder Vater. Neben diesen Ängsten kommen aber auch ein wenig Stolz und Vorfreude vor. Es ist schön, wenn es in dieser erwartungsvollen Zeit der Veränderungen den beiden Partnern gelingt, sich intensiv auszutauschen, sich stark zu machen und sich gegenseitig zu helfen, in die neue Rolle hineinzuwachsen. Die Natur gibt den zukünftigen Eltern vierzig Wochen Zeit dazu.

Der Anfang eines innigen Wechselspiels

Nach der Geburt ist der Säugling völlig auf die Pflege und Zuwendung seiner Eltern angewiesen. Das Neugeborene scheint von Anfang an ein ihm angeborenes Kontaktbedürfnis zu haben. Es verfügt offensichtlich über Verhaltensweisen, die gleich nach der Geburt die Mutter in besonderer Weise ansprechen. Viele Babys öffnen in der ersten Stunde nach der Geburt für längere Zeit ihre Augen, sie sind lebhafter und schlafen weniger als in den folgenden Stunden. Die Mütter erleben trotz der anstrengenden Geburt ein überwältigendes Glücksgefühl, wenn sie ihr Kind gleich danach in den Armen halten können und mit ihm die ersten Blicke tauschen. Man vermutet, dass diese frühe Wachphase ein angeborenes Verhalten ist, das der intensiven Bindung von Mutter und Kind dient. Für die Entwicklung einer festen Mutter-Kind-Beziehung sind das Lächeln, das Weinen und verschiedene Lautäußerungen des Kindes ebenso wichtig wie der intensive Blick- und Körperkontakt beim Stillen, Streicheln, Liebkosen und bei der Körperpflege.

Bezugspersonen – ein guter Start

Es ist ganz natürlich, dass sich die neuen Eltern am Anfang im Umgang mit ihrem Kind noch etwas unsicher fühlen. Beide haben jedoch Zeit zu lernen und mit den Bedürfnissen des Säuglings zunehmend besser zurechtzukommen. Heutzutage ist es außerdem nicht mehr ungewöhnlich, dass auch Väter einen Teil der Säuglingspflege übernehmen. Schon von Anfang an entwickelt sich durch den in-

[1] *Ein Kind wird geboren – eine Familie entsteht.*

[3] *Gemeinsam die Welt entdecken.*

tensiven Kontakt eine einzigartige Vertrautheit zu den Eltern. Offensichtlich reagieren sie instinktiv, aber ganz gezielt auf Signale, die vom Säugling ausgehen. Die innige Eltern-Kind-Beziehung vermittelt dem Säugling Geborgenheit und ein grundlegendes Vertrauen in seine Umwelt. Dieses Ur-Vertrauen ist ein unverzichtbarer Grundstein für die ganze spätere Entwicklung des Kindes. Es bestimmt entscheidend seinen Lebensmut, sein Selbstvertrauen und die Fähigkeit, mit anderen Menschen umzugehen, soziale Kontakte zu knüpfen und Freundschaften zu pflegen.

Kinder sind neugierig und erkunden ihre Umwelt spielerisch. Eltern müssen deshalb dafür sorgen, dass jedes Kind ein anregendes Lernumfeld hat, das mit entsprechenden Anreizen ausgestattet ist und das es aktiv erkunden kann und auch erkunden darf. Die Entdeckung einer Wasserpfütze gehört ebenso dazu wie die eine oder andere enttäuschende Erfahrung im Umgang mit den Spielgefährten.

Eltern sind sich ihrer Verantwortung bewusst. Sie bewältigen die Probleme des Alltags und geben dem Kind die nötige Geborgenheit und Zuwendung. Durch die gemeinsamen Erfahrungen bei der Erziehung des Kindes kann sich auch die Partnerschaft der Eltern weiterentwickeln und mit ihr die gegenseitige Zuneigung, Wertschätzung und Liebe vertiefen.

Merkmal

▶ Die Familie ist eine Gemeinschaft, die in der Regel aus den Eltern und ihrem Kind (ihren Kindern) besteht.

▶ Eine innige Eltern-Kind-Beziehung ist ein wichtiger Grundstein für die gesunde Entwicklung eines Kindes.

Denkmal

❶ Welche Verhaltensweisen zwischen Mutter und Kind sind für eine feste Beziehung der beiden wichtig?

❷ Welche Vorteile hat es, wenn man sein Baby stillen kann?

❸ Versucht herauszufinden, was man unter dem Begriff Baby Blues versteht.

❹ Welche Auswirkungen kann dieser Baby Blues haben und was kann man dagegen tun?

❺ Hurra – ein Wunschkind! Sammelt Veränderungen, die sich für ein Paar ergeben, wenn sie ein Kind bekommen.

❻ Es gibt unterschiedliche Familienformen wie z. B. die eheliche oder die nicht-eheliche, die Ein-Eltern-Familie, die Patchwork-Familie, die Pflegefamilie und viele mehr. Erstellt ein Wörterbuch in dem ihr diese und andere Familienformen auflistet und näher beschreibt.

❼ Kinder, die ohne direkte Bezugspersonen aufwachsen, haben schlechtere Startbedingungen. Welche Folgen kann das für diese Kinder haben?

[4] *Die Nöte der Kleinen finden oft lautstarken Ausdruck – Eltern brauchen dann gute Nerven, Geduld und Fantasie.*

Sich entwickeln — Ratgeber

Kinderwunsch

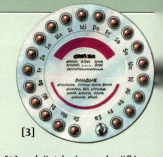
[3]

[1] *Haben die beiden daran gedacht?* [2]

Die **Pille** [3] gehört bei regelmäßiger Einnahme zu den sichersten Methoden. Sie verhindert, dass im Eierstock eine Eizelle heranreift. Durch die ständige Einnahme von Hormonen sind gesundheitliche Schäden nicht auszuschließen.

Der Frauenarzt setzt die **Spirale** [4] in die Gebärmutter ein, dort bleibt sie zwei bis drei Jahre. Die Spirale verhindert die Einnistung eines Bläschenkeims [281.6] in die Gebärmutterschleimhaut. Sie gehört zu den sichersten Verhütungsmitteln. Als Nebenwirkungen können verstärkte Regelblutungen und Entzündungen auftreten. [4]

[5]

Zäpfchen, **Sprays** und **Cremes** [5] enthalten Spermien abtötende Stoffe. Sie werden vor dem Geschlechtsverkehr in die Scheide eingeführt. Diese chemischen Verhütungsmittel allein gelten als nicht sicher.

[6]

Das **Diaphragma** [6] ist eine dünne Gummikappe, die vor dem Geschlechtsverkehr auf den Eingang der Gebärmutter gesetzt wird. Es verhindert, dass Spermien in die Gebärmutter eindringen. Nur zusammen mit Spermien abtötenden Mitteln ist das Diaphragma ein zuverlässiges Verhütungsmittel.

Vanessa und Christoph sind jetzt schon mehrere Monate zusammen und können sich ein Leben ohne den Anderen gar nicht mehr vorstellen. Immer zusammen sein, schmusen und das Heiß und Kalt bei ihren Berührungen sind deutliche Zeichen dafür, dass sie über beide Ohren ineinander „verknallt" sind. Als sie eines Tages allein in Christophs Zimmer sind, beginnt Christoph Vanessa zu streicheln. Er öffnet langsam ihre Bluse und berührt sie ganz zärtlich an ihren Brüsten. Auch Vanessa erwidert seine Zärtlichkeiten und gibt ihm zu verstehen, dass auch sie mit ihm schlafen möchte.

Damit es traumhaft bleibt
Trotz aller Gefühle behalten Vanessa und Christoph einen klaren Kopf. Sie sprechen darüber, wie sie eine ungewollte Schwangerschaft verhindern können. Christoph, der schon länger das Bedürfnis hatte, mit Vanessa zu schlafen, deponierte vor einigen Wochen für alle Fälle Kondome in einer Schublade. Um im Ernstfall keinen Fehler zu machen, hat er schon einmal, als er alleine war, geübt, ein Kondom überzuziehen. Für dieses Mal entscheiden sich die beiden für das Kondom. Um in Zukunft ein Verhütungsmittel zu finden, das zu ihnen passt und mit dem sie sich gut fühlen, wollen sie sich beim Frauenarzt über die Vor- und Nachteile der verschiedenen Verhütungsmethoden und -mittel informieren.

Verhütungsmittel – aufpassen allein reicht nicht
Eine ungewollte Schwangerschaft möchte wohl niemand riskieren. Gerade deshalb sollte das Thema Verhütung nicht peinlich oder gar unromantisch sein und schon gar nicht sollte es einfach verdrängt werden.

Das **Kondom** [2] ist das einzige Verhütungsmittel für den Mann. Es besteht aus einer dünnen Gummihaut, die über das steife Glied gestreift wird und so die Samenflüssigkeit auffängt. Es schützt bei richtiger Anwendung nicht nur vor einer Schwangerschaft, sondern auch vor AIDS und anderen ansteckenden Geschlechtskrankheiten.

[7]

Anhand der **Temperaturkurve** [7] während eines Menstruationszyklus kann man ablesen, wann ungefähr der Eisprung erfolgte. Da der Monatszyklus einer Frau stark schwanken kann, ist diese Methode sehr unsicher. Außerdem ist die Lebensdauer der Spermien so unterschiedlich, dass eine spätere Befruchtung nicht ausgeschlossen werden kann.

Ungewollt kinderlos

Sabine und Bernd sind seit fünf Jahren verheiratet und immer noch ungewollt kinderlos. In der so genannten Kinderwunsch-Sprechstunde suchen sie Rat.

In ausführlichen Gesprächen werden zuerst alle äußeren Ursachen ausgeschlossen, die eine Schwangerschaft verhindern könnten. Danach findet eine Untersuchung der Geschlechtsorgane statt. Manchmal kann es vorkommen, dass die Beweglichkeit der Spermien eingeschränkt ist oder die Eileiter verklebt und somit unpassierbar sind.

Künstliche Befruchtung

Lässt sich ausschließen, dass auf natürlichem Wege eine Schwangerschaft nicht möglich ist, entschließen sich viele Paare zu einer künstlichen Befruchtung. Dazu entnimmt der Arzt Eizellen aus dem Eierstock, nachdem er vorher die Eierstöcke durch eine Hormonbehandlung angeregt hatte, mehrere Eizellen gleichzeitig reifen zu lassen. Mithilfe eines kleinen operativen Eingriffs saugt der Arzt die reifen Eizellen ab und gibt sie in eine Nährlösung. Dort bringt er sie mit den Spermien des Mannes zusammen. Man spricht bei dieser Methode der künstlichen Befruchtung auch von „**In-Vitro-Fertilisation**" [8]. Nach der Befruchtung teilen sich die Eizellen und es entstehen mehrzellige Keime. Eine Veränderung der Erbanlagen, wie dies mit den Methoden der Gentechnik möglich ist, findet dabei nicht statt.

Trotzdem bleiben rechtliche, ethische und religiöse Bedenken, z. B. wenn es um die Frage geht, was mit den restlichen Embryonen passieren soll. Das Gesetz zum Schutz von Embryonen regelt die Anwendung der künstlichen Befruchtung, so genannter **Reproduktionstechniken**. Damit kann jedem einzelnen jedoch nicht die Verantwortung für seine Entscheidung abgenommen werden.

Über die Frage, inwieweit man die Empfängnis und somit die Schwangerschaft in irgendeiner Form beeinflussen darf, gibt es in unserer Gesellschaft ganz verschiedene Auffassungen, die recht heftig und auch ganz gegensätzlich diskutiert werden.

Denkmal

❶ Mit welchen Maßnahmen kann man sich vor einer Ansteckung mit einer Geschlechtskrankheit schützen?

❷ AIDS ist ebenfalls eine Krankheit, die auf sexuellem Weg übertragen werden kann. Allerdings kann man sich auch auf andere Weise anstecken. Informiert euch über die Ansteckungswege dieser Immunschwächekrankheit.

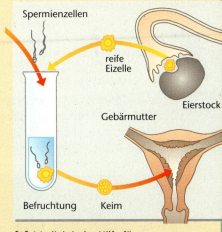

[8] *Medizinische Hilfe für ein Wunschkind – die In-Vitro-Fertilisation*

Geschlechtskrankheiten

Tripper, oder auch **Gonorrhoe** genannt, ist die am weitesten verbreitete Geschlechtskrankheit. Sie wird durch Bakterien übertragen. Etwa zehn Tage nach der Ansteckung verspüren Männer beim Wasserlassen einen Juckreiz und ein unangenehmes Brennen. Bei Frauen entzünden sich die Drüsen des Gebärmutterhalses, was einen gelblich-grünen Ausfluss zur Folge hat. Wird der Tripper nicht behandelt, kann er sowohl bei Männern als auch bei Frauen zu Unfruchtbarkeit führen.

Neben dem Tripper wird auch **Syphilis** von Bakterien übertragen. Diese bleiben ungefähr drei Wochen lang an der Stelle, wo sie eingedrungen sind und bilden dort ein schmerzliches Geschwür. Das Geschwür, das mit Erregern gefüllt ist, platzt. Die Bakterien gelangen in Lymph- und Blutbahnen. Nach etwa 45 Tagen macht sich ein nässender Hautausschlag bemerkbar. Durch die Erkrankung kann es zu Schäden im Herz-Kreislauf- und Nervensystem kommen.

Lebenswege

[1] *In einem Beratungsgespräch erfahren werdende Mütter Unterstützung.*

[2] *Die erste Babyklappe weltweit wurde 1999 eingerichtet.*

Eine Schwangerschaft kann Glück, Freude und Hoffnung auslösen. Sie kann aber auch Sorge, Angst und Unsicherheit zur Folge haben. Man steht vor der Herausforderung, seine Lebensplanung zu überdenken und neu zu gestalten.

Plötzlich ist alles anders
„Beim ersten Mal passiert schon nichts", hofften die beiden. Aber es passierte, einfach so, ganz ungeplant. Zwei Wochen später stellte Sandra fest, dass ihre Regelblutung ausblieb. Zuerst wunderte sie sich nicht darüber, denn ihre Tage kamen sowieso nie regelmäßig. Doch als noch eine Woche vergangen war, machte sie sich doch langsam Sorgen. War doch etwas passiert? Sandra schämte sich, zum Frauenarzt zu gehen. Sie besorgte sich in der Apotheke einen Schwangerschaftstest zum Selbermachen. Ihre Befürchtungen bestätigten sich. Sandra war schwanger. Zuerst konnte sie es gar nicht glauben, und dann ging in ihrem Kopf alles durcheinander. In ihrem Bauch wuchs ein Kind heran. War sie jetzt eine richtige Frau? Auf der einen Seite wäre es ja schön, mit ihrem Freund eine Familie zu gründen, aber sie sind doch noch so jung. Was würde aus der Schule? Sind sie schon in der Lage, ein Kind zu erziehen? Sandra musste mit ihrem Freund reden. Er war der einzige, dem sie sich anvertrauen konnte.

Ein Paragraph und viele Fragezeichen
Immer wieder kommt es zu ungewollten Schwangerschaften. Dies bedeutet in vielen Fällen eine große Belastung für die Partner, vor allem für die werdende Mutter. Ungewollte Schwangerschaften hat es wohl schon immer gegeben. Ebenso der Versuch, sie zu beenden. Ein Schwangerschaftsabbruch bedeutet, dass der Embryo durch einen ärztlichen Eingriff entfernt wird. Dieser Eingriff wird auch Abtreibung genannt. Die Frage, unter welchen Umständen ein Schwangerschaftsabbruch erlaubt sein soll, ist heftig umstritten. Unser Staat hat sich im Grundgesetz verpflichtet, Leben zu schützen. Die Bedingungen für einen Schwangerschaftsabbruch sind im § 218 des Strafgesetzbuches geregelt.

§ 218 und was drinsteht
Die gesetzlichen Bestimmungen für einen legalen Schwangerschaftsabbruch, auch Indikationen genannt, sind wie folgt festgelegt:

Medizinische Indikation: Diese Indikation liegt vor, wenn die Schwangerschaft eine Gefahr für die Gesundheit oder das Leben der Schwangeren darstellt. Der Abbruch ist in diesem Falle jederzeit möglich.

Kriminologische Indikation: Hierunter fallen Schwangerschaften, die auf Grund einer Vergewaltigung zustande gekommen sind.

Soziale Indikation: Die soziale Lage der Schwangeren muss auf Grund familiärer oder wirtschaftlicher Umstände so schwerwiegend und belastend sein, dass die Fortsetzung der Schwangerschaft unzumutbar wäre.

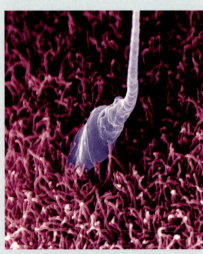

[3] *„Beginnt jetzt das neue Leben?" – Eine Streitfrage, die besonders heftig diskutiert wird.*

[4] Familienglück kennt keine Grenzen.

[5] Gibt es das „Idealalter" um Eltern zu werden?

Die gesetzliche Regelung schreibt in jedem Fall eine Beratung [1] vor. Dieses Gespräch soll dazu ermutigen, die Schwangerschaft fortzusetzen und mögliche Wege für ein Leben mit dem Kind aufzeigen.

Entscheidung für das Leben

Immer wieder kommt es vor, dass sich Frauen durch eine Schwangerschaft und deren Folgen völlig überfordert fühlen. Manche sehen sich gezwungen ihre Schwangerschaft vor ihren Mitmenschen zu verbergen. Verzichtet eine Frau auf einen Schwangerschaftsabbruch, weiß jedoch, dass sie sich nach der Geburt nicht um ihr Kind kümmern kann, bietet eine „Babyklappe" [2] die Möglichkeit für Mütter in Not, ihren Säugling anonym in verantwortungsvolle Hände abgeben zu können.

Eine weitere Möglichkeit bietet die Freigabe des Kindes zur Adoption [4]. Hat sich die werdende Mutter zu diesem Schritt entschlossen, kann sie sich an die Adoptionsvermittlung des Jugendamtes wenden. Viele kinderlose Paare, die auf normalem Wege kein eigenes Baby bekommen können, bemühen sich um eine Adoption. Es ist ihr sehnlichster Wunsch mit einem adoptierten Kind eine Familie zu gründen. Nachdem sich ein Paar beim zuständigen Jugendamt gemeldet hat und als Bewerber akzeptiert wurde, beginnt das Vermittlungsverfahren.

Denkmal

❶ Versucht euch in die Lage von Sandra zu versetzen. Von wem könnte sie Unterstützung bekommen?

❷ Diskutiert die verschiedenen Möglichkeiten bei einer ungewollten Schwangerschaft.

❸ Wenn du nicht das Vertrauen hast, dich einer dir nahestehenden Person anzuvertrauen, gibt es Beratungsstellen, die dir bei einer ungewollten Schwangerschaft weiterhelfen. Erkundige dich an deinem Ort, wo es solche Beratungsstellen gibt.

❹ Welche Gründe sprechen für einen Schwangerschaftsabbruch, welche sprechen dagegen?

[6] *Die Richter des Bundesverfassungsgerichts wachen über die Einhaltung des Grundgesetzes. Moralische Entscheidungen können sie einer Frau aber nicht abnehmen.*

„Grenzverletzungen"

„Mädchen zieren sich doch gerne. Wenn eine Frau nein sagt, dann meint sie eigentlich ja." So oder so ähnlich klingen viele besonders hartnäckige Vorurteile, die deutlich machen, dass Sexualität oder das, was so manche Zeitgenossen darunter verstehen, auch lästig ist. Der Unterschied zwischen einem ehrlich gemeinten Flirtversuch und dem, was man schlichtweg als sexuelle Belästigung bezeichnet, ist dabei ziemlich klar. Wenn anzügliche Bemerkungen nichts anderes als blöde Anmache sind und zudem „unter die Gürtellinie" zielen, sind die Grenzen ganz eindeutig verletzt. Die in süßlich-schmierigem Unterton vorgetragenen Komplimente, das als unangenehm empfundene „auf die Pelle rücken" oder gar die grapschenden Handgreiflichkeiten braucht sich niemand gefallen zu lassen. Vielleicht sucht ihr gemeinsam nach Möglichkeiten, was in solchen Situationen zu unternehmen ist.

Wenn schwere Hanteln und Gewichte auf und ab gestemmt werden, kann das nur deshalb geschehen, weil Muskeln erstaunliche Kräfte entwickeln. Kräfte wirken auch dort, wo wir dies auf den ersten Blick gar nicht wahrnehmen. Der elastisch gebogene Stab des Stabhochspringers zeigt ebenso wie das luftige Wendemanöver des Skateboarders, dass auch dann Kräfte wirksam werden, wenn nur der Absprung kraftvoll und der Anlauf rasant genug waren. Brechen zarte Pflänzchen aus undurchdringbar erscheinendem Asphalt hervor, sind gewaltige Kräfte im Spiel. Winzige Blattschneiderameisen schleppen scheinbar mühelos und unermüdlich ein Vielfaches ihres eigenen Körpergewichts als Futter und Baumaterial in ihre Nester. Überall dort, wo Dinge transportiert, gehoben, gesenkt, durchstoßen oder kurz gesagt, bewegt werden, steckt eine Kraft dahinter, die dies bewirkt.

Wo immer sich Kräfte entfalten, wird gearbeitet, ganz gleich, wie unterschiedlich diese Arbeit auch aussehen mag. Hinter jeder Kraft steckt Energie, die für den entsprechenden Antrieb sorgt. Selbst unscheinbares Spielzeug ist nur dann zum Arbeiten zu bewegen, wenn zuvor die Feder aufgezogen wurde.

11 Energie

Kraftakte sind ganz verschieden

Kräfte sind unsichtbar.
Nur an dem, was sie bewirken,
kann man sie erkennen.

Beim Sportfest der Schule stehen Langstreckenlauf, Weitwurf und Schwimmen auf dem Programm. Nicht jeder erbringt in jeder dieser drei Disziplinen Spitzenleistungen. So verschieden sportliche Leistungen auch sein mögen, sie sind allesamt anstrengend, und große Kräfte sind im Spiel.

Sport ist ganz schön kraftvoll

Kletterer klammern sich an die kleinen Vorsprünge der Wand [1]. Ihre Finger und Fußsohlen scheinen mit dem Untergrund regelrecht verwachsen zu sein. Jedenfalls halten sie ihr ganzes Gewicht. Allein mit der Kraft ihrer Muskeln gelingt es ihnen schließlich, langsam an Höhe zu gewinnen.

Muskelkraft spielt bei der Mannschaft des Viererbobs [6] eine große Rolle, weil der Schlitten zunächst einmal kräftig angeschoben werden muss. Drei Fahrer springen fast gleichzeitig auf die Plätze, während der Bremser dem Gefährt nachspurtet, als hätte er den Einstieg verpasst. In Wirklichkeit beschleunigt er es mit voller Kraft, bis auch er sich hinter die anderen Fahrer duckt. Der Schlitten wird auf der abschüssigen Bahn aufgrund seiner **Gewichtskraft** und der geringen **Reibungskraft** immer schneller. In den Kurven, wenn das Gefährt die Wand des Eiskanals beängstigend weit emporgetragen wird, spüren die Fahrer die enorme **Fliehkraft**, die sie in die Sitze presst.

[1] *Die Anziehungskraft der Erde zieht nach unten, dank der Muskelkraft geht es trotzdem aufwärts.*

Kräfte wirken überall, nur unterschiedlich. Die Maschinen der Moto-Cross-Fahrer [2] bäumen sich auf, wenn die Kraft ihrer Motoren sie rasant beschleunigt. Der Weitspringer [3] verformt bei der Landung den Sand und hinterlässt eine tiefe Spur in der Sandgrube. Das Trampolin [4] entfaltet unter dem wiederholt einwirkenden Körpergewicht der Trampolinspringerin enorme **Spannkraft** und beschleunigt sie zu eleganten Sprüngen. Der Karatekämpfer [5] bringt mit seiner Handkante die geballte Kraft auf einen Punkt und zerschlägt Holzbretter.

[2]–[5] *Kräfte können etwas bewegen oder verformen.*

[6] Hier sorgt die Gewichtskraft für den Antrieb. Die geringe Reibungskraft lässt eine schnelle Fahrt zu.

Merkmal

▶ Kräfte sind unsichtbar. Man kann sie an ihren Wirkungen erkennen.

▶ Kräfte können für Bewegung sorgen. Sie beschleunigen, bremsen ab oder verändern die Richtung eines Körpers.

▶ Kräfte können Körper dauerhaft oder auch nur vorübergehend verformen.

Kräfte bewegen und verformen

Muskeln, Motoren oder die Erdanziehung sind die Ursache für ganz verschiedene Kräfte. Ganz gleich, welche Kräfte unsere Bewunderung hervorrufen, sie sind allesamt unsichtbar. Nur ihre Wirkungen, die sie auf einen Körper ausüben, kann man erkennen. Wenn etwas beschleunigt, abgebremst oder seine Richtung verändert wurde, sind Kräfte wirksam geworden [7], [10]. Nicht jede Kraft verändert die Bewegung eines Körpers. Eine Kraft kann auch einen Körper vorübergehend oder dauerhaft verformen [8], [9].

Denkmal

❶ Sehr häufig hören wir Begriffe wie Waschkraft, Sehkraft, Entschlusskraft oder Einbildungskraft. Sie klingen zwar auch ziemlich „kräftig", haben aber mit den physikalischen Kräften dieser Seite überhaupt nichts gemeinsam. Diese Behauptung kannst du sicherlich leicht begründen.

❷ Notiere die Kräfte, die auf dieser Seite genannt werden, und finde weitere Beispiele dazu.

❸ Welche Kräfte zeigen bei folgenden Vorgängen Wirkung?
• Ein Pizzabäcker knetet den Teig.
• Ein Zug fährt durch die Kurve.
• Ein Schlitten wird bergauf gezogen.
• Ein Kunstspringer wippt auf dem Sprungbrett.
• Ein Apfel löst sich vom Zweig und fällt zu Boden.
• Ein Flugzeug zieht seine Bahn über den Wolken.

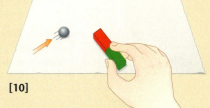

[7] [8] [9] [10]

Versuche

1 Setze ein Spielzeugauto auf deinem Tisch in Bewegung. Welche Kräfte kannst du nutzen? Denke daran, der Phantasie sind keine Grenzen gesetzt.

2 Ein Spielzeugauto rollt eine Rampe hinunter [7]. Beobachte seine Fahrt. Führe den Versuch auf einem Holztisch, auf einem Teppich bzw. Teppichboden und einem Steinboden durch.
Erkläre deine Beobachtungen. Welche Kräfte spielen eine Rolle?

3 Kräfte können Gegenstände kurzzeitig verformen. Drücke mit deiner Hand kurz auf einen aufgeblasenen Luftballon und auf einen Fußball [8]. Beobachte und erkläre!

4 Knetmasse, ein Holzbrett, eine Stativstange und ein Tonnenfuß stehen dir zur Verfügung [9]. Plane einen Versuch, mit dessen Hilfe du die dauerhafte Verformung von Körpern untersuchen kannst. Wirkt sich die Länge der Stativstange auf die Versuchsergebnisse aus?

5 Rolle einen Medizinball. Er soll eine möglichst hohe Geschwindigkeit bekommen. Bremse den Ball dann wieder ab. Was fällt dir auf?

6 Lasse eine Stahlkugel an einem Stabmagneten vorbeirollen [10]. Beobachte, beschreibe und erkläre!

Kraft, Arbeit, Energie

Eine Kraft, der niemand entgeht

Die Gewichtskraft eines Körpers wird durch die Erdanziehung verursacht, mit Schraubenfedern gemessen und in Newton angegeben.

[1] *Der Freefall-Tower wird zusätzlich von einer Maschine beschleunigt. Dadurch geht die Fahrt in den Abgrund noch schneller als der natürliche freie Fall.*

Im Freefall-Tower [1] kannst du das prickelnde Gefühl des freien Falls erleben. Ein bisschen Angst haben alle vor dem Sturz in die Tiefe: Was nicht festgehalten oder abgebremst wird, fällt unweigerlich auf den Erdboden, bis es aufschlägt.

Was einem auf der Gartenbank so alles einfällt

Als der englische Naturwissenschaftler Isaac Newton von seiner Gartenbank aus einen Apfel vom Baum herunterfallen sah, war dies der Anfang interessanter Forschungen. Er fand heraus, dass Körper sich mit einer unsichtbaren Kraft gegenseitig anziehen. Newton nannte diese Kraft **Massenanziehungskraft** oder **Gravitation**. Er fand weiter heraus, dass diese Kraft nicht nur zwischen Planeten, sondern zwischen allen Körpern besteht. Die Größe der Anziehungskraft hängt dabei allein von der Masse der Körper ab.

Die Erde hat alles fest im Griff

Große Sprünge wären manchmal zwar schön, aber genau betrachtet ist es ja ganz beruhigend zu wissen, dass man von der Erdkugel nicht einfach so abheben kann. Dass wir immer schön auf dem Boden bleiben, verdanken wir unserem Gewicht, genauer gesagt unserer **Gewichtskraft**, die auf die Erde wirkt [4]. Und nur wegen ihr ist es manchmal ein bisschen anstrengend, Lasten zu tragen oder sich selbst am Reck aufzuschwingen.

Federn dehnen sich nicht von allein

Die Frage, wie viel eine Tüte Mehl wiegt, könnte man auch ganz anders stellen. Dann müsste man nach der Gewichtskraft fragen, mit der diese Dinge von der Erde angezogen werden. Gewichtskräfte vergleicht man mit der Spannkraft von Schraubenfedern [3]. Solche „Mini-Expander" heißen auch **Kraftmesser**. Dehnen sich gleiche Schraubenfedern gleich weit, dann sind auch die Kräfte gleich groß. Dabei dehnt eine doppelte Kraft die Feder um das Doppelte und eine dreifache Kraft um das Dreifache.

[2] *Material für Versuch 1*

Versuche

1 Weise mit einer Versuchsreihe folgende Behauptung nach: Eine Feder dehnt sich bei doppelter Masse um das Doppelte, bei dreifacher Masse um das Dreifache usw. aus.
Du hast Stativmaterial, eine Schraubenfeder und fünf 50-Gramm-Massestücke zur Verfügung [2]. Zeichne den Versuchsaufbau und fertige ein Versuchsprotokoll an.

2 Bestimme die Gewichtskraft einer Packung Zucker, einer Packung Butter und einer Tafel Schokolade.

3 Karl behauptet, er könne aus einem Expander einen Kraftmesser bauen. Plane einen geeigneten Versuch mit einem Expander und bestimme die Muskelkraft deiner Mitschüler.

[3] Verschiedene Federn werden von der gleichen Gewichtskraft unterschiedlich gedehnt.

Merkmal

▶ Körper werden von der Erde angezogen, sie üben eine Gewichtskraft aus.

▶ Die Gewichtskraft eines Körpers hängt von der Masse des Planeten ab und ist damit von Planet zu Planet verschieden.

▶ Kräfte werden mithilfe von Schraubenfedern, so genannten Kraftmessern, gemessen.

▶ Die Masse eines Körpers ist überall gleich.

▶ Die Einheit der Kraft ist 1 Newton (1 N)

[4] Die Gewichtskraft aller Körper auf der Erde wirkt in Richtung Erdmittelpunkt.

Die Gewichtskraft ist nicht überall gleich

Auf dem Mond haben alle Körper nur ein Sechstel der Gewichtskraft im Vergleich zur Erde, auf dem riesigen Planeten Jupiter dagegen die dreifache Gewichtskraft. Die Gewichtskraft hängt von der Masse der Himmelskörper ab. Je weiter sich Raumfahrzeuge von der Erde entfernen, desto geringer wird ihre Gewichtskraft. In einer Höhe von 14 000 km beträgt sie nur noch ein Zehntel der Gewichtskraft auf dem Erdboden.

Die Gewichtskraft ist also abhängig vom Ort, an dem sich ein Körper befindet. Seine Masse bleibt jedoch überall gleich.

Denkmal

❶ Berechne, mit welcher Gewichtskraft du auf der Erde, auf dem Mond oder auf dem Jupiter angezogen wirst.

❷ Die Erde ist an den beiden Polen abgeplattet. Wo zeigt eine Federwaage bei gleicher Masse eine größere Gewichtskraft, an den Polen oder am Äquator?

❸ Erkläre in wenigen Sätzen, weshalb jeder Erdenbewohner „oben" und keiner „unten" wohnt.

Einheit der Kraft

Die Einheit für die Gewichtskraft wird zu Ehren des englischen Naturforschers „Newton" genannt. Die Gewichtskraft einer Masse von 100 Gramm beträgt auf der Erde ungefähr 1 Newton (1 N). Die Gewichtskraft von 1 kg ist ca. 10 N.

Einheit der Kraft F:

1 Newton (1 N)

1 000 N = 1 kN (Kilonewton)

0,01 N = 1 cN (Zentinewton)

10 N

2,5 N

1 N

[5] Die Gewichtskraft auf der Erde hängt von der Masse ab.

Vom Spiel der Kräfte

Pfeile sind richtungsweisend. Sie stellen zudem die Größe einer Kraft dar und zeigen den Punkt, an dem sie angreift.

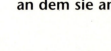

[1]

Höhepunkt der Bundesjugendspiele ist das Kräftemessen beim Tauziehen. Die beiden Mannschaften stehen einander gegenüber und warten gespannt auf das Startzeichen. Das Seil strafft sich ruckartig, und die Wettkämpfer legen sich mächtig ins Zeug.

Mit vereinten Kräften

Trotz aller Kraftanstrengung bewegt sich das Seil zunächst weder in die eine noch in die andere Richtung. An beiden Seilenden wirken jeweils die vereinten Kräfte der einzelnen Mannschaftsmitglieder. Die Kräfte auf beiden Seiten sind gleich groß. Wenn zwei gleich große Kräfte genau die entgegengesetzte Richtung haben, heben sich ihre Wirkungen auf. Man sagt, es besteht ein **Kräftegleichgewicht** [1]. Dabei zählt man die **Teilkräfte** zu einer **Gesamtkraft** zusammen.

Kräfte im Ungleichgewicht

Das kleine Missgeschick eines Schülers führt schließlich die Entscheidung herbei. Er rutscht aus und lässt für einen Augenblick das Seil aus den Händen gleiten. Die gesamte Kraft seiner Mannschaft ist um eine Teilkraft, nämlich seinen Beitrag, geringer geworden. Deshalb ist ein Ungleichgewicht der Kräfte entstanden. Bei verschieden großen Kräften, die in entgegengesetzte Richtung wirken, wird die kleinere Kraft von der größeren Kraft abgezogen [3]. Die Kraft der Sieger ist um genau diese Differenz größer.

Kraftpfeile

Kräfte werden mit Pfeilen dargestellt [2], [3]. Die Pfeilspitze zeigt die Richtung der Kraft an, in die sie wirkt. Die Länge des Pfeils entspricht der Größe der wirkenden Kraft. Je länger also der Pfeil ist, desto größer ist die Kraft und umgekehrt. Kräfte werden mit dem Formelzeichen F abgekürzt (englisch: force). Wirken auf einen Körper mehrere Kräfte, so kann man diese zu einer Gesamtkraft oder **resultierenden Kraft** zusammensetzen, die sich aus den Einzelkräften ergibt.

F_W = Kraft des Windes
F_M = Muskelkraft der Radfahrerin
F_R = Aus den Einzelkräften sich ergebende Gesamtkraft (resultierende Kraft)

[2] Wirken verschiedene Kräfte entlang einer Linie in die gleiche Richtung, so addiert man die Kraftpfeile der Einzelkräfte zeichnerisch zu einem resultierenden Kraftpfeil. Seine Länge entspricht der Gesamtkraft.

[3] Wirken verschiedene Kräfte entlang einer Linie in die entgegengesetzte Richtung, so wird die Gesamtkraft als Differenz der Einzelkräfte mit Kraftpfeilen dargestellt.

Projekt-Tipp: Kräfte im Sport

1 Wirf einen Speer auf dem Sportplatz. *(Achte darauf, dass keine Personen in deiner Wurfrichtung stehen!)*
Verändere dabei Folgendes:
- Größe der Kraft: schwach – mittel – stark,
- Richtung der Kraft: flach nach oben – im Winkel von ca. 45° nach oben – steil nach oben,
- Angriffspunkt: Speerspitze – Speermitte – Speerende.

Miss mit einem Maßband, wie weit du jeweils geworfen hast. Trage deine Beobachtungen und Ergebnisse in eine Tabelle ein.

2 Veranstaltet im Sportunterricht einen Tauzieh-Wettbewerb. Stellt zwei Mannschaften so zusammen, dass sich die beiden Gesamtkräfte gegenseitig aufheben.
Könnt ihr für jeden Teilnehmer einen passenden Kraftpfeil zeichnen?

[4] Für die Wirkung einer Kraft sind ihr Angriffspunkt, ihre Richtung und ihre Größe entscheidend.

Angriffspunkte

Entscheidend für die Wirkung einer Kraft sind allerdings nicht nur ihre Größe und die Richtung, in die sie wirkt, sondern auch der Punkt, an dem sie ansetzt bzw. angreift. Beim Tauziehen liegt dieser **Angriffspunkt** am Seil. Die Speerwerferin umfasst den Speer ungefähr in der Mitte [4]. Genau dort befindet sich der Angriffspunkt der Kraft, mit der der Speer abgestoßen wird. Der Kraftpfeil zeigt in die Richtung der wirkenden Kraft, also zur Speerspitze hin. Die Länge dieses Pfeils hängt von der Wurfkraft der Athletin ab.

[5] Zu diesem unfreiwilligen „Spaziergang" kommt es, weil die Kräfte, die in entgegengesetzter Richtung wirken, unterschiedlich groß sind.

Kräfteparallelogramm

Häufig kommt es vor, dass zwei Kräfte weder genau in die gleiche Richtung noch genau entgegengesetzt wirken, z. B. bei Seitenwind auf dem Fahrrad. In diesem Fall kann man mithilfe eines **Kräfteparallelogramms** [6] die Gesamtkraft ermitteln. Die Diagonale des Parallelogramms entspricht der Gesamtkraft.

Merkmal

▶ Teilkräfte, die in die gleiche Richtung wirken, zählt man zusammen. Die Gesamtkraft ist die Summe der Teilkräfte.

▶ Teilkräfte, die in entgegengesetzte Richtungen wirken, zieht man voneinander ab. Die Gesamtkraft ist die Differenz der Teilkräfte.

▶ Größe, Richtung und Angriffspunkt von Kräften werden mithilfe von Pfeilen dargestellt.

Denkmal

❶ Es ist völlig klar, dass sich ein schwerer Gegenstand von mehreren Personen leichter tragen lässt als allein. Warum eigentlich ist das so? Schreibe eine Erklärung auf. Die Stichworte „Gewichtskraft" und „Teilkraft" sollten darin vorkommen.

❷ Muss die Auftriebskraft größer oder kleiner sein als die Gewichtskraft, wenn ein Flugzeug
a) zur Landung ansetzt?
b) Höhe gewinnt?

❸ Ein Güterzug wird auf einer Bergstrecke von zwei Lokomotiven gezogen. Die Kräfte ihrer Motoren wirken in die gleiche Richtung und ergänzen sich. Fertige eine einfache Zeichnung zu diesem Sachverhalt und stelle die vereinte Kraft der zwei Lokomotiven durch ein Pfeilbild dar.

❹ Zwei Mannschaften mit jeweils fünf gleich starken Schülern treten beim Tauziehen gegeneinander an. Stelle diesen Wettbewerb mit zwei Pfeilbildern dar. In der ersten Darstellung steht der Wettkampf unentschieden, in der zweiten ist ein Schüler ausgerutscht. Die Kraft jedes einzelnen Schülers soll auf dem Kraftpfeil 1 cm betragen.

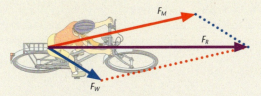

[6] Ermittlung der Gesamtkraft im Kräfteparallelogramm

F_W = Kraft des Windes
F_M = Muskelkraft der Radfahrerin
F_R = Aus den Einzelkräften sich ergebende Gesamtkraft (resultierende Kraft)

Kraft, Arbeit, Energie — Werkstatt

Kraftmesser selbst gebaut

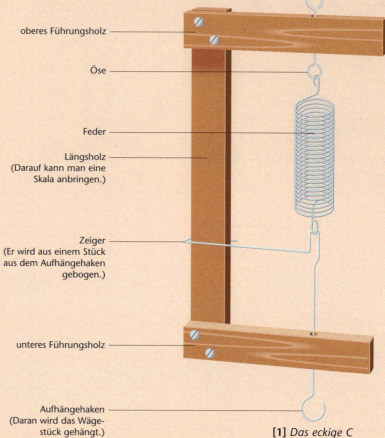

[1] *Das eckige C*

Den Unterschied zwischen tonnenschwer und federleicht erkennt man auf einen Blick. Ebenso fällt es uns nicht schwer, zwischen den Ein- und Fünf-Kilogramm-Wägestücken zu unterscheiden. Nur die Sache mit der Gewichtskraft und den Newton ist für uns ein bisschen ungewöhnlich. Wer kauft auch schon ein Newton Gummibärchen, wer bringt 0,1962 Newton schwere Briefe zur Post oder trainiert mit Hanteln, die mit einer Kraft von 49,05 Newton gestemmt werden müssen?

Gegen solche Unwägbarkeiten kannst du etwas tun, indem du dir einen eigenen Kraftmesser baust. Jetzt solltest du dich nur noch für eines der beiden Modelle entscheiden.

Modell 1
„Das eckige C"
Besorge zunächst sämtliche Materialien [3].

Säge die Holzleiste in zwei 10 cm große Teile und ein 20 cm langes Teil. Bohre durch eines der beiden kurzen Teile ein Loch. Verbinde die Holzteile zu einem eckigen C [1]. Biege die Enden der beiden Schraubenfedern zu Haken um. Schraube die kleinere Öse in den zweiten kurzen Holzteil und hänge sodann eine Feder ein. Biege anschließend den Draht so, dass eine Aufhängevorrichtung für Gewichte entsteht. Stecke jetzt das gerade Ende des Drahtes durch das vorgebohrte Loch im unteren Schenkel und biege das zweite Drahtende so, dass ein „Doppelzeiger" sowohl für die Vorder- als auch für die Rückseite des langen Holzteiles entsteht. Beklebe das lange Holzteil auf beiden Seiten mit einem passenden Streifen Zeichenkarton.

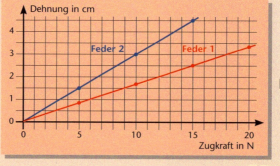

[2] *Schaubild zur Messübung*

Messskalen werden kalibriert
Hänge zuerst die härtere Feder ein und belaste sie nacheinander mit zunehmend schwereren Wägestücken. Markiere mit Bleistift den Stand des Zeigers auf dem Papierstreifen. Wiederhole den Vorgang mit der weicheren Feder und der rückseitigen Messskala. Gestalte nach dem Kalibrieren die Skala noch schöner. [3]

Materialliste für „Das eckige C"
- 2 unterschiedlich harte Schraubenfedern
- 2 unterschiedlich große Schraubösen
- 1 Holzleiste 40 cm · 1 cm
- Schweißdraht, Durchmesser 1 mm
- Zeichenpapier
- Klebstoff
- Schrauben
- Holzleim
- Wägestücke

Modell 2
„Der Kulikraftmesser"

Ein alter Kugelschreiber enthält fast alles, was du zum Bau eines Kraftmessers benötigst. Zerlege ihn zuerst in seine Einzelteile. Zum Gehäuse, der Feder und der Mine benötigst du zusätzlich noch einen kleinen Schraubhaken und zwei kleine Schrauben. Weil kein Kugelschreiber dem anderen gleicht, sind natürlich Phantasie und Erfindungsreichtum gefragt.

Befestige die Feder mit der kleinen Schraube am oberen Teil des Gehäuses. Bei den meisten Kugelschreibern kannst du einen Deckel oder den Druckknopf als Verankerung nutzen. Entferne die Spitze der Mine und schraube das andere Ende der Feder an die Mine. Wichtig ist, dass du zur Vermeidung von Flecken eine leere Mine verwendest. Mit Brennspiritus lässt sie sich reinigen. Die Mine dient mit Papier beklebt als Messskala. Je dicker sie ist, desto leichter lässt sie sich beschriften. In das untere Ende der Mine drehst du nun den kleinen Schraubhaken – und fertig ist der Kraftmesser [4].

Mit den gebräuchlichen Federn von Kugelschreibern eignet sich ein solches Messinstrument für Gewichtskräfte zwischen 10 N und 30 N.

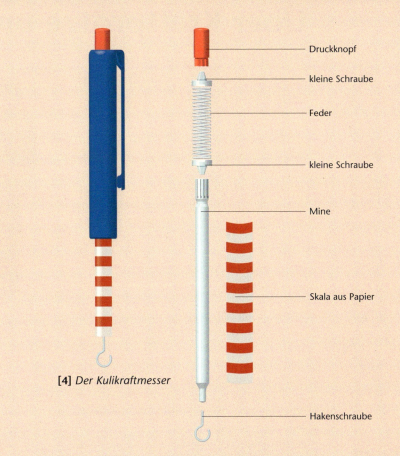

[4] Der Kulikraftmesser

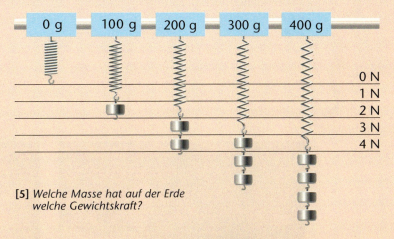

[5] Welche Masse hat auf der Erde welche Gewichtskraft?

Messübung

Sammle verschiedene Gegenstände, deren Masse unter 3 kg liegt. Die Massen kannst du mit einer Haushaltswaage oder bei leichten Gegenständen mit einer Briefwaage bestimmen.

Miss nun die Gewichtskraft der Gegenstände mit deinem selbst gebauten Kraftmesser. Trage deine Messwerte jeweils in eine Tabelle ein. Übertrage dann deine Messwerte in ein Schaubild [2].

[6], [7] Die meisten Waagen messen die Gewichtskraft, zeigen aber die Einheiten Gramm oder Kilogramm an. Sie sind eigentlich in Masseneinheiten kalibrierte Kraftmesser.

Über Kraftprotze und Faulpelze

Arbeit kann man berechnen, aber Rechnen ist deshalb noch lange keine Arbeit.

In der Klasse herrscht große Aufregung. Ihrer Meinung nach wartet zu viel Arbeit auf sie. Der Lehrer kann die ganze Aufregung überhaupt nicht verstehen. Er ist der Meinung, dass sowohl der Hausaufsatz als auch die Mathearbeit am nächsten Vormittag kaum etwas mit Arbeit zu tun haben.

Anstrengung allein genügt wohl nicht

Wir glauben immer dann zu arbeiten, wenn wir für eine unbeliebte Tätigkeit viel Zeit brauchen, wenn wir uns körperlich anstrengen müssen und Kraft benötigen, oder wenn wir uns bei einer schwierigen Aufgabe so richtig den Kopf zerbrechen müssen.

Zampano, der stärkste Mann der Welt, kann drei schwere Jungs auf seinen Schultern tragen [1]. Sicherlich ist so etwas eine anstrengende Sache, die enorm viel Kraft erfordert. Trotzdem verrichtet Zampano keinerlei Arbeit mehr, wenn die Pyramide erst einmal steht. Er ist in diesem Moment ein physikalischer Faulpelz – und Physiker müssen das ja wissen, sie untersuchen ja die Gesetzmäßigkeiten von Körpern, Bewegungen und Kräften.

[1] *Sobald die Pyramide steht, wird keine physikalische Arbeit mehr verrichtet, auch wenn es anstrengend ist, sie zu halten.*

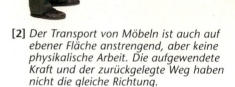

[2] *Der Transport von Möbeln ist auch auf ebener Fläche anstrengend, aber keine physikalische Arbeit. Die aufgewendete Kraft und der zurückgelegte Weg haben nicht die gleiche Richtung.*

Arbeit im strengen Sinne

Physikalische Arbeit wird nur dann verrichtet, wenn eine Kraft einen Körper auf einem bestimmten Weg bewegt, wobei die Richtung von Kraft und Weg gleich sein muss. Zur Arbeit gehören demnach immer eine Kraft und ein in Kraftrichtung zurückgelegter Weg. Ein Maurer, der Steine anhebt, um diese aufeinander zu setzen, arbeitet. Jeder Baum, auf den man klettert, und jede Treppe, die man nach oben steigt, machen Arbeit erforderlich.

[3], [4] *Die einen Blattschneiderameisen arbeiten, die andern nicht.*

Projekt-Tipp: Arbeit messen

1 Führe mit deinen Freunden während des Sportunterrichts einen Klimmzug-Wettbewerb durch. Sieger ist, wer am meisten gearbeitet hat. Ob das wohl derjenige ist, der die meisten Klimmzüge geschafft hat? Welche Daten musst du erfassen bzw. messen? Welche Messgeräte benötigst du?

2 Einige Stapel mit jeweils 20 Büchern sind aus dem Keller über die Treppe ins Klassenzimmer im Erdgeschoss zu transportieren. Ein Schüler trägt einen Bücherstapel auf einmal nach oben. Ein anderer geht mehrmals und nimmt immer nur einen Teil der 20 Bücher mit. Unterscheidet sich die Arbeit, die die beiden Schüler verrichten?

[5] *Der Turner wendet Kraft auf, um seinen Körper an den Ringen zu bewegen. Da Kraft und Weg die gleiche Richtung haben, arbeitet er.*

[6] *Der Turner drückt mit aller Kraft die Ringe auseinander. Da er sich nicht in Richtung der aufgewendeten Kraft bewegt, arbeitet er nicht.*

Arbeit in Maßen

Sandro freut sich, weil er ein paar Klimmzüge mehr geschafft hat. Als ihn sein Lehrer auf seinen Fleiß bei der Arbeit hinweist und auch noch meint, dass man das einmal ausrechnen sollte, ist er allerdings schon etwas überrascht.

Wenn sich Sandro mit einer Masse von 50 kg durch Muskelkraft einen Meter nach oben zieht, so verrichtet er Hubarbeit. Werden 500 N um einen Meter angehoben, so entspricht das einer Hubarbeit von 500 N · 1 m. Das ergibt 500 Nm (Newtonmeter) oder 500 J (Joule). Wenn jemand mit der gleichen Masse auf einen 3 m hohen Baum klettert, so entspricht das einer Arbeit von 500 N · 3 m = 1500 Nm = 1500 J = 1,5 kJ (Kilojoule).

Hubarbeit = Gewichtskraft · Hubhöhe
Arbeit = Kraft · Weg
$$W = F \cdot s$$

Einheit der Arbeit W:
1 Joule = 1 Newton · 1 Meter
1 J = 1 N · 1 m
1 000 J = 1 kJ (Kilojoule)

Merkmal

▶ Arbeit wird verrichtet, wenn eine Kraft einen Körper auf einem bestimmten Weg verschiebt. Die Richtung von Kraft und Weg ist dabei gleich.

▶ Arbeit = Kraft · Weg

Denkmal

❶ Betrachte die Bilder dieser Seite und stelle fest, wer hier eigentlich arbeitet.

❷ Stelle eine Liste mit Tätigkeiten zusammen, die physikalische Arbeit sind, und eine zweite mit solchen Tätigkeiten, die keine physikalische Arbeit sind.

❸ Wenn du mit deinem Fahrrad stehen bleiben willst, musst du kräftig bremsen. Bedeutet Bremsen auch physikalische Arbeit? Begründe!

❹ Ameisen sind stark. Sie können ein Mehrfaches ihres Körpergewichtes tragen. Sind die abgebildeten Blattschneiderameisen [3], [4] deshalb fleißige Arbeiter in physikalischem Sinne? Begründe deine Meinung.

❺ Berechne die Arbeit, die aufgebracht werden muss, um die abgebildeten Wassereimer [7] auf die angegebene Höhe anzuheben. Du kannst die Aufgabe selbst einmal durchführen und so deine Berechnung überprüfen.

❻ Kannst du an einem leichten Tischtennisball genauso viel Hubarbeit verrichten wie an einem schweren Medizinball?

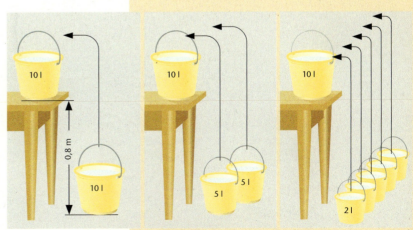

[7] *Ob 10 Liter Wasser auf einmal oder in kleinen Portionen auf den Tisch gehoben werden: Die physikalische Arbeit ist dieselbe.*

Arbeit

[1] Beim „Rücken" der schweren Baumstämme helfen Pferde den Menschen im Wald.

Wenn wir von Arbeit sprechen, nehmen wir es meistens nicht so genau. Alles, was irgendwie anstrengend ist, bezeichnen wir als Arbeit. Bekanntermaßen muss aber nicht jede Anstrengung mit physikalischer Arbeit verbunden sein.

Arbeit wird nur dann verrichtet, wenn ein Körper, ganz gleich, ob es sich dabei um ein Fahrrad, eine Schultasche oder um irgendetwas anderes handelt, in irgendeiner Weise bewegt wird und dabei ständig eine Kraft in die Richtung dieses Weges wirkt. So unterschiedlich die Wirkungen von Kräften sein können, so verschieden ist auch die Art der Arbeit, die verrichtet wird.

Hubarbeit

Wie kommen Ziegel aufs Dach? Entweder tragen kräftige Menschen die Ziegel mühsam auf das Dach oder Maschinen wie Kräne oder Förderbänder verrichten die Arbeit. Beim Transport der Dachziegel wird auf jeden Fall physikalische Arbeit verrichtet. Der Motor bzw. der Mensch hebt die Ziegel mit der nötigen Kraft und setzt sie je nach Höhe des Hauses nach einem kürzeren oder längeren Weg auf dem Dachgebälk ab. Kennst du die Gewichtskraft der Ziegel und die Höhe des Daches, so kannst du die verrichtete Hubarbeit berechnen.

Reibungsarbeit

Überall dort, wo Gegenstände gezogen, geschoben und überhaupt bewegt werden, ist Reibung im Spiel. Dabei kann die Oberfläche dieser Körper noch so glatt aussehen, unter dem Mikroskop betrachtet weist sie stets Unebenheiten auf. Beim Ziehen oder Schieben über eine feste Unterlage verhaken sich diese Unebenheiten ineinander und es entsteht Reibung, eine Kraft, die erst einmal überwunden werden muss, wenn Bewegung zustande kommen soll. Dabei wird Reibungsarbeit verrichtet. Sie ist umso größer, je größer die Reibungskraft und je länger der Weg ist, der dabei zurückgelegt werden muss. Wenn die Gewichtskraft eines Körpers dabei besonders groß ist, erhöht sich die Reibung. Man könnte auch sagen, je schwerer ein Gegenstand ist, desto stärker greifen die Unebenheiten der Berührungsflächen ineinander. Die Reibungskraft eines Gegenstandes ist allerdings etwa 10-mal kleiner als seine Gewichtskraft.

Ohne Reibung könnte man weder gehen, Rad fahren noch bremsen oder gar anhalten. Bei Glatteis wird dies besonders deutlich. Ohne Reibung wäre eine Steigung niemals zu bewältigen, und eine Bewegung könnte niemals mehr zum Stillstand gebracht werden. Beim Bremsen wirkt die Reibungskraft der Bewegung also entgegen.

Mit der Erfindung des Rades hatte man zugleich eine Möglichkeit entdeckt, wie die Reibungsarbeit verringert werden kann. Aber auch mit dem Rad lässt sich Reibung nicht verhindern. Beim Auto etwa arbeitet der Motor bei gleich bleibender Geschwindigkeit und ebener Strecke nur gegen die Reibungskraft, die zwischen den Reifen und der Straße, im Getriebe und zwischen der Luft und der Karosserie des Fahrzeugs wirkt.

[2] Die Ziegel aufs Dach zu bekommen bedeutet ganz schön viel Arbeit. Nicht immer nehmen uns Maschinen diese Arbeit ab.

[3] Nur eine hohe Reibung zwischen Fahrbahn und Reifen ermöglicht die enorme Beschleunigung beim Start eines Dragster-Rennens.

[4] *Schnellt der Pfeil von der Sehne, so entspannt sich der Bogen und nimmt seine ursprüngliche Form wieder an.*

[5] *Um in Fahrt zu kommen, muss der Bob kräftig angeschoben werden.*

Denkmal

❶ Entscheide, welche Arbeitsformen auf den Abbildungen zu sehen sind. Finde weitere Beispiele.

❷ Warum können wir Gegenstände, die uns zum Anheben viel zu schwer sind, durchaus durch Schieben oder Ziehen bewegen?

❸ Man unterscheidet zwischen Haft- und Gleitreibung. Überlege, worin dieser Unterschied bestehen könnte.

❹ Reibung ist erwünscht, manchmal aber auch unerwünscht. Finde Beispiele für beide Aussagen.

❺ Windschnittiges und Stromlinienförmiges gibt es überall in Natur und Technik. Worin liegen die Vorteile solcher Formen?

Beschleunigungsarbeit

Ein Fahrzeug in Bewegung zu halten ist nicht sehr anstrengend. Es aber aus dem Stand in Bewegung zu setzen oder es schneller zu machen erfordert mehr Kraft. Weil dabei die Geschwindigkeit des Fahrzeugs zunimmt, spricht man von Beschleunigungsarbeit. Nicht nur beim Beschleunigen muss Arbeit verrichtet werden, sondern auch umgekehrt beim Abbremsen. Jede Änderung der Geschwindigkeit erfordert Arbeit.

Spannarbeit

Ein hüpfender Ball ändert beim Aufprall seine Form ebenso wie die Bespannung des Tennisschlägers beim Aufschlag. Weil beide elastisch sind, nennt man die Arbeit Spannarbeit. Die Verformung geht zurück, sobald die Wirkung der Kraft aufhört.

Verformungsarbeit

Kraft ist immer erforderlich, wenn die Form eines Körpers verändert werden soll. Beim Karosseriebau werden Bleche gebogen und gepresst, in der Küche wird Teig geknetet, und im Garten wird der Boden umgegraben. Bleibt die Verformung erhalten, auch wenn die Kraft aufgehört hat zu wirken, wurde Verformungsarbeit verrichtet.

[6] *Wirkt keine Kraft auf die Expanderseile, so nehmen sie wieder ihre ursprüngliche Länge an.*

[7] *Riesige Pressen stellen aus Blechen Teile für die Autokarosserie her.*

[8] *In der Schrottpresse werden ausrangierte Autos zu handlichen Blöcken geformt.*

Versuch

Bereitet gemeinsam verschiedene Unterlagen vor: grobes und feines Sandpapier, Holz, normales Papier und Glas. Legt auf einen kleinen Holzblock ein Wägestück und zieht ihn mit einem Kraftmesser nacheinander über die vorbereiteten Unterlagen [9]. Berechnet die Reibungsarbeit, die dabei verrichtet werden muss.

[9]

Keine Arbeit ohne Energie

Nur was energiegeladen ist, kann Arbeit verrichten. Die Energie nimmt bei der Arbeit zwar ab, geht aber nicht verloren.

Ohne Aufziehschlüssel, ohne Sonne, Wind oder erwärmte Luft, ohne das Gefälle einer Piste oder so ganz ohne Nahrung oder Treibstoff würde sich überhaupt nichts bewegen. Damit Fahrzeuge angetrieben werden und somit arbeiten können, ist Energie notwendig, und zwar für jedes Fahrzeug in einer anderen Form.

Energie – eine unsichtbare Fähigkeit

Energie ist kein Stoff im üblichen Sinne. Sie ist vielmehr die unsichtbare Fähigkeit eines Körpers, Arbeit zu verrichten. Energie steckt beispielsweise in der aufgezogenen Feder des Spielzeugautos [1]. Die Feder besitzt **Spannenergie** und somit die Möglichkeit, Arbeit zu verrichten.

Bewegtes Wasser hat ebenso wie der Wind Energie. Erwärmte Luft steckt voller Energie, die den Ballon lautlos nach oben steigen lässt [3]. Die Sonne liefert Energie in Form von **Wärme** und **Licht**, sodass Solarmobile [9] damit angetrieben werden können. Die Energie, die wir für unseren Körper benötigen, beziehen wir aus der Nahrung. Nahrungsmittel sind nichts anderes als Stoffe, in denen **chemische Energie** steckt.

[1] *Die aufgezogene Feder besitzt Spannenergie.*

[3] *Heiße Luft sorgt für den nötigen Auftrieb.*

Radfahrer sind Energieumwandler

Du strampelst mit deinem Fahrrad bergan und freust dich schon darauf, dass es anschließend wieder rasant bergab geht. Gerade verrichtest du **Hubarbeit** und speicherst damit in dir und deinem Fahrrad **Höhenenergie (Lageenergie)** [5]. Aufgrund der Gewichtskraft, die durch dich und das Fahrrad vorhanden ist, lässt diese nun das Fahrrad bergab sausen. Dabei wird **Beschleunigungsarbeit** verrichtet. Das Fahrrad besitzt nun **Bewegungsenergie**. Weil du jetzt keine Energie aufwenden musst, findest

[2] *Die Höhenenergie der Seifenkiste wird nach dem Start vor allem in Bewegungsenergie umgewandelt.*

[4] *Chemische Energie (Nahrung) wird beim Radfahren in Bewegungsenergie umgewandelt.*

Hubarbeit → Höhenenergie

Beschleunigungsarbeit → Bewegungsenergie

[5] Aus Energie wird stets wieder Energie. Sie wird umgewandelt oder übertragen, bleibt dabei aber erhalten.

du das Bergabfahren ja auch so toll. Unterwegs musst du sicherlich auch mal bremsen. Die Felgen und Bremsklötze werden dabei heiß. Durch die **Reibungsarbeit** wird die Bewegungsenergie zum Teil in **Wärmeenergie** umgewandelt, das Fahrrad wird dadurch langsamer. Unten angekommen, musst du erneut in die Pedale treten. Du verrichtest Beschleunigungsarbeit und gewinnst wieder an Fahrt, d.h. Bewegungsenergie.

Physikalische Energie

Wenn an einem Körper, wie zum Beispiel dem Fahrrad, Arbeit verrichtet wird, erhält er Energie [5]. Diese wird von ihm gespeichert. Wenn er dann selbst Arbeit verrichtet, nimmt seine Energie wieder ab. Zum Arbeiten genutzte Energie geht dabei nicht verloren. Sie wird nur in andere Energieformen umgewandelt. Die übertragene Energie ist dabei genauso groß wie die verrichtete Arbeit. Deshalb werden Arbeit und Energie auch in derselben Einheit gemessen, in Newtonmeter (Nm) oder Joule (J).

Merkmal

▶ Wenn an einem Körper Arbeit verrichtet wird, erhält er Energie.

▶ Die zugeführte Energie kann von einem Körper gespeichert werden.

▶ Energie kann in andere Energieformen umgewandelt bzw. übertragen werden.

▶ Energie geht nicht verloren.

▶ Energie ist die Fähigkeit, Arbeit zu verrichten.

▶ Die Einheit von Energie und Arbeit ist dieselbe: 1 Newtonmeter (1 Nm) oder 1 Joule (1 J).

[9] Solarmobile nutzen die Energie des Sonnenlichts.

Denkmal

❶ Sonnen- und Windenergie, Höhenergie sowie elektrische und chemische Energie können in Bewegungsenergie umgewandelt werden. Finde Beispiele dafür.

❷ Ein Spielzeugauto wird aufgezogen. Man lässt es eine Rampe hinauffahren. Auf der anderen Seite fällt es dann herunter. Schreibe auf, welche Energieformen in diesem Spiel vorkommen.

❸ Der Skifahrer beim Abfahrtslauf, der Segelflieger unter einer Cumuluswolke [81.3], der Drachenflieger am Hang und der Sportler auf seinem Surfbrett benötigen weder Benzin noch elektrischen Strom, und sie bewegen sich trotzdem. Welche Formen der Arbeit und Energie kannst du bei diesen Tätigkeiten erkennen? Schreibe sie auf.

Versuche

Führe die abgebildeten Versuche [6]–[8] durch. Beschreibe die Energieumwandlungsketten.

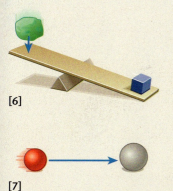

[6]

[7]

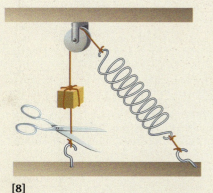

[8]

Mit Hebeln geht's leichter

Wenn Schwache stark und Starke schwach werden, hat das zumeist mit Hebeln zu tun.

[1] Auf die richtige Platzierung kommt es an.

Last · Lastarm = Kraft · Kraftarm

[2] Vögel mit kurzen Schnäbeln können besonders kräftig zubeißen. Der Dompfaff kann auch sehr harte Samen aufbrechen.

Babo weiß nicht so recht, ob er eher lachen, verärgert, wütend oder bloß beleidigt sein soll. Was für Babo nichts weiter als eine Wippe ist, nutzt Jojo als Maschine, um Babo mal ein bisschen auszuhebeln und ihm zu zeigen, dass Gewichtskraft nicht immer etwas mit Stärke zu tun haben muss.

Wenn der Dreh- zum Angelpunkt wird

Eine Wippe [1] besteht aus einem Balken, der um einen festen Drehpunkt bewegt werden kann. Alles, was sich auf diese Weise bewegen lässt, nennt man **Hebel**. Mit Hebeln kann eine Kraft verringert oder verstärkt werden. Sie sind deshalb ausgesprochene Kraftmaschinen.

Bei der Wippe teilt ein Drehpunkt den Hebel in zwei Teile, die **Hebelarme**. Man spricht von einem **zweiseitigen Hebel**. Babos Gewichtskraft allein würde zu einer Drehbewegung nach links führen, die von Jojo nach rechts. Der Hebelarm zwischen Babos Sitzplatz, den man auch Angriffspunkt der Last nennt, und dem Drehpunkt heißt **Lastarm**. Der Hebelarm zwischen dem Angriffspunkt der Kraft, die die Last anhebt und dem Drehpunkt wird als **Kraftarm** bezeichnet.

Goldene Regel der Mechanik

Babo und Jojo können ihre Gewichtskraft nicht verändern, aber ihre Abstände auf der Wippe zum Drehpunkt. Wenn Babo bleibt wo er ist, kann Jojo je nach Abstand zum Drehpunkt die Wippe auf einer Seite anheben, absenken oder sie ins Gleichgewicht bringen.

Die Wippe ist ein zweiseitiger Hebel und damit eine **einfache Maschine**. Für diese und auch alle anderen Hebel gilt die **goldene Regel der Mechanik**:

Was bei einfachen Maschinen an Kraft gespart wird, muss an Weg zugesetzt werden. Die Arbeit bleibt immer gleich.

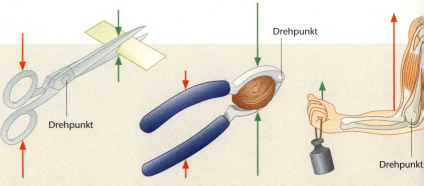

[3] Scheren sind umgekehrte Beißzangen. Die beiden zweiseitigen Hebel verkleinern die Schnittkraft und vergrößern die Schnittlänge.

[4] Ein Nussknacker enthält zwei einseitige Hebel mit gemeinsamer Drehachse zur Verstärkung der Handkraft.

[5] Der Unterarm ist ein einseitiger Hebel, der wegen des langen Lastarms einen langen Hebeweg ermöglicht. Wegen des kurzen Kraftarms ist viel Muskelkraft erforderlich, um eine Last zu heben.

[6] Wirken Last und Kraft auf derselben Seite des Hebels, so ist der Hebel einseitig.

Der einseitige Hebel

Zum Heben einer schweren Last nutzt man oft eine kräftige Stange als Hebel [6]. Die Stangenspitze wird unter die Last geschoben, das Stangenende drückt man nach oben. Beim **einseitigen Hebel** wirken Last und Kraft vom Drehpunkt aus gesehen auf derselben Seite des Hebels. Der größeren Last am einen Ende des Hebels wirkt eine kleinere Kraft am anderen Ende entgegen.

Weg verlängern – Kraft sparen

Jojo weiß natürlich, dass er als Leichtgewicht gegen Babo nur deshalb ankommt, weil er weit genug vom Drehpunkt weg sitzt. Anders ausgedrückt könnte man auch sagen: Eine kleine Kraft kann eine große Last heben, wenn der Kraftarm lang ist. Je länger der Kraftarm ist und je kürzer der Lastarm, desto weniger Kraft muss man aufwenden, um eine Last anzuheben. Um Babo ein kleines Stückchen anzuheben, muss Jojo am längeren Hebel einen viel längeren Kraftweg zurücklegen.

Merkmal

▶ Hebel haben zwei Hebelarme: Lastarm und Kraftarm.

▶ Hebel bewegen sich um einen festen Drehpunkt.

▶ Beim einseitigen Hebel befinden sich Last- und Kraftarm auf derselben Seite vom Drehpunkt.

▶ Bei gleicher Last gilt: Je größer der Kraftarm und je kleiner der Lastarm, desto kleiner die benötigte Kraft.

Denkmal

❶ Hebel sind aus unserer technisierten Welt nicht wegzudenken. Schreibe Geräte und Maschinenteile auf, in denen Hebel wirken.

❷ Wir Menschen haben bei der Natur abgeschaut. Hebel finden wir in zahlreichen Lebewesen. Wo findest du Hebel bei Menschen, Tieren und Pflanzen?

❸ Die Radmuttern am Auto werden mit einem Hebel, dem Radmutterschlüssel, angezogen bzw. gelöst. Manchmal lassen sich die Radmuttern nur schwer lösen. Kannst du dir helfen?

❹ Babo mit seinem Körpergewicht von 600 N und Jojo mit 200 N wollen ins Gleichgewicht kommen. Jojo sitzt 2 m vom Drehpunkt entfernt. Bestimme den Abstand Babos vom Drehpunkt.

❺ An deinem Fahrrad findest du mehrere Hebel. Welche Hebelwirkungen gibt es bei der Kraftübertragung vom Pedal auf den hinteren Reifen?

Versuche

1 Den Zusammenhang zwischen Last und Lastarm sowie Kraft und Kraftarm kannst du mit einer Versuchsreihe überprüfen [7].
a) Untersuche zunächst die Frage, welche Kraft aufgewendet werden muss, wenn bei gleich langem Lastarm und gleicher Last der Kraftarm jeweils um 5 cm verlängert wird. Trage die Ergebnisse in eine Tabelle ein und ergänze sie. Formuliere einen „Je-desto-Satz".
b) In einer zweiten Versuchsreihe bleiben die Last und der Kraftarm stets gleich. Der Lastarm wird jeweils um 5 cm verlängert. Bereite ebenfalls eine entsprechende Tabelle für die Messergebnisse vor und ergänze sie. Formu-

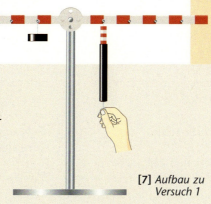

[7] Aufbau zu Versuch 1

liere auch hier zuerst einen „Je-desto-Satz" und beschreibe dann die Ergebnisse noch etwas genauer.

2 ⚠ Verlängere mit Rohren die Hebelarme einer Beißzange [8].
a) Fasse die Zange an verschieden weit vom Drehpunkt entfernten Stellen

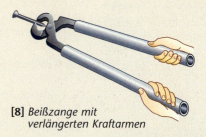

[8] Beißzange mit verlängerten Kraftarmen

und kneife jeweils einen Nagel durch. (Achtung: Verletzungsgefahr, auch für die Augen!) Beschreibe deine Beobachtung.
b) Zeichne die Beißzange in dein Heft. Trage die folgenden Begriffe in die Zeichnung ein: Drehpunkt, Lastarm, Last, Kraftarm, Kraft.

Rollenspiel mit schweren Lasten

Überall dort, wo schwere Lasten gehoben werden, sind Rollen und ein seltsames Gewirr von Seilen im Spiel.

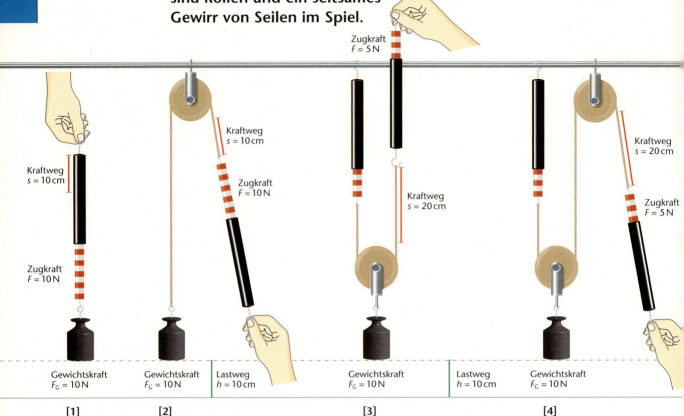

[1] Kraftweg $s = 10\,cm$; Zugkraft $F = 10\,N$; Gewichtskraft $F_G = 10\,N$

[2] Kraftweg $s = 10\,cm$; Zugkraft $F = 10\,N$; Gewichtskraft $F_G = 10\,N$; Lastweg $h = 10\,cm$

[3] Zugkraft $F = 5\,N$; Kraftweg $s = 20\,cm$; Gewichtskraft $F_G = 10\,N$

[4] Kraftweg $s = 20\,cm$; Zugkraft $F = 5\,N$; Lastweg $h = 10\,cm$; Gewichtskraft $F_G = 10\,N$

[6] Rollen helfen beim Heben schwerer Lasten.

Ganz gleich, ob Baumaterialien in die oberen Stockwerke eines Rohbaus zu transportieren sind oder Container auf Bahnwaggons verladen werden: Man verwendet einen Kran [6], eine Maschine, die Hubarbeit verrichtet.

Was einem Kran zu imponierender Kraft verhilft, ist ein uraltes Prinzip: die gut durchdachte Anordnung von Rollen, über die lange Seile in unterschiedliche Richtung hin- und hergeführt werden.

Ein Kran im Handbetrieb

Wer eine Last hochziehen will, hat es bequemer, wenn er das Seil über eine **feste Rolle** [2] führt und es dann nach unten zieht. Die Rolle lenkt die Kraft um. Die Größe der Kraft bleibt dabei allerdings unverändert. Mit dieser Vorrichtung kann man demnach keine Kraft sparen, aber man kann die Last bequemer nach oben ziehen. An den Giebeln historischer Lagerhäuser sind oft solche festen Rollen befestigt.

Lose Rollen fahren mit

Bei einer **losen Rolle** [3] hängt die Last an zwei Seilstücken. Eines davon ist an der Aufhängevorrichtung befestigt, die die Hälfte der Last trägt. Zum Hochziehen der Last am zweiten Seilstück ist deshalb nur die halbe Kraft erforderlich. Um diese Last zum Beispiel 10 cm anzuheben, müssen 20 cm Seil oder Schnur eingeholt werden. Der Kraftweg ist also doppelt so groß wie der Lastweg.

Schwere Lasten werden einfach aufgerollt

Feste und lose Rollen lassen sich kombinieren [4]. So kann die Kraft umgelenkt und gleichzeitig auch Kraft eingespart werden. Rollenkombinationen bezeichnet man auch als **Flaschenzug** [5]. Bei einem Flaschenzug mit zwei losen und zwei festen Rollen hängt die Last insgesamt an vier Seilstücken. Zum Anheben der Last braucht man jetzt nur noch ein Viertel der Kraft. Dafür ist die Seil-

[1] Ein Wägestück mit der Gewichtskraft 10 Newton wird nach oben gezogen.

[2] Eine feste Rolle lenkt die Kraft um. Die Größe der Kraft bleibt aber gleich.

[3] Bei einer losen Rolle hängt die Last an zwei tragenden Seilstücken. Deshalb ist nur die halbe Kraft erforderlich, dafür verdoppelt sich der Kraftweg.

[4] Die Kombination einer losen mit einer festen Rolle lenkt die Kraft um, spart aber keine weitere Kraft.

[5] Flaschenzüge sind aus mehreren losen und festen Rollen aufgebaut. Ein Flaschenzug mit zwei losen Rollen hat vier tragende Seilstücke. Dies verringert die Kraft auf ein Viertel und vervierfacht den Kraftweg.

Kraftweg $s = 40\,\text{cm}$
Zugkraft $F = 2{,}5\,\text{N}$
Gewichtskraft $F_G = 10\,\text{N}$
Lastweg $h = 10\,\text{cm}$

[5]

länge, die gezogen werden muss, viermal so groß wie die Höhe, um die die Last angehoben wird. Der Kraftweg ist also viermal so lang wie der Lastweg.

Mit einer solchen Maschine kann die Kraft ganz erheblich verringert werden. Andererseits muss dafür das Seil über einen größeren Weg gezogen werden. Die Arbeit jedenfalls, die beim Anheben verrichtet wird, bleibt immer dieselbe. Auch beim Flaschenzug gilt damit die **goldene Regel der Mechanik**.

Merkmal

▶ Feste Rollen lenken die Richtung der Kraft um. Kraft wird nicht gespart.

▶ Lose Rollen sparen Kraft und verlängern dafür den Kraftweg.

▶ Flaschenzüge bestehen aus losen und festen Rollen. Entscheidend ist die Zahl der tragenden Seilstücke: Vier tragende Seilstücke teilen die Kraft durch vier, sechs tragende Seilstücke teilen die Kraft durch sechs usw.

Denkmal

❶ Formuliere zum Flaschenzug möglichst viele Je-desto-Sätze.

❷ Wie verringert sich die Kraft, wenn der Kraftweg viermal so groß ist wie der Lastweg?

❸ Mithilfe einer losen Rolle werden nacheinander folgende Lasten angehoben: 12 N, 20 N und 50 N. Wie groß ist jeweils die Kraft, mit der gezogen wird?

❹ Eine Last von 18 N wird mithilfe von drei losen Rollen 45 cm angehoben. Wie lang sind der Kraft- und der Lastweg? Welche Kraft muss aufgebracht werden?

❺ Verschiedene Flaschenzüge [7] stehen zum Heben einer Last zur Verfügung. Berechne jeweils die aufzuwendende Kraft und den Kraftweg.

Last	Lastweg	lose Rollen	tragende Seilstücke	Kraft	Kraftweg
2400 N	2 m	2	4	?	?
2400 N	2 m	3	6	?	?
2400 N	2 m	4	8	?	?

[7]

Versuche

1 Führe Messreihen mit losen und festen Rollen durch. Führe deine Versuche jeweils mit einer Last von 2 N, 4 N und 6 N durch. Hebe jede Last jeweils um 10 cm und 20 cm an. Miss jeweils die Kraft und den Kraftweg. Trage deine Ergebnisse für jede Messreihe in eine eigene Tabelle ein.
a) Hebe deine Lasten mithilfe einer festen Rolle an.
b) Hebe deine Lasten mithilfe einer losen Rolle an.
c) Hebe deine Lasten mithilfe eines Flaschenzuges, der aus einer festen und einer losen Rolle besteht, an.

Zeichne zu jeder Versuchsreihe eine Skizze zum Versuchsaufbau. Fertige eine Materialliste. Vergleiche deine Messwerte. Formuliere zu jeder Messreihe einen Je-desto-Satz.

2 Landwirt Müller möchte seine Heuballen auf elegante und möglichst Kraft sparende Weise auf den Heuboden transportieren. Er hat eine prima Idee. Dafür benötigt er einen Flaschenzug, ein langes Seil und ein großes Gewicht. Jetzt kann er die schweren Ballen mit wenig Kraftaufwand vom Heuboden aus nach oben ziehen.

Baue Landwirt Müllers Idee im Modell mit Geräten aus dem naturwissenschaftlichen Fachraum nach. Hatte er wirklich so einen prima Einfall?

Kraft, Arbeit, Energie

Schräg aufwärts geht's leichter

**Eine Kraft kann man durch Umwege verringern.
Die Arbeit bleibt dabei aber gleich.**

[1] *Eine Straße mit Serpentinen nutzt die Vorteile der schiefen Ebene: Der Weg ist zwar länger, aber man braucht nicht so viel Kraft.*

[2] *Je kleiner die Steigung, desto kleiner ist die Kraft. Dafür verlängert sich der Weg, bis der Wagen oben ist.*

Für Kletterer kann es nicht steil genug sein. Gewichthebern kommt es darauf an, möglichst große Lasten auf dem kürzesten und schnellsten Wege nach oben zu drücken. Und wer hat nicht schon einmal von einem Baumhaus geträumt, zu dem nur eine Strickleiter hinaufführt, die man hochziehen kann, wenn man ungestört sein will. Kraft sparend sind diese Betätigungen und Einrichtungen sicherlich alle nicht, aber darauf kommt es in diesen Fällen auch gar nicht an.

Kraft sparende Tricks mit Umwegen

Wer behauptet, dass der Zickzackkurs beim Aufwärtsfahren [1], die Rampe oder gar die Treppe eine Maschine sei, muss sich seiner Sache schon sicher sein, um nicht schief angeschaut zu werden. Dabei sind das alles Tricks, die die Kraft verringern, und das tun Maschinen ja auch.

Mit einem einfachen Versuch lässt sich dafür der Nachweis erbringen [2]. Man benötigt dazu einen kleinen Wagen, einen Kraftmesser und verschieden lange, glatte Bretter, die alle zu einer kleinen Anhöhe, z. B. einem Schuhkarton, hinaufführen. Zuerst wird der Wagen mit dem Kraftmesser an einer Kartonwand senkrecht hinaufgezogen. Die Gewichtskraft des Wagens und der zurückgelegte Weg werden gemessen. Nun wird der Wagen auf verschieden langen Brettern nach oben gezogen. Die Messergebnisse werden jedes Mal in eine vorbereitete Tabelle [3] eingetragen. Die geneigten Bretter bezeichnet man als **schiefe Ebene**.

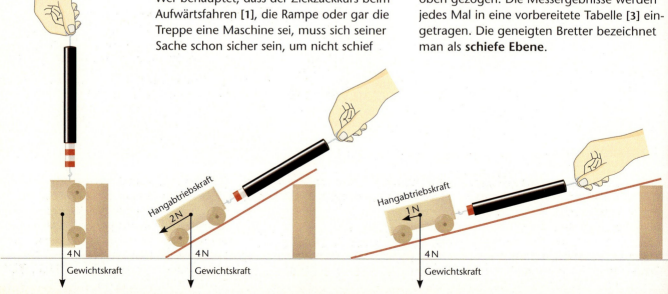

Die Auswertung der Messergebnisse [4] zeigt, dass die aufzuwendende Kraft umso größer ist, je kürzer und steiler der Weg ist. Je länger und somit auch flacher dagegen der Weg bei gleicher Höhe ist, desto geringer ist die aufzubringende Kraft. Kraft kann man also „sparen", wenn man mehr Weg, also einen Umweg, in Kauf nimmt. Die Arbeit, die dabei verrichtet werden muss, bleibt allerdings jedes Mal gleich. Damit gilt auch bei der schiefen Ebene die **goldene Regel der Mechanik**.

Eine schiefe Ebene spart Kraft

Rampen oder schiefe Ebenen verringern die Kraft. Ein Teil der Gewichtskraft des Körpers wird vom „schiefen Brett" selbst getragen. Die schiefe Ebene abwärts wirkt dann nur noch eine kleine Kraft, die Hangabtriebskraft [2], die beim Hochrollen überwunden werden muss. Je flacher die schiefe Ebene ist, desto mehr kann sie beim Tragen helfen.

[5] Schrauben sind „aufgewickelte" schiefe Ebenen.

Höhe	Weg	Kraft	Arbeit
25 cm	25 cm	4 N	100 J
25 cm	50 cm	2 N	100 J
25 cm	100 cm	1 N	100 J

Höhe	Weg	Verhältnis Höhe : Weg	Kraft
25 cm	25 cm	1:1	1/1
25 cm	50 cm	1:2	1/2
25 cm	100 cm	1:4	1/4

[6] Die Steigung ist 6%, d. h. auf 100 m steigt die Straße um 6 m an.

Geneigte Verhältnisse

Wie steil ist nun eigentlich steil? Wenn die Höhe in einem Versuch 25 cm misst, der Weg aber 50 cm, dann spricht man von einem Verhältnis, das 1:2 entspricht. Das bedeutet, dass die notwendige Kraft nur noch die Hälfte beträgt. Das Verhältnis von Höhe zu Weg bestimmt, wie viel Kraft zur Überwindung des Höhenunterschieds notwendig ist.

Im gleichen Verhältnis wie die Kraft kleiner wird, muss der Weg länger werden.

Steigungen und Gefälle werden bei Straßen allerdings in Prozent angegeben [6]. Eine Steigung von 12% bedeutet, dass in 100 m waagerechter Richtung die Straße 12 m an Höhe gewinnt. Bei einem Gefälle ist das natürlich genau umgekehrt.

Merkmal

▶ Rampen oder schiefe Ebenen sind einfache Maschinen. Auch für sie gilt die goldene Regel der Mechanik.

▶ Wenn Kraft gespart wird, verlängert sich der Weg.

Denkmal

❶ Sie hat keine Zahnräder, Wellen oder Antriebsgestänge. Begründe, warum man eine schiefe Ebene trotzdem als Maschine bezeichnen kann.

❷ Finde heraus, welche der folgenden schiefen Ebenen gleich steil sind. Die erste Zahl gibt die zu überwindende Höhe an, die zweite den zurückzulegenden Weg: 20/40, 40/80, 25/75, 40/120, 45/90 und 30/180.

❸ Schrauben sind „aufgewickelte" schiefe Ebenen [5].
a) Im Technikraum findest du unterschiedliche Schrauben. Untersuche sie genauer auf die Anzahl der Windungen pro Zentimeter Schraubenlänge, Durchmesser und Formen. Wie wirkt sich die Anzahl der Windungen auf die Kraft aus, die man beim Schrauben aufbringen muss?
b) Finde weitere Beispiele für Kraft sparende Windungen.

❹ Schreibe mindestens zwei „Je-desto-Sätze" zur schiefen Ebene auf. Nimm hierzu die Tabellen [3], [4] zu Hilfe.

❺ Schiefen Ebenen bzw. Rampen begegnest du immer wieder. Schreibe auf, wo du einer solchen „Maschine" schon begegnet bist.

❻ Eine Schubkarre wird mit einer Kraft von 300 N über ein 2 m langes Brett auf eine 40 cm hohe Terrasse geschoben. Wie groß ist die Gewichtskraft der Schubkarre?

❼ Welche Gemeinsamkeit haben der Hebel, die schiefe Ebene und die lose Rolle?

Goldene Regel der Mechanik

Viele Geräte erleichern die Arbeit, obwohl sie selbst keine Arbeit verrichten. Schwere Baumaschinen fahren über eine Rampe auf den Tieflader. Ein Reifenwechsel ohne Wagenheber ist kaum denkbar. Flaschenzüge findet man an jedem Kran, und sie sind wichtig bei der Bergrettung.

Für einfache Maschinen gilt die goldene Regel der Mechanik
Grundbestandteil all dieser Geräte sind einfache Maschinen wie schiefe Ebenen [1], [2], Hebel [3], [4] und Rollen [5], [6]. Für sie gilt die goldene Regel der Mechanik: Wenn mit einfachen Maschinen die Kraft verringert wird, muss entsprechend mehr Weg zurückgelegt werden. Obwohl uns die Arbeit leichter erscheint, die physikalische Arbeit bleibt insgesamt gleich.

Kraft und Weg
Schiefe Ebenen (Rampen), ein- und zweiseitige Hebel sowie lose Rollen haben etwas gemeinsam. Wenn du die Last und den Lastweg nicht veränderst, so kannst du mit der Kraft und dem Kraftweg spielen. Formuliere einen „Je-desto-Satz", der für alle drei einfachen Maschinen gilt.

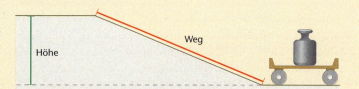

[1], [2] *Schiefe Ebene: Der Weg ist zwar ein Stück weiter, aber ohne Rampe müsste man ganz schön schwer heben, um das Fahrzeug auf die Ladefläche zu stellen.*

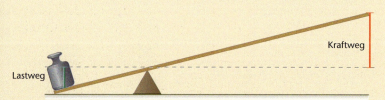

[3], [4] *Hebel: Mit dem langen Hebel am Wagenheber hebt man auch das schwerste Auto mühelos an.*

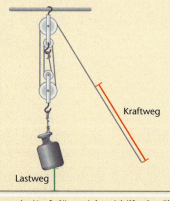

[5], [6] *Rollen: Mit wenig Kraft lässt sich mithilfe des Flaschenzugs eine große Last anheben. Allerdings muss man dafür eine große Seillänge bewegen.*

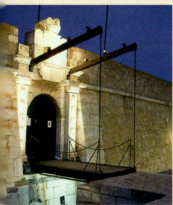  

[7] [8] [9]

1 Bau einer Zugbrücke

Eine Schülergruppe verbringt ihre Ferien in einem Zeltlager. Das Camp liegt auf einer Wiese am Waldrand. Ein Bach schlängelt sich quer über den Wiesengrund und teilt das Zeltlager in zwei Hälften. Um die Bachüberquerung bequemer und gefahrloser zu machen, soll eine Brücke gebaut werden. Lange wird unter den Schülerinnen und Schülern diskutiert. Es sollte schon eine besondere Brücke werden. Vor allem darf sie den Kajakfahrern nicht im Wege sein.

So entscheidet sich die Gruppe für eine bewegliche Brücke, eine Zugbrücke [7]–[9]. Brücken sind schwer. Wie soll man ein solches Ungetüm bewegen? Durch den Einsatz von Rollen, Rampen und Hebeln können selbst tonnenschwere Lasten ihren Schrecken verlieren.

Die Brücke wird auf einer Seite beweglich gelagert, sodass sie senkrecht gestellt werden kann. Das andere Ende wird an Seilen befestigt und über Umlenkrollen mithilfe eines Flaschenzuges oder einer Seilwinde vom gelagerten Ende aus hochgezogen.

Wie hättet ihr den Auftrag erledigt? Plant und baut das Modell einer Zugbrücke über einen Fluss. Ein Modellauto soll die fertige Modellbrücke ohne Probleme überqueren können.

2 Bau eines Turmkrans

Auf Baustellen müssen oft Lasten bewegt werden. Turmkräne [10] nehmen den Bauarbeitern einen Teil dieser schweren Arbeit ab. Sie schwenken Stahlmatten vom Lastwagen in die Baugrube, transportieren Mauersteine in den ersten Stock oder setzen Dachziegel aufs Dach.

Die Arbeit übernimmt ein Elektromotor am Fuß des Krans. Dieser ist aber zu schwach, um schwere Lasten hochzuziehen. Informiert euch, wie man bei einem Turmkran die Kraft des Elektromotors mit einfachen Maschinen umlenkt und verstärkt.

Stellt das Modell eines Turmkrans her. Fertigt zunächst eine Skizze und Materialliste an. Legt die Maße fest und tragt sie in die Skizze ein. Falls ihr einen Antrieb mit Elektromotor vorgesehen habt, erstellt eine Schaltskizze. Tipp: Vielleicht besitzt eure Schule Baukästen, aus denen Ihr Teile verwenden könnt.

[7]–[9] *Zugbrücken geben den Weg für Fahrzeuge auf der Straße und im Wasser frei. Sie sind die Kreuzungen der Land- und Wasserstraßen. Einfache Maschinen verringern die Kraft beim Heben und Senken der Brücken.*

[10] *Turmkräne heben schwere Lasten, auch mithilfe von einfachen Maschinen.*

Kraft, Arbeit, Energie

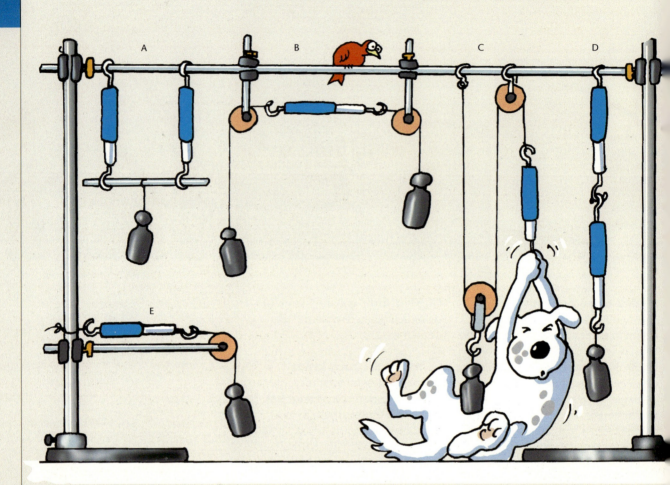

1 Spiel der Kräfte
Dir ist langweilig. Du hast schon alle geplanten Versuche durchgeführt. Vor dir liegen Stativstangen, Stativfüße, Klemmen, zwei Kraftmesser, eine Schnur, mehrere Rollen sowie einige 1-kg-Massestücke. Baue mit den Geräten ulkige Versuche auf.

Wie viel Newton zeigen die Kraftmesser in den einzelnen Versuchen an? Trage deine Vermutung und anschließend deine Messergebnisse in eine Tabelle ein.

Denke dir weitere Versuche aus, führe sie durch und trage die Ergebnisse ebenfalls in deine Tabelle ein.

2 Streichholzsalat
Brich ein Streichholz in der Mitte durch. Die eine Hälfte brichst du wieder in der Mitte und so weiter. Wie oft kannst du das Streichholz brechen? Kann es sein, dass du eine immer größere Kraft brauchst? Erkläre!

Wie viel Newton zeigen die Kraftmesser an?

Versuch	Schätzwert	Messwert
A		
B		
C		

3 Umzug
Uli räumt seine Wohnung um. Alleine ist das gar nicht so einfach. Vor allem der große Schrank im Schlafzimmer macht ihm Probleme. Uli findet im Hobbykeller einige Rundhölzer, eine große Holzplatte, große Kanthölzer, einen Teppich und ein langes Seil. Ob er sich damit eine einfache Maschine zum Kraft sparenden Transport seines Schrankes bauen kann? Probiere das unter Aufsicht deines Lehrers an einem schweren Gegenstand aus.

4 Wer hält die Kugel in Bewegung?
Was veranlasst die Kugel am Schüsselrand, sich in Bewegung zu setzen? Beschreibe den Bewegungsablauf mithilfe von Energieumformungen. Warum kommt die Kugel schließlich zur Ruhe?

5 Kraft und Arbeit
Auf den roten Kärtchen stehen physikalische Größen, auf den grünen wie sie berechnet werden und auf den blauen die zugehörigen Einheiten. Schreibe die Größen auf farbige Kärtchen und ordne jeweils den Größen ihre Berechnung und die passenden Einheiten zu.

6 Inline Dancing
Doris und Jutta möchten für die nächste Party einen Tanz auf Inlinern einüben. Unter anderem möchten sie, durch ein Seil verbunden, Kreisbahnen drehen. Was passiert, wenn Doris und Jutta beide gleich stark und gleichzeitig am Seil ziehen? Macht es einen Unterschied, wenn nur Doris am Seil zieht?

Probiere es einfach mal auf dem Schulhof aus. Besorge dir vorher ein langes Seil aus der Turnhalle. *Vergiss nicht einen Sturzhelm, Knie- und Ellbogenschützer anzulegen.*

Tabellen

Säuren und Laugen

Name	Formel oder Herstellung	Besonderheiten, Verwendung
Natronlauge	NaOH in Wasser lösen	in verdünnter Lösung auf Laugengebäck, zum Reinigen, in vielen großtechnischen Prozessen
Kalilauge	KOH in Wasser lösen	zur Herstellung von Seife, zur Farbstoffherstellung
Calciumlauge (Kalkmilch)	$Ca(OH)_2$ in Wasser aufschlämmen (löst sich teilweise)	als Düngemittel, im Mörtel, filtrierte klare Lösung („Kalkwasser") als Nachweismittel für CO_2
Ammoniakwasser (Salmiakgeist)	NH_3 in Wasser lösen	als Reinigungsmittel, um Fettreste zu beseitigen
Salzsäure	HCl in Wasser lösen	im Magensaft enthalten, zur Neutralisation von Natronlauge, in vielen großtechnischen Prozessen
Kohlensäure	CO_2 in Wasser lösen	in Getränken, in natürlichen Gewässern als CO_2-Quelle für Pflanzen
Schweflige Säure	SO_2 in Wasser lösen	Hauptbestandteil des sauren Regens, entsteht bei der Verbrennung von schwefelhaltigen Brennstoffen (z. B. Holz, Kohle, Erdöl-Produkte)
Schwefelsäure	H_2SO_4	führt zu schweren Verätzungen, in vielen großtechnischen Prozessen, z. B. Düngemittelherstellung
Salpetersäure	HNO_3	führt zu schweren Verätzungen, als „Scheidewasser" zur Trennung von Gold und Silber, zur Herstellung von Düngemitteln
Phosphorsäure	H_3PO_4	Lebensmittelherstellung (Cola), zum Phosphatieren von Stahl

Schaltzeichen

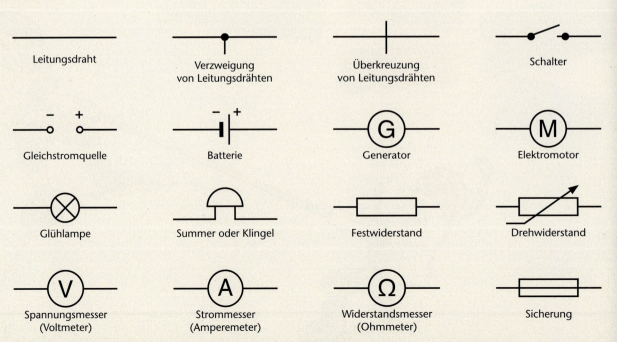

Gase in der Luft

Gas	Symbol	Volumenanteil in %
Stickstoff	N_2	78,08
Sauerstoff	O_2	20,95
Argon	Ar	0,93
Kohlenstoffdioxid	CO_2	0,037
Neon	Ne	0,0018
Helium	He	0,0005
Krypton	Kr	0,0001
Wasserstoff	H_2	0,00005
Xenon	Xe	0,000009

Nachweis von Stoffen

Stoff oder Stoffgruppe	Nachweis	Seite
Kohlenstoffdioxid	Kalkwasserprobe	34, 35, 43, 90, 91, 204, 205
Sauerstoff	Glimmspanprobe	34, 154
Wasserstoff	Knallgasprobe	155
Säuren	Färbung von Lackmus, Universalindikator, Rotkohlsaft	153, 200–203
Laugen	Färbung von Lackmus, Universalindikator, Rotkohlsaft, Phenolphthalein	153, 200–203, 210, 212
Wasser	Blaufärbung von Kupfersulfat, Blaufärbung von Watesmopapier	154, 220
Schwefelsäure	Weißer Niederschlag mit Calciumchloridlösung	209
Calcium	Ziegelrote Flammenfärbung	220
Natrium	Gelbe Flammenfärbung	220
Kalium	Fahlviolette Flammenfärbung	220

Weitere Tabellen, Übersichten und Formeln in diesem Buch

S. 13	Gefahrensymbole
S. 17	Notrufnummern, Checkliste für den Notfall
S. 36	Berechnung und Einheit des Luftdrucks
S. 37	Einheiten von Fläche, Volumen, Masse, Kraft, Druck
S. 46	Umrechnung von Prozent in ppm
S. 70	Maximale Fluggeschwindigkeiten von Vögeln
S. 88	Metalle und ihre Oxide
S. 95	Brandklassen
S. 118	Einheit der Spannung, Spannungen
S. 120	Einheit der Stromstärke, Stromstärken
S. 131	Berechnung und Einheit des Widerstandes
S. 133	Farbcode von Widerständen
S. 134	Berechnung des Widerstandes, Berechnung der Spannung
S. 135	Berechnung der Stromstärke
S. 152	Härtebereiche des Wassers
S. 167	Lebewesen als Zeiger für die Güteklassen von Gewässern
S. 174	Weltweite Wasseranteile
S. 202	pH-Werte
S. 214	Säuren und ihre Verwendung
S. 218	Bildung von Salzen
S. 248	Braille-Schrift
S. 266	Lebensalter und Schlafbedarf
S. 301	Berechnung und Einheit der Arbeit
S. 318	Bezeichnungen der besonderen Gefahren: R-Sätze
S. 319	Sicherheitsratschläge: S-Sätze
Vorderer Einband	Das Leben im und am Wasser
Hinterer Einband	Geräte im Fachraum

Tabellen

Bezeichnungen der besonderen Gefahren: R-Sätze

Satzziffer	Bedeutung
R 1	In trockenem Zustand explosionsgefährlich
R 2	Durch Schlag, Reibung, Feuer oder andere Zündquellen explosionsgefährlich
R 3	Durch Schlag, Reibung, Feuer oder andere Zündquellen besonders explosionsgefährlich
R 4	Bildet hochempfindliche explosionsgefährliche Metallverbindungen
R 5	Beim Erwärmen explosionsfähig
R 6	Mit und ohne Luft explosionsfähig
R 7	Kann Brand verursachen
R 8	Feuergefahr bei Berührung mit brennbaren Stoffen
R 9	Explosionsgefahr bei Mischung mit brennbaren Stoffen
R 10	Entzündlich
R 11	Leicht entzündlich
R 12	Hoch entzündlich
R 14	Reagiert heftig mit Wasser
R 15	Reagiert mit Wasser unter Bildung hoch entzündlicher Gase
R 16	Explosionsgefährlich in Mischung mit Brand fördernden Stoffen
R 17	Selbstentzündlich an der Luft
R 18	Bei Gebrauch Bildung explosionsfähiger/leicht entzündlicher Dampf/Luft-Gemische möglich
R 19	Kann explosionsfähige Peroxide bilden
R 20	Gesundheitsschädlich beim Einatmen
R 21	Gesundheitsschädlich bei Berührung mit der Haut
R 22	Gesundheitsschädlich beim Verschlucken
R 23	Giftig beim Einatmen
R 24	Giftig bei Berührung mit der Haut
R 25	Giftig beim Verschlucken
R 26	Sehr giftig beim Einatmen
R 27	Sehr giftig bei Berührung mit der Haut
R 28	Sehr giftig beim Verschlucken
R 29	Entwickelt bei Berührung mit Wasser giftige Gase
R 30	Kann bei Gebrauch leicht entzündlich werden
R 31	Entwickelt bei Berührung mit Säure giftige Gase
R 32	Entwickelt bei Berührung mit Säure sehr giftige Gase
R 33	Gefahr kumulativer Wirkungen
R 34	Verursacht Verätzungen
R 35	Verursacht schwere Verätzungen

Satzziffer	Bedeutung
R 36	Reizt die Augen
R 37	Reizt die Atmungsorgane
R 38	Reizt die Haut
R 39	Ernste Gefahr irreversiblen Schadens
R 40	Verdacht auf Krebs erzeugende Wirkung
R 41	Gefahr ernster Augenschäden
R 42	Sensibilisierung durch Einatmen möglich
R 43	Sensibilisierung durch Hautkontakt möglich
R 44	Explosionsgefahr bei Erhitzen unter Einschluss
R 45	Kann Krebs erzeugen
R 46	Kann vererbbare Schäden verursachen
R 48	Gefahr ernster Gesundheitsschäden bei längerer Exposition
R 49	Kann Krebs erzeugen beim Einatmen
R 50	Sehr giftig für Wasserorganismen
R 51	Giftig für Wasserorganismen
R 52	Schädlich für Wasserorganismen
R 53	Kann in Gewässern längerfristig schädliche Wirkung haben
R 54	Giftig für Pflanzen
R 55	Giftig für Tiere
R 56	Giftig für Bodenorganismen
R 57	Giftig für Bienen
R 58	Kann längerfristig schädliche Wirkungen auf die Umwelt haben
R 59	Gefährlich für die Ozonschicht
R 60	Kann die Fortpflanzungsfähigkeit beeinträchtigen
R 61	Kann das Kind im Mutterleib schädigen
R 62	Kann möglicherweise die Fortpflanzungsfähigkeit beeinträchtigen
R 63	Kann das Kind im Mutterleib möglicherweise schädigen
R 64	Kann Säuglinge über die Muttermilch schädigen
R 65	Gesundheitsschädlich: Kann beim Verschlucken Lungenschäden verursachen
R 66	Wiederholter Kontakt kann zu spröder und rissiger Haut führen
R 67	Dämpfe können Schläfrigkeit und Benommenheit verursachen
R 68	Irreversibler Schaden möglich

Sicherheitsratschläge: S-Sätze

Satzziffer	Bedeutung
S 1	Unter Verschluss aufbewahren
S 2	Darf nicht in die Hände von Kindern gelangen
S 3	Kühl aufbewahren
S 4	Von Wohnplätzen fernhalten
S 5	Unter … aufbewahren (geeignete Flüssigkeit vom Hersteller anzugeben)
S 6	Unter … aufbewahren (inertes Gas vom Hersteller anzugeben)
S 7	Behälter dicht geschlossen halten
S 8	Behälter trocken halten
S 9	Behälter an einem gut gelüfteten Ort aufbewahren
S 12	Behälter nicht gasdicht verschließen
S 13	Von Nahrungsmitteln, Getränken und Futtermitteln fern halten
S 14	Von … fern halten (inkompatible Substanzen sind vom Hersteller anzugeben)
S 15	Vor Hitze schützen
S 16	Von Zündquellen fern halten – nicht rauchen
S 17	Von brennbaren Stoffen fern halten
S 18	Behälter mit Vorsicht öffnen und handhaben
S 20	Bei der Arbeit nicht essen und trinken
S 21	Bei der Arbeit nicht rauchen
S 22	Staub nicht einatmen
S 23	Gas/Rauch/Dampf/Aerosol nicht einatmen (geeignete Bezeichnung[en] vom Hersteller anzugeben)
S 24	Berührung mit der Haut vermeiden
S 25	Berührung mit den Augen vermeiden
S 26	Bei Berührung mit den Augen sofort gründlich mit Wasser abspülen und Arzt konsultieren
S 27	Beschmutzte, getränkte Kleidung sofort ausziehen
S 28	Bei Berührung mit der Haut sofort abwaschen mit viel … (vom Hersteller anzugeben)
S 29	Nicht in die Kanalisation gelangen lassen
S 30	Niemals Wasser hinzugießen
S 33	Maßnahmen gegen elektrostatische Aufladung treffen
S 35	Abfälle und Behälter müssen in gesicherter Weise beseitigt werden
S 36	Bei der Arbeit geeignete Schutzkleidung tragen
S 37	Geeignete Schutzhandschuhe tragen
S 38	Bei unzureichender Belüftung Atemschutzgerät anlegen
S 39	Schutzbrille/Gesichtsschutz tragen
S 40	Fußboden und verunreinigte Gegenstände mit … reinigen (Material vom Hersteller anzugeben)
S 41	Explosions- und Brandgase nicht einatmen
S 42	Beim Räuchern/Versprühen geeignetes Atemschutzgerät anlegen (geeignete Bezeichnung[en] vom Hersteller anzugeben)
S 43	Zum Löschen … (vom Hersteller anzugeben) verwenden (wenn Wasser die Gefahr erhöht, anfügen: „Kein Wasser verwenden")
S 45	Bei Unfällen oder Unwohlsein sofort Arzt zuziehen (wenn möglich, dieses Etikett vorzeigen)
S 46	Bei Verschlucken sofort ärztlichen Rat einholen und Verpackung oder Etikett vorzeigen
S 47	Nicht bei Temperaturen über … °C aufbewahren (vom Hersteller anzugeben)
S 48	Feucht halten mit … (geeignetes Mittel vom Hersteller anzugeben)
S 49	Nur im Originalbehälter aufbewahren
S 50	Nicht mischen mit … (vom Hersteller anzugeben)
S 51	Nur in gut belüfteten Bereichen verwenden
S 52	Nicht großflächig für Wohn- und Aufenthaltsräume zu verwenden
S 53	Exposition vermeiden – vor Gebrauch besondere Anweisung einholen
S 56	Diesen Stoff und seinen Behälter der Problemabfallentsorgung zuführen
S 57	Zur Vermeidung einer Kontamination der Umwelt geeigneten Behälter verwenden
S 59	Informationen zur Wiederverwendung/Wiederverwertung beim Hersteller/Lieferanten erfragen
S 60	Dieses Produkt und sein Behälter sind als gefährlicher Abfall zu entsorgen
S 61	Freisetzung in die Umwelt vermeiden. Besondere Anweisungen einholen/Sicherheitsdatenblatt zu Rate ziehen
S 62	Bei Verschlucken kein Erbrechen herbeiführen. Sofort ärztlichen Rat einholen und Verpackung oder dieses Etikett vorzeigen
S 63	Bei Unfall durch Einatmen: Verunfallten an die frische Luft bringen und ruhig stellen
S 64	Bei Verschlucken Mund mit Wasser ausspülen (nur wenn Verunfallter bei Bewusstsein ist)

Register

Aal 187
Ableger 185
Absetzbecken 159
Abwasser 162–165
Abwasserpilz 167
Achsenfaden 252, 253
Ader 54, 55, 65
Aderhaut 242, 244
Adhäsion 149
Adler 73
Aggregatzustand 146, 147
AIDS 286
Aktivkohlefilter 159
Alaun 221
Alge 22, 181, 182, 195, 234
Alkalibatterie 214
Alkalimetall 212, 213
alkalisch 202
Alpensalamander 191
Altersweitsichtigkeit 241
Aluminium 95–97, 100
Alzheimerkrankheit 257
Amboss 232
Ameisensäure 214
Ammoniak 215
Ammonium 169
Amöbe 22
Ampere 120, 121, 131, 138
AMPÈRE, ANDRÉ MARIE 120
Amperemeter 121, 134, 136
Amsel 60, 61, 63, 73
Androgen 278
Anglerfisch 234
Angriffspunkt 296, 297
Anomalie 147
Anziehungskraft 292, 294
Aorta 50, 52, 53
Arbeit 300–305, 312
Arbeitsplan 27
Argon 34, 35
Armierung 103
Armleuchteralge 167
Armskelett 75
Arterie 50, 51, 55, 283
Ascorbinsäure 200
Astalge 22
Atemgas 44, 49
Atemluft 41–47
Atemmuskulatur 253
Atemrohr 182
Atemvolumen 43
Atemzug 40, 43, 46, 47
Atmosphäre 36, 37, 174, 175, 204, 205
Atmung 40, 91, 187, 251
Atmungsorgan 54, 90, 283

Atom 34, 35, 114, 115, 154, 156, 218
Atomhülle 114, 115
Atomkern 114, 115
Atommodell 114
Auenwald 184, 185
Auflösungsvermögen 245
Aufsitzer 181
Auftrieb 77, 81
Aufwind 71, 80, 81
Augapfel 241–244
Auge 12, 90, 232, 237, 242–249, 266, 282
Augenbraue 247
Augendusche 12, 17
Augenkammer 242
Augenlid 242, 247, 266
Augenlinse 243
Augenverätzung 17
Augenverletzung 12, 16
Ausatemluft 45
Auslösepunkt 81
Ausscheidungsorgan 49, 283
Autobatterie 116, 118, 208, 209, 214

Bachstelze 62
Bakterium 25, 90, 162, 165, 234, 235, 287
Balken 256
Balsaholz 79
Balz 60
Bankivahuhn 65
bar 36
Barometer 36, 38, 39
Bart 81
Batterie 15, 123, 124, 136
Bauchflosse 186
Bauchmuskulatur 41
Bauchspeicheldrüse 269, 271
Baustoff 102, 103
Becken 75
Befehlszentrum 255
Befruchtung 65, 185, 279, 287
Begattung 182
Belastungspuls 55
Belebtschlammbecken 164, 165
Benzoesäure 214
Bergmolch 179
Besamung 190
Beschleunigungsarbeit 303–305
Bestäubung 185
Beton 103

Bewegungsenergie 304, 305
Bewegungsnerv 250, 251
Bibliothek 27
Biene 232
Bildweite 241
Bindegewebe 252
Binnengewässer 175
Binokular 18, 19, 166, 221
Bioreaktor 159
Bisexualität 277
Bläschenkeim 280–283, 286
Blattgewebe 24
Blatthaut 24, 185
Blaumeise 62
Blende 19
Blindenschrift 248, 249
blinder Fleck 243, 245
Blitz 113, 118, 120
Blockbatterie 118, 123
Blut 44, 45, 48–55, 176, 268–270, 282, 283
Blutbahn 48–50, 253, 287
Blutgefäß 44, 50, 54, 176, 243, 271, 282, 283
Blutgefäßsystem 65, 268, 269
Blutgerinnung 48
Blutkapillare 190
Blutkörperchen, rotes 91
Blutkreislauf 51, 268
Blutplasma 48, 49
Blutplättchen 48, 49
Blutzelle 25, 48–50
Blutzucker 271
Blutzuckerspiegel 270
Bodenbrüter 63, 64
Bodensee 158
Bodenvogel 65
Bogenstrahl 74
Botenstoff 268, 269, 278
BRAILLE, LOUIS 248, 249
Brandbeschleuniger 86
Brandklasse 95
Branntkalk 102
braten 151
Brauneisenerz 98
Brechkraft 238
Brechung 238, 239, 245
Brechungswinkel 238, 239
Brennofen 102
Brennpunkt 238, 239
Brennspiritus 10, 11, 39, 94, 171
Brennstoff 86, 87, 90, 94, 95, 107
Brennstoffzelle 157

Brennweite 238, 239
Bronchien 40
Brustbein 52, 72, 75
Brustbeinkamm 75
Brustflosse 186
Brustkorb 40, 41, 253
Brustmuskel 75
Brutblattpflanze 223
Bruthöhle 66, 73
Buchfink 62, 63
Bussard 71

Calcium 218, 220, 222
Calciumcarbonat (Kalk) 102, 218, 219
Calciumhydroxid 215
Calciumsulfat (Gips) 217, 219
Carbonat 218
Carboneum 34
Chemikalie 11–13
Chitinhaar 180
Chitinpanzer 183
Chlor 206, 207
Chlorgas 206
Chlorid 218
Chloroplast 20, 21, 24, 104
Chlorwasserstoff 206, 207
Chrom 97, 99, 101, 127
Citronensäure 200, 214
CO_2-Nachweis 91
Computertomografie 258, 259
Cumulus-Wolke 81
Curare 253

dämpfen 150
Darm 176, 271
Darmmuskelzelle 25
Daune 74
Deckfeder 74
Deckglas 20, 23
Delfin 233
Dendrit 252, 253
Diabetes 270
Diabetiker 271
Diaphragma 286
Dichte 80
Diffusion 45
Docht 92
Donau 158
Donner 113
Dotter 65
Dotterkugel 64
Dottersack 280
Drehpunkt 306, 307

Drehrohrofen 103
Drehwiderstand 132
Druck 37
Drüse 268–270, 287
Drüsenhaar 25
Duftstoff 25, 40, 46, 187, 230
Düngemittel 169, 209, 224
Dünger 168, 222
Düngung 223, 224
dünsten 151
Dynamo 116

Edelgas 34, 35, 125
Edelstahl 99
EEG 258, 259
Egel 167
Ei 64, 65, 73
Eibläschen 278, 281
Eichelhäher 63
Eierstock 269, 278, 279, 281, 286, 287
Eihaut 64
Eiklar 64, 65
Eileiter 64, 65, 280, 281, 287
Einatmungsluft 43
Einfallswinkel 238, 239
Einheit 14, 36, 37, 118, 120, 131, 295, 301
Eintagsfliegenlarve 167
Einzeller 22–24
Eisen 87–89, 96–100, 212, 222
Eisendraht 136
Eisenerz 98
Eisenoxid 88, 89, 97, 99
Eisenwolle 87–89, 97
Eisprung 278, 279, 287
Eisvogel 66
Eizahn 65
Eizelle 25, 53, 64, 65, 279–281, 286, 287
elektrisches Gerät 116
Elektrizität 113, 114, 92
Elektrode 100
Elektrokardiogramm (EKG) 140
Elektrolyse 101, 154
Elektromagnet 126, 127, 137
Elektromotor 117, 157
Elektron 114–121, 130, 131
Elektronenpumpe 116, 117
Elektroskop 114, 115
Element 34, 154–156
Elementsymbol 34
Eloxal 100
Elster 62, 63
Embryo 53, 280–283, 286, 287, 288
Empfindungsnerv 250, 251

Emu 72
Endknöpfchen 252, 253, 267
Endplatte, motorische 262, 263
Energie 49, 51, 54, 55, 90, 104, 106, 113, 117, 118, 120, 124, 125, 130, 156, 157, 208, 256, 257, 264, 265, 270, 271, 304, 305
Energiesparlampe 125
Energieträger 156, 157
Ente 180, 184
Entschwefelung 219
Entsorgung 13
Epiphysenfuge 268
Erdalkalimetall 213
Erdanziehung 294
Erde 174, 295
Erdgas 86, 90, 91, 95
Erdkröte 191
Erdöl 90, 91
Erfolgsorgan 251, 255
Erholungsnerv 265
Erle 178, 184
Erregungsleitung 265
erstarren 146, 147
erste Hilfe 16
Essigsäure 200, 214
Eule 73
Eurostecker 139
Extraktion 11
Experiment 10–14

Facettenauge 183
Facetten-Rädertierchen 22
Fahne 72, 74
Fahrraddynamo 118
Falke 73
Fällmittel 165
Farbe 236, 237
Farbensehen 243, 245
Farbfilter 237
Farbspektrum 236
Farbstoff 100, 201, 202, 232, 237, 243
Feder 72–75, 181
Federkiel 74
Federkraftmesser 14
Fehlerstrom-Schutzschalter (FI-Schalter) 15, 141
Feinsicherung 136
Feintrieb 18, 19, 20
Fernwasserversorgung 158, 159
fest 33, 146
Feststoff 212
Festwiderstand 132, 133
Fettflosse 186
Fetus 281–283
Feuer 86, 87, 92, 94, 95
Feuersalamander 191

Feuerwehr 32, 94, 95
Fibrinfaser 48
Fisch 180, 184, 189
Flachbatterie 118
Flamme 92, 93
Flammenfärbung 220
Flaschenzug 308, 309, 113
Fledermaus 233
Fliehkraft 292
Flimmerhärchen 40, 41
Flockungsmittel 159
Flohkrebs 167
Flosse 186–188
Flugbild 71
Flügel 72, 75, 77, 181
Flugmuskulatur 72, 74, 75
flüssig 33, 146, 147
Flüssigkeit 154
Follikel 278–280
Follikel stimulierendes Hormon (FSH) 278
Forelle 186, 187
Fortbewegung 24
Fortpflanzung 73, 279
Fotosynthese 104, 107, 205
Fotowiderstand 132, 133
Freisetzungshormon 269
Frequenz 233
frischen 99
Frosch 191
Froschbiss 179
Froschlurch 191
Fruchtblase 280
Fruchtsäure 200, 201, 214

galvanisieren 100, 127, 207
Ganglienzelle 252, 253
garen 150, 151
Gartenrotschwanz 67
garziehen 150
Gas 154–157, 206, 207, 212
Gasaustausch 24
gasförmig 33, 146, 147
Gasgemisch 34
Gebärmutter 280, 281, 286
Gebärmutterhals 287
Gebärmutterschleimhaut 278–282, 286
Geburt 280, 283, 284, 289
Gedächtnis 260, 261
Gefahrensymbol 13, 86, 201, 247
Gefriertemperatur 147
Gegenstandsweite 241
Gehalt 169
Gehirn 176, 230, 231, 242–245, 250–263, 266–268, 278, 282
Gehirnerschütterung 257, 267
Gehirnstrom 266

Gehirnzelle 257, 258
Gehörgang 230, 232
Gehörknöchelchen 230, 233
Geier 73
Gelber Fleck 243, 245
Gelbkörper 278, 279, 281
Gelbkörperhormon 279
Gelbrandkäfer 167, 180
Generator 116
Geruch 187
Geruchssinn 46, 73, 187, 231
Geruchsstoff 230
Gesamtkraft 296, 297
Geschlechtsdrüse 269
Geschlechtskrankheit 287
Geschlechtsorgan 287
Geschmacksknospe 231
Geschmackssinn 231
Geschmacksstoff 230
Geschmackswahrnehmung 254
Gewässergüteklasse 166, 168
Gewebe 25, 270, 271
Gewebsflüssigkeit 51
Gewichtskraft 36, 292–295, 298, 299, 302, 304, 306–310
Gewitter 113
Gewölle 72
Giftdrüse 190
Gips 221
Glasglocke 42, 43
Glaskörper 230, 242
Gleichgewichtsorgan 232
Gleitflug 70
Gleitzahl 80
Glimmlampe 34, 112, 115
Glimmspanprobe 35, 154
Glühdraht 120, 121, 125
Glühlampe 118–125, 128–130, 136
Glühwürmchen 234
Glukose 271
goldene Regel der Mechanik 306, 309, 311, 312
Gonorrhoe 287
Graphit 91
Grasfrosch 190, 191
Grasmücke 69
Graureiher 178, 181
Gravitation 294
Greifvogel 71, 73, 80
Grobtrieb 18, 19
Größe, physikalische 14
Großhirn 251, 254, 256, 257
Großhirnrinde 255–257
Großlibelle 183
Grünalge 25
Grünalgenkolonie 22
Grundwasser 162, 163, 174, 175

Grünfink 62
GUERICKE, OTTO 39
Gusseisen 98

H
Haar 180, 257, 276
Haarzelle 25
Habicht 73
Hagelschnur 64, 65
Hahn 64
Hakenstrahl 74
Halbhöhlenbrüter 67
Halsschlagader 55
Halswirbel 75
Hammer 232
Hämoglobin 48
Handlupe 18, 19
Hangabtriebskraft 310, 311
Haubentaucher 178, 180, 181
Haussperling 62
Haut 12, 25, 46, 49, 176, 191, 202, 231, 232, 276
Hautdrüse 191
Häutung 183
Hautverätzung 17
Hautzelle 25
Hebel 307, 312
Hebelarm 306, 307
Hefezelle 24
Heißleiter 133
Heizspirale 124
Hektopascal (hPa) 37
Helium 34, 35
Hell-Dunkel-Sehen 245
Henne 64, 65
Hertz (Hz) 233
HERTZ, HEINRICH 233
Herz 50–55, 75, 138, 252
Herzkammer 52, 53
Herzklappe 53
Herzkranzgefäß 52
Herzmuskel 253
Herzmuskulatur 55
Herzscheidewand 52, 53
Heuaufguss 23
Hinterhorn 262
Hirnanhangsdrüse 268
Hirnhaut 256, 257
Hirnstrom 258
Hirnzelle 256
Hochofen 98, 99
Hochspannungsleitung 118, 120
Hoden 269, 279
Höhenenergie 304, 305
Höhenleitwerk 78, 79
Höhenruder 78
Höhlenbrüter 66, 67, 72, 73
Hohlmuskel 53
Holz 86, 90, 95, 104
HOOKE, ROBERT 20

Hormon 268–271, 278, 279, 286
Hormondrüse 268, 269
Hormonsystem 269
Horn 74
Hornblatt 179
Hörnerv 230, 232
Hornhaut 230, 242–244, 247
Hornschnabel 72, 75
Hörschnecke 232
Hörsinneszelle 230
Horst 73
Hörzentrum 254
Hubarbeit 300, 302, 304, 305, 308
Hubmagnet 126
Hundeegel 167
Hüpferling 167
Hydroxid 212, 213
Hygrometer 46, 47
Hypophyse 256, 268, 269, 278, 279
Hypothalamus 269, 278, 279

I
Indikator 201–203, 210, 215
Innenohr 230, 232
Insekt 183, 185
Insektenlarve 181
Insulin 270, 271
Internet 27
In-Vitro-Fertilisation 287
Iris 242, 243, 247
Isolierstütze 136, 137
Isolator 131

J
Joule (J) 301, 305
Jupiter 295

K
kalibrieren 298
Kalilauge 203, 214
Kalium 95, 212, 213, 220, 222
Kaliumhydroxid 212
Kalk 99, 102, 152, 217
Kalkmilch 215
Kalkmörtel 103
Kalkschale 65
Kalkstein 102, 103, 204
Kalkwasser 43, 90–93, 102, 204, 215, 217
Kalkwasserprobe 34, 35, 205
Kaltleiter 133
Kammerwasser 242
Kanalisation 162, 164
Kandelaberkaktus 176
Kapillare 44, 50, 51
Kapillarkraft 149
Kaulquappe 180, 190, 191
Kehldeckel 40

Kehlkopf 40
Keimdrüse 278
Keimscheibe 64, 65
Kernkraftwerk 161
Kerzenflamme 92
Kieme 187, 190, 191
Kiemenatmung 187
Kiemenblättchen 187
Kiemenbogen 187
Kiemendeckel 187
Kieselalge 22, 24
Kilojoule (kJ) 301
Klammer-Reflex 263
Kläranlage 162, 164, 165
Klauenkäfer 167
Kleinhirn 251, 254, 256
Kleinkrebs 182
Kleinlibelle 183
Kleinlibellenlarve 167
Kleinstlebewesen 22, 23, 181
Kletterfuß 73
Kloake 64
Knallgas 155
Knallgasprobe 155, 212
Kniesehnenreflex 263
Knochen 73, 75
Knochenmark 74
Knopfzelle 116, 118
Knorpelspange 40
Köcherfliege 194, 195
Kochsalz 207, 216–218, 221, 225
Kohle 86, 87, 90, 91, 95
Kohlekraftwerk 161, 217, 219
Kohlensäure 35, 200, 203–205, 214, 218
Kohlenstoff 90, 91, 98, 99, 106, 107, 204
Kohlenstoffdioxid 34, 35, 44–48, 49, 51, 90, 91, 95, 98, 99, 102, 104, 105, 106, 107, 152, 204, 205, 215, 222, 223, 282
Kohlenstoffmonooxid 90, 91, 98, 99
Kohlmeise 62, 63
Kolbenprober 89
Kolibri 71
kondensieren 146, 147
Kondom 286
Konstantandraht 130, 136, 137
Konverter 99
Konzentration 45
konzentriert 203, 209
Kopfhaut 258
Kormoran 181
Körperkreislauf 51
Körperschlagader 53
Körpervene 52, 53
Körperzelle 49, 51

Korrosion 96, 97, 100, 225
Kraft 36, 37, 292, 293, 294, 297, 300, 302, 306, 308, 310–313
Kraftarm 306, 307
Kräftegleichgewicht 296
Kräfteparallelogramm 297
Kraftmesser 76, 77, 295, 298, 299, 310
Kraftweg 306, 308–310
Krankheitserreger 48, 49
Kreislauf 50, 52–55
Kreislaufsystem 50
Kristall 218, 220, 221
Kropf 270, 271
Kröte 191–193
Krötenwanderung 192
Krypton 34, 35
Kuckuck 68, 69
Kühlwasser 161
Küken 64, 65, 73, 180
Kulturfolger 60, 61, 73
Kupfer 88, 89, 96, 97, 100, 122
Kupferdraht 136
Kupferoxid 88, 89
Kupfersulfat 154, 220, 221
Kurzschluss 136
Kurzsichtigkeit 241
Kurzzeitgedächtnis 261
Küstenseeschwalbe 72

L
Lachmöwe 72
Lachs 187
Lackmus 202, 210, 211
Ladung, elektrische 113–118
Lageenergie 304
Laich 184, 190
Laichgewässer 191
Langzeitgedächtnis 261
Larve 179, 182, 183, 190, 191
Lastarm 306, 307
Lastweg 306, 308, 309, 310
Laubfrosch 191
Lauge 13, 200–203, 210–218
Laugenbrezel 210
Laugengebäck 211
Lebewesen 20, 21, 24, 25, 90, 91, 166, 177, 178, 234, 235
Lederhaut 242
LEONARDO DA VINCI 240
Leichtbauweise 74
Leistungsnerv 265
Leitfähigkeit, elektrische 213
Leuchtkäfer 234
Leuchtröhre 35
Leuchtstoffröhre 112
Libelle 179, 183
Libellenlarve 183

Lichtbrechung 238
Lichtreiz 243
Lichtstrahl 230, 234, 236, 238, 240, 242, 243, 245
Lidschlussreflex 247
LIEBIG, JUSTUS VON 222, 223
LILIENTHAL, OTTO VON 76
Linse 18, 230, 238, 240–242, 244
Linsenbänder 242
Linsenkrümmung 238
Linsensystem 18
Lithium 212, 213
Löschkalk 102
Löschmittel 94, 95
Löschpulver 95
lösen 150
Lösungsmittel 151, 162, 163, 176
Lotus-Effekt 149
Luft 32–37, 46
Luftdruck 36–39
Luftfeuchtigkeit 46
Luftröhre 40, 41
Lunge 40, 41, 44, 48, 49, 53, 55, 73, 91, 176, 190, 191
Lungenarterie 52, 53
Lungenatmung 187
Lungenbläschen 40, 44, 45
Lungenfell 41
Lungenflügel 40, 41, 52
Lungenkreislauf 51, 53
Lungenvene 52, 53
Lupe 18, 195
Lurch 190–192
Luteinisierendes Hormon (LH) 278, 279
Lymphbahn 51, 287
Lymphe 51

Magen 176, 206
Magensäure 206
Magnesium 88, 89, 95, 222
Magnesiumoxid 88
Magnesiumsulfat (Bittersalz) 219
Magnet 126
Masse 32, 36, 37, 147, 294, 295, 298, 301
Massenanziehungskraft 294
Mauersegler 68, 69
Mäusebussard 70
Mehlschwalbe 68, 69
Membran 20, 252, 253
Menstruation 279, 282
Menstruationszyklus 287
messen 14
Messergebnis 136
Messgerät 119, 121
Messung 38, 47, 128, 129

Messwert 47, 134
Metall 88, 89, 95, 96, 97, 99, 100, 103, 137, 212, 218, 219, 225
Metalloxid 89
Methan 95
Methylenblau-Lösung 20, 21
Mignonzelle 118, 122
Mikroorganismus 165
Mikroskop 18–20, 221
Milchsäure 200, 214
Mineraldünger 162, 163, 222
Mineraldüngung 223
Mineralsalz 49, 104, 162, 177, 222
Mineralstoff 106, 150, 222
Minuspol 129
Mittelfuß 75
Mittelhirn 251, 265
Modell 114
Modellflieger 79
Molch 191
Molekül 34, 35, 154
Monatsblutung 279
Monatszyklus 287
Mond 295
Monozelle 116, 118
Möwe 72
Mücke 178, 179
Mund 176
Mundhöhle 40
Mundschleimhautzelle 21, 25
Muskel 41, 52, 54, 74, 138, 188, 242, 251, 253, 255, 262, 263
Muskelfaser 51, 247, 253
Muskelkraft 292, 301
Muskelspindel 262, 263
Muskulatur 253, 262
Mutterkuchen 280, 282

Nachklärbecken 164
Nährsalz 222, 223, 224
Nährstoff 49, 54, 243, 270, 282, 283
Nahrungsaufnahme 24
Nandu 72
Nase 187, 230
Nasenhöhle 40
Nasen-Rachen-Raum 41
Nasenschleimhaut 40
Natrium 95, 212, 213, 220, 218
Natriumcarbonat (Soda) 218, 219
Natriumchlorid (Kochsalz) 213, 216–221
Natriumhydrogencarbonat 95

Natriumhydroxid 210–213, 216, 217
Natronlauge 203, 210–212, 216, 218
Nebenniere 269
negativ 101, 114, 115
Neon 34, 35
Nerv 231, 250, 252, 262, 265
Nervenbahn 250–252, 263, 265, 268
Nervenfaser 244, 252, 257, 265
Nervensignal 243, 253
Nervenstrang 250, 252
Nervensystem 230, 250–253, 264–269, 287
Nervenzelle 25, 250–263, 266, 267
Nervenzentrum 262
Nestflüchter 65
Nesthocker 61
Netzgerät 15, 130, 136
Netzhaut 230, 241–245, 251, 254
Neuntöter 67
neutral 114, 115
Neutralisation 216–218
Newton (N) 36, 37, 294, 295, 298, 309
NEWTON, ISAAC 294
Newtonmeter (Nm) 301, 305
Nichtmetalloxid 91
Nickel 99, 101
Niederschlag 158
Niederschlagswasser 175
Niere 49, 176
Nisthilfe 67
Nistkasten 72, 73
Nistplatz 60
Nitrat 168, 224, 225
Nitrit 168
Nitrogenium 34
Notruf 16
Nymphe 195

Oberflächenspannung 148, 180, 184
Oberflächenwasser 159
Oberhaut 190
Oberlid 246
Oberschenkel 75
Objektiv 18, 19
Objektivrevolver 19
Objekttisch 18, 19
Objektträger 18–20, 23
OERSTED, HANS CHRISTIAN 126
Ohm 131, 133, 138
OHM, GEORG SIMON 131, 134
Ohmmeter 132
ohmsches Gesetz 130, 134
Ohr 230, 232, 233

Ohrmuschel 230, 232
Ohrtrompete 232
Okular 18, 19
Ölabscheider 164
Optik 238
Organ 25, 52, 176, 177, 188, 251, 253, 256, 262, 264, 265, 268, 279, 281, 283
Organismus 25, 91
Organsystem 266
Östrogen 278
Ovarium 269
Oxalatblut 49
Oxid 88–90, 96
Oxidation 51, 88, 89, 96, 97, 99, 100, 106
Oxygenium 34

Paarung 180, 183
Palisadengewebe 24, 185
Pantoffeltierchen 23, 25
Papierflieger 78
Papierherstellung 160
Paraffinöl 212
Parallelschaltung 129, 137
Parasympathikus 264, 265
Pascal (Pa) 36, 37
Patina 96, 204
Pestizid 162, 163
Petroleum 212
PETTENKOFER, MAX VON 47
Pflanzenzelle 20, 21
Phenolphthalein 210–212
pH-Meter 202
Phosphat 168, 224, 225
Phosphor 222
Phosphorsäure 214
pH-Wert 153, 202, 203, 210
Pigment 237
Pigmentzelle 232, 243
Pille 286
Pilz 234, 235
Pinguin 72
Plankton 22, 91, 181, 182, 195
Plazenta 279, 282, 283
Pleuraspalt 41
Pluspol 129
Pollen 185
positiv 101, 114, 115
Portlandzement 103
Potentiometer 132, 135
ppm 46, 47
präsentieren 29
PRIESTLEY, JOSEPH 107
Prisma 236, 237
Progesteron 279, 281
Projekt 26–29
Propan 95
Puls 50, 51, 54

Pumpspeicherwerk 116, 117
Pumpwerk 158
Pupille 230, 242, 243, 245, 247, 268

Pupillenreflex 247

Querruder 78

Rachenraum 40, 41, 187
Rampe 310
Rastertunnelelektronenmikroskop 114
Rattenschwanzlarve 167
Rauchgas 217, 219
Rauchschwalbe 68, 69
Reaktion, chemische 88, 89, 122, 216
Reaktionsgleichung 157
Rebhuhn 66, 67
Reduktion 98, 99
Reflex 247, 262, 265
Reflexion 235
Regelblutung 279, 281, 286, 288
Regelkreis 269, 278, 279
Regenbogenhaut 242, 247
Reibung 302
Reibungsarbeit 302, 305
Reibungskraft 292, 293, 302
Reihenschaltung 122, 128
Reiher 181
Reinigungsbenzin 10, 11
Reinstoff 35, 154
resultierende Kraft 296, 297
Reiz 230, 231, 250, 251, 262, 266
Reizempfänger 230
Reiz-Reaktions-Mechanismus 251
Reizrezeptor 230, 231
rekultivieren 166
REM-Schlaf 266
Reproduktionstechnik 287
Riechfalte 187
Riechschleimhaut 230
Riechsinneszelle 230
Riechzelle 232
Rindenfeld 254, 255
Rippe 40, 41, 75
Rippenfell 41
RODIN, AUGUSTE 260
Roheisen 98, 99
Rohrammer 178
Röhrenknochen 74
Röhrichtgürtel 178, 179
Rohrkolben 184, 185
Rohrreiniger 210, 211
Rohstoff 156, 160, 161, 208, 209, 218
Rolle 308, 312

Rost 96, 97, 127
Rostschutz 97
Rote Liste 193
Rotfeder 178, 179
Rot-Grün-Sehschwäche 236, 237
Rotkehlchen 62, 63, 69
Rotkohlsaft 200, 201
Rückenflosse 186
Rückenmark 250–252, 262, 263, 267
Rückenmarksnerv 262
Rückenschwimmer 167, 180, 181
Rückkopplung, negative 278
Ruderflug 70, 71
Ruderfußkrebs 182
Ruderschwanz 190, 191
Ruderwanze 167
Ruhepuls 55
Rüsselkrebschen 181
Rüttelflug 70, 71

Salamander 191
Salz 217–222
Salzsäure 202, 203, 206, 207, 216–218
Salzsäuregas 206, 207
Samenflüssigkeit 64
Samenzelle 64
Sammelbehälter 158
Sammellinse 238, 239, 241
Sandfang 164
Sauerstoff 24, 34, 35, 40, 44, 45, 46, 49, 51, 54, 75, 86–91, 94–101, 104, 106, 107, 154–157, 166, 186, 187, 204, 208, 212, 213, 224, 225, 243, 256, 257, 282, 283
Säugetier 189
Saugkraft 77
Saug-Pump-Mechanismus 52, 53
Säure 13, 200–206, 210, 212, 214, 214, 216–219
Schädel 75
Schädelknochen 256, 257
Schadstoff 163
Schaft 74
Schalenhaut 64
Schall 113, 232
Schallwelle 230, 232, 233
Schaltskizze 117, 123, 129
Schaltzeichen 136
Schaltzelle 244
Schärfentiefe 19
Schiebewiderstand 132
schiefe Ebene 310–312
Schilddrüse 268–270

Schilddrüsenhormon 271
Schilfgürtel 180
Schlacke 99
Schlagader 50
Schlammröhrenwurm 167
Schleiereule 70, 72
Schleimdrüse 190
Schleimhaut 41, 90
Schleimschicht 190
Schraubenfeder 294, 295
Schmeckzelle 231
schmelzen 146
Schmelzsicherung 136, 137
Schmetterling 195
schmoren 151
Schnabel 60–62, 73
Schock 17
Schocklage 17
Schuko-Stecker 138
Schutzbrille 12
Schutzhandschuhe 12, 16
Schutzkontakt-Stecker 138
Schutzleiter 15
Schutzleitung 138
Schwalbe 67, 69
Schwammgewebe 24, 185
Schwangerschaft 279, 281, 283, 284, 286–289
Schwanzfeder 73, 74
Schwanzflosse 186
Schwanzlurch 191
Schwanzmeise 62
Schwanzwirbel 75
Schweber 181
Schwefel 90, 91, 99, 208, 222
Schwefeldioxid 90, 91, 208, 217
Schwefelsäure 203, 207–209, 214, 218, 219
Schwefeltrioxid 208, 209
schweflige Säure 217
Schweiß 54, 176, 247, 202
Schweißdrüse 176
Schwertlilie 184
Schwimmblase 188, 189, 191
Schwimmblattgürtel 178, 179
Schwimmblattpflanze 185
Schwimmer 181
Schwirrflug 71
Schwungfeder 74, 75
See 178, 179, 192
Seerose 178, 184, 185
Seeschwalbe 72
Segelflug 71
Segelflugzeug 78, 80
Segelklappe 52, 53
Sehbahn 255
Sehloch 245, 247

Sehnerv 230, 231, 243–2, 254, 256
Sehsinn 249
Sehsinneszelle 230, 245
Sehzelle 244, 254
Sehzentrum 254, 255
Seife 215
Seitenleitwerk 78, 79
Seitenlinienorgan 186
Seitenruder 78
Sexualhormon 278, 279
Sexualität 276, 278–280, 289
Sicherung 15, 136, 137
Sicherungskasten 137
Siedetemperatur 146
Silber 88
Silberoxid 88
Singdrossel 63, 69
Singvogel 69, 73
Singwarte 60
Sinn 231, 248, 276
Sinnesorgan 230–232, 249–251, 255–257, 26
Sinneszelle 230–232, 237, 243, 244, 263
Skelett 73, 75
Skelettmuskulatur 266
Sodbrennen 206
Sofortmaßnahmen 16
Sog 77, 177
Solarzelle 116
Sonnenenergie 104, 238
Sorbinsäure 214
Spaltöffnung 24, 177, 184, 185
Spannarbeit 303
Spannenergie 304
Spannkraft 292
Spannung, elektrische 101, 113–119, 122–140
Spannungsmesser 119
Specht 73
Spektralfarbe 236, 237
Spermium 190, 280, 281, 286, 287
Spinngewebshaut 256, 257
Spirale 286
Spitzschlammschnecke 180
Sprachzentrum 254, 255
Sprossachse 25
Spule 74
Stäbchen 243–245
Stabwanze 167
Stahl 99, 100
Stahlbeton 103
Stammhirn 251
Star 67, 73
Stärke 104, 105
Stechmücke 182
Steigbügel 232

Steigung 311
Steinfliegenlarve 167
Steinkauz 67
Steinsalz 206, 218
Stereolupe 18
Stereomikroskop 18
Stickoxid 91
Stickstoff 34, 35, 125, 222
Stoffgemisch 154
Stoffwechsel 279
Storch 66, 69, 70, 76
Strauß 72, 73
Straußenvogel 72
Streckmuskel 263
Stress 266, 267
Streusalz 225
Strom 15, 115–141, 154–157, 212, 214
Stromkreis 116–124, 128–139
Stromlinienform 74
Strommesser 121
Stromquelle 15, 116–118, 122, 129
Stromrichtung 129
Stromstärke 120–125, 128–138
Sturzflug 70, 71
Sulfat 218
Süßwasserpolyp 181
Süßwasserschnecke 180
Süßwasserschwamm 181
Sympathikus 264, 265
Synapse 252, 253, 267
synaptischer Spalt 252, 253, 267
Syphilis 287
Szintigramm 270

Talg 202
Taschenklappe 52, 53
Tastsinn 249, 250
Tauchblattgürtel 178, 179
Tee 150
Teich 178, 179
Teichhuhn 178, 179
Teichmolch 191
Teichrose 178, 184, 185
Teilchen 33, 150
Teilchenmodell 101, 146
Teilkraft 296, 297
Tellerschnecke 167
Temperatur 46, 124, 137, 146, 147, 169, 216
Temperaturempfindung 254
Testosteron 278
Thermik 70, 71, 73, 80, 81
Thermikschlauch 80, 81
Thermometer 14
Thymusdrüse 269
Thyroxin 269–271

Tierzelle 21
Totalreflexion 239
Tragflächenprofil 78
Tränendrüse 247
Transpiration 177
Transportmittel 176, 177
Traubenzucker 51, 104–106, 256, 257, 271
Trennverfahren 11
Triebknopf 18, 19
Trinkwasser 158, 159, 163, 164
Trinkwasserversorgung 158, 159
Tripper 287
Trommelfell 37, 230, 232, 233
Tropfstein 204
Tubus 18, 19
Tümpel 178, 179, 184, 190, 192, 193

Überdüngung 222–225
Uferbrüter 67
Ultraschall 233
Universalindikator 202–204, 207, 211, 216
Unke 191
Unterhaut 190
Unterlid 246
Unterschenkel 75
UV-Strahlung 237, 247

VDE-Kennzeichen 15
Vene 50, 51, 283
Venenklappe 51
Verätzung 12, 208–210
Verbindung, chemische 34, 154, 156
Verbrennung 34, 87–89, 91, 96, 97, 156, 157
Verbrennungsdreieck 87
Verbrühung 12
verdampfen 146
Verdauung 24, 265
Verdauungsenzym 271
verdünnen 209
verdünnt 203
verdunsten 146
Verdunstung 174, 177
Verformungsarbeit 303
Verhütungsmittel 286
Verknüpfungsfeld 255
Vermehrung 24
Versuchsplanung 10
verzinken 101
Vielfachmessgerät 14, 119, 121, 128, 132, 135
Vielzeller 24
Vitamin 49, 150
Vogel 60–78, 80, 178, 180

Vogelei 24
Vogelfeder 74, 75
Vogelskelett 73
Volt 15, 113, 118, 138
VOLTA, ALESSANDRO 118
Voltmeter 119, 122, 123, 134
Volumen 32, 33, 36, 37, 146, 147
Vorderhorn 262
Vorfluter 165
Vorhof 52, 53
Vorklärbecken 164

Waage 14, 299
Wachs 92
Wachsschicht 185
Wachstumshormon 268
Wägebalken 76
Wahrnehmungsfeld 254, 255
Wanderfalke 70, 71
Wärme 49, 90, 124, 125, 130, 156, 217, 232, 304
Wärmeenergie 176, 305
Wärmeregulation 54
Wärmestrahl 230
Wasser 146–169
Wasser, destilliertes 154
Wasseramsel 66, 67
Wasserassel 167
Wasserbedarf 160, 161
Wasserdampf 34
Wasserfloh 167, 181, 182
Wasserfrosch 191
Wasserhärte 152, 169
Wasser-Knöterich 184
Wasserkreislauf 162, 174, 175
Wasserläufer 148, 166, 167, 180
Wasserlinse 179, 184, 185
Wasserpest 20, 21, 104, 105, 178, 184, 185
Wasserqualität 166
Wasserrechnung 161
Wasserskorpion 167
Wasserstoff 95, 104, 154–157, 206, 207, 212, 213, 218
Wasserstofftechnologie 157
Wasservogel 184
Wasserwanze 180
Wasserwerk 159
Wasserzähler 161
Wasserzersetzungsapparat, Hofmann'scher 154, 155
Watesmopapier 154
Watt 131
Wechselkröte 191
Wechseltierchen 22
Weide 178, 184

Weiher 179, 184, 191, 192
Weißblech 97
Weißstorch 66, 68
Weitsichtigkeit 241
Wendel 125, 137
Widerstand, elektrischer 130–137
Wiedehopf 67
Wildhuhn 65
Wimper 246, 247
Wimpertierchen 23, 24
Winterstarre 191
Wirbelkanal 262
Wirbelkörper 262
Wirbelsäule 188, 262, 263
Wirbelsäulenkanal 262
Wurzel 25, 162, 184, 185, 222
Wüstenspringmaus 177

Zapfen 243–245
Zehe 75
Zeiger 166
Zelle 20, 21, 24, 25, 48, 230, 243, 245, 252, 253, 259, 268–271, 280, 281
Zellkern 20, 21, 244, 252, 280
Zellkörper 25, 252, 253, 257
Zellmembran 20, 21
Zellplasma 20, 21
Zellsaftraum 20, 21
Zellwand 20, 21
Zement 103
Zementmörtel 103
Zentralgrube 245
Zentralnervensystem 250, 251, 265
Zerstreuungslinse 241
Ziliarmuskel 242
Zilpzalp 63
Zink 88, 89, 96, 97, 122, 127
Zinkoxid 88
Zirbeldrüse 269
Zitteraal 118
Zucker 24
Zuckerkrankheit 271
Zuckmückenlarve, Rote 167
Zugkraft 308, 309
Zugvogel 68, 69, 72
Zündtemperatur 86, 87, 94, 95
Zunge 71, 73, 191
Zwerchfell 41, 52
Zwiebelhaut 20
Zwiebelhautzelle 25
Zwischenhirn 251, 265, 269, 278
Zwischenrippenmuskulatur 41
Zyklus 278

Bildnachweis

U1.1 Viscom Fotostudio (Siegfried Schenk), Schwäbisch Gmünd – U1.2 Mauritius (Mallaun), Mittenwald – U1.3 ZEFA (Kehrer), Düsseldorf – U1.4 BASF AG, Ludwigshafen – U2.1 Silvestris (Giel), Dießen – U2.2 Silvestris (Kehrer), Dießen – U2.3+5+8 Reinhard-Tierfoto, Heiligkreuzsteinach – U2.4 Silvestris (Hans-Georg Arndt), Dießen – U2.6 Silvestris (Walter Rohdich), Dießen – U2.7 Dr. Heiko Bellmann, Lonsee – U2.9 Okapia, Frankfurt – U2.10 Silvestris (Roger Wilmshurst), Dießen – U2.11 Silvestris (K.-H. Jacobi), Dießen – U2.12 ZEFA (Kehrer), Düsseldorf – U2.13 Dr. Bruno P. Kremer, Wachtberg – U2.14 FOCUS (G. I. Bernard), Hamburg – U2.15 Harald Lange Naturbild, Bad Lausick – U2.16 Silvestris (Frank Hecker), Dießen – U2.17 Okapia (Peter Parks), Frankfurt – U4.1 Helga Lade (BAV), Frankfurt – U4.2 Premium Stock Photography (R. Gehman), Düsseldorf – U4.3 Normal-Design, Schwäbisch Gmünd – 1.1 Bongarts (Vivien Venzke), Hamburg – 1.2+3 Mauritius, Mittenwald – 1.4 Getty Images (Image Bank/Ty Allison), München – 1.5 Okapia (KHS/OKAPIA), Frankfurt – 4.1 Klett-Archiv (H. Fahrenhorst), Stuttgart – 4.2 Corbis (Royalty-Free), Düsseldorf – 4.3 ZEFA, Düsseldorf – 4.4 Mauritius (Mallaun), Mittenwald – 4.5 Getty Images (stone/Ralph Wetmore), München – 4.6 Mauritius (Frauke), Mittenwald – 6.1 ZEFA (Kehrer), Düsseldorf – 6.2 Corbis (James Davis, Eye Ubiquitous), Düsseldorf – 6.3 Getty Images (Terry Vine), München – 6.4 Okapia (Derek Bromhall OSF), Frankfurt – 6.5 Getty Images (Image Bank/Ty Allison), München – 8.1 DaimlerChrysler, Stuttgart – 8.2+3 Klett-Archiv, Stuttgart – 8.5 Astrofoto (Shigemi Numazawa), Sörth – 8.6 BASF AG, Ludwigshafen – 10.1 Corbis (RF), Düsseldorf – 10.2 Mauritius (Hubatka), Mittenwald – 12.2 Klett-Archiv (R. Peppmeier), Stuttgart – 12.3 FILTEC Filter- und Umwelttechnik, Goldbach – 14.2A+E Phywe Systeme GmbH&Co.KG, Göttingen – 14.2B Conrad Electronic GmbH, Hirschau – 14.2C+D Leybold Didactic, Hürth – 14.2F Normal-Design, Schwäbisch Gmünd – 14.3 Phywe Systeme GmbH&Co.KG, Göttingen – 14.5+6 Fabian H. Silberzahn, Stuttgart – 14.8+9 Klett-Archiv, Stuttgart – 16.1+2+4+5 Conrad Höllerer, Stuttgart – 16.6 Klett-Archiv, Stuttgart – 18.1+3–5 Dr. Bruno P. Kremer, Wachtberg – 20.1 Klett-Archiv, Stuttgart – 20.2 Silvestris (Frank Hecker), Dießen – 20.9+10 Dr. Bruno P. Kremer, Wachtberg – 22.1+7 Klett-Archiv, Stuttgart – 22.6 Okapia (Roland Birke), Frankfurt – 22.8 Dr. Joachim Wygasch, Paderborn – 22.9 Dr. Bruno P. Kremer, Wachtberg – 24.1+4+7 Klett-Archiv, Stuttgart – 24.2+3+6 Dr. Bruno P. Kremer, Wachtberg – 26.2 Klett-Archiv, Stuttgart – 26.5 Kurt Fuchs, Erlangen – 28.1–6 Torsten Wenzler, Notzingen – 30.1 Michael Ludwig, Heimsheim – 30.2 FOCUS (H. Müller-Elsner), Hamburg – 30.3 Premium Stock Photography (Imagestate), Düsseldorf – 30.4 Getty Images (The Image Bank/Michael Melford), München – 30.5 Mauritius (Nakamura), Mittenwald – 30.6 Picture Press (Wilhelm Scholz), Hamburg – 32.1 Albert Ziegler, Giengen – 32.2 MEV, Augsburg – 32.6 Deutsches Museum, München – 34.2+7 Harald Lange Naturbild, Bad Lausick – 34.4 Silvestris (Dr. Wagner), Dießen – 34.5 Getty Images (Joseph Pobereskin), München – 36.1 Getty Images (stone), München – 36.3 TFA Dostmann GmbH&Co.KG, Wertheim-Reicholzheim – 36.4 OEG Oel- und Gasfeuerungsbedarf, Lienen – 36.5 NASA, Washington D.C. – 36.6 Picture Press (Stephanie Maze), Hamburg – 40.1+6 Okapia (Manfred Kage), Frankfurt – 40.4 Getty Images, München – 42.1 Getty Images (Kennan Harvey), München – 42.4 Okapia (Francois Gohier), Frankfurt – 42.5 Okapia (Jürgen Freund), Frankfurt – 44.1 Okapia (Manfred Kage), Frankfurt – 44.6A+B Harald Lange Naturbild, Bad Lausick – 46.1+5–9 Klett-Archiv, Stuttgart – 48.1 Okapia (L. Mulvehill), Frankfurt – 48.2 FOCUS (NATIONAL CANCER INSTITUT), Hamburg – 48.3 Albert Bonniers Förlag AB, Stockholm – 48.6 Johannes Lieder, Ludwigsburg – 50.2 Okapia (E. Reschke/P. Arnold), Frankfurt – 52.6 Artothek, Weilheim – 52.7 Albert Bonniers Förlag AB, Stockholm – 54.1+9 Mauritius, Mittenwald – 54.2 pictureservices RF, Mittenwald – 54.3–6 Paul Rodach, Sachsenheim – 54.8 Klett-Archiv, Stuttgart – 54.10 Bongarts (Vivien Venzke), Hamburg – 54.11 Getty Images (stone), München – 58.1 ZEFA (F. Lanting), Düsseldorf – 58.2 ZEFA, Düsseldorf – 58.3 Helga Lade (Josef Ege), Frankfurt – 58.4 ZEFA (Heintges), Düsseldorf – 58.5+7 Silvestris, Dießen – 58.6 Aktion Zwerggans e.V., Herrenberg – 58.8 Silvestris (Pforr), Dießen – 60.1+3 Okapia (M. Danegger), Frankfurt – 60.2 Silvestris (Justus de Cuveland), Dießen – 60.5 Okapia (Eric A. Soder), Frankfurt – 60.6 Reinhard-Tierfoto, Heiligkreuzsteinach – 60.7 Silvestris (Skippe), Dießen – 60.8 Silvestris, Dießen – 62.5 Angermayer (H. Reinhard), Holzkirchen – 64.1 Okapia (Schacke), Frankfurt – 64.2 Silvestris (Helmut Pieper), Dießen – 64.3 Okapia (Naturbild), Frankfurt – 64.7–9 Okapia, Frankfurt – 64.10 Silvestris (E. Kuch), Dießen – 64.11 Okapia (Nature Agence), Frankfurt – 64.12 ZEFA (Jonas), Düsseldorf – 64.13 Okapia (Eric A. Soder), Frankfurt – 66.1 Reinhard-Tierfoto, Heiligkreuzsteinach – 66.2 Okapia (Buchhorn), Frankfurt – 66.3 Mauritius (Rauschenbach), Mittenwald – 66.4 Silvestris (Wilmshurst), Dießen – 66.5 Angermayer (H. Reinhard), Holzkirchen – 66.6 Mauritius (Lange), Mittenwald – 68.1 Okapia (Danegger), Frankfurt – 68.2 Silvestris (Nill), Dießen – 68.4 Silvestris (Dr. Brehm), Dießen – 68.5 Okapia (H. Reinhard), Frankfurt – 70.1 Mauritius (AGE), Mittenwald – 70.2 Silvestris (Buchhorn), Dießen – 70.3 Okapia (NAS/T. McHugh), Frankfurt – 70.4 ZEFA (Danegger), Düsseldorf – 70.5 Okapia (R. Kruschel), Frankfurt – 70.6 Okapia (Robert Maier), Frankfurt – 70.8 Okapia, Frankfurt – 70.9 Getty Images (Tim Davis), München – 72.1+3+6 Harald Lange Naturbild, Bad Lausick – 72.2 Visum (Fritz Poelking), Hamburg – 72.4 Reinhard-Tierfoto, Heiligkreuzsteinach – 72.5 Okapia (W. Rohdich), Frankfurt – 72.7 Corel Corporation, Unterschleissheim – 72.8 Picture-Alliance (dpa/M. de Jonge), Frankfurt – 74.1+2 Harald Lange Naturbild, Bad Lausick – 74.4 Mauritius, Mittenwald – 74.7 ZEFA (D. Kuhn), Düsseldorf – 76.1 Helga Lade (Josef Ege) Frankfurt – 76.3 Harald Lange Naturbild, Bad Lausick – 76.5 IMAGO, Berlin – 78.1+10 Fabian H. Silberzahn, Stuttgart – 78.3 Bilderbox (Erwin Wodicka), Thening – 80.1 blickwinkel (F. Poelking), Witten – 80.2 Dr. Claus-Dieter Zink, Schwieberdingen – 80.4 Deutscher Wetterdienst, Offenbach – 84.1 Mauritius (Mallaun), Mittenwald – 84.2 Mauritius (Superstock), Mittenwald – 84.3+9 Klett-Archiv, Stuttgart – 84.4 archivberlin (Gedulidig), Berlin – 84.5 Reinhard-Tierfoto, Heiligkreuzsteinach – 84.6 Superbild, Unterhaching/München – 84.7 Okapia (Colin Milkins), Frankfurt – 84.8 Mauritius (AGE), Mittenwald – 86.1 Aventinum Publishing House, Praha – 86.4 Eberhard Theophel, Gießen – 86.6–9 Klett-Archiv, Stuttgart – 88.2 Messer Griesheim, Frankfurt – 88.5+7+8 Klett-Archiv, Stuttgart – 88.6 Eberhard Theophel, Gießen – 90.1 Mauritius (Mallaun), Mittenwald – 90.2 FIRE (Thomas Gaulke), München – 90.3+8C Klett-Archiv, Stuttgart – 90.4+5 Eberhard Theophel, Gießen – 90.7 Superbild, Unterhaching/München – 90.8A MEV, Augsburg – 90.8B Mauritius (Blockhuis), Mittenwald – 92.1 Mauritius (Hubatka), Mittenwald – 92.2 Mauritius (Gilsdorf), Mittenwald – 92.3 Klett-Archiv, Stuttgart – 92.7 Picture-Alliance (ZB/Bernd Wüstneck), Frankfurt – 94.1+4 dpa, Frankfurt – 94.2 FIRE Foto (Thomas Gaulke), München – 94.3 Dieter Rixe, Braunschweig – 94.6 Feuerwehrpresse Wolfgang Jendsch, Radolfzell – 96.1 Helga Lade (D. Rose), Frankfurt – 96.2 Okapia (Eric A. Soder), Frankfurt – 96.4 Klett-Archiv, Stuttgart – 96.5 Getty Images (Paul Hurd), München – 96.6 Mauritius (Superstock), Mittenwald – 98.1+4 Klett-Archiv, Stuttgart – 98.2 Thyssen Krupp Stahl AG, Duisburg – 98.3 Museum für Naturkunde der Universität (H. Nier), Berlin – 98.5 AG der Dillinger Hüttenwerke, Dillingen – 98.6 Conrad Höllerer, Stuttgart – 100.3+4 Normal-Design, Schwäbisch Gmünd – 100.5 Conrad Höllerer, Stuttgart – 102.1 archivberlin (Gedulidig), Berlin – 102.5 Klett-Archiv, Stuttgart – 102.7 Fachverband Bau Württemberg e.V., Stuttgart – 104.1 Reinhard-Tierfoto, Heiligkreuzsteinach – 104.2 Mauritius, Mittenwald – 106.2 FOCUS (T. Deketelaere, A.V), Hamburg – 106.3 Reinhard-Tierfoto, Heiligkreuzsteinach – 106.4 Okapia, Frankfurt – 106.5 Okapia (Manfred Kage), Frankfurt – 106.6 Okapia (Martyn Colbeck), Frankfurt – 110.1 Helga Lade (P. Thompson), Frankfurt – 110.2 Mauritius (Sipa Image), Mittenwald – 110.3 Helga Lade (Rainer Binder), Frankfurt – 110.4 Getty Images (stone/Stewart Cohen), München – 110.5 Mauritius (Rosenfeld), Mittenwald – 110.6+7 Getty Images (stone), München – 112.1 Ralph Grimmel, Stuttgart – 112.2+4 Klett-Archiv, Stuttgart – 112.3 Harald Lange Naturbild, Bad Lausick – 112.6 Technische Universität, München – 114.2+3 Klett-Archiv, Stuttgart – 116.1A Leybold Didactic, Hürth – 116.1B Normal-Design, Schwäbisch Gmünd – 116.1C–F Klett-Archiv, Stuttgart – 116.4 Astrofoto (Shigema Numazawa), Sörth – 118.1 Harald Lange Naturbild, Bad Lausick – 118.2 Deutsches Museum, München – 118.4 Klett-Archiv, Stuttgart – 120.1 photoactive, Oberschleißheim/Lustheim – 120.2 AKG, Berlin – 120.6 Normal-Design, Schwäbisch Gmünd – 122.5 Normal-Design, Schwäbisch Gmünd – 122.6+7 Fabian H. Silberzahn, Stuttgart – 124.3 AEG, Nürnberg – 124.4 Klett-Archiv, Stuttgart – 126.2 Mannesmann, Wetter – 126.4+6 Klett-Archiv, Stuttgart – 126.5 Adam Opel AG, Rüsselsheim – 130.1 Mauritius (V. Kilian), Mittenwald – 130.5 AKG, Berlin – 132.1 Mauritius, Mittenwald – 132.3A Conrad Electronic GmbH, Hirschau – 132.3B+C Klett-Archiv, Stuttgart – 132.5A+B+D+E Conrad Höllerer, Stuttgart – 132.5C Klett-Archiv, Stuttgart – 134.3+4 Klett-Archiv, Stuttgart – 136.1 Interfoto (Rauch/Archiv Friedrich), München – 138.2+3 Johann Leupold, Wendisch-Evern – 138.4 Klett-Archiv, Stuttgart – 138.5 Ulrich Niehoff, Bienenbüttel – 138.6 GEYER AG, Nürnberg – 140.2 FOCUS (SCIENCE PHOTO LIBRARY), Hamburg – 140.3+6 Conrad Electronic GmbH, Hirschau – 140.5 GEYER AG, Nürnberg – 140.7A–D Klett-Archiv, Stuttgart – 144.1 ZEFA (E. Hummel), Düsseldorf – 144.2 Getty Images (stone/Paul Chesley), München – 144.3 Picture-Alliance (dpa/dpaweb), Frankfurt – 144.4 Getty Images (Taxi/Paul Viant), München – 144.5 Getty Images (Darryl Torckler), München – 144.6 Mauritius (Frauke), Mittenwald – 144.7 ESA/ESOC, Darmstadt – 144.8 Creativ Collection Verlag GmbH, Freiburg – 146.1 Superbild (Eric Bach), Unterhaching/München – 146.4 Getty Images (stone/Derke/O'Hara), München – 146.5 ZEFA (A. Koch), Düsseldorf – 146.6 Staatliche Materialpruefanstalt Universität Stuttgart – 148.1 Hermann Eisenbeiss, Bad Kohlgrub – 148.2 FOCUS (SPL/Adam Hart-Davis), Hamburg – 148.3 HOL Werner Rentzsch, Wien – 148.4 Mauritius (SST), Mittenwald – 148.5+6 Nees-Institut für Biodiversität der Pflanzen, Bonn – 148.7–9 Klett-Archiv, Stuttgart – 150.1 Klett-Archiv (Werkstatt Fotografie), Stuttgart – 150.6 Teubner Foodfoto, Füssen – 152.1 Klett-Archiv, Stuttgart –

152.2 Reinhard-Tierfoto, Heiligkreuzsteinach – 152.7 FOCUS (SCIENCE PHOTO LIBRARY), Hamburg – 152.8 Mauritius (O'Brien), Mittenwald – 152.9 Eberhard Theophel, Gießen – 152.10 Matthias Kulka, Düsseldorf – 154.3A+B+4–7 Klett-Archiv, Stuttgart – 156.1 Helga Lade (Röhrig), Frankfurt – 156.2 dpa, Frankfurt – 156.3 DaimlerChrysler, Stuttgart – 158.3 Picture-Alliance (dpa Bodenseewasserversorgung), Frankfurt – 160.2+6 Klett-Archiv, Stuttgart – 160.3 Das Fotoarchiv (Jochen Tack), Essen – 162.1+5+6 Klett-Archiv, Stuttgart – 162.2 dpa, Frankfurt – 162.3 BASF AG, Limburgerhof – 162.7 Avenue Images GmbH (Index Stock/John Regan), Hamburg – 164.2 Helga Lade (BAV), Frankfurt – 164.3 ZEFA (Rosenfeld), Düsseldorf – 164.4 Manfred P. und Christina Kage, Lauterstein – 164.5 Klett-Archiv, Stuttgart – 166.1 Klett-Archiv, Stuttgart – 166.2 photoactive (Robert Fischbach), Oberschleißheim/Lustheim – 166.3 Helmut Schwab, Ingelfingen – 168.1+2+4 Klett-Archiv, Stuttgart – 168.3 Macherey-Nagel GmbH&Co.KG, Düren – 168.5 Bild-Archiv Michler, Balzheim – 172.1 ZEFA (Kehrer), Düsseldorf – 172.2 Silvestris, Dießen – 172.3 ZEFA (Wisniewski), Düsseldorf – 172.4 Getty Images (James Randklev), München – 172.5 Silvestris (Lacz), Dießen – 172.6 Silvestris (Konrad Wothe), Dießen – 172.7 Reinhard-Tierfoto, Heiligkreuzsteinach – 174.1 Mauritius (ACE), Mittenwald – 174.4 Getty Images (stone), München – 174.5 Getty Images (Jacques Jangoux), München – 174.6 Silvestris (Wolfgang Buchhorn), Dießen – 174.7 Mauritius (Grafica), Mittenwald – 176.1 Corbis (RF), Düsseldorf – 176.7 Silvestris (Roland Beck), Dießen – 178.1 Arco Digital Images (Jörg Wegner), Lünen – 178.2 Silvestris (Kehrer), Dießen – 178.5 Okapia (Andreas Hartl), Frankfurt – 178.6 Harald Lange Naturbild (Angermayer/Lange), Bad Lausick – 180.1+3 Harald Lange Naturbild (Pfletschinger/Lange), Bad Lausick – 180.2 Silvestris (Roger Wilmshurst), Dießen – 180.6 IFA (Wisniewski), Ottobrunn – 180.7+8 Dr. Heiko Bellmann, Lonsee – 180.9 Okapia, Frankfurt – 182.1 Okapia (Roland Birke), Frankfurt – 182.2 Okapia (Peter Parks), Frankfurt – 182.14 Klett-Archiv, Stuttgart – 184.1 Silvestris (K.-H. Jacobi), Dießen – 184.2 Reinhard-Tierfoto, Heiligkreuzsteinach – 184.3 Silvestris (Frank Hecker), Dießen – 184.4 Dr. Bruno P. Kremer, Wachtberg – 184.5 Dr. Eckart Pott, Stuttgart – 184.6 ZEFA (Kehrer), Düsseldorf – 186.3 Okapia (KHS/OKAPIA), Frankfurt – 188.1 f1 online digitale Bildagentur (Viesti/Imagine), München – 188.4 Getty Images (The Image Bank), München – 190.3 Silvestris (Roger Wilmshurst), Dießen – 190.4 Silvestris (Walter Rohdich), Dießen – 190.5+6 Harald Lange Naturbild, Bad Lausick – 190.7 Reinhard-Tierfoto, Heiligkreuzsteinach – 192.1 Mauritius (J. Beck), Mittenwald – 192.2 SMC (K.Leidorf), Pinneberg-Waldenau – 192.3 Okapia (Dr. Eckart Pott), Frankfurt – 192.4 Silvestris (Fritz Hanneforth), Dießen – 192.5+6 Harald Lange Naturbild, Bad Lausick – 192.8 Silvestris (Naroska), Dießen – 194.1 Corel Corporation, Unterschleissheim – 194.2 Naturfotografie Frank Hecker (Dr. Frieder Sauer), Panten-Hammer – 194.4 Prof. Dr. Ulrich Heitkamp, Gleichen-Diemarden – 194.5 Okapia (Dr. Frieder Sauer), Frankfurt – 194.6 Harald Lange Naturbild (Pfletschinger/Lange), Bad Lausick – 198.1 Corbis (James Davis; Eye Ubiquitous), Düsseldorf – 198.2+3 Gert Elsner, Stuttgart – 198.4 Eberhard Theophel, Gießen – 198.5+8 Klett-Archiv, Stuttgart – 198.6 BASF AG, Ludwigshafen – 198.7 Angermayer (Hans Pfletschinger), Holzkirchen – 200.1 Helga Lade, Frankfurt – 200.2 Eberhard Theophel, Gießen – 200.3+8 Gert Elsner, Stuttgart – 200.11 Klett-Archiv, Stuttgart – 202.1A Gert Elsner, Stuttgart – 202.1B+2 Klett-Archiv, Stuttgart – 202.4 Sebapharma GmbH&Co., Boppard-Bad Salzig – 202.5+6 Eberhard Theophel, Gießen – 204.1 Eberhard Theophel, Gießen – 204.5 Corbis (James Davis; Eye Ubiquitous), Düsseldorf – 204.6 ds-produkte Dieter Schwarz GmbH, Stapelfeld – 206.1 Lithofin Produkte GmbH, Wendlingen – 206.2–5 Klett-Archiv, Stuttgart – 208.1+3 Klett-Archiv, Stuttgart – 208.2 Eberhard Theophel, Gießen – 210.1+2+4+5+7 Eberhard Theophel, Gießen – 210.6 Gert Elsner, Stuttgart – 212.1–3 Eberhard Theophel, Gießen – 214.1 Lurgi AG, Frankfurt – 214.3 Angermayer (Hans Pfletschinger), Holzkirchen – 214.4–6+11+12 Klett-Archiv, Stuttgart – 214.7 Varta AG, Hannover – 214.8 Eberhard Theophel, Gießen – 214.9 Gert Elsner, Stuttgart – 214.10 Okapia (Erich Geduldig), Frankfurt – 216.2+4 Eberhard Theophel, Gießen – 216.6 Realfoto Altemüller, Simmozheim – 218.1 Keystone, Hamburg – 218.3 Hermann Eisenbeiss, Bad Kohlgrub – 218.4 Florian Karly, München – 218.5 Werner Lieber, Heidelberg – 218.6 Vario-Press (Juergen Moers), Bonn – 220.2+3A–C+5 Klett-Archiv, Stuttgart – 220.7A K+S Kali GmbH, Kassel – 220.7B+C FOCUS (SPL), Hamburg – 222.1 Deutsches Museum, München – 225.1 Klett-Archiv, Stuttgart – 224.3 Klett-Archiv, Stuttgart – 228.1 f1 online digitale Bildagentur (Westlight/Imagine), München – 228.2 Getty Images (Stone/John Lund), München – 228.3 Getty Images (stone/Terry Vine), München – 228.4 MEV, Augsburg – 228.5 Visum (Chris Wright), Hamburg – 228.6 Okapia (Bassett), Frankfurt – 228.7 Klett-Archiv, Stuttgart – 230.1 Redferns (Roberta Parkin), London – 230.2 ZEFA (Wartenberg), Düsseldorf – 230.3–8 Klett-Archiv, Stuttgart – 232.3 Conrad Höllerer, Stuttgart – 234.1 photoplexus (Bauer), Lünen – 234.2 Getty Images (John Lund), München – 234.3 AKG (Erich Lessing), Berlin – 234.4 Getty Images (Peter David), München – 234.5 Mauritius (Ridder), Mittenwald – 234.6 Visum (Rudi Meisel), Hamburg – 234.7 Astrofoto Bildagentur GmbH, Sörth – 236.1–3 Klett-Archiv, Stuttgart – 236.4 Getty Images (stone/David Woodfall), München – 236.7 Helga Lade (Herbst), Frankfurt – 238.1 Klett-Archiv, Stuttgart – 238.4 Premium Stock Photography (R. Geham), Düsseldorf – 242.2+4 Albert Bonniers Förlag AB (Lennart Nilsson), Stockholm – 242.3 FOCUS (SPL/Martin Dohrn), Hamburg – 242.5 FOCUS (Manfred P. Kage), Frankfurt – 244.2 Okapia (NAS Omikron), Frankfurt – 244.3 Okapia (Manfred P. Kage), Frankfurt – 244.5A+B MEV, Augsburg – 246.1+4+5 Klett-Archiv, Stuttgart – 246.3 Mauritius (Hubatka), Mittenwald – 246.6 Helga Lade (G. Schneider), Frankfurt – 246.9 Wolfgang Filser, Arzbach – 248.1+2+5 Klett-Archiv, Stuttgart – 248.3 Getty Images (Terry Vine), München – 248.4 Mauritius (Poehlmann), Mittenwald – 250.1 Getty Images, München – 250.2 f1 online digitale Bildagentur (IMAGINE Fotoagentur GmbH), Frankfurt – 252.1 Okapia (Norbert Lange), Frankfurt – 252.3 Premium Stock Photography (M. Garcon), Düsseldorf – 254.1–5 Klett-Archiv, Stuttgart – 256.3 Dr. Bruno P. Kremer, Wachtberg – 256.4 Okapia (Manfred P. Kage), Frankfurt – 256.5 Okapia (J.L.Carson), Frankfurt – 258.1 Okapia (Ulrich Zillmann), Frankfurt – 258.3 Okapia (H. Morgan), Frankfurt – 258.4 Okapia (Photri Inc.), Frankfurt – 258.5 Okapia (S. Camazine), Frankfurt – 260.1 f1 online digitale Bildagentur (Gerd Schnuerer), Frankfurt – 262.1 Action Press (Langbehn), Hamburg – 262.3 Klett-Archiv, Stuttgart – 262.4 Albert Bonniers Förlag AB (Lennart Nilsson), Stockholm – 262.5 Johannes Lieder, Ludwigsburg – 264.1 Mauritius (E. Gebhardt), Mittenwald – 264.3 ZEFA (Index Stock), Düsseldorf – 264.4 Picture Press (Camerapress/Sarah Hutchings), Hamburg – 266.1 FOCUS (J. C. Revy), Hamburg – 266.3 Bilderberg (Bernd Jonkmanns), Hamburg – 268.1 Johannes Lieder, Ludwigsburg – 268.2 Prof. Dr. Dietmar Kalusche, Bietigheim-Bissingen – 268.3 IMAGO (Claus Bergmann), Berlin – 270.2 E. Klemme – 270.4 Dr. Bruno P. Kremer, Wachtberg – 270.6A+B Conrad Höllerer, Stuttgart – 270.7A Mauritius (Rathmann), Mittenwald – 270.7B Conrad Höllerer, Stuttgart – 274.1 Picture Press (Frank P. Wartenberg), Hamburg – 274.2 ZEFA (Kerscher), Düsseldorf – 274.3 Bilderberg (Peter Blok), Hamburg – 274.4 Getty Images (Mark Lewis), München – 274.5 ZEFA (Nathe), Düsseldorf – 274.6 Okapia (Derek Bromhall/OSF), Frankfurt – 274.7 Getty Images (David Loftus), München – 276.1+3 Picture Press (Frank P. Wartenberg), Hamburg – 276.2 Klett-Archiv, Stuttgart – 276.4 Mauritius (C. Bayer), Mittenwald – 276.5 Cinetext, Frankfurt – 276.6 Bilderberg (Peter Blok), Hamburg – 278.1 Picture Press (Frank P. Wartenberg), Hamburg – 280.1 Mauritius, Mittenwald – 280.2 Greiner&Meyer (Ahrens), Braunschweig – 280.3 Getty Images (Yorgos Nikas), München – 280.4+6+7 Mosaik Verlag/Verlagsgruppe Random (Lennart Nilsson), München – 280.5 Okapia (Mantis Wildlife Film), Frankfurt – 282.1 photonica amana (Kate Connell), Hamburg – 282.2 Okapia (J. Giannicchi), Frankfurt – 282.3 Mosaik Verlag/Verlagsgruppe Random (Lennart Nilsson), München – 282.4 FOCUS (Science Pictures), Hamburg – 282.5 Okapia (J. Giannicchi), Frankfurt – 282.6 Okapia (NAS/W.+D. McIntyre), Frankfurt – 284.1 Getty Images (stone/Carol Ford), München – 284.2+4 Getty Images (stone/David Hanover), München – 284.3 ZEFA (Krenkel), Düsseldorf – 286.1 Getty Images (Howard Grey), München – 286.2A+B Klett-Archiv, Stuttgart – 288.1 Picture-Alliance (Klaus Rose), Frankfurt – 288.2 altrofoto.de, Regensburg – 288.3 Getty Images (Visuals Unlimited/Dr David M Phillips), München – 288.4 Das Fotoarchiv (Knut Mueller), Essen – 288.5 Corbis (LWA/Dann Tardif), Düsseldorf – 288.6 Picture-Alliance (dpa/dpaweb) – 290.1 Getty Images (Image Bank/Ty Allison), München – 290.2 Mauritius, Mittenwald – 290.3+5+7 Klett-Archiv, Stuttgart – 290.4 Getty Images (Tim Flach), München – 290.6 Mauritius (Rosenfeld), Mittenwald – 292.1+5 Klett-Archiv, Stuttgart – 292.2 Superbild (F. Bouillot), Unterhaching/München – 292.3 AP (Rudi Blaha), Frankfurt – 292.4 Picture-Alliance (ASA/Ralph Wagner), Frankfurt – 292.6 Mauritius (Mallaun), Mittenwald – 294.1 Mauritius (Rossenbach), Mittenwald – 294.6 Helga Lade (Kester), Frankfurt – 296.5 Klett-Archiv, Stuttgart – 298.6 Soehnle-Waagen GmbH&Co.KG, Backnang – 298.7 Okapia (Yoav Levy), Frankfurt – 300.2 Klett-Archiv, Stuttgart – 300.3 Corbis (RF), Düsseldorf – 300.4 Getty Images (Tim Flach), München – 300.5 Corbis (Paul J. Sutton), Düsseldorf – 300.6 Corbis (Warren Morgan), Düsseldorf – 302.1 Harald Lange Naturbild, Bad Lausick – 302.2 Argus (Peter Frischmuth), Hamburg – 302.3 Helga Lade (BAV), Frankfurt – 302.4 Mauritius (Rosenfeld), Mittenwald – 302.5 Helga Lade (Rainer Binder), Frankfurt – 302.6 Klett-Archiv, Stuttgart – 302.7 Mauritius (Hubatka), Mittenwald – 302.8 Helga Lade (H.R. Bramaz), Frankfurt – 304.1 Klett-Archiv, Stuttgart – 304.2 Mauritius (Kabes), Mittenwald – 304.3 Mauritius (Gebhardt, Eugen), Mittenwald – 304.4 Picture Press (Harald Schmitt/STERN), Hamburg – 304.9 Helga Lade (H.R. Bramaz), Frankfurt – 306.2 Okapia (Danegger), Frankfurt – 308.6 Liebherr-Werk Ehingen GmbH, Ehingen/Donau – 310.1 Getty Images (Pal Hermansen), München – 310.6 Klett-Archiv, Stuttgart – 312.1 Aluworks, Heideck – 312.3 Das Fotoarchiv (Yavuz Arslan), Essen – 312.5 FOCUS (Louis Psihoyos), Hamburg – 312.7 Visum (Bjoern Goettlicher), Hamburg – 312.8+10 Werner Otto, Oberhausen – 312.9 Picture-Alliance (dpa), Frankfurt

S.158/159 Abb.2: Zweckverband Landeswasserversorgung, Stuttgart

Nicht in allen Fällen war es uns möglich, den uns bekannten Rechteinhaber der Abbildung(en) ausfindig zu machen. Berechtigte Ansprüche werden selbstverständlich im Rahmen der üblichen Vereinbarungen abgegolten.

Eigentum der Gemeinde Boll

Der Schüler ist verpflichtet, das Buch sorgfältig zu behandeln und es vor dem Austritt aus der Klasse an den Klassenlehrer zurückzugeben. Bei vorsätzlicher oder fahrlässiger Beschädigung oder dem Verlust des Buches muß Ersatz geleistet werden. Das An- und Unterstreichen von Wörtern, sowie das Einschreiben von Bemerkungen usw., ist nicht erlaubt.

Zur Benützung überlassen:

Schuljahr	Name	Klasse
05/06	Marco Oliveira	7
07/08	Philip Roller	8
08/09	L. Köle	7

Geräte im Fachraum

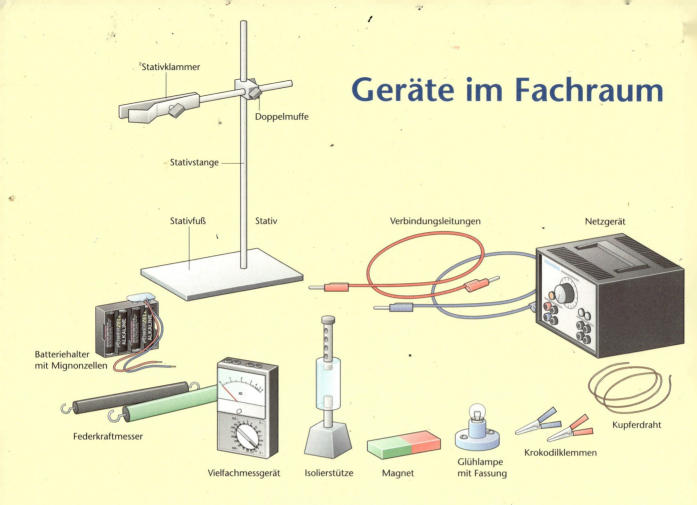
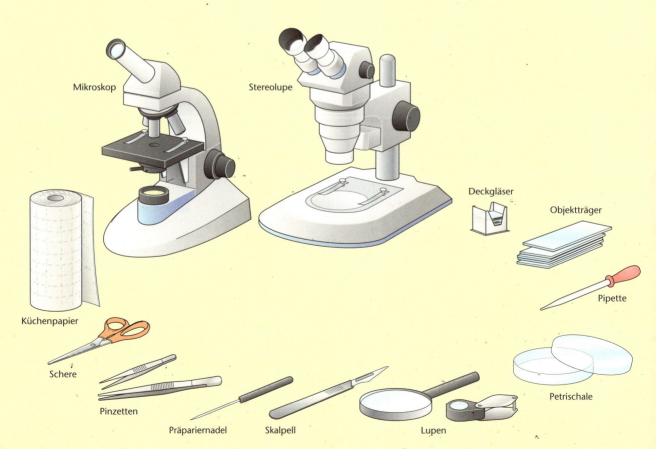